다섯 판사 이야기

판사는 왜 그렇게 생각했을까?

나남
nanam

나남창작선 167

다섯 판사 이야기

판사는 왜 그렇게 생각했을까?

2021년 12월 5일 발행
2022년 6월 25일 2쇄

지은이	양삼승
발행자	趙相浩
발행처	(주) 나남
주소	10881 경기도 파주시 회동길 193
전화	(031) 955-4601 (代)
FAX	(031) 955-4555
등록	제 1-71호 (1979.5.12)
홈페이지	http://www.nanam.net
전자우편	post@nanam.net

ISBN 978-89-300-0667-5
ISBN 978-89-300-0572-2 (세트)

책값은 뒤표지에 있습니다.

양삼승 장편소설

다섯 판사 이야기

판사는 왜 그렇게 생각했을까?

The Quality of Justice

자연은, 가장 단순하고, 효과적인 방식으로, 작동한다.

(Pierre de Fermat: 프랑스 판사, 변호사, 수학자)

정의도, 가장 단순하고, 효과적인 방식으로, 작동되어야 한다.

(S. S. Yang: 대한민국 판사, 변호사, 소설가)

작가의 변(辯)

저는 25년간 판사, 23년간 변호사로 일해 온 법률가입니다. 법률에 관련된 논문과 책은 써 본 적이 있으나 이와 같은 소설은 처음입니다. 따라서 이 소설은 처녀작이지만 어쩌면 마지막 작품일 수도 있습니다. 뒤늦게 이러한 시도를 하는 이유는 분명합니다.

논문에는 감동이 없지만 이야기에는 감동이 있기 때문입니다. 이야기에는 내가 있기 때문입니다.

이 소설에 등장하는 다섯 판사는 모두 실존 인물입니다. 그렇지만 그 내용은 조금씩 다릅니다. 처음 세 판사 부분은 실록(實錄) 소설이 될 것이고, 네 번째 판사 부분은 사(私) 소설(*Ich Roman*)이 될 것이며, 다섯 번째 판사 부분은 절반 정도는 픽션(*fiction*)이 될 것입니다.

어느 부분이 얼마나 픽션인지는 중요하지 않다고 생각합니다. 다만, 거의 대부분이 사실이라는 점만은 틀림없습니다.

《다섯 판사 이야기》, 50년의 터울을 두고 태어난 다섯 세대의 판사를 통해서 우리나라 사법부 70년의 역사를 그려 보려고 했습니다. 문학은 '작가의 체험을 통해 얻은 인생에 대한 진실을 언어를 통해 표현하는 예술'이라고 하니, 감히 그러한 문학에 기대어 저의 생각을 담아 보려고 노력했습니다.

소설을 쓰고 나니 내 가슴에서 많은 것이 빠져나간 느낌이 듭니다. 역시 글을 쓴다는 것은 '잊지 않기 위함'이 아니라 '잊기 위함'이라는 생각이 듭니다.

혹시라도 글의 어느 곳에 젠체하는 느낌을 주는 표현이 있다면 이는 오로지 저의 능력이 부족하기 때문입니다.

2021년 제3의 인생을 시작하며

양 선 승

양삼승 장편소설

다섯 판사 이야기

판사는 왜 그렇게 생각했을까?

차 례

양회경 판사

不如意事常八九
세상일이란 십중팔구가
뜻대로 되지 않는 법이다.

판사가 왜 그러한 판결을 하게 되었는지는,
결코 간단히 말할 수 없다.
왜냐하면 이를 해명하려면,
그 판사 자신의 삶 전체를
설명해야 하기 때문이다.

사람은 누구나 그렇게 살아야만 하는
절실한 이유들을 가지고 있다.

'그는' 저격, 당했다. 아니, '그들은' 저격, 당했다.

16명의 대법관 중에서 정확히 조준 당한 9명이 저격병에 의해 제거되었다.

1973년 3월 30일. 이제 막 새봄이 찾아와 덕수궁 옆 서소문동 대법원 청사 앞의 잘 다듬어진 정원은 푸릇푸릇 새싹이 돋고 꽃망울이 막 터지려는 나무들로 생기가 넘쳐 있다.

그는 4층의 집무실에서 이 정원을 내려다보며 짐을 싸고 있다. 그동안 수많은 사건 기록들을 싸 들고 집으로 갔던 보자기 속에 오늘은 기록 대신 개인용품들과 함께 24년을 함께해 왔던 까만 법복이 놓여 있다.

1945년 8 · 15 해방이 되던 해에 변호사로 법조인생을 시작하여 1949년 당시 김병로 대법원장의 권유로 판사로 임관되었으니, 24년을 법관으로 살아온 셈이다.

지난 4반세기를 돌이켜 보니 숱한 우여곡절이 있었지만 판사로서 소신을 지켜가면서 환갑이 넘은 오늘까지 지내 온 것에 흡족한 마음이 든다. 더욱이 '하늘의 도움으로' 큰아들 녀석이 작년에 사법시험에 합격하여 (그것도 감사하게도 수석으로) 내년이면 판사로 임관하겠다 하니, 비록 비자발적인 퇴임이지만 서운함이 훨씬 덜하다.

이제 벌써 62세가 된 마당이니 변호사업은 소일거리로 하기로 작정하였고, 후배들에게 부담을 주는 것도 내키지 않아 법정에 나다닐 필요가 없는 대법원의 사건들, 그중에서도 민사사건만을 기회 있는 대로 맡아 하기로 내심 마음속으로 정리해 놓았다.

변호사 사무실은 비용을 들여 임차하지 않고 해방 후 불하받아 주거용으로 사용해왔던 조그마한 적산가옥을 간단히 사무실 용도로 개조하여 사용하기로 했다. 변호사 사무실의 여직원으로는 대법원에서 함께 일하였던 직원이 사직하고 오겠다 하여 감사히 채용했다.

가장 중요한 것은 사무장을 어떻게 구해야 하나? 하고 염려했는데 이역시 운 좋게 해결되었다. 해방 직후 4년 가까이 변호사 생활을 하면서 함께 생활하였던 사무장*이 있었는데, 그가 판사로 가면서 절친했던 이병린 변호사에게 부탁하여 그곳에서 일하고 있었다.

그런데 상황이 이렇게 되자 이 변호사께서 원래의 주인과 함께 지내는 것이 좋겠다고 하면서 그 사무장을 다시 그와 함께 일하도록 배려했던 것이다. 깊은 우정에 감사하면서 고맙게 그 제안을 받아들였다.

---

*   '안'상이라고 불렀다.

8 · 15 해방 직후 거의 4년간의 변호사 생활 후 1949년 판사로 임관되어 서울, 부산, 광주에서 10년간의 판사 생활, 그 후 1959년에 있었던 법관 연임에서 탈락의 위기를 예상치 못했던 분(당시 법무부 장관)의 도움을 받아 모면한 일, 그 1년 후에 대법원 판사로 임명되고 13년 동안이나 최고법원에서 일해 온 날들이 주마등같이 흘러갔다.

새로 꾸려진 변호사 사무실에서 잠시 의자를 뒤로 젖히고 지그시 눈을 감으니 지난 60여 년간의 일들이 눈앞에 펼쳐진다.

그의 지나간 날들을 회고하기에 앞서 그의 뼈와 살과 핏속에 담겨져 있을 조상의 내력에 대해서 살펴보는 것이 순리일 듯하다.

그는 제주 양(梁) 씨 학포공(學圃公) 파 14대손이다. '학포'는 1488년부터 1545년까지 생존한 양팽손(梁彭孫)의 호인데, 이 어른을 중시조(中始祖)로 한 종중인 학포공파의 14대 자손인 셈이다. 1

조상의 내력은 이러하고, 이제 그 자신의 성장과정을 살펴보자.

그는 우리나라가 일본에 합방된 지 2년 후인 1912년에 조상 대대로 터 잡아 살아온 전남 화순군 능주(綾州) 읍에서 태어났다. 그 전전해인 1910년에는 우리나라가 일본에 병합되었고, 그 전해인 1911년에는 중국에서 쑨원의 신해혁명으로 청나라가 멸망하고 중화민국이 건국되어 천자(天子)의 시대가 막을 내렸으며, 1912년에는 일본에서 요시히토 황태자가 즉위하여 다이쇼(大正)시대가 시작되었다. 서양에서는 이 해 4월 14일, 15일에 초호화여객선 타이타닉호가 빙산(氷山)에 충돌하여 침몰하는 사고가 발생하였고, 5년 후인 1917년에는 러시아에서 혁명이 일어나 제국이 무너지고 사회주의 국가가 수립되었다.

그는 6형제 중 셋째로 태어났다. 그에게는 큰아버지가 한 분 계셨는데, 그 집의 아들딸 3남 3녀가 대부분 일찍 죽는 불행을 겪었다. 그리하여 큰아버지는 대가 끊길지도 모르겠다는 불안 때문에 동생 집의 큰아들(즉, 그의 제일 큰형)을 양자로 들여갔는데, 결국 큰아들만으로도 모자라 아예 둘째와 셋째까지 큰집으로 데려가 함께 자라게 했다.

그런데 큰아버지는 그 훈육방법이 엄격하기 그지없었다. 교육내용은 독서, 청소, 농사일 돕기, 심부름 등이었는데, 이러한 힘든 생활을 이기지 못하여 둘째형은 일본 오사카로 도망가 버렸다. 그는 어쩔 수 없이 농사를 돌보면서 서당에 다니다가, 뒤늦게 보통학교(지금의 초등학교) 3학년에 편입해서 15세에 졸업했다. 집안형편상 중학교에 갈 형편은 안 되어 계속 농사일을 거들면서 허송세월을 하고 있었다. 특히 그가 맡은 일은 큰 검은 소 한 마리와 작은 송아지 두 마리를 들로 데리고 나가 풀을 먹이고 키우는 것이었다. 그런데 이 작은 송아지 두 마리는 아직 코를 뚫지 않아서 자유분방하여 어찌나 말썽을 피우는지, 이 때문에 그는 들판에 앉아 운 적이 한두 번이 아니었다.

고민 끝에 여기저기서 이야기를 들으니 서울에 가면 고학을 할 수 있다 하여 일단 서울로 가기로 작정했다. 차비가 없으니 걸어서 대전까지는 갔는데 그곳 이야기로는 서울에 가봐야 고학하기가 쉽지 않을 것이라 하여 포기하고 다시 고향으로 돌아왔다.

그래도 공부하고 싶은 생각에 '강의록'을 받아보면서 독학을 하였지만 이것만으로 공부에 대한 열망을 채우기에는 턱없이 부족했다.

생각 끝에 일본에 가기로 마음을 정했는데, 여기에는 두 가지 문제가 있었다. 첫째는 여비의 문제이고, 둘째는 경찰서장의 허가서를 받아내는 일이었다. 길을 찾아 혹시나 하고 목포에 가서 부두노동도 하고 장사도 하면서 기회를 찾아 한 달 남짓 머물며 방법을 모색했다. 다다른 결론은 어떤 식으로라도 일본에 갈 방법은 있겠는데, 문제는 비용을 마련하는 일이었다. 다시 집으로 돌아와 비용마련 방도를 궁리하였으나 해결책이 나올 리 없었다.

고민 끝에(진정으로 '일생일대의 고민'이었다) 어느 날 '인생 최대의 결단'을 내렸다. 농사짓는 집안의 가장 큰 재산이며 그가 매일 들로 데리고 나가 사육할 책임을 지던 소를 시장에 몰고 가서 팔기로 작정하고 실행에 옮긴 것이다.

어린아이가 소를 팔려고 하니 아무도 사려고 하지 않자 마침 시장에 온 동네 어른에게 부탁하여 가까스로 파는 데 성공하고 60원을 받았다(현재의 가치로 얼마나 될는지 계산이 쉽지 않겠으나 상당히 큰돈이었음은 틀림없을 듯하다).

이 돈을 가지고 다시 목포로 가서 소개하는 사람에게 돈을 좀 주고, 오사카를 왕래하는 여객선을 타고 일본으로 밀항(密航)했다. 이때가 1928년 그의 나이 17세 때였다. 당연히 엄하기 그지없는 큰아버지의 노하시는 얼굴이 눈앞에 선하였으나, '반드시 성공하여 돌아오겠다!'고 다짐하고 전언을 부탁하고 배에 올랐다. 뒤에 전하여 듣기로는 큰아버지께서 노하시기보다는 '대장부다운 노릇이다!' 하면서 내심 성공을 기대하셨다고 한다.

오사카로 장소를 정한 것은 이미 작은형님이 집안에서의 고된 노동 등을 피하여 그곳으로 이미 도망가 있었기 때문이었는데, 그뿐만 아니라 오사카의 니시나리구(西成區: 우범지대이며 빈민가)라는 곳에 가면 한국 사람들이 많이 살고 있어서 도움을 받을 수 있겠다고 생각했기 때문이다.

그런데 막상 오사카에 도착하여 작은형님을 만나보니 그곳에 기대어 도움을 청할 형편이 도저히 되지 않았다. 하는 수 없이 따로 나와 하숙을 정하고 일자리를 찾아보았는데, 두어 달 후에 아스팔트 만드는 공장에 취직이 되었다. 그러나 아직 공부를 시작할 형편은 못 되어 약 2년간 공장에 다니면서 아껴 저축한 돈이 100원 정도 되었다. 상황을 판단해 보니 오사카에서는 고학하기가 어려워 도쿄로 옮겨 그곳에서 공부하기로 결심했다.

오사카에서 2년간 공장에 다니면서 저축한 돈 100원 정도를 들고 1930년 19세의 나이에 공부하기 위하여 도쿄로 옮겨왔다.

이곳에도 역시 의탁할 곳이 없음은 당연하여 공부하기 위하여는 다시 취직할 수밖에 없었다. 그러나 취직이 그렇게 쉽지는 않았고, 힘들게 돌파구를 찾은 것이 신문배달이었다. 그런데 이마저도 쉽지 않은 것이, 신문배달을 하려면 보증인이 있어야 했는데 아무도 보증을 서 주지 않으려는 것이었다. 더욱이 한국 사람이니 아무도 나서 주지 않았고, 할 수 없어 경찰서에 찾아가 부탁도 하였으나 면박만 당하고 나왔다.

그러던 중 가만히 생각해보니 오사카에서 번 돈 100원이 든 저금통장이 있어 이를 맡기면 되겠다 싶어 이를 들고 신문지국장(《요미우리신문》이었다)을 찾아가 통장을 담보로 맡기고 겨우 신문배달 일을 시작했다.

다음해(1931년 4월)에는 중학교에 들어갈 작정으로 열심히 일하고 있었는데, 불행은 또다시 엉뚱한 곳에서 찾아왔다. 통장을 맡아 가지고 있던 지국장이 그 돈을 몽땅 찾아서 도망가 버린 것이었다. 그동안 일한 월급을 못 받은 것은 물론이고, 전 재산인 100원까지 전부 잃어버리게 된 것이다. 세상이 원망스러웠으나 달리 방법이 없어 다시 〈요미우리신문〉 배달을 하고, 때로는 도로 청소도 하였으며, 아주 궁할 때에는 '피'도 팔아 생활비(생존을 위한 비용이다)를 마련하기도 했다.

일이 고되어 지칠 때에는 자살을 생각하기도 했다. 부모와 가족 생각이 그를 구제하였지만, 특별한 경험이 그를 더욱 굳세게 만들었다. 1931년의 어느 겨울날 새벽, 여느 때와 같이 신문배달을 위하여 아직 어둠이 가시지 않은 도심의 작은 강 위의 다리를 지나고 있었는데, 강물에서 누군가가 허우적거리는 것을 발견했다. 놀라 서둘러 그곳에 가 보니 어떤 젊은 여성이 자살할 생각으로 다리 위에서 강물로 몸을 던진 것이었다. 급히 강물에 들어가 힘들게 그 여인을 구해 강기슭으로 데리고 나왔는데, 죽게 내버려두지 왜 살려주었느냐고 원망했다. 사는 것이 너무나 힘들어서 그대로 생을 마치려 했다고 했다.

이 일을 겪고 나서 그는 다시 한 번 마음을 굳게 다져 먹었다. 어떤 어려움이 닥치더라도 굴하지 않고 반드시 뜻을 이루겠다고.

이렇게 해서 도쿄에 올라온 지 2년 동안 다시 노동과 신문배달을 하여 근근이 돈을 모아 22세가 되는 1933년에야 겨우 도쿄의 대성(大成) 중학교(이는 지금의 중고등학교에 해당된다)에 입학했다. 이때 삶에 대한 용기를 다지기 위해 교내의 웅변대회에도 출전하여 입상하는 등 앞날에 대한 의지를 다져 나갔다.

5년간의 고학 끝에 27세가 되는 1938년에 중학교를 졸업하고, 꿈에 그리던 중앙(中央) 대학 법학과에 입학하게 된다.

그런데 그해(1938년) 7월 그의 진로를 정하게 될 결정적인 일을 당한다. 즉, 그해 4월 대학에 들어갈 때까지만 해도 장래에 무슨 일을 할 것인지 분명한 목표가 없었다. 여전히 생활비 마련이 급선무였으므로 평소 알고 지내던 친구에게 취직 부탁도 해 놓았고, 겸하여 경시청(오늘날의 경찰서에 해당)에도 취직 부탁을 했다. 당시는 경시청에서 그런 도움을 주기도 했다.

그 친구와는 편지를 주고받는 사이였는데, 그는 한인사회 사상계의 거물로서 우리나라의 독립운동에 크게 기여하고 있는 사람이었다. 그러던 중 7월 어느 날 하숙집에서 자고 있는데 새벽 4시쯤 누가 방문을 두드리기에 누구냐 물었더니 경시청에서 나왔다는 대답이었다.

부탁해 둔 취직이 된 줄로 알고 반가이 문을 열어 주었는데, 형사가 다짜고짜 경찰서로 가자고 하여 잠옷 바람으로 끌려갔다. 처음에는 무슨 영문인지도 몰랐으나 심문을 받는 과정에서 비로소 그 이유를 알게 되었다. 문제의 발단은 그가 친구에게 보낸 편지에 있었다. 그 당시는 이른바 대동아전쟁이 점점 확대되면서 군인의 수가 부족하게 되자 이를 보충하기 위하여 한국에서 지원병제도를 시행하여 지원병을 모집하고 있을 때였다.

이러한 상황에서 그는 친구[독립운동가로 유명한 박열(朴烈)이다]에게 쓴 편지에 다음과 같은 내용을 적은 것이었다. 즉, "우리나라를 합방

할 당시에는 심지어 우리 가정에서 식칼까지 다 빼앗아가던 놈들이 이제는 우리에게 총칼을 주니, 이는 '어떤 의미에서는' 좋은 기회가 될지도 모르겠다"고 적은 내용이었다.

그런데 그 편지가 우편검열에 걸렸고, 더욱이 그 친구가 그 방면에서 활동하는 사람이었으므로 경시청이 더욱 의심을 품게 된 것이었다. 추궁의 핵심은 "어떤 의미에서는 좋은 기회가 될지 모르겠다"고 했는데, 그것을 구체적으로 밝히라고 추궁해 들어왔다.

당시 '치안유지법 위반' 혐의로 잡혀 들어오면 오늘날과 같은 구속기간 제한이 없어 언제 풀려날지도 알 수 없는 상황이었다. 그렇게 유치장에 수감된 상태로 넉 달이나 갇혀 있는 바람에 대학에서도 퇴학처분을 받았다.

유치장에 갇혀 있던 어느 날 한밤중, 잠을 이루지 못하고 벽에 기대어 천장 쪽을 바라보면서 그는 깊은 상념에 잠겼다. 지난 몇 년간의 일들이 주마등처럼 흘러 지나갔다. 어떻게 해서라도 배워서 힘을 길러 하고 싶은 일을 해보려고 '소를 도둑질하듯 팔고' 혈혈단신 이국땅에서 노동으로 생활비를 벌어가며 버티고 있는데, 감옥에 갇혀 있는 신세가 되다니!

그런데 그때, 유치장의 천장 한가운데에 공기통 용도로 뚫려 있는 작은 쟁반만 한 크기의 둥근 구멍 속으로 커다란 수박모양의 보름달이 비쳐 들어왔다. 이 무슨 하늘의 조화인가? 그는 뜻 모를 두려움과 함께 하느님의 계시와 같은 묘한 감동을 느꼈다.

그 순간 그는 결심했다. 앞으로 무슨 일을 할 것인지, 그러기 위해서는 풀려난 다음 어떤 공부를 할 것인지 마음을 정했다. 그렇다, 법학을 공부하자! 고등문관시험(우리나라의 예전 고등고시 및 사법시험에 해당하는 시험이다)에 합격해서 '불의를 척결하고 억울한 사람을 도울 수 있는 법관이 되자!'고 다짐한 것이다. 이 결정에는 법조인이 되는 것이 한국인으로서 차별을 가장 적게 받을 것이라는 생각도 깔려 있었음은 물론이었다.

경시청에서는 당연히 그를 불온사상을 가진 자로 의심하여 철저히 뒷배경을 조사하였고, 심지어는 국내의 모든 가족들이 가택수색까지 당하는 곤욕을 겪었다. 그러나 다행히 편지에 적힌 내용 이외에 구체적으로 다른 행동을 한 것은 없는 것으로 인정되어 구속된 지 넉 달 만인 1938년 11월경 석방되었다.

하지만 석방되고 보니 대학에서는 퇴학이 되었고, 다른 학교에도 갈 수 없어 난감한 처지였다. 달리 방도가 없어 대성(大成) 중학을 다니면서 신문(〈요미우리신문〉) 배달을 할 때의 지국을 찾아가 새로 온 지국장에게 신원보증을 서 줄 것을 부탁했는데, 그는 성실함과 배우겠다는 의지를 높이 평가하여 기꺼이 보증을 서 주었다.

그는 예비역 '중좌'였는데 그 후에도 계속 기회 있는 대로 보살펴 주었고, 해방 이후에도 꾸준히 서신을 교환하다가 우리나라를 방문하여 환대를 받고 돌아가기도 했다.

아무튼 그 지국장의 도움으로 복학이 되어 1939년 4월부터 (당시는 새 학기의 시작이 4월이다.) 본격적인 법률공부를 하기 시작했다. 물론 생활비를 벌기 위한 신문배달 같은 노동은 기본이었고, 나머지 시간에 학교수업에 출석하고 늦도록 고시공부에 매달리는 혹독한 생활의 연속이었다.

수년간 모든 시간을 바쳐 공부하여도 합격하기가 하늘의 별 따기라는 고등문관시험 (고문) 을 주경야독해야 하니 어려움이 이만저만이 아니었다. 몸은 고단하고, 생활은 쪼들리고, 학업성과는 제대로 오르지 않고, 포기하고 싶은 때가 한두 번이 아니었으나 용기와 열망으로 참고 견뎠다. 어느 날 책상에 앉아 이해하기 힘든 책을 읽고 있었는데 도무지 무슨 말인지 이해가 되지 않자 자신에 대한 분노가 치밀어 올랐다. 마침 쥐고 있던 연필을 앞니로 꽉 깨물어 버렸는데 어찌나 세게 물었던지 아래쪽 앞니 하나가 안쪽으로 밀려들어가 버렸다. 시간이 지나면서 밀려들어간 앞니는 제대로 칫솔질도 되지 않아 색깔이 검게 변해 버리는 영구장애를 얻게 되었다.

　복학한 후 3년 동안의 힘든 대학생활을 마치고 1941년 12월 30세의 나이로 대학을 졸업했다. 원래는 대학 졸업이 다음해 (1942년) 3월이었으나, 그때 태평양전쟁이 일어나서 3개월 빨리 졸업을 시킨 것이었다.

　아무튼 12월에 졸업한 후 이듬해 3월 고등문관시험 사법과 (이는 우리나라의 사법시험에 해당한다) 에 응시했다. 합격자 발표는 4개월 후인 7월로 예정되었는데, 당시의 행정시스템으로는 언제 어디서 발표한다고 딱히 정해져 있는 것이 아니라 관보 (官報) 에 실리면서 동시에 수험생 본인에게 개별적으로 (우편으로) 통지하는 식이었다. 시험을 끝내고 초조한 마음으로 발표를 기다리는데, 역시 생활비를 벌어야 하므로 도쿄에 인접한 요코하마 항구에 가서 신문배달도 하고, 부두노동도 하면서 시간을 보냈다.

　보통의 학생들 같으면 학교에 다니면서 친구들과 사귀고 서로 연락도 하며 여러 가지 정보교환도 있었을 터인데, 그는 도저히 그럴 여유가 없었다. 심지어는 훗날 우리나라 법조계에서 커다란 활약을 한 조재천(曺在千), 주운화(朱雲化) 등 동창이 여러 명 있었는데도 같이 찍은 사진이 하나도 없을 정도였다.

시간이 많이 지나 풍문으로 들으니 합격자 발표가 된 것 같은데 알아볼 길이 없어 신문배달 하는 김에 관청에 들어가 "관보를 좀 보여 주십시오" 했더니 "신문배달 하는 놈이 무슨 관보야?" 하면서 퇴짜를 맞기도 했다.

달리 방법이 없어 도쿄에 있는 하숙집으로 돌아와 하숙집 주인에게 "나에게 혹시 엽서나 편지 같은 것 안 왔었나요?" 하고 물어보니, 뭔가 온 것 같은데 별것 아닌 것 같아서 쓰레기통에 버렸다고 했다. 순간, 퍼뜩 혹시나 하는 생각에 쓰레기통을 뒤져 보니 거기에 합격통지서가 있는 것이 아닌가!

1942년 그의 나이 31세에, 글자 그대로 "합격증을 쓰레기통에서 주웠다".

이런 우여곡절 끝에 그는 1942년 31세의 늦은 나이에 꿈에 그리던 법조인 자격을 취득했다. 어렵기로 소문난 이른바 '고문'(高文: 고등문관시험)을 '한 번에' 합격한 것도 커다란 행운이었다.

그해(1942년) 일본생활을 마치고 귀국하여 고향의 어른들을 찾아뵙고 인사했다. 그러나 마음에 큰 빛을 지고 있던 큰아버지는 이미 돌아가신 뒤여서 직접 뵙고 사죄와 함께 약속한 성공을 보고드릴 기회는 가질 수 없었다.

시험 합격 후 실제로 법조인으로 활동하기 위해서는 일정기간 동안 변호사 시보를 하여야 하는데(우리나라의 사법연수원 제도 또는 변호사 실무 수습에 해당한다) 그 기간 동안에는 종일 변호사 사무실에 나가 있어야 하고, 부업을 할 수 없었다. 그리하여 어쩔 수 없이 도쿄에서는 시보를 못 하고 귀국하게 된 것이다.

귀국해서의 상황도 쉽지만은 않았다. 당시에는 서울변호사회에서 만 시보를 할 수 있었는데, 그것도 총독부의 허가를 받아 제한된 인원 (9명)만이 기회를 받았다. 뒤늦게 신청한 탓에 1943년에는 시보의 기회를 얻지 못하여 한 해 동안 고향에 내려가 건강도 돌보면서 독서도 하고 붓글씨를 쓰면서 호연지기(浩然之氣)를 기르는 데에 전념했다. 이때 '철지'(徹志, 뜻을 관철하다)라는 자호(自號)도 지었다.

이듬해인 1944년에는 드디어 변호사 시보를 할 기회가 주어졌다. 당시 서울 청진동에서 이인(李仁) 선생과 공동사무실을 운영하시던 가인 김병로(街人 金炳魯) 선생에게 지도를 받았다. 가인 선생은 고모의 매부였을 뿐만 아니라 그 명성이 자자하여 그 사무실에서 시보를 하는 동안 많은 것을 배우고 느껴 훗날 법조인 생활에 크게 영향을 미쳤다. 시보를 마친 이후에도 그분이 돌아가실 때까지 매년 두세 번씩은 찾아 뵙고 문안인사와 함께 많은 가르침을 받았다.

이듬해 1945년 8월 15일 해방이 되고 그는 9월부터 바로 변호사 사무실을 열었다. 이후 4년 가까이 변호사로 활동하면서 경제적 기반도 다져가는 한편 결혼도 하여 큰아들도 얻었다. 태어나서 처음으로 경험하는 정상적이고 만족스러운 4년 가까운 시간이었다.

그런데 당시는 해방 직후라 여러 가지 나라상황이 여의치 못했다. 예를 들어 법원에도 판사 수가 절대 부족하였으나 자격을 갖춘 사람이 적었다. 그리하여 당시 대법원장으로 계시던 가인 김병로 선생이 혹시 판사로 법원에 근무할 의향이 있는지를 물어왔다. 가인 선생님의 각별한 부탁이기도 하고 본인의 뜻한 바에도 합치되리라 생각하여 며칠의 숙고 끝에 이를 승낙했다.

* * *

4년 가까운 변호사 생활을 접고 1949년 5월 20일 서울지방법원 판사로 임관되었다. 이때부터 판사의 새로운 인생이 시작된 것이다. 서울지방법원에서는 1953년 3월 초까지 근무하던 중 6·25 사변이 발발하여 부산으로 가족과 함께 피란생활을 하였고, 1953년 3월 12일 부산지방법원의 수석부장 판사로 일했는데, 이곳 피란지 부산에서 판사로서 첫 번째 큰 시련을 겪는 일이 생겼다.

우리나라 형사사건 역사상 최초로 '정당방위'에 관한 역사적 판례를 남기는 정치적 사건을 맡아 처리하게 되었으니 바로 '서민호(徐珉濠) 의원' 사건이다. 우리나라 근대 사법부 역사에서 통치권력과 마찰을 일으킬 수 있는 사안을 사법부에서 처리한 최초의 사건이라는 역사적 의미가 깊다.

한 나라의 법치주의가 제대로 자리 잡지 못한 상황에서 정치권력에 영향을 미칠 수 있는 사건이 판사의 책상 앞에 놓이면 판사의 용기가 필요하다. 더욱이 그 영향이 결정적이면 판사는 그 직을 걸어야 하는 결단까지 내려야 한다. 하여 당시 상황의 시대적 배경이 중요한데, 이 서민호 사건의 시대적 배경과 사건 전개과정은 이러하다.

1945년 8월 15일 감격적인 광복을 맞이한 후 3년 가까운 세월 동안 우여곡절 끝에 1948년 7·17 제헌국회가 열렸다. 반만년 역사상 처음으로 우리의 국회가 제정한 헌법을 가지게 된 것이다.

이 헌법에 따라 '국회에서' 이승만을 대통령으로 선출했다. 즉, 국민의 직접선거가 아닌 국회의원들의 간접선거로 대통령을 뽑은 것이다. 그리고 2년 가까이 시간이 지나 1950년 5월 30일 국회의원 선거가 있었는데, 이 대통령의 반대파가 압승했다.

그 결과 대통령의 남은 임기인 2년 후에 있을 '국회에서의' 대통령선거에서 이승만이 재선될 가능성이 거의 없게 되자 집권세력은 돌파구를 모색하였고, 궁리 끝에 짜낸 방안이 헌법을 개정하여 대통령을 국민이 직접 뽑는 '직선제'로 하는 것이었다.

이 전략에 따라 정부가 직선제 개헌안을 국회에 제출하였으나(1951년 11월 28일), 계획과 달리 1952년 1월 18일 이 안이 국회에서 압도적 표차로 부결되어 버렸다(반대 143표, 찬성 19표, 기권 1표).

상황이 극도로 불리하게 전개되자 법치 후진국에서 흔히 보이는 바와 같이 집권자가 무리한 초(超) 강수를 두기 시작했다. 즉, 이미 제출된 원안을 약간 수정하여(하지만 '대통령 직선제'는 당연히 고수되었다) 다시 국회에 제출했다(1952년 5월 14일).

이번에는 지난번과 같은 실패를 거듭하지 않도록 1952년 5월 26일 '공비토벌' 명목으로 계엄령을 선포하면서 백골단 등의 폭력조직을 동원한 관제(官制)데모를 벌이고, 국회의원들을 협박하고 납치하는 등의 험악한 분위기를 조성했다.

이러한 상황에서 1952년 7월 4일 밤 국회의원들의 '기립표결'로 대통령직선제 개헌안이 통과된 것이다(찬성 163표, 기권 3표). 이 헌법에 따라 1952년 8월 5일 실시된 대통령 '직접선거'에서 이승만이 당선됨으로써 그 정치적 목적을 달성했다.

이와 같은 정치적 혼란 속에서(더욱이 당시는 1950년 6월 25일에 발발한 6·25 사변이 한창 진행 중이었다) 당시 이승만 대통령 및 집권자들이 불리한 상황을 타개하고 이를 헤쳐 나가는 방안으로 이용할 수 있을 것으로 보이는 사건이 발생하였으니, 바로 1952년 4월 24일 전남 순천 한식당(평화관)에서의 '서민호 의원 총격사건'이 그것이다.

서민호 의원은 당시 이승만 대통령을 괴롭히는 야당의 거물정치인이었다. 1903년 전남 고흥에서 출생한 그는 보성고를 졸업한 후 일본(와세다대학)과 미국(컬럼비아대학 등)에서 유학하고, 1942년에는 조선어학회사건으로 1년간 복역하기도 했다. 1946년 전라남도 지사를 거쳐 1950년에는 고흥에서 제2대 국회의원으로 당선되었으며, 당시 국회 내무위원장이었다.

서 의원은 내무위원장의 자격으로 '거창 양민학살사건'(1951년 2월에 국군 제11사단 소속 군인들이 경남 거창의 양민들을 학살한 사건)의 국회조사단장으로 활동 중이었는데, 이승만 대통령에게 정치적 부담을 주면서 약점을 집요하게 파고들어 대통령의 하야를 주장해온, 이승만에게는 눈엣가시 같은 존재였다.

그러한 그가 1952년 4월 25일로 예정된 우리나라 최초의 도의원선거를 하루 앞두고 선거 감시와 격려차 전남 지역을 순찰하던 도중, 4월 24일에 야당도시인 전남 순천에 들렀다.

더욱이 이때는 불과 2년 전(1950년 5월) 국회의원 선거에서 여당이 대패하였고, 1년여 전(1951년 2월)에 국군의 양민학살 사건이 있었으며, 바로 3개월 전(1952년 1월 18일)에는 대통령 직선제안이 압도적으로 부결당하였던, 이승만으로서는 최악의 정치상황이었다. 그와 같은 시점에서 이승만에게는 정치적 역공을 펼 수 있는 뜻밖의 호재가 발생했다.

서민호 의원과 5명의 수행원(장남인 서원룡 및 국회 내무분과 위원들이었다), 현지의 유지들(군수, 우체국장 등)이 두 방으로 나뉘어 저녁식사를 하게 되었다. 이 음식점(평화관)은 원래 김용식(金龍式, 해방 후 고등법원장을 지냄)이 변호사 사무실로 쓰던 집이었는데 판사로 들어오면서 팔았고, 새로 산 사람이 요정으로 만들어 쓰던 상당히 큰 집이었다.

식사가 어느 정도 진행되던 중, 서 의원을 호위하던 경관〔김처중(金處中) 순경〕이 옆방의 문틈으로 서 의원 일행의 대화를 엿듣던 한 군인을 발견하고 뛰쳐나가 뒷덜미를 잡으면서 누구인지 따져 물었다. 군복을 입은 그 사내가 "사람을 찾는 중"이라고 변명하면서 손길을 뿌리치자 서로 간에 치고받는 싸움으로 번졌다. 이때 서 의원의 장남(徐元龍)도 합류하여 박치기를 하는 등 큰 소란이 벌어졌다.

사실 그 군인은 서창선(徐昌善)이라는 현역 육군 대위(31육군병원 소속 군의관)였는데, 서 의원 일행이 부산에서 순천으로 오는 동안 내내 그들을 미행하여 따라오고 있었다.

상황이 이렇게 어수선한 가운데 서창선 대위는 갑자기 품에서 권총을 꺼내 들고 서민호 의원을 겨누었다. 마루에 서 있는 군인과 방에 있는 서 의원과의 거리는 불과 4~5미터밖에 되지 않았다. 생명의 위협을 느낀 서 의원은 자리를 피해 도망 다녔는데, 군인은 서 의원을 찾으러 돌아다니다가 서 의원을 향해 두 발을 거푸 발사했다.

위기에 처한 서 의원은 호신용 모젤 권총을 꺼내어 군인을 향해 응사했다. 군인은 몸을 뒤틀고 쓰러지면서 다시 서 의원을 향해 방아쇠를 당기자 서 의원도 다시 한 발을 더 쏘았다. 군인은 그 자리에서 더 이상 움직이지 않았다.

현장의 몇 사람이 그 군인을 둘러업고 급히 병원으로 옮겨 응급처치를 했으나 끝내 숨지고 말았다. 반면 서 의원은 놀라기는 했으나 다행히 다친 곳은 없었다. 서 의원은 숙소에서 불안한 마음으로 밤을 꼬박 새운 뒤, 다음 날 4월 25일에 광주지검 순천지청에 자진 출두하여 자수하고 구속 수감되었다.

이승만 정권 타도의 최선봉에 서 있던 "현역 의원이 현역 군인을 권총으로 쏘아 살해"한 사건은 정치권을 발칵 뒤집어 놓았다.

사건 발생 다음 날(4월 25일), 국회(부산의 피란국회)는 즉시 임시국회를 열고 특별조사위원회를 구성하여 사건현장을 방문하고 관계증인, 담당검사를 출석시켜 진상조사 활동을 전개했다. 16일 동안의 조사 끝에 5월 12일 임시국회 본회의에서 법무부 장관을 출석시켜 사건진상 보고를 듣고 의문점들에 대한 공개 질의가 전개되었다.

논쟁의 핵심은 "죽은 군인이 먼저 총을 쏘고 행패를 부린 것인가, 서 의원의 행위는 정당방위인가?"와, "검찰과 경찰이 서 대위의 유해를 부검할 틈도 주지 않고 시신을 화장해 버린 것은 증거를 인멸하여 수사를 의도대로 끌고 가려는 것이 아닌가?" 하는 점이었다.

그 사이, 5월 10일에는 법무부 장관의 특별명령으로 서 의원은 살인죄로, 아들 서원룡은 상해죄로 각각 부산지방법원에 기소되었다. 기소의 핵심내용은 서 의원이 대문으로 나가는 서 대위를 뒤에서 쏘아 살해했다는 것이었다.

즉, "서 의원은 마루방 안에 있다가 서 대위가 앞마당으로 내려와 대문을 향해 돌아가는 것을 보았음에도, 그 후방 3미터 지점에서 휴대한 모젤 권총으로 등 부위를 향해 두 발을 발사하여 명중시키고, 그가 돌아서는 순간에 또다시 한 발을 발사하여 가슴 부분에 명중시켜 그 자리에서 죽게 했다"는 것이다.

한편 국회는 5월 14일 본회의를 종료하면서 서민호 의원의 석방요구결의안을 제출하여 94 대 0으로 가결시켰고, 이 석방요구서는 검찰총장, 대법원을 거쳐 담당 재판장인 안윤출(安潤出) 부장판사에게 전달되었다. 이러한 석방요구결의안의 근거로는 당시 국회조사단('유홍'을 위원장으로 하고 6명의 위원으로 구성됨)의 조사결과 서 의원의 정당방위를 인정한 것이었다.

헌법 규정상(49조) "국회의원이 회기 전에 구금되었을 때에는 국회의 요구가 있으면 회기 중 석방된다"고 되어 있으므로 검찰총장이나 담당검사는 석방지휘만 하면 될 뿐이었다. 당시 안윤출 부장판사도 이 같은 소신을 밝혔다.

그러나 이승만 대통령 및 이에 동조하는 시위대의 반발을 두려워한 검찰은 사건이 이미 기소되어 법원에 넘어가 있으니 판사가 결정할 일이라고 발뺌했다. 그동안 안윤출 판사의 하숙집이 피습되기도 하고 '안윤출을 암살하라!'는 벽보가 나붙기도 했다. 고뇌 끝에 재판부(안윤출 부장판사, 김영세, 김홍한 배석판사) 는 석방결의안을 접수한 지 5일 만에(1952년 5월 24일) 서 의원의 구속집행을 정지하고 석방했다. 이러한 결정이 나오자 시위대가 또다시 법원청사로 몰려와 소란을 피웠음은 물론이다.

국회와 정부 사이에 이 사건을 두고 대립이 격화되자 이승만 대통령은 치안유지의 필요성을 내세워 서 의원 석방 이틀 후(1952년 5월 26일) 비상계엄령을 선포하고 서 의원을 다시 구속하면서 군사법원에서 재판하도록 했다.

비상계엄을 선포하고 나자 이승만 정권은 모든 일을 미리 계획한 대로 착착 진행시켜 나갔다. 서 의원을 그날(26일) 즉시 재구속한 것을 시작으로, 바로 군법회의에 넘겨 속전속결로 재판이 진행되었다. 군법회의의 재판장은 최경록(당시 육군소장으로서 후에 주영 대사를 지냄)이었는데, 첫 재판기일에 "오전 중에 심리를 마치고 오후에 사형선고를 하라"는 고위층 메모가 전달되었다.

하지만 세계의 이목이 쏠린 사건이므로 서 의원의 행위가 정당방위에 해당하는지 여부를 자세히 심리해 보아야 한다며 한 달 넘게 버티자 재판장을 박동균으로(당시 육군준장) 바꾸어 버렸다. 검찰 측으로는 권오병 검사와 다른 한 사람이 관여했다.

결국 서 의원의 총격은 정당방위가 아니라 살인행위라고 인정하여 재판장이 바뀐 지 며칠 후인 1952년 7월 1일 사형을 선고했다. 서 의원이 충분히 피할 수 있었음에도 피하지 않고 서 대위의 뒤에서 총을 쏘았다는 것이었다.

사형판결이 있은 지 3일이 지난 7월 4일에는 예정된 각본에 따라 국회에서 대통령 직선제를 골자로 하는 헌법개정안이 통과되었다. 당시 표결방법은 표결내용을 누구나 알 수 있도록 기립표결로 했는데, 찬성 163표, 기권 3표로 나타났다.

불과 6개월쯤 전에 압도적 표차로 부결되었던 개정안이 통과된 것은 이승만 정부의 불법적인 공작이 있었기 때문이었다. 즉, 계엄선포와 동시에 국제공산당으로부터 유입된 정치자금을 받았다는 누명을 씌워 반대세력인 야당 의원들을 체포하고 감금했다.

뿐만 아니라 헌병사령부(사령관 원용덕 중장)는 국회의원들이 탄 버스를 견인차로 끌어다가 헌병사령부로 납치하고 가혹행위, 고문 등 물리적 제재를 가하여 강제적으로 개헌에 찬성하도록 만들었다. 이것이 이른바 부산의 '정치파동'인 것으로 역사에 기록되고 있다.

7월 1일 서 의원에 대한 사형이 선고되자 국회에서는 131명의 의원들이 연판장을 내 서 의원에 대한 '재심'을 이승만 대통령에게 청원했다. 재심청원을 받은 이승만은 여러 가지 정치적 계산을 한 다음, 개헌안 표결이 국회에서 이루어진 날인 7월 4일에* 계엄사령관으로 하여금 "판결부인(否認) 재심명령"을 내리게 했다. 재심명령이 떨어지자 군법회의는 다시 재판을 신속하게 진행하였고, 한 달이 채 지나지 않은 8월 1일, 같은 범죄사실에 대하여 이번에는 징역 8년형이 선고되었다.

먼저의 재판과 달리, 유죄가 무죄로 바뀐 것이 아니라 같은 범죄사실에 대하여 똑같이 유죄를 인정하면서도 형량이 사형에서 8년형으로 바

---

* 이날은 대통령 직선제 개헌안이 국회에서 통과된 날이다.

뀐 것이다. 달라진 것은 외부적 요인인 정치상황으로, 한 달쯤 전인 7월 4일에 대통령이 의도했던 대통령 직선제 개헌안이 통과된 것만이 유일한 변동사항이었다. 이에 대한 합당한 이유 설명도 없었음은 물론이다.

형량이 이와 같이 극단적으로 줄어들자 이번에는 (영남지구) 계엄사령부가 반발하고 나섰다. 당시의 국방경비법 100조의 규정을 들어 위 재심절차와 판결은 잘못된 것이라는 논리를 내세워 이를 무효화한 뒤 재심을 명하고, 상급법원인 고등 군법회의가 다시 재판하도록 명령한 것이다. 이 국방경비법은 오늘날의 군법회의 재판에 관한 절차들을 규정한 법이다.

원래 군법회의의 재판은 단심(單審)이므로 한 번의 판결선고로 사건이 끝나는 것이지만, 100조에 재심에 관한 규정을 두어 "군 지휘권을 확보해야 할 특별한 사정이 있는 경우에는" 재심의 형식으로 다시 재판할 수 있도록 하는 규정이 있어서 가능했던 것이다.

그러나 이즈음 또다시 정치상황에 변화가 발생했다. 즉, 8년형이 선고된(8월 1일) 지 4일 후(8월 5일)에 개정된 헌법에 따라 대통령 직선제 선거가 행해져서 이승만이 다시 대통령으로 당선된 것이었다. 이렇게 이승만이 당면한 최대의 정치적 목적이 달성되자 이제는 구태여 무리하면서까지 서민호 의원의 재판을 신속하게 진행할 필요가 없게 되었다. 사건을 넘겨받은 고등군법회의는 이 점을 너무나도 잘 알고 있었다.

사건을 넘겨받고 9개월 동안 심리도 하지 않고 시간을 끌다가 비상계엄이 해제되자(이승만이 직선제로 다시 대통령으로 당선되었기 때문에 비상계엄을 유지할 필요가 없게 되었으므로), 민간법원에서 재판해야 한다는 이유로 1953년 5월 7일 국방부 장관의 지시에 따라 민간법원인 부산지 방법원으로 서민호 의원 사건을 이송했다. 이제 정부로서는 골치 아 픈 사건을 더 이상 떠안고 있을 필요가 없도록 조치한 것이다.

부산지방법원에서는 사건의 중요성을 인식하여 이 사건을 수석 부 장판사의 재판부에 배당했는데, 재판장은 양회경(梁會卿), 배석판사 는 강안희가 우배석으로 주심, 송명관(宋明寬)은 좌배석이었다.

양 재판장은 앞에서 계속 보아왔던 그 인물이다. 즉, 해방 후 4년 동안 변호사를 하다가 김병로 대법원장의 권유로 1949년 5월 20일 판 사가 되었으며, 서울지방법원 부장판사를 거쳐 6·25 사변의 피란지 부산으로 내려와 약 두 달 전인 1953년 3월 12일부터 부산지방법원 수 석 부장판사로 재직하고 있었다.

정치적 이유나 다른 사유로 사회의 이목을 끄는 큰 사건을 맡아 처 리할 책임을 지는 판사에게는 두 가지 서로 상반되는 생각이 들기 마 련이다.

한편으로는 사건의 심리와 판결을 내리기까지 들여야 할 엄청난 '업 무적 부담'과 함께, 판결의 결과에 대해 거의 틀림없이 예상되는 불만 을 가질 사람들에 대한 '심리적 부담'이 있을 것이다. 다른 한편으로는 인생을 살아가는 과정에서 마주치는 여러 갈림길 중에서 각자 나름의 '어떤 사정에 의해서' 판사의 길을 택했을 때의 '각오'와 '정의실현의 의 지'에 대하여 새롭게 생각해 보지 않을 수 없는 것이다.

어떤 판사들은, '유감스럽게도' 상당수의 판사들은 '중용의 덕'을 방 패삼아 정면돌파를 회피하고 현실과 적당히 타협하는 길을 택하기도 할 것이다.

하지만 이 사건을 맡게 된 재판장 양회경은 도저히 그와 같이 행동할 수는 없었다. 우선 그가 살아온 지난 20여 년 동안의 험난한 세월의 경험이 이를 용납하지 않았다. 밀항, 막노동, 매혈(賣血), 고학(苦學), 수감, 감옥에서의 결의, 극한상황에서의 공부, 쓰레기통에서 주은 합격증 등의 장면이 눈앞을 지나가면서 그는 '용감하고 올바른 판사'의 길을 가기로 결심했다. 결심이 서자 그는 망설임 없이 곧바로 사건의 심리에 착수했다.

첫 번째 공판기일을 열어 검찰 측의 기소내용을 듣고 이어서 변호인의 변소내용을 들어보니 사건의 핵심쟁점은 단 한 가지로서 간단하고 명백했다.

검찰의 주장은, 서민호 의원 측과 서창석 대위가 순천의 '평화장'이라는 음식점에서 저녁식사 도중 마주쳐 서로 시비하다가 "서 대위가 뒤로 돌아서서 대문을 향해 걸어가고 있었는데 서 의원이 권총을 발사하여 죽게 했다"는 것이었다.

반면 변호인의 주장은, "쌍방이 서로 시비하던 도중 서 의원이 이리저리 피하여 몸을 숨기는데 서 대위가 계속 쫓아와서 권총을 쏘므로 생명의 위협을 느낀 서 의원이 방어의 목적으로 호신용 권총을 발사하여 서 대위가 죽게 되었다"는 것이었다.

재판장을 포함한 재판부는 서 의원과 같이 식사했던 우체국장 등 12명의 증언을 들었다. 또한 현장검증도 하여 그 음식점의 부엌, 마루, 마당 등 문제가 된 장소들의 구조를 자세히 살펴보았다.

사실 가장 확실한 증거로는 총을 맞은 서 대위의 시신보다 좋은 것은 없었다. 왜냐하면 시신을 부검하여 총알이 지나간 자리를 확인해 보면 등에서부터 총알이 관통하여 복부 쪽으로 나아갔는지, 아니면 반대로 관통하였는지를 쉽게 알 수 있기 때문이다. 즉, 법의학상, 그리고 발사된 총알은 회전하면서 진행한다는 원리상, 총알이 들어간 입구의 구멍은 작은 반면에 반대쪽 총알이 나오는 출구의 구멍은 크게 확대되어 나타나는 것임은 공인된 사실이다. 그러나 유감스럽게도(아니면 진실이 밝혀지기를 원치 않는 측의 의도에 의해서인지) 서 대위의 시신은 사망 이틀 후 바로 화장되어 버린 상태였다.

재판부는 하는 수 없이 차선책으로 사고 직후 서 대위를 응급으로 치료한 의사를 불러 조사했다. 그 결과 불명확한 부분이 많기는 하였으나 총탄의 진행각도가 복부 쪽에서 등 쪽으로 나타나 있었고, 탄환은 서 대위의 복부를 관통하지 못하고 등뼈 부분에 박혀 있었다는 '의미 있는' 사실들을 밝혀냈다.

나아가 사건발생의 경위에 관한 검찰과 변호인과의 법정공방도 치열하게 진행되었다. 이승만이 이미 1952년 8월 5일 대통령으로 다시 당선된 이후이기 때문에 대통령에 대한 충성심을 드러내 보이기 위한 검찰 측 권오병, 김달기 검사의 노력은 필사적이었다.

반면, 이승만 정권 타도에 앞장선 거물 정치인이 피고인석에 섰던 만큼 그 변호인단의 면면도 화려했다. 당시 야당의 거물들로 변호사 자격이 있던 정구영(鄭求瑛), 윤형남(尹亨南), 엄상섭(嚴詳燮), 김기옥(金基玉) 등이 매번 재판기일마다 출석하여 불꽃 튀기는 반론을 펼쳤다.

5개월 가까운 심도 깊은 심리 끝에 1953년 10월 6일 마지막 공판을 가졌다. 변호인단을 대표한 정구영은 최후변론에서 "법관 여러분! 법원은 민주주의의 최후 보루라는 것을 명심해 주십시오. 오늘날 이 나라 민주주의가 엄존하느냐 소멸하느냐는 오로지 법관 여러분의 어깨에 달려 있습니다!"고 말하고는 울음을 터뜨리고 말았다.

　　심리를 마친 후 재판부의 판사 3인은 합의에 들어갔다. 각자 사건기록을 면밀히 검토하고, 먼저 주심판사인 우배석 판사(강안회)가 의견을 이야기하고, 다음으로 좌배석 판사(송명관) 그리고 끝으로 재판장인 그가 의견을 이야기했다.

　　당연한 귀결이었겠지만 세 사람의 의견은 완전히 일치했다.

　　즉, 서 의원 일행이 식당의 내실에서 만찬과 대화를 나누고 있었는데, 밖의 마루에서 문틈으로 안쪽을 들여다보면서 이야기를 엿듣고 있던 서 대위를 김처중 순경이 발견했다. 이를 수상히 여긴 김처중이 서 대위를 추궁하자 서로 시비가 벌어져 몸싸움으로 번졌다. 그 과정에서 서 대위가 권총을 꺼내들고 서민호 의원을 향해 발사했다. 탄환은 빗나갔고, 놀란 서 의원은 이내 방 밖으로 도망쳐 마루를 거쳐 부엌, 건넌방 등으로 피신하였으나 서 대위는 계속 권총을 겨누면서 쫓아다녔다. 건넌방에서 권총을 겨누며 마루에 있던 서 대위와 마주친 서 의원은 순간 생명의 위협을 느꼈다. 본능적으로 가슴에 품고 있던 호신용 권총을 빼들어 서 대위에게 발사하였고, 이 총탄이 서 대위의 복부에 명중하면서 그 자리에서 쓰러진 것이었다.

　　사실관계는 이렇게 정리되었고, 이제는 법률을 어떻게 적용할 것인가의 문제만이 남았다. 하지만 이 역시 '편견 없는' 법률가라면 결론이 명백했다. 즉, 형법 제21조에서 "자기의 법익(생명)에 대한 현재의, 급박하고, 부당한 침해를(서 대위의 사격) 방지하기 위한 행위(서 의원의 사격)는 벌하지 아니한다"라는 이른바 '정당방위' 규정에 정확히 해당함은 의문의 여지가 없었기 때문이다.

이제 3인의 판사들이 극복해야 할 유일한 난관은 단 한 가지, 법정 외부로부터의 유형 및 무형의 압력 및 압박감이었다.

사건을 심리하는 기간 내내, 특히 재판장인 그에게는 가족을 다 죽일 것 같은 협박전화와 편지가 왔다. 그는 당시 부산의 변두리 지역인 서면에서 방 한 칸을 빌려 네 식구가 살고 있었는데, 전차로 출퇴근할 때마다 누군가가 뒤를 밟으며 따라다니고 있었다. 조금이라도 흠을 잡아 시비할 거리가 있으면 이를 이용하여 협박할 속셈이었다. 하지만 허름한 셋방에 살면서 구두도 없이 고무신을 신고 전차로 출퇴근하는 것을 보고는 도중에 뒷조사를 그만두었다.

반면에 이런 일도 있었다. 어느 날 퇴근길에 전차정류장에 서 있는데 군복차림을 한 군인이 말을 걸어오면서 "소신껏 잘 해보시오!"라고 용기를 북돋아준 사람도 있었다. 나중에 어떤 사람인지 알아봤더니, 당시 군법무관으로 있던 고재필(高在珌)이었다. 군에도 이런 사람이 있구나 하고 커다란 격려가 되었음은 물론이다.

법정 밖에서는 연일 땃벌떼, 백골단, 민중자결단 등 압력단체를 조직하여 관제 데모가 벌어지고 있었다.

하지만 어떠한 외부요인도 정의감과 이를 실현하려는 용기로 충만

한 당시 42세 판사의 결의를 약화시킬 수는 없었다. 오히려 잠시라도 나약한 생각이 머리를 스쳐 지나가는 것조차도 판사의 자존감을 손상시키는 것으로 용납할 수가 없었다. 사건의 심리가 마무리된 지 2주가 지난 1953년 10월 20일 드디어 재판부는 피고인 서민호에게 무죄를 선고했다. 살인은 하였으나 정당방위이기 때문에 죄가 되지 않는다는 이유였다.

무죄판결을 선고한 후 그는 혹시라도 있을지 모를 신분상의 불이익, 그리고 정치권력 및 그 사주를 받은 집단들에 의한 테러 등을 각오하면서 하루하루를 지냈다. 그러나 그러한 우려와는 달리 판결 후 판사들에 대한 위협이나 가해는 없었다. 아마도 여러 달 동안의 재판과정을 지켜본 그들이 재판심리의 성실함, 치밀함과 공정함에 스스로 수긍한 것이 아닌가 여겨졌다.

나아가 이 재판 당시인 1950년대 초반에는 법조인, 특히 사법부의 판사들에 대하여는 정치인과 국민들의 신뢰가 깊이 살아 있었기 때문으로 볼 수 있다. 왜냐하면 과거 일제치하에 일제에 저항하고 독립을 쟁취해 내는 과정에서 법조인들이 헌신하고 기여해 왔던 역사적 사실이 기억 속에 남아 있기 때문이었다.

다만 권력을 쫓는 정치인의 어리석음은 어쩔 수 없는 것이어서, 그 후 어느 날 이승만 대통령이 "어디서는 유죄를 선고하고 어디서는 무죄를 선고하고, 도대체 어떻게 된 것이냐"고 대법원장에게 화를 냈다. 그 말을 들은 김병로 대법원장은 "판사의 판결에 대하여 잘못이 있으면 정당한 절차를 밟아 다투어야 하는 것이지 다른 방법으로 왈가왈부하는 것은 사법부 독립을 해치는 것이다. 여기에 대해서는 대법원장인 나도 어떻게 할 수 없는 것이다!"고 단호하게 대답하여 이후로는 오히려 이승만 대통령으로부터 존경을 받았다.

대통령으로부터 커다란 관심을 받고 있던 사건에 대하여 법원이 무죄판결을 하자 검찰은 치명타를 맞았다. 하지만 그들이 할 수 있는 일은 상급법원인 대구고등법원에 항소하여 다투어 보는 것 외에는 없었다. 항소하여 고등법원에서 소송을 진행하던 검찰은 1심 판결을 세밀하게 검토하여 그 잘못을 찾아내려고 노력하였으나, 1심에서의 철저한 사실심리와 정당방위라는 명백한 법률논리에 조금만큼의 허점도 발견할 수가 없었다.

서 의원을 제거하려는 대통령이 견디기 어려운 압박을 가해 오자 검찰은 엉뚱한 곳에서 탈출구를 찾아냈다. 즉, 살인의 정당방위 법리를 공격하는 것을 포기하고 절차법상의 약점을 파고들기 시작한 것이다. 즉, 1심 군법회의에서는 이미 서 의원에게 징역 8년을 선고한 바가 있었다. 그리고 이 형량이 너무 가볍다고 생각한 계엄사령부는 국방경비법(제100조)의 규정을 근거로 재심을 명령한 바가 있었다. 그런데 이제 와서는 재심명령이 법에 어긋나 잘못되었으니 징역 8년을 선고한 1심 군법회의 판결이 확정되었다는 취지로 주장을 바꾸었다. 그렇게 되면 서 의원은 사형은 면하더라도 최소한 징역 8년은 살지 않으면 안 되게 되는 것이다.

그 논리로 내세운 것은 국방경비법 제100조의 규정상, 피고인이 '무죄' 판결을 받았거나 (몸이 석방되는) '집행유예' 판결을 받은 경우에만 군 지휘관이 재심을 명령할 수 있는데, 서 의원의 경우에는 징역 8년의 '실형'을 선고받았으므로 재심을 명할 수 없다는 것이다. 여우 같은 약은 머리를 써서 사형은 못 시키더라도 8년간의 징역은 살게 하여 정치활동을 하지 못하도록 하는 노림수였다.

이 논리는 법적으로 타당하다고 여겨져서 대구고등법원에서 그대로 받아들여졌다. 즉, 군법회의 1심의 8년 징역형이 그대로 유효하게 확정되었으니 '면소'의 판결(1954년 4월 22일)을 내린 것이다.

서 의원 측은 이 고등법원의 판결에 불복하여 대법원에 상고하였으나 살인죄 부분은 1955년 1월 18일 상고기각으로 그대로 확정되었다. 다만, 사소한 문제점으로 횡령·배임죄도 있었는데 이 부분만은 파기환송되었다가 다시 대구고등법원에서 징역 10월이 선고되었고, 이에 대한 대법원에의 상고는 1955년 9월 16일 상고기각되었다.

이렇게 사건이 마무리되어 서 의원은 8년간의 복역을 마치고 4·19 혁명이 일어난 해인 1960년 4월 29일에 비로소 출소했다.

서민호 의원 사건은 이와 같이 마무리되었지만, 이 사건을 다룬 사람들(판사들)의 인생 항로는 이와 별도로 진행되고 있었다.

우선 서 의원에 대한 국회의 석방결의에 따라 1952년 5월 19일 그를 석방했던 안윤출 판사는 서울고등법원 부장판사와 대법관 직무대리를 거쳤으나 1958년 실시된 재임용에서 탈락하여 법관직에서 물러났다. 연임이 비토(veto)된 제1호 판사로 기록되었다. 사법부 판사가 정치권의 압력으로 그 신분을 상실하는 아주 나쁜 선례가 만들어진 것이다. 그나마 이후 몇십 년간의 사법부 수난사에 비추어 보면 차마 '임기 중에' 외압이나 모략에 의하여 자리를 떠나게 하지는 않았고, 법에 규정된 '10년마다의 재임용'이라는 형식에 따라서 물러나게 한 것만도 아직은 파렴치하지 않았다.

한편 서민호 의원 사건에서 가장 결정적인 역할을 담당했던 부산지법 수석 부장판사는 그 후 정상적으로 근무하여 1955년 2월 28일 광주고법, 1957년 10월 22일 서울고법의 부장판사로 전근되었다가 1959년 3월 27일 예전의 역사가 서려 있는 부산지방법원장으로 부임했다.

하지만 정치적 혼란기에(사람들은 각자 자기가 살아가는 그 시기가 가장 혼란스럽다고 생각하기는 하지만) 세상을 올바르게 살아가 보겠다는 생각을 가진 사람에게, 더욱이 사회정의를 실현해 보겠다고 판사의 직을 택한 사람에게 세상일이 순탄하게 돌아갈 리는 없다.

그가 광주고법에 근무할 당시인 1956년 8월 13일 도의원 선거가 있었는데, 전라북도 정읍에서 투표함을 바꿔치기하는 선거부정사건(이른바 정읍 환표사건)이 발생했다. 이 도의원 선거는 그해 5월 15일에 있었던 제3대 대통령선거에서 이른바 '4사 5입' 개헌으로 이승만이 당선된 직후에 실시되었다.

그런데 투표 및 개표 과정에서 투표함을 개표소로 옮기는 도중에 호송하던 경찰관들이 조직적으로 야당후보에게 투표한 표를 여당후보 표로 바꿔치기하는 부정(환표: 換票)이 있었다. 이를 목격한 경찰관(박재표 순경)이 그 사표(死票)를 들고 서울로 올라와 8월 27일 동아일보사 및 경향신문사를 찾아가 이러한 사실을 폭로하여 29일 두 신문에 대서특필되었다.

그리고 이틀 후인 31일 박 순경은 직무유기, 근무지 이탈, (경찰관들에 대한) 명예훼손 등으로 체포되어 기소되었다. 1심 재판을 기다리는 동안 그는 온갖 협박에 못 이겨 "자신이 거짓말한 것이다"라고 종전의 이야기를 번복하기도 했다. 하지만 다시 1심 공판정에서는 "전번에는 가족에게 돌아갈 피해가 걱정되어 본의 아니게 말하였지만, 내가 이 자리에서 하는 말이 사실이다"라고 다시 번복했다.

1심 판결 결과는 "환표의 의심은 가지만 증거가 없다"는 이유로 명예훼손과 직무유기죄로 징역 1년 6월의 실형을 선고받았다. 광주고법에 항소된 사건은 그에게 배당되었다. 주변의 온갖 유형 및 무형의 압력을 견뎌내면서 철저하게 심리해 보니 투표용지가 한 장씩 접혀 있는 것이 아니라 뭉치로 나오는 것이었다.

더 이상 다른 요인을 고려할 필요도 없이 1957년 6월 21일 그는 명예훼손(환표의 주장)에 대하여 무죄를 선고하였고, 이 판결은 3년 반 뒤 1959년 12월 15일 대법원에서 그대로 확정되었다.

그는 다시 한 번 '정권의 눈에 벗어나는', 하지만 판사의 양심상 가지 않을 수 없는 길을 간 것이었다.

그해(1957년) 10월 22일 인사이동에 따라 서울고등법원으로 전근된 그는 1년 반 정도 근무한 후, 1959년 3월 27일 부산지방법원장으로 발령받았다.

그 당시 대법원장은 조용순(趙容淳)인데, 그는 대법원장을 방문하여 부산지방법원장으로 나가는 것을 포기하고 그냥 서울고법에 2개월 정도 더 근무하다가 변호사 개업을 원한다고 이야기했다.

그 이유는 그가 1959년 5월 20일이 되면 판사로 임관한 지 10년이 되어 재임용 절차를 받아야 하는데, 그동안 두 번씩이나 대통령 또는 행정부로부터 미움 받는 판결을 해서 연임이 안 될 것임이 확실하기 때문이라고 했다.

이런 사정을 전해 들은 대법관들이 "이는 사법권의 독립을 위하여서도 있을 수 없는 일이다. 대법원장을 비롯한 대법관들이 그런 일이 없도록 최선을 다할 터이니 그대로 부임하라"고 강권했다. 특히 고재호(高在鎬), 김갑수(金甲洙) 두 대법관은 "자기들이 책임질 터이니 가라"고까지 격려했다.

그렇게까지 말하는데 거절할 수가 없어 발령에 순응하여 부산지방법원에서 불안한 날들을 지내고 있었는데, 뜻밖에도 "연임이 되었다"는 소식을 들었다. 의외의 결과라서 놀랍기도 하고 한편 고맙기도 하여 그 후 어느 때에 평생 들어가 본 적이 없는 행정관청에 '인사차' 법무부 장관을 찾아갔다.

당시의 장관은 홍진기(洪璡基)인데, 오히려 "그동안 판사로 계시면서 어려운 일도 많이 하셨고 욕도 많이 보셨습니다. 그렇게 해야 사법부가 살지요!"하는 기대하지도 않았던 칭찬을 듣고 나오게 되었다.

여담으로, 삶의 흐름은 예측불가여서 홍 장관은 그 후 1961년 5·16 쿠데타가 일어난 뒤, 1960년 4·19 학생시위 당시 경무대 앞 발포사건의 책임자로 지목되어 1961년에 1심인 보통군법회의에서 사형을 선고받았다. 곧바로 항소하여 2심인 고등군법회의의 재판을 받게 되었는데, 운명의 수레바퀴는 이상하게 굴러가서 그 고등군법회의 재판부의 한 구성원으로 당시 대법원 판사였던 그가 들어가게 되었다. 왜냐하면 당시 법규정상 고등군법회의 재판부에는 반드시 대법원 판사 1명이 들어가도록 되어 있었기 때문이다.

심리결과 당시의 상황, 특히 법무부 장관이 군인들에게 발포명령을 할 수가 없었다는 점이 인정되어 무기징역으로 감형되었다. 홍 장관은 얼마 동안의 옥고를 치른 후 사면으로 석방되었고, 그의 장녀가 후에 삼성그룹 이병철의 며느리(이건희의 부인)가 되었다.

아무튼 그는 1959년 5월 20일 기대하지 않았던 연임이 되어 법관의 생활을 계속하던 중 1960년 1월 20일에는 48세의 나이에 대법원 판사(오늘날의 대법관에 해당하는 명칭이다)로 임명되어 법관으로의 인생에 절정기를 맞이했다.

그해에도 정치적 격동은 계속되어 1960년 3월 15일에는 부정선거로 규탄받는 제4대 대통령선거가 있었고, 4월 19일에 있은 학생 의거로 4월 27일 이승만 대통령이 하야하고, 허정의 과도정부를 거쳐 마침내 1961년 5월 16일 박정희의 쿠데타로 이제까지의 민간정권이 군사정권으로 바뀌는 대변혁이 일어났다.

이제 그는 대법원 판사로서 군사정권이라는 새로운 여건 하에서 또다시 사법부 독립과 정의를 향한 투쟁과 노력을 해야 할 여정(旅程)을 시작했다.

* * *

국가 공무원이 일을 하다가 다른 사람에게 손해를 끼치면 어떻게 될까? 당연히 국가가 그 손해를 갚아 주어야 할 것 같다. 왜냐하면 그 공무원은 국가를 위해서 일하고 있었으니까.

그런데 그 '공무원이 군인'이었다면 무엇이 좀 달라질까? 군인도 공무원임에는 틀림없으므로 달라질 것이 없을 듯하다. 더 나아가 공무원에 의하여 '피해를 입은 사람이 하필 군인'이었다면 또 어떻게 될까? 그래도 마찬가지여야 할 것 같다. 왜냐하면 군인이라는 이유만으로, 다른 합리적 이유도 없이, 일반인이면 받을 수 있었을 손해배상을 받지 못한다면 너무도 억울할 듯하기 때문이다.

여기까지는 그런대로 쉽게 이해가 된다. 그런데 그 피해자로 된 사람이 손해배상 이외에 다른 방법으로 따로 돈을 받는 것이 있다면 어떻게 될까? 이 다른 돈은 '손해의 배상'이 아니라 사회보장의 차원에서 생활을 돕기 위한 '보상'이다.

갈 수 있는 길은 '두 가지'가 있다. 하나는 받을 수 있는 다른 돈이 있더라도 그와는 관계없이 전부 손해배상을 받는 것이다. 다른 하나는 위와는 정반대로 생활보장을 위해 어떤 제도가 마련되어 있다면 이로써 사후적인 모든 일은 해결되었다고 보고 따로 손해배상은 청구할 수 없도록 하는 것이다.

이제 우리나라 사법부의 70여 년 역사상 가장 중대한 의미를 가지는 판결을 하게끔 만든 사건의 실체를 살펴본다.

이 판결이 가지는 역사적 중요성에 비추어 보면 사건의 내용은 너무나 단순하고 평범한 것이었다. 하기야 역사를 바꾸는 사건이라고 해서 반드시 엄청난 큰 사건이어야만 하는 것도 아니다. 역사에서 인과(因果)의 고리는 기기묘묘하여 강둑의 개미굴이 강둑을 무너뜨리는 경우들을 우리는 잘 알고 있다. 미란다(Miranda) 사건이 형사사법절차를 그 정도로까지 바꾸어 놓을 줄을 어떻게 상상이라도 하였겠는가?*

1968년 4월 대한민국 소속의 공무원인 운전병 한 사람이 트럭에 나무를 싣고 굴곡이 심한 도로를 운전하고 있었다. 그 트럭의 나무 위에는 역시 군인인 이 사건의 원고가 타고 있었다. 운전병은 굴곡이 심한 도로를 운전하다가 운전 잘못으로 길 옆의 민가를 들이받았고, 그 충격으로 나무 위에 있던 원고가 땅으로 떨어져 운 나쁘게도 뇌출혈로 사망하였다.

사망한 원고의 가족은 변호사를 찾아가 손해배상 청구소송을 의뢰했다. 사건을 상담한 변호사는 조금도 주저함이 없이 승소를 확신하고 그 사건을 맡아 수행했다. "공무원이 타인에게 손해를 가한 때에는 국가가 그 손해를 배상하여야 한다"(국가배상법 제2조 제1항)에 정확히 해당되었기 때문이었다.

더욱이 이와 완전히 똑같은 조문은 국가의 기본법인 헌법(제26조)에도 명확히 규정되어 있다. 즉, 근대 민주국가에서는 비록 국가의 행위일지라도 잘못이 있으면 타인이 입은 손해를 배상해야 한다는 '국가책임의 원칙'을 선언한 것이다.

---

* 피의자인 미란다(Miranda)는 18세 소녀를 납치, 강간한 혐의로 체포되었다. 경찰에서의 신문과정에서 그는 범행을 모두 자백하였고, 경찰의 강압적 조치도 없었다. 1심에서 30년형을 선고받고 사건이 대법원까지 왔다. 거의 은퇴상태인 국선변호인은 달리 변호할 사항이 없어 '억지로' 다음 사항을 주장했다. 즉, 경찰관이 '사전에' 그리고 '명백히' 묵비권과 변호인 선임권이 있다는 점을 알려주지 않았으므로 피의자의 자백은 유죄의 증거로 사용될 수 없다고 했다. 미국 대법원은 1966년 이 주장을 받아들여 무죄를 선고하였고, 이는 후에 전 세계적으로 형사사법의 대원칙이 되었다.

그런데 문제는 그다음 단계, 즉 단서조항(예외조항)에서 발생한다.

즉, 위 법은 제2조 1항의 본문에서 국가배상책임의 원칙을 규정해 두고서 곧바로 이어서 예외조항으로, "다만, '군인'이 다른 법령에 의하여 '재해보상금 등을 지급받을 수 있을 때에는' 손해배상을 청구할 수 없다"고 규정하고 있기 때문이다.

1968년 4월에 발생한 이 사건은 특별히 장시간에 걸쳐 조사, 심리할 내용이 없었으므로 신속하게 진행되었다. 사고 발생 약 1년 후인 1969년 5월 5일에 1심법원의 판결이 있었는데, 사망한 군인의 가족인 원고들이 간단히 승소했다. 국가가 항소한 제2심 법원의 판결 역시 1970년 3월 13일에 원고 승소로 마무리되었다.

핵심쟁점인 국가배상법 제2조 제1항 단서인 '군인의 배상청구를 배제하는 규정'은 '모든 국민은 법 앞에 평등하다'는 "헌법 제9조의 규정에 반하여 위헌이다"라고 간단히 판단되었다. 이에 대하여 피고인 국가의 상고로 사건은 대법원으로 넘어가게 되어 대법원의 판결을 기다리게 되었다. 당시는 오늘날과 같은 헌법재판소가 없어 법원이 스스로 위헌 여부를 판단할 수 있었다.

이 사건이 대법원에 접수되자 양회경 판사는 즉각적으로 사건 검토에 들어갔다. 재판연구관의 도움도 받았지만, 사건의 중대성에 비추어 본인 스스로도 우리나라 및 외국의 각종 판례, 학설과 입법례들을 상세히 조사하고 치밀하게 분석하기 시작하였다. 그랬더니 쟁점이 되는 커다란 윤곽들이 드러나게 되었다.

종합해 보니 배상액의 제한이 가능하다는(즉, 합헌이라는) 주장은 두 가지 점에 근거하고 있었다. 하나는 법리적인 면이고, 다른 하나는 경제적(정책적)인 면이었다.

먼저 법리적인 면에서, 헌법상 개인의 재산권 보장은 헌법이 비로소 부여한 권리이기 때문에(즉, 헌법 이전의 자연법적 권리가 아니므로) 헌법 또는 법률의 규정으로 이를 어느 정도는(완전한 박탈이 아닌 한) 제한할 수 있다는 것이었다. 바로 이 사건의 경우에는 '손해배상'은 아니더라도 '재해보상금'은 지급되고 있으므로 별도로 전액의 손해배상은 하지 않더라도 위헌은 아니라는 취지이다.

다음으로 정책적인 면에서, 국가 전체를 운영해 나가야 할 국가의 입장에서 경제사정이 '지극히' 어려운 경우에는 일부 재산권을 제한하는 조치를 취할 수 있음은 당연하다고 주장한다.

일부의 견해에 의하면 경제구조는 국가의 하부구조(기초적 구조)이므로 국민의 권리가 경제에 양보해야 한다고 주장한다. 국민은 '깨끗하지만 가난한 정부'보다는 '약간 더럽지만 배를 따뜻하게 해주는 정부'가 더 좋다고 한다.

외국의 경우를 보더라도 1차 세계대전 이후 독일의 경제가 극도로 악화되자 국민을 잘살게 해주겠다는 명분을 내걸고 히틀러의 국가사회주의가 등장한 것이 그 예이다.

또한 미국의 경우도 다르지 않았다. 1929년에 미국에서 대공황(The Great Depression)이 시작되자 당시 프랭클린 루즈벨트 대통령(민주당)은 1933년부터 1936년까지 경기부양을 위해 일자리를 만들어주고 경제구조를 개혁하는 강력한 뉴딜정책, 결국은 국가가 경제에 적극 개입하는 정책을 추진하여 종래의 자유방임적 자본주의 논리를(시장경제

의 원칙) 뒤집는 법안을 다수 만들었다. *

　여기에 반대하여 배상액의 제한은 불가능하다는(즉, 위헌이라는) 주장은 역시 법리적인 면과 경제적(정책적)인 면에서 위 주장을 반박하고 있었다.

　먼저 법리적인 면에서, 개인의 재산권의 보장은 사유재산제를 채택하는 한에서는 법률 이전의 천부적인 권한이므로 '약간의 제한'을 넘어서 '박탈'에까지 이르는 제한은 허용될 수 없다는 것이었다.

　나아가 정책적인 면에 있어서도, 합헌론의 이론에는 허점이 많다고 지적하고 있었다. 즉, 1968년 이 사건 사고 당시 우리나라의 경제상황이 앞서 본 독일이나 미국의 경우와 비슷할 정도로 심각하였는지를 따져보아야 한다. 이 점에 관해서는 재판 기록상 아무런 자료가 없을 뿐 아니라 국가도 구체적인 수치를 들어 그 필요성을 강조하고 있지도 않다. 다만, 일반적인 통계자료에 나타난 것을 보면, 국민소득이 쿠데타가 일어났던 1961년에는 1인당 84.7달러, 1962년에는 90.89달러로서 아프리카의 최빈국(가나, 가봉)보다 낮고, 북한보다도 훨씬 낮은 정도인 것은 사실로 보인다.

---

* 　미국 대법원은 헌법상 사유재산권 조항에 무게를 두어 이들 중 12개의 핵심 법안들이 위헌이라고 판결하여 대통령에게 결정적인 타격을 안겨주었다. 그러자 대통령은 대법관 70세 정년제를 도입하는 법안을 제출하겠다고 반격했다. 당시 대법원은 9명의 법관 중 6명이 70세를 넘고 있었는데 그 숫자만큼 친민주당계로 새로운 법관을 임명하려는 의도였다. 위기감을 느낀 휴스 대법원장은 이후 주요한 뉴딜 관련 법안에 대해 5 대 4로 합헌판결을 내리도록 이끌어서 타협했다.

그런데 다시 의문점들이 속출한다. 이 사건 판결이 국가경제에 미치는 영향이 '어느 정도로 커야만' 이를 고려할 수 있는가? 그리고 그 영향의 정도는 수치로 증명되어야 하는가(정량평가), 아니면 막연한 느낌만으로도 가능한가(정성평가)?

나아가 이 판결에서 그러한 사정, 즉 국가경제에 미치는 영향을 고려해 준다면 바로 경제가 좋아질 것인지, 아니면 이는 희망사항일 뿐 그 효과여부는 단정할 수 없는 것인지도 중요 요인이 될 것인가?

더 나아가서 만약 국가의 손을 들어준다면, 즉 원고의 청구를 기각한다면 원고의 손해는 즉각적이고 가시적인 데 반하여 국가가 얻는 이익, 즉 경제에 미치는 긍정적 영향은 바로 나타나지 않고 한참 시간이 지나서야 나타날 수 있는데도 이를 용인할 것인가? 등을 살펴보아야 할 것이다.

이와 같은 사고과정을 거치고 나니 마침내 이 사건의 결론을 좌우할 수 있는 결정적인 논점으로 진입하고 있음을 양 판사는 감지하게 되었다. 즉, 일정한 경우에 군인의 배상청구권을 인정하지 않는 것이 재산권의 '본질적 내용을 침해'하는 것인가 이다. 다시 말해, 재산권인 손해배상 청구권의 제한이 '제한'을 넘어 '박탈'이 되어버리는 것은 아닌지 이다.

박탈은 아니라는 합헌론은, 아무런 돈도 주지 않는 것이 아니라 사회보장을 위한 재해보상금은 주고 있으므로 그 정도는 국가를 위하여 참아줄 수 있지 않느냐는 주장이다. 반면, 박탈에 해당한다는 위헌론은, 이 재해보상금은 '사회보장'을 목적으로 하는 것이지 '손해배상'을 목적으로 하는 것이 아니므로 손해배상금으로서는 한 푼도 지급되는 것이 없어 박탈에 해당될 수밖에 없다는 주장이다.

여기에서 한 걸음 더 나아가서, '군인'도 똑같은 '국민'인데 왜 군인이 피해자인 경우에만 배상액을 제한하여야 하느냐고 의문을 제기한다. 국가의 경제를 생각한다 하더라도 '군인의 희생 위에서' 이를 이루어야 한다는 것은 헌법의 또 다른 중요한 원칙인 '평등의 원칙에 정면으로 어긋난다'는 것이다.

이에 대하여 합헌론은, 평등이라는 것은 '기계적 평등'이 아니라 합리성이 인정되는 한 '합목적적 차별'은 정당하다고 재반박한다.

여기는 대법원의 전원합의 회의실이다. 엄청나게 넓은 방은 아니지만 대법원 판사 16명 전원이 둘러앉아 의견을 나누고 토론하고 설득하며 최종적으로 표결까지 이루어지는 대법원의 심장부이다.

나라에 따라 대법관들이 둘러앉는 테이블의 모양이나 그 앉는 방식이 모두 같지는 않지만, 우리나라의 경우에는 '완전한 원형' 테이블이 사용된다. 미국 대법원의 경우에는 이와는 달리 세로로 긴 직사각형의 테이블이다.

앉는 방법은 철저히 서열순에 따라서 좌석이 정해져 있다. 출입구에서 가장 먼 쪽, 즉 출입구를 바라보는 쪽이 상석으로 재판장인 대법원장이 앉는다. 그다음은 서열 두 번째인 판사가 대법원장의 오른쪽에 앉는다. 하급법원으로(고등법원 및 지방법원) 치자면 상급 서열인 우배석에 해당되는 격이다. 나아가 대법원장의 왼쪽으로는 좌배석에 해당되는 다음 서열인 서열 세 번째 판사가 앉는다.

이러한 규칙에 따라 순차적으로 대법원장석으로부터 한 자리 걸러 멀어지면서 다음 서열의 판사들이 오른쪽, 왼쪽으로 앉게 된다. 그 결과 제일 낮은 서열의 판사는 대법원장석에서 가장 멀리 그리고 출입구에서 가장 가까이 앉게 된다. 따라서 음료수를 부탁하거나 필요한 자료를 외부에 부탁하는 일 등은 맨 마지막 서열의 판사가 담당하게 된다. 당연한 일이지만 이 합의실에는 판사들 이외에는 아무도 함께 들어가 앉아 있을 수 없기 때문이다.

대법원 판사들 사이의 서열은 누가 먼저 대법원 판사로 임명되었는지의 순서에 따라 결정된다. 즉, 일반 판사와 같이 자격시험(사법시험 등)에 합격한 기수(즉, 시험에 합격한 회수)는 고려되지 않는다. 그리고 같은 날짜에 임명된 대법원 판사가 여러 명일 경우에는 나이순에 따라 연장자가 서열이 높다.

이러한 규칙에 따라 당시 대법원장(1968년 임명)인 민복기 판사가 재판장석에 앉고, 순서대로 손동욱(서열 2 · 1959년 임명), 김치걸(서열 3 · 1960년 임명), 사광욱(서열 4 · 1961년 임명), 홍순엽(서열 5 · 1961년 임명), 양회경(서열 6 · 1961년 임명), 방순원(서열 7 · 1961년 임명), 나항윤(서열 8 · 1961년 임명), 이영섭(서열 9 · 1961년 임명), 주재황(서열 10 · 1968년 임명), 홍남표(서열 11 · 1968년 임명), 유재방(서열 12 · 1968년 임명), 김영세(서열 13 · 1969년 임명), 한봉세(서열 14 · 1969년 임명), 민문기(서열 15 · 1969년 임명), 양병호(서열 16 · 1969년 임명) 판사들이 원형 테이블 주위로 각자 자리 잡고 앉았다.

그리하여 대법원장(민복기)보다 일찍 대법원에 들어온 판사가 8명이고, 대법원장과 함께 들어온 판사가 3명, 대법원장보다 1년 늦게 들어온 판사가 4명으로 구성되었다.

모두들 정좌하자 대법원장이 간단한 인사말과 함께 심리의 개시를 선언한다. 일반적으로는 각 사건마다 '주심'판사가 정해져 있어서 그 주심판사로부터 사건개요의 설명 및 법적 및 사실적 논점에 관한 정리된 쟁점을 듣고 시작하는 것이 보통이다.

이번 사건의 경우에는 나항윤 판사가 주심판사를 맡았기 때문에 먼저 나 판사가 재판연구관의 도움을 받아 준비해서 배포해 놓은 서면에 따라 간략히 사건개요와 논점을 설명했다.

첫 단계가 진행된 후 다음 단계로, 재판장부터 '서열순으로' 각자 이 사건의 심리에 임하는 자세 또는 본인이 가장 중점을 두는 내용이나 기타 하고 싶은 이야기를 '모두(冒頭) 발언'의 형식으로 돌려가면서 이 야기한다.

대부분의 경우 위 서열일수록 보다 편하게 길게 이야기하는 경향이 있고, 아래 서열일수록 간략히 말하는 경향이 있다. 선배 판사를 존중한다는 의미도 있으나, 다른 한편으로 10여 명이 넘는 판사들이 할 이 야기를 앞에서 다 해왔으니 여기에 더 보태어 할 말이 없으므로 자연스럽게 그렇게 되는 것일 수도 있다. 이에 따라 순차적으로 '모두발언'이 이루어진다.

먼저 대법원장 민복기의 발언이다.

"우리 대법원은 이 사건을 계기로 해서 대한민국의 대법원, 나아가 사법부의 위상을 결정할 중요한 기로에 서 있습니다. 저의 생각으로는 사법권의 작용도 역시 국가통치권의 행사인 만큼 '시야를 넓혀' 국가통치의 차원에서 사건을 심리하고, 그에 합당한 결론에 도달하기를 희망합니다" 라고 운을 띄웠다.

알려진 바와 같이, 그는 1913년에 일제 자작인 민병석(일제 후작 이완용과는 사촌지간이다)의 차남으로 태어나 1937년 3월 경성제국대학 법학부를 졸업하기도 전인 1936년에 23세의 나이로 어렵기로 소문난 일본 고등문관시험 사법과에 합격한 수재였다. 약관인 27세(1940년)에 한국인에게는 거의 주어지지 않는 경성지방법원 판사에 취임하고, 이후 관직에서 승승장구했다.

그는 성품이 온화하고 매사 조심하며 겸손하였고, 몸가짐 역시 공손했다. 5척 단구였지만 귀족의 풍모가 넘쳐났고, 자리가 내려질 때마다 모양을 갖추어 사양했으나 결국은 다시 관직에 불려가게 된다.

그리하여 해방 후인 1955년부터 1956년까지는 검찰총장, 그 후 5년간 변호사를 하다가 1961년부터 2년간 대법원 판사로 재임한 후, 1963년부터 1966년까지는 법무부 장관을 역임하고 잠시 재야에 있다가, 1968년에는 일약 제5대 대법원장에까지 발탁되었고, 1973년에는 다시 제6대 대법원장으로 연임하여 1978년 정년까지 10년 2개월간 대법원장으로 재직했다. 이 기간은 초대 대법원장인 김병로보다 10개월이 더 긴 것이다. 자그마한 체구에 언행이 항상 온화하여 중용의 덕을 갖추고 있었기에 어려운 시기에도 적을 만들지 않고 세파를 잘 헤쳐 나가는 분이었다.

이어서 서열 2번과 3번인 손동욱, 김치걸 판사의 의견개진이 있었는데, 이 두 판사는 나머지 다른 판사들보다 대법원 판사 임명이 빠른 선배였던 만큼(적게는 1년, 많게는 10년까지도 빨랐다) 거침없이 소신에 따른 의견표명을 했다. 요지는 법치국가에서 법 앞의 평등이 무엇보다 중요하므로 그 원칙은 지켜져야 한다는 것이었다.

나머지 그룹들인 서열 4번부터 9번까지의 판사들은 모두 1961년에 임명되어 대법원의 허리를 이루는 핵심 판사들로서, 차분하게 법적논리를 전개했다. 핵심쟁점으로는 국가의 경제상황도 당연히 법률해석의 한 부분으로 고려되어야 할 것이지만, 유독 '군인들의 희생으로 국고 손실을 막아야 한다'는 논리가 과연 타당한지에 대한 의문을 제기했다.

나머지 일곱 명의 판사(이 중 세 명은 2년 전인 1968년에, 네 명은 1년 전인 1969년에 각각 대법원 판사로 임명되었다)는 중요한 핵심쟁점들이 이미 드러나 있었으므로 특별히 눈에 띄는 발언은 없었고, 앞으로 법리를 면밀히 검토해 보자는 일반론만을 이야기했다.

이로써 각 판사들의 의중을 헤아려보는 탐색은 마무리되었고, 2주 후에 쟁점별로 보다 심도 깊은 토론을 위해 제2차 합의기일을 열기로 했다.

2주 뒤에 열린 합의기일은 열기가 뜨거웠다. 기초적인 탐색은 이미 한 번 거쳤을 뿐만 아니라 그동안 연구관들 및 판사들 본인이 준비한 각종 논문, 판례 등을 철저히 읽고 나름의 '의견'을 '소신'의 정도로까지 정리해 왔기 때문이다.

핵심쟁점은 간단하고 명료했다. '국가경제를 위하여 국민의 기본권 중 재산권을 얼마나, 어떻게, 제한할 수 있느냐'일 것이다.

국가 전체의 입장을 중요시하는 입장은 이를 광범위하게 인정하려 할 것이고, 개인의 권리와 자유를 중요시하는 입장은 이를 부정하거나 제한하려 할 것이다. 양쪽의 헌법적 그리고 법률적 논리 구성은 모두가 가능하다. 그 논리들은 이미 앞에서 정리하여 살펴온 바와 같다.

그러나 문제는 이러한 논리의 다툼이나 대결만으로는 해결되지 않는다는 데 있다. 즉, 각각의 논리는 그 '중요도'나 '무게'가 객관적으로 측정될 수 없는 것이기 때문에 서로 자기의 주장을 우겨댄다면 속수무책으로 이를 수습할 방도가 없다. 결국은 쿨(cool) 하게 다수결로 표결할 수밖에는 없으나, 이렇게 되면 법률, 법률가, 판사라는 존재가 무슨 필요가 있는지 회의론에 빠져들게 된다. 자칫 법률이라는 것은 힘(권력)을 가진 자가 자기 입맛에 맞는 대로 주무를 수 있는 것이 아니냐는 최악의 상황으로 흘러갈 수도 있다.

결국 법률이라는 것은, 약간 과장하면, '마음만 먹으면' 어느 방향으로도 해석이 가능한 비극적인 운명을 타고난 존재이다. 법과대학에서 배우는 법률이론 및 법률해석은 그러한 논리구성을 어떻게 할 것인지의 기술을 가르치는 것이다. 물론 그 과정에서 올바른 '법의 정신', '정의감', '정의 실현을 위한 용기' 등을 가르치기도 하지만, 당장 눈앞의 가시적 성과인 법조인 자격 취득(사법시험, 현재는 변호사 시험의 합격)에 급급한 학생들은 이를 등한시하기가 쉽다.

그렇기 때문에 법과대학에 처음 입학하면, 교수님들이 신신당부하는 내용이 "법률공부를 시작하기에 앞서 문학·역사·철학 등 올바른 가치관, 세계관, 인생관을 다지는 공부부터 하라"고 주문하는 것이다. 하지만 인생의 진리가 그렇게 쉽게 깨우쳐질 리는 없다. 세월이 지나고 경험이 쌓이면서 비로소 뒤늦게 그때의 말씀들이 옳았구나 하고 깨닫게 되는 것이 인간의 숙명이다.

그렇다면 현실적으로 판사의 인생관, 세계관, 역사관은 어떻게 해서 만들어지는가? 사람이라는 존재는 결국 그때까지 살아오면서 보고 듣고 경험하고 느껴온 모든 것들의 총합체인 만큼 개개의 판사가 그때까지 어떠한 인생역정을 거쳐 왔는가에 따라 그 '생각의 무늬'가 정해질 수밖에 없다.

그 무늬를 결정하는 사건이 역사적으로 엄청나게 큰 사건일 수도 있지만 반면에 남의 눈에는 하찮은 자그마한 일일 수도 있다. 세상만사 인과의 법칙은 오묘한 것이어서 무엇으로부터 어떠한 운명의 실타래가 풀려나올지 아무도 미리 알 수가 없다. 다만 모든 일이 진행되고 난 후에 돌이켜 생각해 보아야만 비로소 그 운명의 수레바퀴를 희미하게라도 깨닫게 되는 것이다.

판사들 사이에 농도 짙은 몇 시간의 토론이 진행되면서 거론될 수 있는 가능한 모든 헌법적, 법률적 논리는 망라되었다. 이제 더 이상의 토론을 계속하는 것은 동어반복으로 흘러갈 수밖에 없음이 분명하게 되었다. 토론이 여기에 이르자 재판장인 대법원장이 상황의 정리에 나섰다.

이 정도로 토론을 마치고 다시 2주 동안의 숙려기간을 가지면서 각자의 생각을 숙성해서 다음 합의기일에 대법원 전원재판부의 의견을 정리하자고 제안했다. 물론 전원의 통일된 의견이 나오지 않으면 법 규정과 관례에 따라 각자 표결의 형식으로 사건의 결론을 낼 수밖에 없는 것이다. 열띤 여러 시간의 토론으로 피곤해진 판사들은 각자의 집무실로 돌아갔다. 나머지 2주일 동안에 나름의 최종의견을 정리해 두어야 할 숙제를 안고서.

16명의 대법원 판사들은 각자 근신하고 사색하는 2주간의 시간을 보낸다. 그들은 자기의 의지와는 상관없는 일이지만, 운명적으로 한반도의 동서남북 어느 한 지역에서, 어떠어떠한 부모 아래 태어났다.

이 16명은 출생연도가 1909년부터 (손동욱, 김치걸) 1920년까지 (유재방) 사이에 걸쳐 있으므로 1910년 한일병합 이후 1919년 3·1운동을 거쳐 1945년 광복을 맞이하기까지 '대부분'은 일제하의 어려운 세월을 견뎌온 분들이다. 경제적인 어려움은 물론 있었지만, 일제 치하에서 벗어나려는 열망과 자주독립의 강한 의지로 충만한 분들이었다.

다만 한 사람, 대법원장만은 이 사건을 심리하기 시작할 때부터 마음속에는 자연스럽게 결론이 이미 내려져 있었다. 한 가지 마음 한구석에 자리 잡고 있는 걱정거리는, 대법원을 조화롭게 이끌어 갈 책무를 안고 있는 대법원장으로서 어떻게 15명의 대법원 판사들을 자연스럽게 리드하여 당시 대통령 (박정희) 의 의중에 부합하는 결론에 다다르는 모습을 보여줄 수 있는가에 있었다.

사실 1968년 4월에 발생한 이 교통사고가 1969년 5월에 제 1심법원 판결, 다시 1970년 3월 13일 제 2심법원 판결이 나고, 같은 날 바로 대법원에 상고됨으로써 위헌여부의 판단이 피할 수 없게 되자 대통령을 비롯한 측근 참모들의 긴장감은 점점 심해지고 있었다.

1961년 쿠데타로 권력은 장악하였으나 그 정권의 정통성이 취약한 만큼 어떻게 해서라도 경제발전을 이루어, 이로써 정권의 약점을 커버해야 할 필요성이 절실했다. 경제개발을 목표로 행정력을 총결집하여 1970년 수출 10억 달러 목표를 달성하였고, 1964년부터 4차례에 걸친 월남전 파병으로 외화벌이에 심혈을 기울이던 상황이었다.

총칼의 힘으로 권력은 잡았지만 이 사건과 같은 법률문제에는 전혀 문외한으로 해결의 실마리조차 찾을 수 없었기 때문에, 그래도 법률가이면서 권력의지가 강한 몇몇 검사들을 참모진으로 불러 사용하기 시작했다.

　당장 눈앞의 편리함을 위해 검찰을 끌어들인 이 조치는 후에 두고두고 우리나라의 법치주의를 후퇴시키는 씨앗을 뿌리고야 만다. 당시 장막 뒤에 숨어 은밀히 법률지식을 제공했던 검사들은 이후 세월이 흐르면서 그 면면이 다 드러나고 있다.

　한편 대통령과 참모들은 그 나름으로 상황을 반전시키기 위한 노력을 다했다. 우선, 판사들이 법률이라는 좁은 틀에서 벗어나 큰 시야에서 세상을 볼 수 있게 한다는 취지에서, 대법원 판사들 전원을 5~6명씩 한 조를 이루어 당시 전쟁 중이던 월남에 시찰차 방문하여 주월사령부로부터 전황을 직접 보고 들을 수 있는 기회를 만들어 주기도 했다. 심지어는 그 당시만 하더라도 판사에 대한 군인의 존경심 내지는 경외감도 적지 아니하며, 판사들의 '환심'을 얻기 위한 방편으로 대법원장을 통하여 대법원 판사 전원에게 고가의 골프클럽을 선물하고 골프를 즐기도록 권하기도 했다.

　그렇지만 대법원 판사 어느 누구도 대통령의 이러한 후의와 배려에 마음의 부담을 느끼고 사건의 결론을 내리는 데에 머뭇거리는 사람은 없었다. 아니, 마음 한구석에 이러한 그림자가 비추는 것조차도 판사의 자존심을 상하게 하는 잡념으로 받아들이고 있을 정도였다. *

---

*　이러한 취지의 동남아 여행은 양회경, 방순원, 홍남표, 유재방, 민문기, 양병호

2주간의 숙려기간이 시작되자마자 양회경 대법원 판사도 역시 사무실에서나 집에서나, 자나 깨나 논리 구조를 정리해 나가기 시작했다. 머릿속을 지배하는 생각은 오직 한 가지, "헌법을 해석하는 판사의 생각은 어떠해야 하는가", "국가를 경영함에 있어 사법부는 어떤 역할을 해야 하는가", "삼권분립과 사법부의 독립은 법치국가에서 어떤 모습을 가지는 것이 가장 이상적인가"였다.

 양 판사의 머릿속에는 다음과 같은 이론들이 학자들 사이에서 주장되고 있음이 정리되어 떠오른다. 여기에는 모든 인문, 사회과학이 그렇듯이 당연히 대립하는 두 가지의 견해가 있다. 하나는, 헌법은 제정 당시에 글로 쓰여진 그대로 읽고 해석해야 한다는 것이다. 이러한 규정이 현재 상황에 맞지 않는다면 이는 국회의 몫으로서 하루속히 개정 작업을 해서 고쳐 나가야 한다. 다른 하나는, 헌법(법률)의 해석은 시대상황의 변화에 맞추어 그 시대에 맞도록 유연하게 변화시켜 나가야 한다는 것이다. 그래야만 옛날의 법이지만 오늘에 맞추어 적용할 수 있다는 취지이다.

 다음으로, 어떤 견해는 사법부도 국회 및 행정부와 함께 국가통치

 의 6인이 그룹이 되어 1971년 5월 22일 출발하여 6월 12일에 귀국했다. 그런데 귀국일자는 이 판결이 선고된 1971년 6월 22일로부터 불과 10일 전이었다. 단지 흥밋거리로 위 여행과 판결결과를 맞추어 본다면, 뒤에서 보는 바와 같이, 6인 중 4인(양회경, 방순원, 유재방, 홍남표)은 위헌 의견이고, 2인(민문기, 양병호)은 합헌 의견이었다. 조금 더 나아가 살펴보면, 위 위헌 의견 중 2인(양회경, 유재방)은 가중된 의결정족수 조항에서 합헌 의견을 제시하였으므로 결과적으로는 위 6인 중 4인이 국가의 손을 들어준 셈이 되었다.

작용의 한 축이므로 당연히 대통령(행정부)의 통치철학을 어느 정도는, 헌법 원리에 어긋나지 않는 한, 받아들여야 한다고 말한다. 다른 견해는, 한 나라의 통치철학은 헌법 자체에 담겨 있는 것이지 대통령 개인이 좌지우지할 수 있는 것이 아니다. 사법부는 견제와 균형의 원칙에 따라 헌법 원리에서 벗어나려는 대통령(행정부)과 국회의 전횡을 바로잡아 주어야 하는 것이라고 말한다.

나아가 어떤 견해는, 사법부의 가장 바람직한 모습은, 권력분립의 기능에 충실하여 국민의 기본권이 침해되지 않도록, 특히 위험성이 큰 대통령(행정부)의 견제에 소홀히 해서는 아니 된다고 강조하기도 한다. 반면 다른 견해는, 사법부는 헌법의 해석에 유연성을 부여하여 신체의 자유, 언론의 자유, 종교의 자유, 양심의 자유 등과 같은 '자유권적 기본권'의 해석에는 엄격한 기준을 가져야 하지만, 사유재산권과 같은 '경제적 기본권'의 해석에는 어느 정도 대통령(행정부)에게 재량의 여지를 부여할 필요가 있다고 주장하기도 한다.

논리적 구조가 이와 같이 정리되자 양 판사의 머릿속에서는 나아가야 할 방향을 비추어주는 한 가닥의 빛이 나타나고 있음을 느낄 수 있었다. 그렇다. 대통령은 한 나라의 지도자로서 그 나라의 경제적 번영을 위한 적절한 정책을 수립하고 실행해 나갈 책무와 권한을 가지고 있다. 그러나 그러한 경제정책은 '중장기에 걸쳐' 경제의 기본 틀을 염두에 두고 국민의 대다수 또는 핵심계층의 재산관리나 경영에 지침을 제시하는 '사전적, 포괄적, 일반적'인 것이어야만 한다.

그런데 이 사건의 경우, 대통령이 취한 조치, 즉 손해배상액의 제한이라는 조치는 이러한 기준에 도저히 미치지 못했다. 먼저, '국가경제

운용의 기본적 틀'을 제시하는 것이 아니라 공무원의 행위로 피해를 입은 개개 국민을 대상으로 하며, '포괄적, 일반적'이지도 못했다.

더욱이 국민의 '재산권, 즉 손해배상 청구권'을 대상으로 했다고는 하지만, 그 실체는 생명이나 신체를 훼손한 데 대한 배상이므로 '인격권적 자유권'을 제한하고 있는 것이다. 따라서 그 제한에는 훨씬 더 엄격한 기준이 적용되어야 할 경우이다.

나아가 이번 조치의 치명적 약점은 손해배상이 제한되는 대상을 '군인으로' 한정하고 있다는 데에 있다. 군인도 역시 우리 대한민국의 국민인데 어찌하여 하필이면 군인들의 희생 위에서 국가경제 발전을 도모해야 한다는 말인가?

이제 그는 자기의 생각을 확실히 정리하였을 뿐만 아니라 이를 토대로 하여 다른 판사들과 토론을 벌이고, 나아가서는 그들을 설득할 수도 있게 되었다고 자신했다.

그는 먼저 바로 옆방에 집무실이 있고, 나이도 두 살밖에 차이가 나지 않아 평소 가까이 지내던 방순원 판사의 방으로 놀러갔다. 방 판사는 독실한 기독교인으로, 오랫동안 서울대에서 민사소송법을 강의해왔었다. 차 한 잔을 가운데 두고 대화를 나누던 중 자연스럽게 이 사건의 쟁점으로 화제가 옮겨졌다.

법조경력이 대법원 판사에 이를 정도로 20년 이상이 되고, 사심이 없는 재판관들이라면 대부분의 사건에서 결론이 서로 일치하기 마련이다. 이 사건에서도 잠시 동안의 대화 이후 서로 간에 완전히 의기투합이 이루어졌음을 확인할 수 있었다. 양 판사는 홀가분한 마음으로 집무실로 돌아왔다.

얼마 후에는 다시 이 사건의 주심판사인 나항윤 판사의 방을 방문하여 의견을 타진했는데, 역시 동일한 견해임을 확인할 수 있었다.

이러한 일이 몇 번 더 반복되는 가운데 가끔은 서열이 낮은, 즉 더 늦게 대법원 판사로 임명된 판사들이 방으로 찾아와 자연스럽게 대화를 나누고 간 일도 있었다.

그러한 과정에서 그는 흥미 있는 사정을 발견할 수 있었다. 즉, 대법원 판사 총 16명 중 절반인 8명은 1961년과 그 이전(1959년 및 1960년)에 임명되었고, 나머지 절반인 8명은 1968년과 1969년에 임명된 구성이었다. 그런데 서열이 높은 8명의 판사들 중에는 위헌론 의견이 압도적인 데 반하여, 서열이 낮은 8명의 판사들 중에는 합헌론 의견이 지배적이라는 느낌이 들었다.

아무튼 숙려의 2주간을 지내고 1971년 5월 초 16인의 판사들은 최종표결을 위하여 긴장된 마음으로 합의실로 들어갔다. 사건의 운명을 결정짓는 표결이 행해질 회의인 만큼 약간의 긴장감이 감돌기도 하였으나 대법원장은 차분하게 개회를 선언했다.

이어서 지난번 회의에서도 참고사항으로 논의되었으나 준비된 자료가 없어서 밝히지 못했던 '이와 같은 국가배상사건으로 국가가 배상해야 할 액수의 총액이 얼마나 되는지'에 대하여 주심판사인 나항윤 판사로부터 보고가 있었다. 그동안 자료조사를 해보니, 국가가 배상해야 할 액수는 향후 최소 약 10억 원에서 최대 40억 원으로 추정된다는 것이다.

이를 1970년 당시 국가재건최고회의 예산규모 4,273억 원에 비교하면 최소 약 0.23퍼센트에 해당되고, 최대로는 약 1퍼센트이며, 판결 당시인 1971년 박정희 정부의 예산규모 5,242억 원에 비교하면 최소 약 0.2퍼센트, 최대로는 약 0.8퍼센트에 해당된다는 보고였다.

참고로 박정희 정부는 1970년대 수출목표 10억 달러를 달성하여 이를 대대적으로 홍보했는데, 당시 환율로 10억 달러면 3,167억 원(1달러는 316.7원)에 해당되는 액수이다. 즉, 배상할 최소 추정액수 10억 원은 1년 수출총액의 약 0.3퍼센트에 해당되는 액수이다.

이러한 상황을 두고 잠시 추가적인 토론이 행해졌다. 일부의 의견은, 이러한 막대한 국가재정에의 부담은 당연히 크게 고려되어야 한다고 주장했다. 반면 다른 의견은, 이는 국가가 스스로 잘못하여 저지른 불법행위의 책임을 줄이기 위하여 사후적으로 그 배상액을 줄이는 방법으로 피해자의 희생을 강요하는 것은 정당한 이유가 될 수 없다고 주장했다.

더 이상의 토론할 사항이 없음을 확인한 후 바로 표결이 진행되었다. 대법원 판사 전원이 참여하는 전원합의체의 표결은 관례상 다음과 같이 진행된다. 즉, 판사들 중에서 '서열이 가장 낮은 판사부터' 순서대로 위헌여부의 의견을 제시해 나간다.

물론 각 판사는 서열에 관계없이 동등하게 한 표의 표결권을 가지는 것이지만, 만약 한 표 차이로 결론이 바뀌게 될 경우에는 가장 늦게 표결에 참가한 판사, 즉 서열이 가장 높은 판사가 결정권을 가질 수 있도록 하기 위함이다. 만약 이 순서를 바꾸어 서열이 높은 순서로 표결하게 되면 서열이 가장 낮은 판사가 결정권을 행사하게 되는 모순을 피하기 위한 배려이다. *

긴장된 가운데 표결이 시작되었다. 먼저, 서열 16번(제일 낮은 서열의 양병호 판사)은 합헌의견, 서열 15번(민문기 판사)은 합헌의견, 서열 14번(한봉세 판사)은 위헌의견, 서열 13번(김영세 판사)은 합헌의견, 서열 12번(유재방 판사)은 위헌의견, 서열 11번(홍남표 판사)은 위헌의견, 서열 10번(주재황 판사)은 합헌의견을 제시했다. 여기까지가 1968년 또는 1969년에 대법원에 합류한 판사들 7명(대법원장을 제외하고)의 의견이었는데, 4 대 3으로 합헌의견이 우세했다.

이어서 1961년 또는 그 이전에 대법원에 합류한 선임판사들 8명의 표결이 진행되었다. 먼저 서열 9번(이영섭 판사)은 합헌의견, 서열 8, 7, 6번(나항윤, 방순원, 양회경)은 모두 위헌의견, 서열 5번(홍순엽 판사)은 합헌의견이었다. 그리하여 여기까지(서열 16번에서 5번까지) 표결결과는 6 대 6으로 위헌, 합헌 동수로 나타났다.

잠시 긴장된 시간이 지나고 표결이 진행되었는데 서열 4, 3번(사광욱, 김치걸 판사)은 모두 위헌의견이었다. 이로써 서열 2번 손동욱 판사와 서열 1번 대법원장의 표결을 남겨놓은 상태에서 위헌 8명, 합헌 6명이 되었다. 그런데 민복기 대법원장은 시종일관 합헌의견을 제시했었으므로, 이제 나머지 1표(손동욱 판사)의 행방이 결정적 역할을 하게 되었다.

즉, 그가 위헌의견이면 위헌 9, 합헌 7로 위헌으로 확정되겠지만,

---

* 그러나 이와 같은 관행에 대하여는 반대의 견해도 있다. 그리하여 수년 전 헌법재판소에서는 재판관들 사이에 모든 재판관이 '일시에' 표결하는 방식으로 변경하자는 논의가 있었으나 결국은 성사되지 못하고, 종래의 방식대로 하는 것으로 마무리되었다고 한다.

그가 합헌의견이면 위헌 8, 합헌 8로서 위헌의견이 과반수(9표)에 이르지 못하므로 위헌판결을 할 수 없게, 즉 합헌으로 남게 되는 상황이 되었다. 모두의 시선이 서열 2번 판사에게 쏠린 가운데 그는 합의 내내 보였던 태도대로 위헌의견을 제시했다.

이로써 대법원장의 표결 결과와는 상관없이 위헌의견이 9명이 되었으므로 이제 이 사건은 위헌판결을 받게 될 운명에 처했다.

표결상황이 이와 같이 되면, 즉 대법원장의 표결내용과 무관하게 이미 결론이 나버린 경우에는 우리나라 대법원의 관례상 대법원장은 그때까지의 다수 의견에 가담하여 다수의견을 더 보강시켜 주는 것이 보통이었다. 미국 대법원의 경우에는 꼭 그렇지도 않다.

이렇게 함으로써 대법원을 이끌어 갈 책무를 지닌 대법원장이 소수의견을 대표한다는 인상을 주지 않기 위한 의도도 있는 것이다.

그런데 이 사건의 재판장인 대법원장은 이러한 관행에 따르지 않았다. 즉, 위헌의견이 이미 9명으로 다수로 확정된 상황에서 표결권을 합헌의견으로 행사하여 평소의 소신을 관철하였으며, 이로써 대통령에 대한 그의 메시지를 확실히 전달했다.

그 결과 우리나라의 사법사상 가장 중대한 의미를 가지는 위 사건은 위헌 9인, 합헌 7인의 과반을 가까스로 달성한 1표의 차이로 위헌판단을 받게 된 것이다.

잠시 정회 후, 이제 실무적인 처리를 해야 할 단계이다. 즉, 판결문을 작성해야 하는데, 다수의견(위헌의견)과 소수의견(합헌의견)을 어느 판사가 각각 맡아 할 것인지를 정해야만 하는 것이다.

이 사건의 경우에는 주심판사인 나항윤 판사가 다수의견에 속해 있으므로 그가 다수의견을 집필하는 것이 자연스러워 그렇게 하기로 했다. 반면 소수의견의 집필자는 여러 사정을 고려하여 대법원장이 특정판사에게 집필을 부탁하는 것이 보통이었으므로 이 경우에는 합헌의견 제시자 중에서 서열이 제일 낮은 양병호 판사에게 부탁하여 승낙을 받았다.

이제 다수, 소수의견의 초안이 작성되면 이를 판사들이 각각 돌려보면서 특별히 가감하거나 수정할 의견이 있으면 이를 참작하여 최종판결문이 완성될 것이다.

그러나 이 사건의 경우에는 특별한 사정이 한 가지 더 있어서, 이로써 사건심리가 마무리되지 못했다. 즉, 평결 정족수에 관한 또 다른 중대한 쟁점이 판단을 기다리고 있었던 것이다.

이 사건의 배경에는 또 다른 스토리 하나가 진행되고 있었다. 즉, 이 사건은 1970년 3월 13일에 고등법원에서 위헌판결이 나자 국가는 그날 곧바로 상고하여 사건이 대법원에 계속(係屬)되어 있었다. 사건번호는 '70다 1010'이다. 이제 머지않아 대법원의 심리가 시작되고 판결이 날 수밖에 없는 상황이 되었다.

그런데 대통령(행정부) 측에서 사안을 자체적으로 분석하고, 또한 대법원 판사들 16명의 성향을 파악, 조사해 보니 판사들의 과반수가 위헌의견을 낼 가능성이 높다고 스스로 판단했다.

상황판단이 이렇게 되자 대통령이 손 놓고 결과만을 기다릴 수는 없게 되었고, 이에 대한 대비책을 강구하여야 했는데, 그 방안으로 등장한 것이 '평결 정족수'에 관하여 통상의 과반수 원칙에서 벗어나 3분 2

의 특별 정족수로 바꾸는 술책이었다.

이를 위하여는 법률(법원조직법)의 개정이 필요하였기 때문에 즉각 작업을 개시하여 이 사건이 '대법원에 계속중인' 1970년 8월 9일 '위헌판결을 하기 위해서는 3분의 2 이상의 찬성을 요한다'고 법을 개정해 버렸다. 따라서 이제는 위헌판결을 하기 위해서는 9명이 아닌 11명(16명의 3분의 2) 판사의 찬성을 얻어야 되는 것이다.

그리고 일을 더욱 단단히 하기 위하여 이 예외규정은 법이 개정된 이후에 대법원에 접수된 사건만이 아니라 "개정 당시 대법원에 계속되어 있는 사건에도 적용된다"고 부칙규정(3항)에 못을 박아 두었다.

그런데 한 발짝 물러서서 사심 없이 이러한 상황을 바라본다면, 이는 너무나 불공평한 파울 플레이(foul play)임이 명백하다.

예를 들어 두 팀이 농구경기를 하던 중 전반전이 끝나고 후반전을 준비 중이다. 그런데 전반전 성적을 보니 상대팀이 3점슛을 너무 많이 성공시켜서 이 때문에 우리 팀이 지고 있음이 드러났다. 그러자 중간의 휴식시간에 경기규칙을 바꾸어 이제부터는 3점슛이 인정되는 구간을 이전의 (국제규격에 따른) 6.75m(양 측면은 6.6m) 밖이 아니라 8m 밖이라고 바꾸어 버린 것과 같다. 또는 상대팀이 신장이 커서 골밑에서 덩크슛을 너무 많이 성공시키고 있으므로 후반전부터는 덩크슛은 1점만 인정하기로 규칙을 바꾸어 버린 것이다. 기울어진 운동장에서 경기를 하게 하는 것만으로도 모자라 '경기 도중에' 경기규칙을 바꾸는 만행을 저지른 것이다.

대통령이 더티 플레이를 하였지만(물론 이러한 발상과 작업은 권력에 빌붙어 얄팍한 법률지식을 제공하여 자신의 영달을 도모한 율사(律士)들이 벌인 것이었다], 법률이 제정되어 온 이상 법원은 이를 토대로 판단할 수밖에는 없다.

그런데 철학적, 인문학적 바탕이 없는 법률이론의 공허함은 여기에서도 다시 한 번 그 본색을 드러내고 만다. 즉, 법 이론은 어느 쪽으로도 구성이 가능하여 아무리 정교하게 이론 구성을 하더라도 이론으로는 결코 상대방을 설득시킬 수 없음을 나타내 버리고 만 것이다.

무엇이 문제인지 확실히 하기 위하여 평결 정족수에 관한 헌법과 법률의 규정을 보자.

먼저 헌법에는 이에 관한 아무런 규정이 없다. 다만 법률(법원조직법 제59조 제1항)에는 합의심판은 "과반수로 결정한다"고 규정하면서, 그 단서에서(이는 뒤늦게 1970년 8월 9일에 새로 들어온 조항이다) "대법원이 위헌판결을 함에는 3분의 2 이상의 찬성으로 한다"고 덧붙이고 있다.

따라서 문제의 근원지를 찾아 올라가 보면, 어떤 의견은 '과반수원칙'이라는 것은 '재판의 근본원칙'이기 때문에, 즉 너무나 당연한 것이기 때문에 헌법에 규정을 두지 아니한 것이고, 법률(법원조직법)에 이를 규정한 것은 헌법상 당연한 원칙을 다시 한 번 '확인하는 의미'에서 적어 둔 것에 지나지 않는다고 한다. 따라서 헌법에 특별한 규정이 없이 위헌판결에만 3분의 2 원칙을 규정하는 법률은 헌법에 어긋나는 것이라고 한다.

반면 반대의견은, '과반수 원칙'이라는 것은 당연한 것이 아니고 헌법이나 법률에 규정을 둠으로써 비로소 인정되는 원칙인데, 우리 헌법상으로는 아무런 규정이 없어서 법률로 자유롭게 정할 수 있다. 그런데 우리의 법(법원조직법)은 제59조 1항 본문에서 비로소 과반수 원칙을 규정하였고, 이어서 그 단서조항에서 위헌판결의 경우에는 이를 가중하여 3분의 2 원칙을 규정하였으므로 하등 헌법에 어긋날 것이 없다고 주장한다.

결국 '과반수 원칙'이 '당연한 재판의 기본원칙이냐 아니냐'의 문제로 돌아간다. 이는 법률논쟁으로 결정될 일이 아니고 각자의 상식 또는 세계관에 의하여 정해질 일이므로, 대법원 판사들은 토론을 끝내고 바로 표결로 들어갔다.

표결 결과, 위 법률의 단서조항(가중된 정족수 조항)은 위헌이라는 의견이 11명(손동욱, 김치걸, 사광욱, 홍순엽, 방순원, 나항윤, 홍남표, 김영세, 한봉세, 민문기, 양병호)이었고, 합헌이라는 의견이 5명(민복기, 양회경, 이영섭, 주재황, 유재방)이어서 최종적으로 위헌임이 확인되었다. 즉, 이 사건에서 국가배상법의 규정이 위헌인지의 여부는 '과반수 의결'로 정해져야 하게 된 것이다.

이로써 두 개의 위헌판단을 거친 결과, 위 국가배상법의 규정은 위헌으로 효력이 없음이 1971년 6월 22일의 판결선고와 동시에 최종적으로 확인되었다.

두 건의 위헌여부 판단에 대한 대법원 판사들의 의견분포를 분류해 보면 다음과 같다. 즉, 두 건 모두 합헌의견은 3명(민복기, 이영섭, 주재황), 국가배상법만 합헌의견은 4명(홍순엽, 김영세, 민문기, 양병호), 법원조직법만 합헌의견은 2명(양회경, 유재방), 두 건 모두 위헌의견은 7명(손동욱, 김치걸, 사광욱, 방순원, 나항윤, 홍남표, 한봉세)이 되었다.

한 가지 흥미로운 점은, 비록 국가배상법에서는 위헌의견을 냈으나 법원조직법에서는 합헌의견을 낸 두 명(양회경, 유재방)의 견해대로라면, '결과적으로는' 국가배상법의 규정에 대하여 위헌이 아니라고 (위헌의견이 3분의 2인 11인이 안 되므로) 판단할 뻔했다는 사실이다.

대통령과 그 참모들(군인들 및 '율사'인 검사들)의 전 방위적인 노력(회유, 환심노력 및 경기 중 규칙 변경 등)에도 불구하고 원하는 결과를 얻지 못하자, 그들은 실망을 넘어 분개했다. 모든 것이 명령으로 이루어지는 군대에서의 처리방식에 익숙한 군인들로서는 참기 어려운 모욕으로 느껴졌을 것이다. 그들에게 '삼권분립, 재판의 독립' 따위는 별나라 이야기만큼 생소한 단어였다.

즉각 참모들의 대책회의가 열렸다. 한바탕 판사들에 대한 성토가 있은 다음, "판사들 손 좀 봐 줘야 하겠다"고 의견을 모았다. 그리하여 그동안 판사들의 동정을 수집해 둔 정보들을 뒤적여 한 건을 추려냈다. 기왕이면 효과를 극대화하기 위하여 명망 있는 판사를 골랐는데, 그는 바로 얼마 전 공안부에서 수사하여 신청한 구속영장을 기각한 판사였다. 당시 형사지방법원 항소 3부의 재판장인 이범렬 부장판사였는데, 그 재판부(부장판사와 주심판사 및 입회서기)가 얼마 전 제주도로 검증 겸 증인신문을 갈 때, 변호사로부터 항공료, 여관비, 식대 등을 뇌물로 제공받았다며, 1971년 7월 6일 구속영장을 청구한 것이다.

이 영장은 서울지검 공안부 이규명 검사에 의하여 청구되었는데, 이는 대법원의 위헌판결(1971년 6월 22일)이 나고 14일 후에 일어난 일이다. 영장은 당연히 기각되었고, 전체 판사 455명 중 3분의 1인 150여 명이 이는 명백한 사법부 탄압이라며 사표를 내는 사법파동으로 이어졌다.

이 파동은 당시 대법원장 민복기의 특출한 처세술인 '중도반단'(中途半斷)적인 무마로 적당한 선에서 마무리되었다.

그 이규명 검사는 1988년 54세의 한참 나이에 타계했다.

하지만 권력의 정당성이 취약한 박정희 정권이 받은 보다 큰 타격은 이미 다른 곳에서 터져 나오고 있었다. 즉, 위 대법원 판결이 있기 2개월쯤 전인 1971년 4월 27일에 있은 3선을 위한 대통령 선거에서 김대중 후보에게 근소한 차이로 가까스로 이김으로써 위기감을 느낀 것이다. 어떤 특단의 조치가 없는 한 다음 선거에서도 역시 승리하리라는 보장이 없어진 것이다. 오히려 다음 선거에서 자칫 패배할 가능성이 높아짐을 직감한 것이다.

박정희와 참모진은 어떤 획기적인 방책을 궁리할 수밖에 없었는데, 이는 법적인 조치를 필요로 하는 만큼 군인들 이외에 권력지향적인 학자와 검사들이 내밀하게 동원되었다. 그리하여 '안정적인 권력재생산'을 가능하게 하는 방책의 모색이 '극비리'에 진행되었다. 심지어는 혁명동지이면서 당시 국무총리이던 김종필조차도 모른 채로 진행되었다.*

핵심은 '절차적 정당성을 갖춘 민주주의'는 배제하고, 대통령에게 헌법을 파괴하는 비상대권을 부여하는 데에 있었다. 주요 내용은 국회의원의 3분의 1을 대통령이 임명한다. 모든 법관을 대통령이 임명한다. 대통령은 국민의 직접선거가 아니고 통일주체국민회의에서 간

---

* 이승만 대통령 시절에 직선제 및 3선 개헌을 위한 조치들이 데자뷔로 떠오른다.

접선거로 선출한다. 대통령의 임기는 6년이며, 횟수제한 없이 연임할 수 있다. 대통령은 필요한 때에는 헌법에 우선하는 긴급조치를 발령할 수 있다.

한태연, 갈봉근 교수 등 헌법학 교수들과 이후락 정보부장 그리고 실무자로 김기춘 검사(당시 33세의 약관으로 이후 승승장구하다가 2017년 78세의 나이에 구속 기소되었다) 등이 극비리에 1년 남짓 작업하여 (그동안 프랑스 및 독일의 유사제도를 조사, 검토했다.) 유신헌법이라는 것을 만들어,* 1972년 10월 27에 공고하고 국민투표를 거쳐 그해 12월 27일 확정, 공포되었다.

이러한 큰 그림에 따른 공작이 계획대로 진행되는 과정에서, 사법부와 법관에 대한 조치도 당연히 포함되었다. 명분상으로는 '법관의 지위를 격상'시키기 위하여 '모든 법관을 대통령이 임명'하기로 하고 (전에는 대법관이 아닌 일반 판사는 대법원장이 임명했다), 이에 따라 새로이 법관을 임명하면서 마음에 들지 않는 법관은 임명에서 배제시킴으로써 사법통제의 음모를 드러냈다.

그러한 작업에 법조 내부사정에 정통한 권력지향형 검사들이 관여하였음은 자명하다. 이 과정에서 우리나라 사법부 역사상 가장 치명적인 사법권 독립, 3권 분립의 명분마저도 훼손되는 조치가 내려졌다. 1973년 3월, 고비마다 유화적, 친 정권적 태도를 보여온 민복기

---

*   이 헌법을 만드는 데 참여한 3인의 성을 따서 이 헌법을 한갈이 헌법(항가리 헌법)이라고 비하하기도 한다.

대법원장을 제6대 대법원장으로 재임명하고,* 앞서 본 국가배상법 위헌판결에서 '위헌의견을 제시했던' 9명의 대법원 판사를 '정확하게 조준하여' 재임명에서 제외시킨 것이다.

합헌의견을 냈던 7명 판사는 살아남았고, 9명이 물러난 자리에 6명의 새로운 판사를 임명하여 13인으로 구성된 새로운 대법원을 출범시켰다. 이때 새로 임명된 대법관은 이병호, 김윤행, 임항준, 한환진, 안병수, 이일규까지 6명이다.

이들은 앞서 잔류한 7명과 함께 새로이 전개되는 정치풍랑 속에서 각자의 운명에 따라 각자의 인생항로를 겪어 나가게 된다.

* * *

그는 이제 사무실에서 해야 할 모든 일을 마쳤다.

비자발적 퇴임인 만큼 공식적인 환송행사는 없다. 대신 그동안 함께 지내고 도움을 받았던 동료와 직원들에게는 따로 찾아다니며 작별인사를 해 두었다.

하지만 모든 마지막은 슬프다. 가을바람에 뒹구는 낙엽처럼 허전한 심정이다. 말이 뛰어 결승점에 골인했다고 당장 멈출 수 없듯이, 퇴직하더라도 처음처럼 변호사로 돌아가 억울한 사람을 돕는 일에 앞장설 것을 다짐한다. 마음이 차분해지자 자신도 모르게 내면 깊숙이 자리 잡

---

*   그는 그러한 난세에도 살아남아 1978년 12월 21일 정년까지 재직한 후, 2007년 94세로 타계했다.

고 있던, 법률가로서의 근본문제들이 통찰과 함께 정리되어 떠오른다.

법률이라는 것은, 결국은 법률가가 어떤 인생관, 세계관, 가치관을 가지는가에 따라서 그 내용이 정해지고, 따라서 그가 맡은 사건의 판결내용이 정해진다. 살아온 환경, 성장과 교육의 배경이 다른 만큼 생각이 다름은 당연한 일이다.

가치판단이 들어있는 사건에 판사들의 결론이 한 가지로 모이는 것은 외부나 내부의 부자연스러운 압박 없이는 불가능한 것이다. 이 사건의 경우에도 9 대 7로 의견이 갈린 것은 너무나도 자연스러운 일이다. 법치선진국으로 인정받는 나라의 최고법원에서 논쟁적인 사건의 최종판결 결과가 5 대 4로 나뉘는 경우가 얼마나 많은가를 보면 쉽게 수긍이 간다. 이와 같이 생각의 다름과 다양성을 인정하고 수용해 주는 여유가 있는 나라, 정치가 되기를 기원해 본다.

한 가지 더 난해한 근본문제가 머릿속에서 고개를 내민다.

사법부는, 특히 대법원은 어느 범위에서 대통령(통치자)과 협력할 것인가? 더욱이 그 대통령의 행위가 헌법의 원칙이나 법치주의에 어긋난다고 보이는 경우, 대법원은 어떤 태도를 취해야 할 것인가?

중국 후한(後漢) 시기에 외척과 환관이 권력을 남용할 때 '중용'(中庸)을 무기로 무려 31년 동안 여섯 황제를 무난하게 섬기면서 재상을 지낸 호광(胡廣: 91~172년)을 칭송하며 본받을 것인가?

또는 피비린내 나는 프랑스 혁명기의 한복판에서 철저한 '균형감각'으로 시대와 보조를 맞추어, 시대의 변화가 빠르면 빠를수록 그만큼 더 빨리 속도를 내어 시대를 뒤쫓아 가면서 유일하게 살아남아 '혁명을 배후에서 조종하면서' 언제나 승리자 편에 있던 조제프 푸셰(Joseph

Fouché: 1759~1820년)를 본받을 것인가?

하지만 후세에 '자기 몸만 보전하고 나랏일은 간신이나 권신들의 눈치만 보며 제대로 바로잡으려 하지 않았다'는 비판은 어찌 피할 것이며, '혁명의 그 공포정치 수년 동안 당신은 무엇을 했느냐'라는 질문에, "나는 '살고' 있었습니다" 하고 태연하게 대답할 배짱이라도 자신 있게 가지고 있는가?

아무리 잔머리를 굴려봐야 뾰족한 수는 없다. 정도(正道)를 뚜벅뚜벅 걸어갈 수밖에는 없다. 사람은 어차피 주어진 시간과 공간 속에서 존재하다 가는 것이라면, 이는 곧 시간과 공간이 부여한 '존재의 당위성' 속에서 살아가는 것이다. 그런데 어느 날 갑자기 다가온 시공간 속에서 존재의 당위성을 상실하였을 때 우리는 어떤 선택을 하며 살아가야 하는가?

마음은 헌법에, 법치주의에 있는데 몸은 총칼에, 권력의지에 있다면 우리는 달리 몸 둘 곳이 없고, 할 수 있는 것은 무엇인가? 눈물을 수건으로 닦으면서 권력에 야합하는 무리들과 인연을 끊고 깊은 산속에 들어가 세상변화의 추이에 몸을 맡길 것인가?

하지만 판사라는 직책은 이것마저도 용납받지 못한다. 판사의 전 생애가 바로 이번 사건을 위하여 존재해 왔었는데, 여기에서 물러난다면 그는 이미 판사가 아니다. 어쩔 수 없이 자기의 소신대로 한바탕 싸움을 붙고, 장렬한 전사(戰死)를 할 수밖에는 없다.

다만 세상이 바뀌면 후세 사람이, 후배 판사들이 그 이름을 기억하고 기려 주어야 한다. 그래야 길게 보아서 세상이 늦게라도 바뀌어 간다.

여기에 한 가지 덧붙여야 할 일이 있다. 세상의 변화를 조금이라도 앞당기고, 조금이라도 확실하게 하기 위해서는 그 혼란한 시기에 헌법을 짓밟고 법치를 망친 사람들이 '누구'이고, '어떻게' 그러한 일을 하였는지 반드시 밝혀 두어야 한다. 이는 그들을 벌하기 위함이 아니다. 같은 일이 다시 반복되지 않게 하려는 것이며, 또다시 그러한 상황에 닥쳤을 때 후배 판사들이 이번에는 용기를 가지고 헌법을, 법치주의를 지키는 일을 할 수 있게 하기 위함이다.

"모욕을 묵묵히 참아 넘기면, 새로운 모욕이 찾아온다."

(*Veterem injuriam ferendo, invitas novam.*)

여기까지가 이승만 대통령의 시기(1948년부터 1960년까지), 그리고 박정희 대통령의 전반부(1961년부터 1972년 유신 이전까지) 사법부(대법원)와 대통령과의 역학 관계를 나타내는 기상도이다.

요약하면, 이 대통령의 시기에는 정권을 안정화하기 위한 도구로서 경찰을 이용했다. 그러나 그 실행과정에서 세련되지 못하고 노골적인 물리력 행사로 결국에는 대통령에 부담으로 돌아와 정권의 소멸에까지 이르렀다. 그러나 차마 사법부를 농락하는 짓은 하지 못했다.

반면 박 대통령의 시기에는 쿠데타의 결과 당연히 군인들 및 군대조직을 이용하였으나, 그들의 제한적인 법률지식으로 통치에 어려움을 겪자 권력지향적인 일부 검사들을 차출하여 이용했다. 권력욕이 강한 만큼 정권에 대한 기여도 역시 훌륭하였으며, 법률지식으로 무장한 그들은 다양한 돌파구를 제시하여 점차 대통령의 환심을 사게 된다. 이 기회를 활용하여 그들의 내심의 경쟁자이자 헌법상 그리고 법률상 이길 수 없는, 뛰어넘을 수 없는 벽인 사법부(판사)에 대한 공격과 폄

하에 앞장서게 되고, 급기야는 판사를, 더욱이 대법관을 판결내용이 마음에 들지 않는다고 쫓아내는, 법치주의의 뿌리를 흔드는 만행까지도 저지르게 된다.

그리하여 박정희 대통령의 후반부(1972년 유신 이후)에 들어서면서 새로운 정치상황의 전개와 함께, 신흥권력으로 등장하는 검찰에 대한 군부와 정보기관의 견제가 나타나는 흥미로운, 그러나 국가적으로 불행한 사태들이 발생하게 된다.

이영구 판사

眞光不輝

진짜 빛은 요란하게 반짝거리지 않는다.

시적(詩的)인 면모를 갖추지 못한 법률가는
결코 진정한 법률가가 될 수 없다.

사람이 무엇에 '몰입하면' 평범한 사람이 보기에 이상한 행동을 하는 경우가 있다. 이러한 '이상한 행동'은 세월이 한참 지나 되돌아보면 그 사람의 일생을 규정짓는 중요한 '실마리'였음을 알게 하는 경우가 드물지 않게 있다.

이영구(李英求) 판사의 경우가 그러했다. 그는 1932년 전라북도 전주에서 출생하여 1952년 그곳에서 고등학교를 마친 후 서울대 법과대학에 입학했다. 이제 법학도로서의 생활을 막 시작할 무렵, 그는 괴테(Goethe)에 심취하였다. 조금 넓게 이야기하자면 그는 독일어에 몰입하였고, 독일 문화, 독일 문학에 매료되었다.

괴테에 심취하다 보니 자연스럽게 《젊은 베르테르의 슬픔》(*Die Leiden des jungen Werthers*)과 사랑에 빠졌고, 《파우스트》(*Faust*)를 정독하였다. 베르테르에 빠지다 보니 괴테가 독자에게 쓴 '머리말'을 수도 없이 읽어 완전히 암기하고 있었다.

나는 불쌍한 베르테르의 이야기에 관하여
찾을 수 있는 것은 무엇이든 열심히 모아서
여기 독자 여러분에게 내놓습니다.

여러분이 이런 노력을 고마워하리라 믿습니다.
여러분은 그의 정신과 성품에 대해서는 경탄과 애정을,
그의 운명에 대해서는 눈물을 금치 못할 것입니다.
그리고 베르테르와 똑같은 충동을 느끼는 그대 착한 영혼이여,
그의 고뇌에서 위안을 찾기 바랍니다.
그리고 만약 운명에 의해서나 자신의 잘못으로
가까운 친구를 찾을 수 없을 때면,
이 조그만 책을 그대의 친구로 삼기 바랍니다.

Was ich von der Geschichte des armen Werther nur habe auffinden
können,
habe ich mit Fleiss gesammelt und lege es euch hier vor,
und weis, dass ihr mir's danken werdet.
Ihr könnt seinem Geiste und seinem Charakter eure Bewunderung
und Liebe,
seinem Schicksale eure Tränen nicht versagen.
Und du gute Seele, die du eben den Drang fühlst wie er,

schöpfe Trost aus seinem Leiden, und lass das Büchlein deinen Freund sein,

wenn du aus Geschick oder eigener Schuld keinen nähern finden kannst.

또한 《파우스트》를 정독하다 보니 괴테가 80여 년에 이르는 긴 생애의 마지막 60여 년에 걸쳐 완성한 작품의 맨 마지막 문단, "신비의 합창"(*Chorus Mysticus*) 역시 수도 없이 읽어 완전히 암기하고 있었다.

지나간 모든 것은 한낱 비유일 뿐;

이루기 어려운 것, 여기에서 이루어졌으니;

글로 쓰기 어려운 것 여기에서 이루어졌네;

영원히 여성적인 것이 우리를 (천상으로) 이끌어 올린다.

Alles Vergängliche Ist nur ein Gleichnis;

Das Unzulängliche, Hier wird's Ereignis;

Das Unbeschreibliche, Hier ist's getan;

Das Ewig-Weibliche Zieht uns hinan.

이와 같이 어떤 것에 몰입해서 살아가는 사람에게는 보통 사람들에게는 일어나기 어려운 특별한 일들이 생기게 마련이다. 그 첫 번째이자 가장 특이한 사건은, 하필이면 '남에게 예상치 못한 피해를 주는 방식'으로 일어났다.

즉, 그는 1957년 서울대 법과대학을 졸업하고 다음 해 제 10회 고등고시 사법과 시험에 합격했다. 당시 우리나라의 여러 여건상 우수한 젊은이들이 진출할 직업 분야가 한정적이던 상황에서, 이른바 고시 합격은 최고로 축복받을 일이었다.

일정한 수습과정을 마치고 그는 군복무를 마치기 위하여 정해진 수순대로 군법무관에 지원하였고(그는 공군에 지원했다), 법무관들만으로는 그 숫자가 너무 적었기 때문에, 역시 같은 훈련을 받아야 하는 군의관 후보생들과 함께 약 30명이 기초 군사훈련을 받게 되었다.

아무리 장차 군법무관이 되고 군의관이 될 장교 후보생이지만 그래도 군사훈련인 만큼 어느 정도의 엄격함과 자유통제는 당연한 일이었다. 그리하여 정해진 일과에 따라 매일 꽉 짜인 일정으로 훈련이 진행되었다. 그런데 이런 삭막한 군사훈련 과정에서도 그는 괴테에, 《젊은 베르테르의 슬픔》에 빠져 있었다. 그는 하루라도 베르테르의 슬픔을, 로테에 대한 간절한 사랑을 읽고 공감하지 않고는 지낼 수 없었다. 물론 그는 그전에도 이미 여러 번 그 책을 감동에 젖어 읽은 바가 있었다.

하루의 고된 훈련이 끝난 어느 날, 저녁 9시가 되어 취침 점호까지 다 끝나고 이제는 훈련생 모두가 소등하고 다음날의 훈련을 위하여 잠자리에 들 시간이었다. 두어 시간이 지나자 모두들 깊은 잠에 떨어졌다. 그러나 그는 도저히 편안하게 잠을 이룰 수가 없었다. 로테를 향한 베르테르의 마지막 고뇌의 장면을 잊을 수가 없었기 때문이었다.

베르테르는 어떤 시골마을에 머물렀는데, 친구인 젊은이들과 함께 무도

회를 열기로 했다. 마차를 빌려 친구와 함께 무도회장으로 갈 때 그 친구의 파트너인 샤를로테(로테)라는 아가씨도 함께 태워 가기로 했다. 그 샤를로테를 중간에서 태우고 무도회장으로 가는 동안에 이미 베르테르의 운명은 결정되어 버렸다. 첫눈에 샤를로테에게 반해 버린 것이다. 하지만 그녀에게는 이미 약혼한 남자(알베르트)가 있었다. 그때부터 베르테르의 슬픔이 시작되었다.

"내 손가락이 나도 모르게 로테에 닿거나, 우리 발이 탁자 아래에서 닿기라도 하면 온몸의 피가 얼마나 끓어오르는지! 그녀는 내게 성스러운 존재다. 내 영혼이 온몸의 신경에서 요동치는 듯했다."

로테는 하소연한다. "제발 부탁이니 좀 자제하세요. … 당신의 처지를 안타까워하는 일 말고는 아무것도 해줄 수 없는 이 여자에게서 그 슬픈 애착을 다른 데로 돌리세요. 도대체 왜 저를, 베르테르! 어째서 하필 다른 사람의 아내인 저냐고요…, 저는 두려워요."

그는 고뇌 끝에 "우리 세 사람 가운데 하나는 없어져야 합니다. 제가 그 한 사람이 되겠습니다"라고 마지막 편지를 썼다. "이 편지를 시작할 때 저는 마음이 평온했는데, 지금은 어린 아이처럼 울고 있습니다"라고 썼다. 그리고 마지막 문장은 "자, 이제 때가 되었습니다! 로테! 잘 있어요! 안녕!"이었다.

이 마지막 편지를 쓰기 전 오전 11시경, 베르테르는 하인을 시켜 알베르트에게 "제가 여행을 떠나려고 하는데, 권총을 빌려 주시겠습니까? 안녕히 계십시오"라고 봉인하지 않은 쪽지 편지를 전하게 했다.

당시에는 여행을 떠날 때 호신용으로 권총을 가지고 가는 것이 보통이었고, 베르테르는 로테, 즉 알베르트의 집을 드나들면서 그가 권총을 가지고 있다는 것을 자연스럽게 알고 있었다. 알베르트는 흔쾌히 승낙하였고, "여행 잘 하시라고 전해드려라"고 말했다.

베르테르는 그날 밤 12시에 오른쪽 눈 윗부분에 총을 쏘아 탄환이 머리를 관통했다. 안락의자 팔걸이에 피가 묻은 것으로 보아 그는 책상 앞에 앉은 채 결행했던 것으로 짐작되었다. 그는 파란 연미복에 노란 조끼를 받쳐 입은 완전한 정장 차림에 장화를 신고 있었다.

그의 마지막 편지는 책상 위에 단정히 놓여 있었다.

한 이웃사람이 밤 12시경 탄약의 불빛을 보고 총성을 듣기는 했으나, 사방이 잠잠해서 더는 주의를 기울이지 않았다.

아침 6시에 하인이 우편마차 출발 약속시간이 되어 등불을 들고 주인의 방에 들어와 보니 바닥에 주인이 피를 흘리고 누워 있는 것을 발견했다.

나폴레옹이 전쟁터에도 잊지 않고 가지고 다녔으며, 처음부터 끝까지 16번을 읽고 또 읽었다고 하는 이 책을 이영구 판사(당시는 훈련생)는 다시 꺼내어 읽지 않을 수 없었다.

비록 군사훈련 중이었지만, 그리고 한밤중의 취침시간이었지만 밤 12시가 지나 사방이 고요하고 비상등만 희미하게 켜져 있는 훈련장 막사에서 그는, 담요를 뒤집어쓰고 손전등으로 《젊은 베르테르의 슬픔》 독일어 원서를 비추면서 감동에 젖어 한 줄 한 줄 읽어 나가고 있었다.

하지만 너무 독서에 열중한 나머지 그 시간 당번사병이 순찰을 돌고 있는 것도 알아채지 못했다. 당연히 발각되었다. 비상이 걸렸고, 모든 훈련병들이 영문도 모른 채 완전군장을 하고 연병장에 집합해야 했다. 거의 새벽이 다 되도록 그들은 단체기합을 받았다. 다음 날이 되어서야 그 영문을 알게 된 다른 훈련병들에게 그는 당연히 받아야 할 원망을 들었고, 백배 사죄하였고, 그는 전설이 되었다.

독일어, 독일 문학, 괴테에 대한 그의 애정과 열정은 끝이 없었다. 그의 나이 30이 되던 해인 1962년에 그는 초임 판사로 청주지방법원에 발령받았다. 아직 총각 시절이라 별다른 살림도구가 없었는데, 그의 이삿짐 중 대부분이 독일의 〈슈피겔〉(Spiegel) 잡지였다. 이 잡지는 2차 세계대전 후 1947년 독일의 하노버(Hanover)에서 창간된 주간지로서, 이후 함부르크로 본사를 옮겨 독일 최고의 시사잡지로 명성을 얻고 있었다.

오늘날과 같이 우리나라가 세계화되기 60년도 전에, 이 잡지를 서울도 아니고 청주에서 어떻게 구독할 수 있었는지 궁금할 정도이다. 그 후 그는 이 잡지를 매년 정기구독했는데, 추측하기로 판사 봉급의 대부분이 그 구독료로 지급되지 않았나 싶다.

그다음 해인 1963년 그는 명문대 교육학과를 졸업한 규수를 만나 결혼했다. 당시 신혼여행을 온양온천으로 갔는데, 신혼여행 중에도 《젊은 베르테르의 슬픔》 독일어 원서를 가지고 다니면서 읽었다고 부인은 회고한다.

이후 4년 후인 1969년 서울형사지방법원으로 발령받아 서울 생활을 시작했다. 당시 서울에는 유일하게 충무로 2가에 독일 서적을 전문으로 취급하는 소피아(Sophia) 서점이 있었는데, 그는 곧바로 그 서점의 최대 단골손님이 되었다. 수입원가의 10배 가까운 정가가 매겨져 있었을 그 책들을 사는 데에 아마도 판사 봉급의 상당 부분이 소비되었을 것임에 틀림없었다.

그 무렵 그는 괴테의 《파우스트》(Faust)에 빠져 있었다. 당시 제대로 된 우리말 번역본이 나와 있지 않은 마당이라, 그는 독일어 원서에 도전하고 있었다.

파우스트는 원래 16세기에 살았다는 떠돌이 학자로서 전설상의 인물이었다. 즉, 마술과 점성술에 통달했고, 신학과 의학에도 정통했지만 규범을 벗어난 행동, 과장된 일화로 일반인들의 머리에 깊이 박혀 있는 인물이었다. 하지만 파우스트(Faust: 독일어로 '주먹'이라는 뜻)는 향락적인 삶이 아니라 세계에 대한 인식을 통해 신의 경지에 도달할 수 있다고 믿고 있었다. 그는 '세계를 한가운데에서 통괄하는 힘'을 알고자 노력하였으며, 그것을 위해 '자연과 인간의 삶을 두루 섭렵한 행동인'이었다.

그를 주인공으로 내세운 괴테 역시 24세인 1773년에 이 글을 쓰기 시작하여 평생을 좌절과 고민에 싸여 지내다가, 생을 마감하기 2년 전이니 1831년, 82세의 나이에 비로소 이를 완성시켰다.

작품의 주인공인 파우스트는 바로 괴테 자신을 드러내고 있다. 그는 '세계에 대한 인식(진리)의 강렬한 욕구'와 함께 '용기 있게 자아를 성취해 나가고자 하는 르네상스적 인간상'을 지니고 있었다. 자연스러운 귀결로 그는 법학, 문학, 철학뿐 아니라 자연과학에도 깊은 관심을 가져서 커다란 업적을 남겼다.

이영구 판사는 괴테의 글들을 읽어가면서 보석 같은 말들이 마음속 깊은 곳에 도달하고 있음을 느꼈다. 예를 들면 다음과 같은 구절이다.

- 법률의 힘은 강하다. 필봉(筆鋒)의 힘은 더욱 강하다. 그러나 문학(시)의 힘은 가장 강하다. 왜냐하면 법률은 두뇌에, 필봉은 피부에 접촉하지만 시는 심장에 접촉하기 때문이다.

- 아무리 사소한 일이라도 사람이 어떤 행동을 하면 반드시 누군가에게 영향을 미치게 된다. 그것은 머리카락 한 올이라도 떨어지면 그곳에 그림자가 드리워지는 것과 같은 이치이다. 어쩌면 이렇게도 불교의 심오한 이치와 정확히 일치하는가?

- 무언가를 시작하는 것과 그것의 성과를 만드는 것은 완전히 다른 이야기이다. 시작하는 것이 훨씬 쉽다. 핵심은 씨를 뿌린 후부터 그것을 거둘 때까지 어떻게 할 것이냐가 문제이다.

- 인생의 목적이 뚜렷하게 세워지면 망설임도 불안도 말끔히 사라진다. 악마도 지옥도 두렵지 않다. 두려움에 사로잡혀 머뭇거리기보다는 곧장 앞으로 돌진하는 것이 현명한 태도이다.

- 인생에서 양자택일로 결정되는 일은 거의 없다. 당신이 나아갈 길을 선택하는 것이 아니라 스스로 개척해 나가야 하는 것이다.

- 인간의 운명은 바람과 닮아 있다. 온몸을 휘감고 존재를 위협하지만 눈에는 보이지 않는다. 그리고 그 힘이 너무 강해지면 감당할 수 없는 한계를 넘어선다.

- 하늘이 어디를 가나 푸르다는 사실을 알기 위해 세계일주 여행을 할 필요는 없다.

- 행동하는 자는 항상 양심이 없다. 관찰하는 자 이외에는 누구에게도 양심은 없다.

- 남의 좋은 점을 발견할 줄 알아야 한다. 그리고 남을 칭찬할 줄도 알아야

한다. 그것은 남을 자기와 동등한 인격으로 생각한다는 것을 의미한다.

- 눈물과 더불어 빵을 먹어보지 않은 사람은 인생의 참다운 맛을 모른다.

- 두 가지 평화로운 폭력이 있다. 즉, 법률과 예의범절이다.

- 세상에는, 어느 하나 하는 일이 없기 때문에, 과오도 범하는 일이 없는 사람이 있다.

- 신앙은 모든 지식의 시작이 아니라 끝이다. 신앙의 가장 사랑스러운 자식은 기적이다.

- 옛말에 '하인에게는 영웅이 없다'고 했다. 그 이유는 '영웅은 영웅만이 알아주기 때문'일 것이다.

- 주장을 내세우려면 책임을 져라.

- 행동할 것인가, 인내할 것인가? 좌절은 이 두 가지 방법을 통해서 타개할 수 있다.

- 인간은 노력하는 한 방황한다.*

* * *

이러한 말들을 가슴에 새기면서, 이영구 판사2는 그와 같은 모습으로 평생을 살아가기로 마음 속 깊이 다짐했다.

'시대가 사람을 만드는지', '사람이 시대를 만드는지', 아니면 괴테가 이야기하는 대로 '사람이 시대를 개척해 나가야하는 것인지'.

---

*   《파우스트》의 결론 부분. 원문은 "Es irrt der Mensch, solange er strebt"이다.

아무튼 이영구 판사는 판사생활 12년 만인 1974년에 서울지방법원 영등포지원의 부장판사로 발령받았다. 그 무렵 우리나라의 시대상황, 정치상황은 엄혹하기 그지없었다. 즉, 1961년 5월 16일 군사 쿠데타로 정권을 잡은 박정희는 집권기간 내내 '정권 창출의 정당성'에 발목을 잡혀 한시도 평온한 날이 없었다.

이와 같이 정권의 정통성에 대한 비난과 저항이 점점 격렬해지자 그 타개책으로 쿠데타 이후 11년이 지난 1972년 10월 17일 비상계엄을 선포하고, 새로운 헌법개정안을 공포하겠다고 밝혔다. 이른바 10월 유신을 단행한 것이다.

10일 뒤인 10월 27일에 공고된 헌법개정안(이는 이미 사전에 은밀히 준비되고 있었다)은 11월 21일의 국민투표에서 91.5%의 찬성으로 통과되었다. 이 유신헌법에 따라 국회는 해산되었고, 사법부도 대법원 판사 중 9명*과 일반법관 41명**이 재임명을 받지 못하고 쫓겨났다.

유신헌법이라는 극약처방에도 불구하고 정치적 혼란은 계속되었다. 이러한 혼란을 잠재우기 위해서 대통령은 유신헌법에 의해서 그에 부여된 초헌법적인 권한, 즉 "긴급조치를 발표할 수 있는 권한"을 여러 차례 행사했다.

그리하여 1975년 5월 13일에는 그동안에 선포되었던 긴급조치들의 종합판으로 긴급조치 9호를 공포했는데 그 주요 내용은 다음과 같았다. 우선 유신헌법에 대한 부정, 반대, 비방, 개정요구, 허위사실 전

---

*   이는 1971년 국가배상법 위헌판결에서 위헌의견을 낸 9명이다.

**   당시 법관 총수는 397명으로 9명 중 1명꼴이다.

파 등은 모두 금지되고 이에 위반하면 처벌된다(반대의견 표명 자체가 범죄가 된다). 다음, 위반행위에 대해서는 법관의 영장 없이 체포, 구금된다.

나아가 새로운 조항으로, 위와 같은 위반행위에 대한 재판은 과거와 같이 '군법회의가 아니라, 일반법원에서 한다'는 것이었다. 이러한 조치는, 대통령으로서는 일반법원에 재판을 하게 함으로서 어느 정도는 반대자의 예봉을 피해보려는 계산이었겠지만,* 재판을 맡게 된 판사로서는 커다란 부담을 떠안게 된 것만은 틀림없었다.

이러한 상황에서 재일교포 유학생 간첩단 사건(1975년 11월), 원주 원동 성당에서의 반(反) 유신선언 발표(1976년 1월), 명동성당에서의 민주구국선언문 낭독(1976년 3월) 등의 큼직한 정치적 사건들이 일어났다.

이러한 사건들을 담당했던 판사들은 판결내용에 대해서뿐만 아니라 재판진행의 과정에서도 엄청난 어려움을 겪었다. 그러나 '사법부는 법을 만들 권한은 없고, 만들어진 법을 적용할 수밖에 없다'는 자기합리화를 하면서, 예외 없이 유죄, 중형의 판결을 하고 있었다.

이와 같이 불편한 상황은 어김없이 이영구 부장판사에게도 닥쳐왔다. 첫 번째는 1976년 여름, 서울대생 4명의 재판을 하게 되면서 일어났다. 즉, 1976년 3월, 독재에 항거하여 시위를 하던 도중에 서울대 농대 학생 김상진 군이 양심선언문을 낭독하고 할복함으로써 스스로

---

* 물론, 그렇게 하더라도 일반판사들이 감히 반발하지 못하고 정권의 입맛대로 판결해 줄 것이라는 판단, 자신감이 깔려 있었다.

목숨을 끊은 일이 있었다.

그러자 그 49재에 맞추어 5월 22일에 학생들이 교내에서 시위를 벌이던 중 그 주동자로 구속된 4명의 서울대생의 재판을 그가 맡게 된 것이었다.

판사의 판단은 당연히 2단계로 나누어진다. 우선 그들은 유죄인가 무죄인가? 이 점에 관하여 그는 실정법(긴급조치 9호)상 선택(고민)의 여지가 없었다. '유신헌법의 부정, 반대, 개정 요구'는 명백히 긴급조치에 위반되었기 때문이었다.

다음 단계로, 그렇다면 그들에게 어떠한 형을 선고할 것인가의 문제가 남았다. 심정적으로는 순수한 생각을 가지고 그러한 행동을 한 학생들을 엄하게 벌하고 싶은 판사는 없었겠지만, 당시의 엄혹한 분위기 하에서 관대한 판결을 한다는 것은 판사로서 거의 자살행위나 다름없었다. 예외 없이 모든 판사들이 중형을 선고하고 있었다.

이영구 판사는 고뇌에 빠졌다.

판사는 판결을 함에 있어서, 특히 형량을 정함에 있어서 그가 속한 나라의, 사회의 '정치적 상황을 고려해야 하느냐, 아니냐', 고려한다면 '얼마나, 어느 범위에서 고려할 것이냐'의 기초적인 고뇌였다. 법치 후진국일수록, 선진국 판사들의 입장에서는 '말도 안 되는 고민'을 해야 하는 불쌍한(비참한) 처지에 놓이게 된다.

이러한 상황에 처한 보통의 판사들은 이런저런 핑계를 대어 자기합리화를 한 다음, 대부분 권력자의 구미에 맞는 무난한 형량을 선택하여 선고하기 마련이다. 당시 우리 사법부의 현실도 유감스럽게 그러했다.

하지만 이영구 판사는 양심상 도저히 그렇게 할 수는 없다고 생각했다. 문학을, 독일의 문학을, 괴테의 시와 생각을 가슴에 품고 살아온 그에게 그것은 판사의 자존심을 망치는 것이었다.

고뇌 끝에 그는 중간의 길을 가기로 결심했다. 즉, 1976년 9월, 4명의 피고인들(서울대 학생들) 중 정도가 조금 더 중한 2명에게는 징역 1년 6월의 실형을 선고하고(이는 그들에게 선고할 수 있는 최소한의 형량이었다), 조금 더 가벼운 2명에게는 집행유예를 붙여 석방되도록 판결한 것이었다.

이러한 판결은 그 당시 정권의 기대에는 한참 못 미치는 관대한 판결이었다. 이 판결이 있자마자 정부에서는 당시 대법원장(민복기)에게 압력을 넣어 당장 그를 인사조치하라고 압박했다.

하지만, 아무리 군사정권이었지만 '겉으로라도' 사법권 독립을 지키고자 한 대법원장의 노력으로, 그해 연말의 정기인사 때까지 인사조치를 미루어 두는 것으로 타협했다.

남들이 보기에는 이러한 판결만으로도 파격이고, 고뇌 끝에 내린 판결이라고 평가받고 있었지만, 정작 이영구 판사 자신은 훗날 두고두고 당시 자기가 비겁하였음을 후회했다. 자기가 그때 좀더 용기를 내어 나머지 두 학생에 대해서도 집행유예의 판결을 하지 않은 것에 미안해했다. 그렇게 그는 순수한 영혼을 지니고 있었다. 하지만 진정으로 이영구 판사의 진면목을 드러내는 판결은 그 이후 몇 개월이 지나지 않아 나타나게 된다.

우리나라 사법부 역사상 판사들 사이에서 오래도록 이야기되고 인용되는, '긴급조치위반 무죄판결'이 내려진 것이었다.

커다란 물줄기를 이루어 대륙을 흘러내리는 강도, 그 발원지는 작은 우물이고 작은 샘물이듯이, 역사를 바꾸는 역사에 길이 기록되는 사건도 그 시작은 하찮은 일에서 비롯되는 경우가 많다.

이영구 판사가 내린 일생일대의 판결은 평범하고 조그마한 여자고등학교의 1학년 9반 교실 안에서 시작되었다.

1975년 5월 긴급조치 9호가 공포된 지 1년이 채 안 된 1976년 4월 어느 날 13시 30분경, 서울에 있는 서문여자고등학교에서* 수업이 진행되고 있었다. 일상적인 수업 도중에 평범한 어느 교사(이 사건의 피고인이다)는 다음과 같은 이야기를 했다.

"북한에는 우리보다 1년 먼저 지하철이 생겼다. 너희들 이런 말 처음 듣지?"라고 말하고, 이어서 공소장에 기재된 바와 같은 말을 했다.

"후진국일수록 일인정권이 오래간다. 그 사람이 아니면 나라를 이끌어갈 사람이 없다는 식으로 국민에게 압박감을 갖게 한다. 우리나라 정권은 동해물과 백두산이 마르고 닳도록 해 먹는다"고 말했다.

그런데 일이 이상하게 꼬이기 시작했다. 이 말을 들은 학생 중 한 사람이 집에 가서 부모와 대화 중 우연히 그 내용을 옮겼는데, 공교롭게도 그 아버지가 정보기관에 근무하는 공무원이었다.

그리하여 그 교사가 한 말이 '사실을 왜곡하거나 허위사실을 유포한 것'이라고 수사기관에 신고하여 이 사건이 형사문제로 번지게 된 것이었다. 나치 또는 공산당 치하의 끔찍한 상황을 연상하게 한다.

---

* 이 학교는 서울 서초구 방배역과 이수역의 중간쯤에 위치한 학교로서, 한적한 시골에 있는 조그마한 학교가 아니다.

이 사건을 배당받은 이영구 부장판사는 세 문장으로 된 짤막한 공소장을 읽어보았다. 그 내용은 단순하여 크게 두 부분으로 나누어 볼 수 있었다.

우선, 세 문장 중 앞의 두 문장은 '후진국의 정치'에 관한 일반적인 내용이었다. 즉, '후진국일수록 일인정권이 오래간다. 그 사람이 아니면 나라를 이끌어 갈 사람이 없다는 식으로 국민에게 압박감을 갖게 한다'였다.

다음, 세 문장 중 맨 끝 문장은 '우리나라의 정치' 관한 지적으로, '우리나라 정권은 동해물과 백두산이 마르고 닳도록 해 먹는다'라는 것이었다.

첫 법정에 들어가 피고인의 이야기를 들어보니, 그가 공소장에 기재된 것과 같은 이야기를 한 것은 맞다고 시인하였고, 경찰과 검찰의 조사과정에서도 이를 모두 시인하고 있었다. 다만, 그는 그가 알고 있는 사실대로 이야기했을 뿐이고, 대한민국 정부를 비방할 의사는 없었다고 변소하고 있었다.

법정에서의 심리는 간단하게 마무리되었다. 더 다투거나 조사할 일이 없었기 때문이었다.

이제 남은 일은 판사가 그의 생각을 정리하는 것뿐이다. 문제의 핵심은 간단명료했다. '일인의 장기집권'에 관한 '후진국에 관한 이야기'와, '우리나라에 관한 이야기'가 유언비어이냐, 즉 사실이냐, 아니냐의 문제이다.

이 점이 피고인의 유죄, 무죄를 판가름하는 결정적 갈림길이 되겠지만, 잠시 평온한 마음으로 생각해보니 해답을 얻는 데에 별 어려움이 없었다. 그가 아는 상식과 역사적 지식만으로도 쉽게 결론에 다다를 수 있었다.

우리나라만이 아니라 세계의 후진국에서 독재자들이 장기집권을 하기 위해서 얼마나 폭압적인 행태를 벌이고 있는지는 보통 수준의 사람이라면 잘 알고 있는 내용이 아니던가. 다만, 그는 그와 같은 자명한 결론을 어떻게 조리 있고 설득력 있게 판결문에 옮겨 적을지는 좀 더 시간을 가지고 면밀하게 구성해 보겠다고 마음먹었다.

이렇게 생각을 정리하고 있는데, 그는 머릿속을 빠르게 스쳐 지나가는 무엇인가를 느꼈다. 평소에 느껴보지 못했던 이상한, 그러나 유쾌해 보이지 않는 현상이었다. 그는 평소에 흔들리는 마음을 다잡기 위해 해왔던 방식대로, 조용히 가부좌를 하고 눈을 감고 심호흡을 했다. 차츰 마음이 안정되면서 머릿속을 스쳐 지나간 생각이 점점 분명하게 드러나고 있었다.

놀랍게도 그것은 두려움이었다. 지금까지 판사생활 15년을 해오면서 한 번도 느껴보지 못했던 공포심이었다. 자세히 마음의 밑바닥을 살펴보니, '이 사건을 무죄라고 판결했을 경우 무지막지한 군사정권이 혹시라도 그에게 가해올지도 모르는 폭력(행패)에 대한 두려움'이었다. 여기에 생각이 미치자 그는 자신이 부끄러워졌다.

아니 미워졌다.

'너는 자유민주주의를 신봉하고, 삼권분립을 신봉하고, 사법권의 독립을 신봉하고, 국가의 폭력으로부터 국민의 개인의 자유와 권리를 지켜줄 것을 다짐하면서 판사의 길을 선택하지 않았느냐!'는 양심의 소리가 울려 퍼지고 있었다.

'그렇게 나약하고, 그렇게 용기가 없어서 어떻게 제대로 된 판사가 될 수 있겠느냐!'고 나무라고 있었다.

그 순간 그는 정신이 번쩍 들었다. 두 눈을 똑바로 뜨고 정면을 응시했다. '내가 지금 무슨 미망에 빠져 있는 것인가.'

그러면서 또다시 몇 가지 생각들이 떠올랐다. 이번에는 마음을 다지는, 희망과 용기를 주는 생각들이었다.

'인간이 지닐 수 있는 미덕 가운데 가장 찬양받을 만한 것은 용기다.'

'큰 위기는 큰 인물을 낳으며, 용기 있는 큰 행동을 낳는다.'

'만일 한 사람의 운명을 구할 수 있다면, 그로부터 받는 축복과 눈물은 뭇 사람들의 경멸과 비난을 충분히 감싸 줄 것이다.'

'인생은 언제든지 불쑥 용기가 필요한 도전을 받게 된다. 어쩌면 그로 인하여 친구나 재산 혹은 존경을 잃게 될지도 모른다. 그러나 그럼에도 불구하고 우리는 우리의 길을 가야 한다.'

이제 그의 마음은 정해졌다. 평온을 되찾았다. 그는 조용히 책상에 다가가 의자에 앉았다. 그리고 그는 차분한 마음으로 무죄판결 이유를 작성하기 시작했다.

먼저, 공소사실 중 처음 두 문장, 즉 외국, 특히 후진국의 일인 장기집권에 대한 일반적인 이야기가 '유언비어인가, 사실이 아닌가'에 대한 판단이다.

이 판사는 '후진국일수록 일인정권이 오래가고, 그 사람이 아니면 다른 사람이 없다'는 식의 이야기는 너무나도 당연하여 증명할 필요조차 없는 자명한 역사적, 경험적 사실이라고 정리했다.

'이는 우리 대한민국이 8 · 15 해방 이후 자유당 집권하에서 이미 경험한 바 있는 역사적 사실이다. 또한 선진국, 후진국을 막론하고 집권자나 집권을 꿈꾸는 자는 모두가 정치활동 과정에서 자기만이 오로지 나라를 구할 수 있다고 주장함도 역시 역사적, 경험적 사실이다'라고 정리했다. 따라서 당연히 '이 두 문장은 어떤 날조된 사실이거나 사실을 왜곡한 것이라고 볼 수 없다'고 결론지었다.

다음, 마지막 공소사실인 세 번째 문장, 즉 '우리나라 정권은 동해물과 백두산이 마르고 닳도록 해 먹는다'라는 부분에 대한 판단이다.

이 부분에 대해서는 두 가지를 나누어 보아야 한다. 즉, 하나는 그 '표현의 형식'에 관한 내용인데, '동해물과 백두산이 마르고 닳도록'이라는 표현은 문자 그대로 '영구히'의 뜻이 아니라(실제로 동해물이 전부 마르고, 백두산이 전부 닳아 없어진다는 뜻이 아니라), '장기적'(오랫동안)이라는 뜻의 '비유적 표현'임이 명백하다고 했다. 즉, 사실의 왜곡이 아니라고 했다.

다른 하나는, 그러면 '우리나라 정권이 장기적으로 해 먹는다(집권해 왔다)'는 부분이 '사실의 왜곡에 해당되는가'의 문제로서, 이 사건의 핵심적 내용이다. 이에 대하여 이영구 부장 판사는 한 치의 망설임이나 두려움 없이 본인의 소신을 분명하게 밝혔다.

즉, '이에, 8 · 15해방 이후 우리 대한민국 정부의 발자취를 돌아보건대 …' 하고 서두를 연 다음, 역사적 사실을 가감 없이 적시했다.

'초대 이승만 대통령은 1948년 8월 15일에 집권하여 1960년 4월 26일(4 · 19학생 의거로) 하야할 때까지 약 12년간 부정, 부패, 불법을 수단으로 장기집권하여 왔음은 우리 국민 모두가 경험한 불행한 역사의 한 편임에 틀림없다.' 즉, '때로는 계엄령을 선포하고(1952년 5월 26일), 정치 테러단을 동원하여 소위 발췌개헌안을 통과시키고(1952년 7월 4일), 또는 대통령 종신제 조항까지 포함된 사사오입 불법개헌을 하고(1954년 11월 29일), 드디어는 3·15부정선거를 자행하기도 했다(1960년 3월 15일). 이후 학생들의 의거로 하야한 다음, 약 1년 남짓 기간 정치적 혼란기가 있었다. 그러자 이러한 정치적 혼란을 극복한다는 명분으로 1961년 5월 16일 박정희가 군사혁명을 일으켜 정권을 장악했다. 그러나 그 역시 장기집권의 욕심을 버리지 못하고 공소장 기재의 이 사건이 발생한 1976년 4월까지 약 15년이라는 장기간 동안 강압적인 방법으로 대통령직을 지켜오고 있다.'

즉, '1961년 5월 16일 군사혁명 후, 1962년 12월 17일 국민투표로 대통령이 된 박정희는 1969년 10월 21일 대통령의 연임을 3선까지 허용하는 무리한 개헌을 강행하였고, 이 정도로도 부족함을 느껴 마침내 1972년 12월 27일에는 삼권분립의 자유민주주의적 기본원리를 무시, 파괴해버리는 소위 유신헌법을 비밀리에 추진하여 통과시켜 현재(1976년)까지 15년 동안 집권해 오고 있음은 역시 부인할 수 없는 것이다'고 판결문에 분명히 적시했다.

그리하여 판결의 결론으로서 '피고인이 한 위와 같은 말(일인의 장기집권)은 사실과 어긋나는 말이 아니다'. 즉, '사실을 왜곡한 것이 아니다'. 따라서 '피고인은 무죄이다'라고 1976년 11월 8일 선고함에 이른 것이다.

이 판결이 선고되자 권력기관 내부가 발칵 뒤집혔다. 어떻게 이런 세상 물정 모르는 판사가 있을 수 있는가? 법치국가에서는 상상도 못할 일이었지만, 당장 대법원장(민복기) 실에 항의와 함께 응분의 조치를 요구하는 작태가 버젓이 벌어졌다.

사법부 내부에서도 크고 작은 파문이 일어나고 있었다. 일부는 이 부장판사를 찾아와서, 아니면 전화로 그 용기를 칭찬하고 격려하여 주었다. 하지만 대부분은 마음속으로만 또는 작은 규모의 모임에서만 그의 용기에 감탄하면서, 그렇게 행동(판결)하지 못했던 자신들의 비겁함을 부끄러워했다.

이 판결이 있은 1976년의 경우, 1년 동안 긴급조치 9호 위반사건으로 판결을 선고받은 피고인은 모두 221명이었는데, 그중 무죄가 선고된 사건은 이 피고인 단 한 명이었으니, 그 당시의 분위기를 충분히 짐작할 수가 있다.

이 판결이 내려지기 두어 달 전에 이미 학내 시위를 벌이던 서울대생 2명을 집행유예로 풀어준 일이 있었던 차에, 이번에는 무죄판결까지 내려졌으니 대법원장의 입장이 난감하게 되었다. 이전의 집행유예 판결 시에는 모양상, 연말에 있을 정기인사까지만 기다려 달라고 무마시켰지만, 이제는 더 이상 핑계 댈 수도 없어졌다.

아무리 친정부 성향의 법조인으로 평판이 났던 대법원장이었지만, 그래도 사법부 수장 자리를 맡고 있는 마당에 판결의 내용을 문제 삼아 판사에게 인사상의 불이익을 주는 조치는 결코 마음이 내키지 않는 일이었다. 고심 끝에 대법원장은 연말의 인사이동을 핑계 삼아, 관례를 깨고, 서울에 근무 중인 판사를 지방으로 내려 보내는 파격인사를 단행했다. 즉, 그를 전주지방법원 부장판사로 전보했다.

이러한 결과가 있을 줄 전혀 예상하지 못했던 그가 아니었기에 그는 사표를 제출하려고 하였으나, 그의 '우아한' 심성은 여기에서도 나타났다. 좌천에 해당하는 전보인사 발령을 받고 바로 사표를 제출하게 되면, 인사권자인 '대법원장에게 정면으로 대항하는' 좋지 않은 모습을 보이게 될 수도 있기 때문에, 그래서는 점잖은 처신이 아니라는 생각이었다. 그리하여 그는 발령일자에 맞추어 그대로 부임하기로 결심했다. 그 후 한 달 동안 그는 전주에 머무르면서 근신하며 지내다가 1977년 2월 5일자로 사직하고 법복을 벗었다.

15년 동안의 법관생활에 그는 여한이 없었다. 마지막 마무리가 그의 자발적인 의지에 의한 것이 아니어서 아쉬웠지만, 이는 법치 후진국에서 양심을 지키면서 법관생활을 해보려고 결심한 사람에게는 어차피 피해갈 수 없는 일이라고 자위했다.

한 달간의 근신을 끝내고 1977년 2월 5일 그는 사직서를 제출하면서, 사직인사를 드리기 위하여 대법원장을 방문했다. 그 자리에서 위로의 말과 함께 차 한잔을 대접받으면서, 그는 '자신의 귀를 의심할 수밖에 없는' 뜻밖의 말을 듣게 되었다.

대표적인 친정부의 법조인이었으며(그의 선조들까지 친일인사로 거론되고 있다), 그 정부에서 법무부 장관을 지낸 대법원장의 입으로부터, "당신 같은 판사가 사법부에 세 사람만 있었으면, 내가 대법원장 하기에 좋을 텐데 …"라는 말이 나온 것이다.

이 말을 듣는 순간, 그는 모든 서운한 마음과 서글픈 감정이 사라져 버렸다. 사람의 마음은, 더욱이 판사의 마음은 용기의 부족으로 그 진심을 드러내 표현하지 않을 따름이지 '마음속으로는 알 것은 다 알고 있었음'을 확인하였기 때문이다.

대법원장과의 면담을 마치고 대법원장실을 나온 그는, 판사로 일하고 있는 가까운 절친들 몇 명에게 바로 전화를 걸었다.

"나 이 판사인데, 나 오늘 기분 엄청 좋으니까 오늘 저녁 나랑 소주 한잔하게 만나자!"

그날 퇴근 후 절친들 3명은 평소 가끔 다니던 허름한 막걸리 집에 모였다. 그는 몇 시간 전에 있었던 일을 그들에게 옮겨주었다. 모두들 그를 위로하고 격려해주면서 그들은 의기투합하여 밤늦게까지 통음했다.

유신 헌법과 이에 근거한 대통령 선출, 긴급조치의 발령, 사법부에 대한 압박 등은 다들 용기부족으로 말을 못했을 따름이지, 정상적인 법치국가에서는 있을 수 없는 것임을 잘 알고 있었다. 심지어는 박정희 대통령 스스로도 철석같이 믿는 측근(당시 남덕우 국무총리)에게는 "내가 봐도 유신헌법의 대통령 선출방법은 엉터리야. 그렇게 해가지고서야 어떻게 국민의 지지를 얻을 수 있겠는가?" 하고 말하기까지 했다.

* * *

이영구 부장 판사는 판사직을 사임한 후, 그의 바람대로 '조용하고 무난하게' 살아갔다. 법복을 벗은 뒤 그에게 한국기독교교회협의회(KNCC) 사람들이 찾아와 시국사건 변론을 맡아 줄 것을 부탁했다. 하지만 그는 정중하게 거절했다. "내가 지금 시국사건을 맡으면, 법대로 판결한 것이 아니라, 원래 운동권과 가까운 사람이라서 법관 시절에 그렇게 판결했구나" 하고 오해할 소지가 있다는 이유였다.

역시 그다운 점잖은 처신이었다.

그가 법관직을 사임한 동기가 그러했던 만큼, 변호사 생활 중에 언론으로부터 수많은 인터뷰 요청이 있었다. 다들 그의 용기를 칭송하고, 그러하지 못했던 동료나 후배들을 질책해 달라는 속셈이었을 것이었다. 그러나 그는 그때에도 자기에게 겸손하고, 남에 대한 배려를 아끼지 않았다.

우선 그는 1976년 9월 서울대생 4명을 재판하면서 실형을 선고해서 석방되지 못한 두 명에게 미안하다는 심정을 진심으로 토로했다. 또한, 그 당시 집권자의 입맛에 맞춘 판결을 한 것으로 매도되는 판사들을 배려했다. "그들도 결코 영혼 없이 무작정 유죄, 중형만을 선고했던 것은 아닙니다. 나름대로 주어진 상황 속에서 고민하고 번뇌하면서, 가능한 최소한의 형을, 그리고 적어도 절차상으로만이라도 보호받도록 많이 노력했습니다" 하고 기회 있을 때마다 강조했다.

사건 의뢰인들에게 시달리고, 또한 아무래도 최소한의 수입을 올리기 위해 신경을 쓰지 않을 수 없는 변호사 생활을 하면서도, 그의 독일어, 독일 문화에 대한 열정은 조금도 식지 않았다.

50이 훌쩍 넘은 나이에 독일문화원(Goethe Institut)에 야간반으로 등록하여 독일 문화에 접촉하였다. 그는 아마도 가장 나이 많은 수강생이었을 것이다. 게다가 가끔은 그의 부인까지도 동반하여 함께 수업에 참석하기도 했다(물론 그의 부인은 정식 수강생이 아니었다).

변호사 생활을 한 지 7년쯤 지난 1985년 말과 1986년 초에 걸쳐 그는 약 한 달 동안 유럽여행을 갈 기회가 있었는데, 첫 번째 기착지이자 방문지가 독일의 프랑크푸르트에 있는 괴테하우스였다. 오랜 시간 그곳에 머물렀는데, 안내하는 독일인 직원과 독일어로 괴테의 문학과 일생에 관하여 깊이 있는 대화를 나누기도 했다.

그러나 한없이 겸손하고 자신을 결코 내세우는 법이 없는 그였지만, 다른 한편으로 인간적인 면에서는 한없이 순수하고, 맑은 어린이와 같은 마음도 가지고 있었다.

그가 2017년 11월 18일 타계하기 6개월 전에, 한 세대(15년) 후배인 어느 법조인(전직 판사)이 우리 사법부의 기념비적인 판결들을 모아 해설한 책을 출간했다.

당연히 그 책 중의 한 부분으로 이영구 부장판사의 긴급조치 무죄판결이 수록되었고, 그 평석으로서 "그는 해야 할 말을, 해야 할 때에 함으로써 진실을 말해야 할 판사의 책무를 다했다"고 적혀 있는 것을 읽었다.

한참 후배인 전직 판사로부터 이러한 극찬을 들은 그는 어린 아이같이 기뻐했다. 그 당장 그 후배에게 전화를 걸었다. 목소리는 기쁨에 상기되어 있었다.

"내가 그 책을 많이 구입하여 지인들에게 나누어 주려고 교보문고에 가서 여기 있는 책 전부를 사겠다고 했는데, 다섯 권밖에 없었다. 다시 인근의 영풍문고에 가서 같은 이야기를 했더니 12권이 있다고 하여 모두 구입했다"고 자랑삼아 이야기했다. 그러면서 "언제 나와 함께 식사라도 하면서 더 재미있는 이야기를 하자"고 마무리 지었다. 그런데 그는 그 당시 이미 지병이 깊은 상태였다. 결국 식사회동의 약속은 실현되지 못하였지만, 그 후배는 훌륭하신 선배에게 뒤늦게라도 '잠시나마 즐거움을 드릴 수 있었던 것'에 크게 감사했다.

이영구 부장 판사가 2017년에 타계하고 1년 뒤인 2018년 9월, 그의 용기와 법관의 품위를 '표창'하여 그에게 국민훈장 모란장이 추서되었다. 그를 사랑하고 추모하는 분들이 한자리에 모여 1주기를 기념했는데, 앞에서 본 바와 같은 이 판사의 전화를 받은 그 후배는 기념사에서 다음과 같이 말함으로서 고인을 기렸다.

"이영구 판사님은 '중용임을 가장하여 비겁함'을 숨기고, '만용임을 핑계대어 용기를 포기'하는 모습을 보이지 않았다. … "

좀더 일찍, 좀더 적절한 시기에 이와 같은 상찬이 이루어지고, 후배들이 그 뜻을 크게 받들어 사법권 독립의 기틀을 확실히 다져 나갈 수는 없었는지, 아쉬운 느낌이 없지 않았다.

인간 세상에서 필연은 무엇이고, 우연은 또한 어디까지인가?

오늘의 이영구 판사를 있게 한 그 교사가 재직하였던 서문여자고등학교에 이영구 판사의 딸이 입학하여 3년을 다녔다.

그녀는 '아버지가 사임하고 법복을 보자기에 싸 오셨을 때, 이를 보고 펑펑 우시던 어머니의 모습이 생생하다'고 회고했다.

사법권의 독립, 법관의 독립은 우리에게 아직은 사치품인가? 그리고 이는 오로지 외롭게, 법관 개개인만의 책임과 용기로 지켜내야 하는 것인가?

양병호 판사

紙包不住火

종이는 불을 감싸지 못한다.
(사실은 드러나기 마련이다)

유혈이 낭자해진 사법부에서
위로받을 사람은 누구인가?
목이 잘리는 변을 당한 사람인가?
살아남아 욕을 보아야 했던 사람인가?

그는 1969년 9월 1일부터 1980년 8월 9일까지 대법원 판사로 근무하는 동안 두 번의 죽을 고비를 겪었다.

그 첫 번째 고비가 대법원에 들어온 지 1년이 지난 1970년 8월 5일 지인들 두 명과 함께 설악산 등반을 하던 중에 일어났다. 3명의 일행은 계획에 따라 8월 5일 백담사에서 머무르고 오전 중에 봉정암을 향해 출발했다. 막상 떠날 때에는 흐리기만 하였지 비는 내리지 않았으나, 얼마 지나지 않아 보슬비로 바뀌더니 점차 빗줄기가 굵어지기 시작했다.

빗속의 내설악은 맑은 날에는 볼 수 없는 또 다른 풍경을 보여주기에 여기에 취하여 감탄사를 연발하면서 앞으로 나아갔다. 백담사에서 봉정암까지 12킬로미터의 거리를 주파하여 오후 한 시경에 봉정암에 도착하였으니 별로 늦지 않은 시간에 오기는 한 것이다.

비옷을 뒤집어쓰기는 하였으나 빗발이 워낙 강하여 배낭과 신발은 완전히 젖어 버렸다. 창문도 없는 토방에 들어가 점심을 해 먹기는 하였으나 온몸이 물에 젖어 추위에 떨지 않을 수 없었다.

일행 중 두 명은 발이 부르트고 피곤하기도 하다면서, 그날 중으로 대청봉 오르는 것을 포기하고 봉정암에서 머무르기를 희망했다.

그는 어떻게 할지를 잠시 망설였으나 다음 날 서울로 돌아가서 그다음 날인 8월 7일에는 부산으로 가야 할 일정이 있었기 때문에 어쩔 수 없이 혼자서 대청봉 정상을 향하여 떠나기로 했다.

그때가 오후 두 시 반경이었는데, 안내를 부탁한 청년을 따라 소청봉을 향하여 오르기 시작하니 비가 폭우로 변했다. 신발 속에 빗물이 스며들어 질척이는 소리가 나고, 오르막길이 급경사라 몹시 힘이 들었다. 소청봉에 도달하니 산꼭대기에 바람까지 세차게 불어 고개를 들기조차 힘들게 되었다. 그래도 참으면서 갈 길을 재촉하며 중청봉을 지나 최고봉인 대청봉을 오를 무렵에는 숨이 턱에까지 차오르고 다리가 무거워 허덕거렸다. 대청봉 코스는 확실히 힘든 코스였는데, 악천후에다 시간에 쫓겨 나아가야 하니 더욱 그러했다.

정상 등정을 마쳐 목적을 달성하고 소청봉으로 다시 내려와서, 약속했던 대로 안내해준 청년을 봉정암 방향으로 돌려보내고, 이제는 혼자서 외설악으로 하산하게 되었다. 오르막길에서는 흠뻑 젖은 옷과 배낭 그리고 질척이는 신발의 무게 때문에 다리가 천근만근이 되었는데, 반대로 급경사 내리막길로 접어드니 휘청거림을 느꼈다.

희운각을 지나 비극의 골짜기로 유명한 '죽음의 계곡'에 이를 때까지 마주치는 사람도 없이 오로지 혼자서 터벅거리며 걸었다. 죽음의 계곡은 그 이름 그대로 머리카락이 쭈뼛이 서는 것 같은 무서움을 느끼게 했다.

양쪽 봉우리의 깎아지른 절벽이 좁고 길게 내리뻗어 깊은 골을 이루었고, 폭우까지 내리는 바람에 발밑엔 물이 소용돌이치며 내려가고 있었다. 우중에 저녁때라 시계가 어둡고 적막하기가 그지없었다.

천당폭포의 장관을 보고서 머지않아 양폭산장을 지나게 되었는데, 이 시점에서 추위에 허기까지 겹쳐 완전히 지쳐버리고 말았다. 이제 당장의 목표지점인 비선대(비선산장)까지 3킬로미터 정도밖에 남지 않았는데, 늘어난 계곡물로 인해 물속으로 깊이 들어갔다가 바위 등성이로 올라오기를 되풀이했다.

비는 그칠 새 없이 내리고, 어둠이 깔리기 시작하여 발을 헛디뎌 넘어지기를 수십 차례 반복했다. 숨은 가쁘고, 식은땀은 흐르고, 몸은 솜뭉치처럼 무거운 가운데 강행군을 계속하다 보니 저 멀리 비선대 봉우리가 시야에 들어왔다. 이제는 살았구나 싶고, 따뜻한 온돌방에서 젖은 옷을 말리며 푹 잘 것을 기대하고 마지막 힘을 내 길을 재촉했다.

그러나 어려움은 그렇게 간단히 없어지지 않았다. 비선산장을 불과 400미터 정도 앞두고 다시 급류를 만난 것이다. 하는 수 없이 급류를 피하고 약간 우회하여 비교적 물살이 급하지 않은 듯싶은 곳을 골라 건너가기로 했다. 다리가 휘청거렸으나 힘을 다하여 허벅지 정도 차는 곳을 골라 건너다가 그만 바닥 바위 위에 미끄러져 앞으로 넘어지고 말았다. 이제 상체까지 물에 잠기고, 오른쪽 다리 정강이뼈가 바위 모서리에 부딪쳐 통증이 극심했다.

절뚝거리며 일어나 몇 걸음 더 앞으로 나아갔으나, 거기에서도 급류의 웅덩이를 만나 어쩔 수 없이 계곡 한복판의 바위 위에 주저앉고 말았다.

밤 8시경이 되어 주위는 칠흑같이 어두운데, 비는 더욱 세차게 내리기 시작했다. 줄지에 급류 한가운데에 솟아 있는 바위 위에서 노숙(비박)을 하게 되었다. 보통의 비박이라면 등산 도중 예상치 못한 사태가 일어났을 때 한데서 밤을 지내는 것으로 체온의 유지가 가장 중요한데, 이 경우는 '물속의 바위 위에서' 비를 맞아가며 밤을 새워야 하니 고통이 몇 배나 심할 수밖에 없다. 혹시라도 맹수의 습격이 없을지, 올라앉은 바위에 급류가 밀어 닥치지는 않을지 걱정이 태산이었다.

하지만 피로와 배고픔 때문에 위험을 벗어나기 위한 적극적 행동은 이미 불가능하고, 소극적 방어조차도 쉽지 않다. 이제 오직 날이 새기를 기다리면서 추위와 굶주림과 피로를 참고 견뎌 이겨내는 수밖에 없게 되었다. 그는 죽은 듯이 조용하게 쪼그리고 앉아 위기극복의 정신력을 갈망하면서, 몇 번이고 자기 이름을 가만히 불러보았다.

'너는 굳은 의지와 불굴의 노력으로 인생을 살아온 사람이 아니냐? 요행을 바라지 않고 성심성의껏 굳센 의지와 끊임없는 노력, 불요불굴의 정신만으로 오늘날까지 개척해 오지 않았느냐? 그러나 아직도 너의 노력과 정신력은 모자라는 모양이다. 그러니 하늘은 너에게 새삼 더 큰 시련을 겪게 하는 것이 아니겠는가? 정신을 가다듬자. 이 죽음의 고통과 공포를 이겨내는 방법은 오로지 너의 정신력만이다. 참아라. 견뎌라. 정신 차려라!'

이 말을 수없이 되뇌고 다짐하면서 마음을 가다듬었다.

한밤중이 지나고 새벽녘이 되어 갈수록 추위는 더해갔다. 밤은 어찌 이다지도 길고 긴 것인지. 8월의 짧은 여름밤은 왜 이리도 긴지. 비몽사몽간에 얼마만큼의 시간이 지났는지도 모르겠는데, 어쩌다 앞을 보니 어둠 속에 희미하게, 천불동 계곡의 비에 젖은 새벽 경치가 희미하게 눈에 들어온다. '이제야 날이 새는구나' 하고 몸을 일으켜 보았으나 다리는 굳어 있고, 목은 돌릴 수도 없었다.

한참 동안 몸을 풀고 난 뒤에 어제 건너지 못한 근처까지 가보니 다소 물살이 약한 곳을 만나게 되었다. 물이 맑아서 물속 바닥이 환히 들여다보였다. 건너가야 할 저쪽은 물이 얕아 보여 그런대로 건너갈 만하겠는데, 시작지점인 이곳은 상당히 깊어 보인다. 작대기를 짚어보니 물이 가슴팍 이상으로 찰 것 같다.

그래서 그는 아이들 몸뚱이만 한 바위들을 날라 붓고, 얕게 메꾸는 작업을 했다. 아마도 1시간 가까이 걸려 30여 개는 처넣었을 것이다. 그런 다음 바지를 벗어 배낭에 싸매고, 비옷을 둘러쓴 채, 작대기를 바닥에 짚으면서 물속으로 들어가 한 발 한 발 조심스럽게 나아갔다. 그런 식으로 지탱하면서 진행하니 드디어 10미터 남짓 되는 급류를 건너는 데에 성공할 수 있었다. 그야말로 악전고투 끝에 사경(死境)을 돌파한 것이다.

그리던 목적지 비선산장의 식당 탁자 위에 바지를 벗은 채로 앉아 어제의 자리 쪽을 뒤돌아보면서 어젯밤의 악몽을 되새겨 보았다. 하룻밤의 끔찍한 경험이 그의 앞날에 크나큰 교훈과 힘과 도움을 줄 것임을 믿으면서.

그의 두 번째 죽음의 고비는 '정확히 10년 후인 1980년 8월 초', 대법원 판사의 임무를 '강제적으로' 마치게 되는 때에 일어나게 된다.

그(양병호 대법원 판사)는 1919년 삼일만세운동이 일어나기 1년 전인 1918년 경상남도 남해군 창선면의 조그만 동리에서 태어났다.

네 살 때 아버지가 부산 부청(府廳: 지금의 도청) 서기로 임명되어 부모가 부산으로 이사하였으나, 조부모가 손자와 떨어져 살기를 원치 아니하여 그는 보통학교(지금의 초등학교) 2학년 1학기까지 시골에서 조부모와 함께 지냈다. 2학년 2학기가 되자 이제는 교육을 위하여 어쩔 수 없이 부산으로 전학하여, 경남도청 옆에 있는 부민보통학교로 옮겨갔다.

13살이 되는 1931년에는 한국인이 가는 유일한 인문계 학교인 동래고보(5년제로 지금의 중고등학교이다)에 응시하여 합격했다. 학업과 운동 모두에서 최우수였는데, 특히 럭비를 즐겨하여 훌륭한 기량을 발휘했다. 1936년 동래고보를 졸업하고 진로를 고민하는데, 부친은 의전(의과대학)에 들어가 의사가 되기를 희망하였으나, 신체검사 결과 색맹임이 밝혀져 낙담하고, 문과로 방향을 돌려 법전(법과대학)에 가기로 결심했다. 그리하여 1937년 3월에 경성법학전문학교(지금의 서울대 법과대학)에 합격했다. 3년 동안의 학창시절 학교시험 준비도 열심히 하였지만 운동에도 몰두하여, 럭비에서는 스크럼에 서는 선수들 중에서 가장 잘 뛰는 다섯 명 중 하나로 칭찬받았다.

1940년 3월 학교를 졸업하기 직전, 총독부 전매국에 취직시험을 거쳐 합격되었는데, 당시 18명의 합격자 중에서 최고점을 받았다. 그 덕택에 가장 선호하는 부서로 발령받아 편안한 직장생활을 즐기고 있었다. 그러던 중 어느 날 부친이 그를 불러 진로와 관련된 훈계를 하셨다. 즉, "법률을 배웠으면 국가시험을 쳐 변호사가 되어 명성을 날리고, 억울한 사람을 도우면서 정의 실현에 앞장서는 모습이 좋지 않겠느냐"는 것이었다.

그는 여기에서 크게 각성하고 마음을 다잡아 조선변호사시험에 응시하기로 결심하고 법률학 공부를 본격적으로 시작했다. 다행히 직장의 상사도 우호적이어서 업무도 많이 시키지 않아 공부에 크게 도움이 되었다.

1940년에 실시된 시험에는 경험삼아 응시하였고, 1941년의 시험에는 본격적으로 준비하여 도전하였으나 실패했다. 낙방한 후 1년 동안 이제는 안 되겠다 싶어 공부의 밀도를 크게 높였고, 한 과목당 두세 권의 책을 최소 열 번 정도 읽고 철저히 이해하면서 필요부분은 암기하는 등 준비에 만전을 기했다. 이윽고 1942년 7월에 시행된 시험에서 합격자 6명에 들어가는 영광을 누리게 되었다.

합격 후 6개월 동안은 종전의 직장에 더 근무하고 1943년 사직한 다음, 4월부터 1년 반의 변호사 시보를 마쳤다. 시보는 당시 저명한 서광설 변호사를 지도변호사로 모셨는데, 1945년 2월 시보를 마치면서 치른 시험에서 9명 중 차석이라는 훌륭한 성적을 올렸다. 이로써 27살의 한참인 나이에 정식으로 법조인으로의 삶을 시작하였다.

그는 시험성적이 우수했던 덕택에 조선총독부로부터 서울에서 개업하라는 지정을 받고(시보 9명 중 3명만이 서울 개업이 허락되었다), 개업장소로는 시보를 하였던 서광설 변호사 사무실로 정했다.* 서 변호사

---

* 서 변호사는 1950년 6·25가 발발한 직후 그해 7월에 아들과 함께(아들도 변호사였다) 이북으로 납치되었다.

는 개업축하로 사무실을 빌려줌과 동시에, 변호사가 입을 법복까지도 마련해 주었다. 이때부터 1969년 대법원 판사로 임명될 때까지 24년 동안의 변호사 생활을 시작하게 된 것이다.

처음 2년 동안은 서 변호사를 모시고 지도를 받으면서 그를 도와 의뢰인과의 상담, 필요한 변론서류의 작성, 법정에서의 행동요령 등 모든 것을 배웠다. 그러한 과정에서 앞으로 변호사 생활을 하면서 반드시 지켜 나갈 신조로서 다음의 6가지를 정하여 준수하기로 결심했다.

첫째, 정직하고 양심적으로 정의를 실현하고 당사자를 옳은 길로 지도한다. 둘째, 당사자와 충분히 상담하여 사건내용을 당사자보다 더 잘 알도록 한다. 셋째, 보수는 결코 큰돈을 받지 않고 소송을 권유하거나 강요하지 않는다. 넷째, 당사자로부터 무한한 신뢰를 받도록 노력한다. 다섯째, 인정을 중요시하며 사회풍습에 맞도록 행동한다. 여섯째, 성심성의로써 당사자에게 봉사한다는 마음으로 일하면서 생활한다.

하지만 27살의 젊은 나이로 변호사라는 자유업을 시작하였으니, 그를 보고 사건을 의뢰하는 사람이 거의 없는 것은 당연했다. 이러한 사정을 잘 아는 서광설 변호사는 본인이 사무실로 쓰는 한식 기와집 사랑채(안채는 거주공간이다)의 한 쪽을 내주어 쓰게 하면서 필요한 경우 자기 사무를 도와 달라고 부탁했다. 그리고 고맙게도 초기 2년 동안은 월급 비슷한 돈까지도 주어 사기를 북돋아 주었다.

이렇게 2년 남짓이 지나니 어느 정도 독자적으로 사건 처리할 자신도 생기고, 더욱이 계속하여 서 변호사에게 신세를 지기도 부담스러워서 1948년 5월에는 독립하여 사무실을 내고 자립하기로 결정했다.

이 사무실은 당시 부친이 종로구 신문로에 한식 기와집을 신축했는데, 그 일부를 빌려 변호사 사무실로 사용한 것이다. 이때부터 1950년 6·25가 발발할 때까지 약 2년여의 기간이 그에게는 가장 행복한 기간이었다. 결혼도 하고 장남과 장녀까지도 얻어 잠시 동안의 안정된 일상의 행복을 누렸다. 그러나 인간의 삶이라는 것이 좋은 날로만 이루어질 수 없음은 자연의 섭리이다. '인생은 대체로 흐리다가 가끔 맑다'고 함이 오래 살아온 경험이 가르치는 바이다. 그도 역시 큰 틀에서 여기에 벗어나지 않았다.

우리 민족이 다 함께 겪은 6·25사변은 그에게도 많은 고난과 슬픔을 주었다. 우선 1950년 9월 23일, 총검을 든 순경 4명이 집에 들이닥쳐 다짜고짜 그를 끌고 내무서로 잡아간 것이다. 조사실에 불려가 반동한 사실을 자백하라고 윽박질렀다. 그는 변호사로서 변호사 일만을 해왔을 뿐이라고 말하였으나, 변호사면 당연히 반동분자라고 비난했다. 달리 스스로를 변호할 길이 없어 지푸라기라도 잡는 심정으로 "내가 이곳 인민위원회 위원장을 잘 아는데 그 사람에게 가서 물어보라"고 대답하였으나, 단지 살기 위한 최후의 수단으로 말한 것이었다. 그날은 허기진 배를 안고 추위에 떨면서 나무의자에 앉은 채 밤을 꼬박 새웠다.

그의 어머니는 아들의 신상이 걱정되자 아들을 구해내기 위하여 백방으로 노력하던 중, 그곳의 인민위원장이 5개월 전에 신상에 관련된 무고사건으로 구속되어 있을 때, 그의 아들이 변호를 맡아 면회를 하고, 재판에서도 돌보아 준 사람임을 알게 되었다.

어머니가 여러 번 그를 찾아가 도움을 부탁하였으나 번번이 거절당하였지만, "내 아들이 양병호 변호사요. 5개월 전 당신이 구속되어 있을 때 변호해 준 그 사람이오. 내 아들을 제발 살려주세요!" 하고 간청했다.

그랬더니 그제야 "아~, 그 양 변호사, 그 사람. 이제 알겠네요" 하면서 함께 내무서에 동행하여 갔다. 그 이후의 절차는 일사천리로 진행되어 양 변호사는 그날로 석방되어 목숨을 건졌다.

나중에 밝혀진 이야기지만, 그의 부친이 9월 23일 평소 놀러 다니던 동네의 한약방에 가서 "미군이 인천에 상륙했다"는 이야기를 했는데(실제로 9월 21일에 상륙했다), 이 이야기를 들은 좌익분자가 정치보위부에 고발한 것이었다. 그리하여 보위부 직원이 그의 부친을 체포하려고 집을 급습했는데 부친은 부재중이었고, 마침 집에 있던 양 변호사가 대신 잡혀간 것이었다.

지난날의 선행의 보답으로 가까스로 목숨을 건졌으나, 그날 도와주었던 그 위원장은 훗날 국군에게 붙잡혀 총살당했다는 이야기를 풍문으로 들었다. 인간의 운명이란 이런 것인가?

1950년 6월의 6·25 사변, 그해 9월의 9·28 수복, 다음해(1951년) 1월의 1·4 후퇴, 여기에 따른 부산으로의 피란생활 등 숱한 어려움은 우리 민족 모두가 겪은 슬픈 역사이다. 양 변호사도 당연히 예외일 수 없었다.

그러다가 1953년 휴전이 되자, 그해 9월 그는 부산에서의 피란생활을 끝내고 복귀했다. 서울로 복귀해 보니 부모님이 전에 가지고 계셨던 종로구 신문로 소재의 옛집이 전쟁 통에 모두 불타 없어져 버리고 말았다. 그 자리에 4개월에 걸쳐 새로이 목조로 주택과 사무소를 건축하여, 다음 해(1954년) 6월에 그렇게 고대하던 자신의 변호사 사무실을 내고 서울에서의 본격적인 변호사업을 시작했다.

1969년 부름을 받아 대법원 판사로 임명될 때까지 15년 동안이 그로서는 변호사의 전성기가 된다.

그러나 운명의 수레바퀴는 어쩌면 그렇게도 야박한지. 인생의 길흉은 그렇게도 반드시 겹쳐 돌아가지 않으면 안 되는 것인지. 자식을 앞세운 부모의 마음이 그렇게도 아프다던데, 그는 자식을 둘이나 앞세워 보내는 슬픔을 겪었다.

인생은 망원경으로 보면 희극과 비극이 섞여 있지만, 현미경으로 보면 전부 비극이다.

한번은, 장남을 낳은 후 2년이 되어 얻은 장녀가 8개월이 되어 문지방을 짚고 일어서는 한참 귀여운 때가 되었는데, 열이 내리지 않고 힘들어 했다. 며칠 한약을 달여 먹이다가 상태가 호전되지 아니하여 병원에 데리고 가니, 의사로부터 청천벽력 같은 이야기를 들었다. 병명은 뇌막염인데 너무 늦게까지 방치해 두어서 치료의 가능성이 없다는 것이다. 병에 대한 지식이 없었음을 한탄하였으나 사람의 힘으로 어쩔 수 없는 일이었다. 훗날 아내로부터 "요즈음과 같이 외로운 때에 그 애가 옆에 있었더라면 얼마나 좋은 말동무가 되었을까" 하는 하소연을 자주 들었다.

그러나 불행은 한 번으로 그치지 아니했다. 신축한 자신의 사무실에서 변호사 일을 시작한 지 두 달쯤 되는 1954년의 8월 어느 날이었다. 오후 2시경이 되어 법원에 볼 일이 있어 사무실을 나서는데, 차남이 밖에 나가 놀다 오겠다고 하기에 그러라고 하면서 머리를 쓰다듬어 주었다. 그러고 난 후 두 시간쯤 지나 법원 일을 마치고 집으로 돌아왔는데, 집 앞에서 웬 아이들이 여럿이 서 있다가 "자동차 사고로 호진이가 그만 …"이라고 말하는 것이 아닌가.

놀라 집으로 뛰어 들어가니 마당 한구석에 조그만 관이 하나 놓여 있고, 가족들이 그 옆에서 슬픔에 잠겨 있었다. 이야기를 들어보니 "인근의 서울중학교 앞길에서 공놀이를 하던 중, 공이 내리막길 쪽으로 들어가서 호진이가 그 공을 주우러 도로 쪽으로 뛰어가다가 지나가던 군용 지프차에 치어서 죽었다"는 것이었다. 그는 그 자리에 주저앉아 대성통곡했다.

얼굴이 못 알아볼 만큼 되었다 하여 관을 열어볼 필요도 없어, 그대로 아이의 관을 그들 부부가 자는 건넌방 앞의 마루에 놓고 밤을 새웠다. 이튿날 아침 그는 관을 리어카에 싣고 걸어서 고개를 넘어 홍제동 화장장까지 갔다.

가루로 만들어 달라고 부탁하여 화장한 후, 원효로 한강 가에서 "잘 가거라. 편히 잠들어라!" 하며 강물에 뿌려 보냈다.

뜻밖의 사고로 아들을 잃은 충격은 너무나 컸다. 여러 해 동안 지난날의 일들이 머리에 떠올랐다. 6·25사변 후 아내의 등에 업혀 피란 가다가 도중에 젖을 먹이려 내려놓을 때마다 다리가 퉁퉁 부어 있던 모습, 부산 피란시절에 초가집 앞에서 흙장난을 하면서 당시 유행하던 군가 '압바다(압박과) 서름에서(설움에서) 해방된 진족(민족)'을 부르던 모습들이 눈앞에 선했다.

그는 둘째를 잃고 셋째를 얻으려고 노심초사했다. 둘째의 관을 앞마루에 놓아두고 밤을 지새웠던 그 방에서 5년 뒤 1959년 셋째가 태어났다. 아내는 호진이가 또다시 태어났다고 기뻐했다. 그 모습을 보고 그는 다소간에 마음이 놓였다. 그 셋째 호준이는 나중에 성년이 되어 변호사가 됨으로써 직업적으로 그를 이어받아 그가 못다 이룬 꿈을 향해 나아갔다.

* * *

이와 같이 15년 동안 변호사로서 성실하게 생활해 오던 중, 1969년 7월 5일 오전 10시경 사무실에서 그는 생각지도 못했던 뜻밖의 전화를 받았다. 수화기를 받아 들어보니 저쪽에서 "양병호 영감이요? 나 민복기입니다. 잠깐 뵐까 합니다"라는 목소리가 들렸다. 그는 웬일인가 의아해하였지만 잠시 생각한 뒤에, "제가 곧 대법원장실로 찾아가 뵙겠습니다" 하고 전화를 끊었다.

신문로의 사무실이 서소문동의 법원과 별로 멀지 않았으므로 오전 11시 조금 못 되어 대법원장실에 도착하여 차 한 잔을 대접받고 마주 앉았다. 의례적인 인사말이 오간 뒤에 대법원장으로부터 "혹시, 대법원 판사로 일하실 생각이 있으신가요? 홍순엽 대법원 판사도 영감을 추천하고 있습니다" 라는 이야기를 들었다.

그는 잠시 깜짝 놀라 망설였으나, 마음을 가다듬고 "네, 해보겠습니다" 라고 답했다. 그러자 대법원장이 "대법원 판사는 퍽 고단한 직책입니다. 그렇게 아시고 마음을 준비해 주시고, 앞으로 법관추천회의의 동의를 얻어 8월 29일에 대통령에게 임명제청을 할 것입니다"라고 설명했다.

그는 대법원장실에서 나와 바로 이야기가 나왔던 홍순엽 대법원 판사실로 찾아가 인사를 드렸다. 자초지종을 이야기하였더니, 본인이 두 차례에 걸쳐 대법원장에게 그를 추천한 일이 있었는데, 받아들여져서 다행이라고 말했다.

그때로부터 두 달 가까운 기간 동안 그는 조용히 다시 한 번 마음을 다지면서 앞으로 닥쳐올 생활의 변화에 대비했다.

그는 1969년 9월 1일 민복기 대법원장의 안내를 받아 청와대로 박정희 대통령을 방문하여 대법원 판사 임명장을 받았다.* 돌아오는 길에 인근 중앙청에 집무실이 있는 국무총리와 몇몇 장관들의 방에 들러 간단한 취임인사를 하고 대법원으로 돌아왔다.

그에게 배정된 대법원 청사 4층의 집무실 책상에 앉아 잠시 지나간 날들을 되돌아본다. 지나간 날들의 기억이 눈앞에 스쳐 지나가면서 인생만사, 특히 관직에서의 운명이 얼마나 우연한 것인지 돌이켜 보게 된다. 우선, 그가 이 자리에까지 오게 된 것은 전적으로 홍순엽 대법원 판사와의 인연이고, 다행히 평소에 그를 좋게 평가해 민복기 대법원장에게 추천해준 결과물이다.

그런데 그와 홍순엽 대법원 판사와의 인연 역시 우연한 것이었다.

---

* 당시에는 그를 포함하여 김영세, 한봉세, 민문기의 4명이 함께 임명되었다.

즉, 그보다 7년 정도 선배인 홍 대법원 판사는 1936년 조선변호사시험에 합격한 후, 당시 저명하던 서광설 변호사에게서 시보생활을 하고, 1938년에 변호사 생활을 시작하여, 대법원에 들어간 1961년까지 23년간 계속하여 변호사로 활동했다. 그런데 그도 역시 홍 대법원 판사와 마찬가지의 길을 밟아, 1943년에 서광설 변호사에게서 시보생활을 하였고, 그 인연으로 가끔 인사차 찾아뵙기도 하고, 상의도 드리는 관계였다. 그러한 과정에서 홍 대법원 판사는 그의 품성, 법조인으로의 자세, 성실성 등을 높게 평가하게 되었다.

그런데 운명의 기묘한 인과관계는 이 정도로 간단하지는 않았다. 또 다른 운명의 실타래가 연결되어 있었다. 즉, 평생 23년 동안 변호사로만 활동하던 홍순엽 변호사가, 1961년 8월 30일 대법원의 구성이 바뀔 당시에 대법원 역사상 처음으로 판사로서의 경력 없이 바로 대법원 판사로 임명된다.

그렇게 7년 동안을 대법원 판사로 근무하던 중, 1968년 3월 당시 대법원장이던 조진만이 임기만료로 물러나고, 후임 대법원장을 선출하게 되었다. 당시 물망에 오르던 이 중에서는 바로 전인 1963년부터 1966년까지 법무부 장관을 지냈던 민복기*와 함께 홍순엽 대법원 판사가 있었다.

경합이 치열하였으나 우여곡절 끝에 임명권자인 박정희 대통령은 민복기를 후임 대법원장으로 선택했다. 매사에 있어서 신중하고 모난

---

* 그는 1961년 8월부터 법무부 장관으로 가는 1963년까지 잠시 대법원 판사로 재직했다.

처신은 없으며, 태생적으로 친(親)여(與), 친(親)권력 성향이 강한 민복기 신임 대법원장은 취임 후, 한때의 경쟁자이던 홍순엽 대법원 판사에게 미안한 마음과 감사의 마음을 가슴 깊이 담고 있었다.

더욱이 그는 그의 경력이 말해주듯 순수한 사법부 인사라기보다는 법무부와 검찰 등 행정부 인사라는 인상이 강하였기 때문에 이 점을 항상 마음의 부담으로 안고 있었다.

그렇게 1년 가까운 시간이 흘러 1969년 8월, 임기만료 등의 사유로 대법원의 구성이 바뀌어 4명의 대법원 판사를 새로이 뽑아야 하게 되었다. 민복기 대법원장은 이 기회를 활용하여 1년 전 홍순엽 대법원 판사에게 진 마음의 빚을 갚기로 했다.

그리하여 그는 홍순엽 대법원 판사와 대화하는 자리에서 "홍 판사가 신임 대법원 판사로 좋은 분을 추천해 주기를 바란다"는 제안을 넌지시 했다. 내면에 담겨진 뜻을 모를 리 없는 홍 판사는 이 제안을 감사히 받아들이고 곰곰이 추천할 인물을 숙고해 보았다. 그 과정에서 자연스럽게 평소 여러 면에서 훌륭하다고 느껴왔고, 실력과 인품 역시 흠잡을 데가 없는 양병호 변호사를 대법원장에게 추천하기에 이른 것이었다.

인생의 수레바퀴는 "뒤돌아보면 이와 같이 분명해 보인다"는 점이 인간으로 하여금 지난날을 돌이켜 보고 역사를 공부하게 만드는 요인이 된다. 하지만 아무리 역사를 돌이켜 본들, 눈을 앞날로 돌려 장래를 예측하려고 들면 한 치 앞도 내다볼 수 없는 것이 인간의 숙명이요, 능력의 한계라는 것을 절실히 느끼게 됨은 우리의 슬픔일까? 아니면,

그렇기 때문에 우리는 한 가닥 희망을 버리지 못하고 하루하루를 살아 가는 것일까? 이는 그에게도 예외일 수 없었다.

이와 같이 1969년 9월 1일부터 대법원 판사로 근무를 시작한 그는 변호사 시절부터 연마해 온 특유의 성실함과 뚝심으로 과중한 업무를 처리하는 데에 몰두했다.

대법원 판사로의 일은 격무의 연속이었다. 홀로 기록(記錄)*더미 에 싸여서 매일을 보냈다. 출근하여 퇴근할 때까지 집무실에서 기록 을 검토하는 것은 물론이었고, 거의 예외 없이 퇴근할 때마다 기록보 따리를 차에 신게 하여 집으로 가져가 밤 12시까지 보고, 다음날 출근 할 때 다시 법원으로 가지고 왔다.

장관이나 다른 행정부의 공무원들은 직위가 올라갈수록 직접 모든 서류를 작성하거나 읽기보다는 구두로 보고받고 사안을 검토하여 '중 요한 정책적 결단'을 내리는 데에 힘을 집중한다. 그런데 판사의 경우 에는 하급심 판사나 대법원 판사 간에 차이가 없이, '업무의 성격상' 남에게 일을 맡길 수가 없다. 그러니 직위가 올라갈수록 몸이 점점 힘 들어지게 되는 것이다.

한 가지, 지금의 시각으로 보면 신기할 정도로 흥미로운 이야깃거

---

*   '기록'이라는 단어는 법원에서는, "단순히 어떤 일을 적어 두는 것"이라는 의미를 넘어서, 어떤 소송사건에 관하여 법원에 제출된 모든 서류들을 한꺼번에 묶어 편 철해둔 "서류의 총체"라는 의미로 사용된다.

리가 있다.

1960년대 중반기까지 법원의 모든 서류는, 판결문도 포함하여, 손으로 직접 써서 작성되었다. 즉, 타자화가 아직 이루어지지 않고 있었다. 그러다 보니 업무효율이 너무 떨어져서, 조진만 대법원장 시절 (1961년부터 1968년까지)에 당시로는 대혁신을 단행하여, '판결문의 한글전용' 및 '판결문의 타자화'를 시작했다.

하지만 과도기에 처한 당시의 대법원 판사들로서는 여간 불편한 일이었다. 특히 한글만으로 쓰여 있는 법률용어는 이를 읽어도 바로 머리에 입력되고 이해되지가 않았다.

그래서 '과도기적 편법으로' 하급심에서 올라온 원심 판결문을 비서관에게 전부 '국한문을 섞어 크게 그대로 베끼게 하여', 이것을 읽어보면서 결론을 구상했다. 그런데 위와 같이 베껴 쓴 필사본이 원문과 맞는지 여부를 확인하기 위해 다른 사람으로 하여금 원심 판결문을 읽게 하고, 본인은 필사본을 보면서 정확한지를 살펴보는 것이다.

양 판사의 경우 사무실에서는 비서관에게, 집에서는 당시 10살 남짓의 3남에게 읽게 하였다.

한 가지 더, 대법원에서는 어떻게 일이 처리되는지 그 방식을 잠깐 살펴본다. 우선 대법원에는 대법원 판사 3인으로 구성된 부(部)*에서 하는 부합의(部合議)와, 대법원 판사 전원으로 구성된 전원합의체에서 하는 전원합의(全員合議)가 있다. 그리하여 3인으로 구성된 부합의

---

* 나중에는 4인으로 구성되는 것으로 바뀌었다.

에서 3인의 의견이 일치되면 그 사건은 그곳에서 종결된다. 그러나 3인 중에서 한 사람이라도 의견을 달리하면 그 사건은 전원합의체로 넘어가게 된다.

그런데 사건이 대법원으로 접수되면 일정한 사건배당 절차를 거쳐서 그 사건이 배당될 부(部) (대법원 판사가 15인이면 한 부에 3명씩, 따라서 5개의 부 중의 한 곳에 배당된다) 가 정해지고, 또한 각 사건마다 3인의 판사 중 한 사람이 주심(主審) 판사로 정해진다.

그러면 각 주심판사가 자기의 사건을 먼저 검토한 후, 즉 자기 나름의 사건 결론을 내린 후 3인의 판사들이 모두 모여 주심판사로부터 보고를 받고 사건의 최종 결론을 내리는 것이다.

양병호 판사는 1969년 9월 1일 대법원 판사로의 업무를 시작한 이래, 정신없는 하루하루를 보내고 있었다. 그동안 15년간을 변호사로서 일하면서 민사, 형사 간에 법률문제를 오랫동안 다루었기 때문에 법적인 지식이야 문제가 없었지만, 이제는 '판단을 받는' 입장이 아니라 '판단을 하는' 입장이므로 더욱 신중하지 않을 수 없었다. 그렇게 1년쯤 지난 1970년 가을 어느 날 저녁, 청와대에서 왔다면서 골프 클럽 세트를 가방에 넣어 양 판사 집에까지 보내 주었다.

그러던 중 해가 바뀌어 1971년 5월 22일부터 6월 12일까지 양병호 판사를 포함한 대법원 판사 6명이 한 조가 되어 당시 월남전이 진행 중이던 베트남의 사이공으로 가서, 주 월남 한국군사령부와 백마부대 등을 방문하여 전황의 브리핑도 받고, 장병들을 격려하는 기회도 가졌다. 양 판사는 세상의 넓고 큰 것을 보면서 시야를 넓혀 국가 및 사법의 발전에 도움이 되는 좋은 기회가 되었다고 생각하였다.

당시는 외환 부족 등의 이유로 해외 관광여행은 원천적으로 불가능하였고, 반드시 필요한 공무상 출장여행도 극히 제한적이었기 때문에 이 같은 대법원 판사 6명의 여행은 대단한 혜택이라고 여겨질 수 있었다.

그런데 양병호 판사는 골프채의 선물 및 주 월남 사령부의 방문이라는 두 개의 사건을 겪으면서 마음 한 구석이 편치 않음을 느끼고 있었다. 즉, 국가배상법위헌사건이 1970년 3월 13일 대법원에 계속되게 되자 여러 방면에서 대통령의 참모들로부터 대법원에 은근히 압박·회유를 가하는 조치들이 이루어지고 있음을 감지하고 있었기 때문이다. 우선 사건 접수 후 5개월쯤 지난 1970년 8월 9일에는 위헌의결 정족수를 3분의 2로 가중하는 법원조직법 개정이 이루어졌다.

그 후 3개월쯤 지난 1970년 가을에는 청와대로부터 각 대법원 판사 앞으로 골프채가 배달되었다. 거기에 더하여 위 사건의 선고가 예정된 1971년 6월 22일보다 불과 한 달 전인 5월 22일에는 양 판사 자신을 포함한 대법원 판사 6명을 시찰·격려의 명목으로(사실은 해외여행의 혜택으로) 월남사령부 방문이라는 이례적인 행사를 벌이고 있음을 당연히 느끼고 있었다.

더욱이, 모양이 좋지 않은 것은 월남방문 일정이 시작되는 5월 22일보다 불과 20일 정도 이전인 5월 초에 위 국가배상법 사건에 관한 대법원 판사들의 최종합의가 있었고, 사건의 결론이 이미 내려진 상태에서(다만, 아직 판결문 작성은 완성되지 않은 상태에서) 여행일정이 시작되어, 판결 선고가 예정된 6월 22일보다 겨우 10일 전인 6월 12일에 귀국하는 일정이 자연스럽지 못하다는 느낌이 강하게 들었다. 좀더 솔직하게는, 압박이 '모양 나쁘게' 너무 노골적이라고 생각하였다. 그렇지만 양 판사는 최종합의 후 출국일 이전에 그가 대표집필하기로 된 소수의견(합헌의견)을 이미 완성하여 다른 판사들에게 전해 준 상태였으므로 마음에 부담은 없었다. 이 소수의견을 참고로 하여 다수의견(위헌의견)의 대표집필자로서 주심 판사인 나항윤 판사가(그는 이번 월남 여행에 동행하지 않았다) 그 기간 동안 판결문을 완성해 둘 것이었다.

따라서 6월 12일 귀국하여 22일 선고라는 일정 자체에는 별다른 문제점이 없었다. 이미 전달해 준 소수의견에서 양병호 판사는 확고한 법률적 신념으로 국가배상법은 합헌이라는 견해를 밝혀 두었다. 즉, 헌법(제20조 제1항)에 "재산권의 내용과 한계는 법률로 정한다"고 하였고, 이에 따라 "국가배상법이 군인의 손해배상청구권"을 제한하였으므로 이 법률은 헌법에 위반하지 않는다고 생각했다. 그러면서 그는 헌법이 보장하는 기본권 중에는 "종교의 자유나 양심의 자유와 같은 영구불변의 기본권이 있는 반면에, 재산권과 같이 법률로 제한할 수 있는 기본권도 있으므로" 이 두 가지를 같은 차원에서 놓고 보는 것은 적절치 않다고 생각했던 것이다.

위헌의견을 낸 9명의 대법원 판사들은 1973년 3월의 재임용에서 탈락되었다. 그는 스스로도 동료들의 탈락을 심히 가슴 아프게 생각하면서, 자기도 역시 다른 의견을 냈었다면 같은 운명이었을 것이라고 생각했다.

양병호 판사는 1971년 이 사건을 마무리하고 9년을 더 대법원에서 근무한 다음 1980년에 비자발적으로 대법원을 떠난 이후, 2005년 타계할 때까지 정치권력의 판도 변화를 지켜보면서 다음과 같은 생각에 이르게 된다.

즉, 국가배상법에 관한 대법원의 판결에 대하여 대통령이 품고 있던 희망사항은 정면으로 받아들여지지 않는 결과가 되었다. 군사정권을 주도한 군인들은, 사법부와 접촉하는 첫 장면에서는 그래도 호의를 얻어내 보려고 '어색한' 시도들도 했다.

처음에는 군인들(무관)이 무뚝뚝하지만 순진한(?) 면을 가지고 있었다. 그러나 구애가 거절당한 이후 그들은 좀더 앙칼진 태도를 보이기 시작했다. 즉, 법률적 지식과 잔재주를 갖춘, 그러면서 정치권력에 대한 강한 욕구를 가지고 있던 권력지향적 법률가(검사들)를 그들의 편으로 끌어들이기 시작한 것이다. 보다 정확하게는 권력을 '쥔' 군인과, 권력을 '탐하는' 검사들이 서로 이용하는 관계가 형성되기 시작한 것이다.

그 합작품이 이 대법원 판결이 나온 지 2년 반쯤 뒤에 단행된 유신헌법의 공포와 시행이었다. 탄탄한 권력구조로의 개편, 이를 위한 구체적 제도의 정비, 반대자들의 제거, 이러한 일련의 법적인 조치들이 바로 권력지향적 법률가의 조력으로 이루어졌다.

이와 같은 과정에서, 권력조직의 내부에서 군인들과 검사들 간의 주도권 다툼이 생겨나고, 시간이 가면서 심화되었다. 목숨을 걸고 혁명을 일으킨 장본인이 군인이었으므로 당연히 초기의 상당기간은 군인들(또한 군인들이 주도하는 정보기관)이 '주도권'을 잡고, 검사들은 두뇌를 제공하는 '조력자'의 위치에 머물렀다. 그러나 점차 국민들의 민주화 요구가 강해지고, 군부통치에 대한 피로감과 혐오감이 심해지면서 주도권이 검찰 측으로 기울어지게 되었다.

10년간의 정치적 우여곡절을 거쳐 김영삼 대통령의 문민정부가 들어서자 이제는 군부는 타도의 대상이 되었고, 그 공백기를 검찰이 장악하는 또 다른 잘못이 잉태되는 계기가 되었다. 이러한 불건전한 상태는 끈질긴 검찰의 권력욕에서 비롯되어 오랜 기간 동안 계속되어 새로운 개혁의 필요성을 낳는 방향으로 흘러가는 것을 목격하게 된 것이다.

* * *

1979년 10월 27일 이른 아침, 텔레비전을 켜니 전날 밤에 당시 중앙정보부장인 김재규가 권총을 발사하여 박정희 대통령을 살해했다는 긴급뉴스가 자막으로 크게 보도되고 있었다.

양 판사는 나라에 큰 일이 생겼구나 하면서 걱정은 하였으나, 사건의 경위나 그 이후의 진행상황을 알 길이 없어, 언론보도에 촉각을 기울인 채 하루하루를 지내고 있었다. 늘 사건처리에 바빴고 다른 것에 대하여는 신경 쓸 필요가 없었기 때문에 일상 업무에 열중하였으나, 일반적인 공기가 무언가 수상하여 불안감을 느끼고 있었다. 하지만 당시에는 이 사건이 자신의 일생에 얼마나 큰 영향을 미치게 될지 상상도 하지 못했다.

그러던 중 박 대통령 살해사건 발생 직후 진상조사를 위해 설치된 합동수사본부의 전두환 본부장(소장)이 11월 6일 TV에 나와 그동안의 수사결과를 종합하여 발표했다.

사건 직후 급박한 상황에서 진행된 10일 동안의 수사결과는 다음과 같았다.

10월 26일 당일은 KBS 당진송신소 개소식과 삽교천 방조제 준공식에 박 대통령이 차지철 경호실장, 김계원 비서실장과 함께 참석했다. 행사 후 귀경하면서 차지철은 김재규 중앙정보부장에게 전화하여 그날 저녁 궁정동 안가(安家)*에서 대(大) 행사**가 있으니 안가로 오라고 했다.

그러자 중정 의전과장 박선호는 평소 연락이 있던 가수 심수봉과 모델 신재순***을 부르고, 연회참석 사실을 발설하지 않겠다는 내용의 서약서도 받았다.

이날 참석자는 박 대통령, 차지철, 김계원, 김재규, 심수봉, 신재순 등 6명이었다. 좌석배치는 직사각형의 식탁 상석인 가운데에 박 대통령, 그 양옆으로 심수봉, 신재순이 앉고, 박 대통령을 마주보고 가장 오른쪽에 김계원, 중간에 김재규, 가장 왼쪽에 차지철이 앉았다.

저녁 7시경 만찬이 시작되어 심수봉, 신재순의 노래가 끝난 후, 박 대통령은 김재규에게 당시 반정부시위로 시끄러웠던 부산 마산 사태에 대해 "이는 중정의 정보 부재로 일어난 것이 아니냐"고 질책하였고, 차지철도 여기에 가세하여 중정의 무능함을 과격한 말투로 공박했다.

더구나 차지철이 부산 마산에서 일어난 대규모 반정부 시위에 대해 "캄보디아에서는 200만 명도 죽였는데 탱크로 밀어버려야 한다"고 말하였을 때 박 대통령도 동조하여 "내가 직접 발포명령을 하겠다. 4·19

---

*   안전가옥이라는 뜻. 현재는 청운/효자동의 무궁화동산으로 되었다.

**   주연을 곁들인 저녁식사.

***   당시 H대학 연극영화과 3학년으로 딸이 하나 있는 22세의 이혼녀였고, 현재 미국 LA에 거주 중이다.

때에는 권한 없는 장관이 발포명령을 하여 문제였으나, 나는 대통령으로 명령권자이므로 괜찮다" 라고 했다. 이렇듯 박 대통령과 차지철은 부마사태는 불순세력에 의한 것이라는 등 김재규의 견해와는 다른 주장을 계속했다.

이와 같은 상황에서 김재규가 평소 차지철에 대하여 가지고 있던 불만사항들이 머리를 점령했다. 즉, 김재규는 박 대통령과 같이 경북 구미가 고향이고, 육사 2기 동기생에, 계급도 육군 중장이나, 차지철은 육사에 낙방하고, 포병간부시험을 거친 중령 출신에 불과하고, 나이도 8살 아래라 내심으로는 한참 낮게 보고 있었다.

김재규는 그러한 차지철이 5 · 16 군사혁명 당시 27세의 최연소 혁명동지 (대위) 로 박 대통령과 생사를 같이하였음을 내세워 오만방자하게 월권적 업무간섭을 하고 있고, 박 대통령의 편애를 받아온 것에 불만을 품어왔던 것이다.

차지철은 술은 한 방울도 하지 않는 고지식한 기독교 신자로서, 육영수 여사로부터 각별한 신뢰를 받고 있었는데, 1974년 8월 15일 광복절 기념식장에서 육 여사가 피격되어 사망하자 당시 경호실장이던 박종규가 경질되고 그 자리에 임명되었다.

그는 '각하를 지키는 것이 국가를 지키는 것'이라고 내세우면서, 지나친 월권과 강압주의로 나아갔다. 심지어는 대통령에 보고되는 문서에 '독이 묻어 있을지도 모른다'는 명분으로 모든 서류는 사전에 그의 검토를 거쳤으며, 여기에는 김재규도 예외를 인정받지 못했다.

김재규는 10월 26일 당일 개소된 KBS 당진송신소는 대북방송을 위한 중정 보안시설이었으므로 당연히 대통령을 모시고 참석해야 할 입장이었지만, 차지철의 농간으로 참석에서 배제되었다고 판단하고, 내심 기분 나쁘게 생각하고 있었다.*

여기까지가 합수본의 수사 결과, 박정희 대통령 살해사건 당일 오후 7시 40분경 총격이 이루어지기 직전까지의 상황인데, 이후 오후 8시 5분까지 25분 사이에 혼란스러운 가운데 총격이 이루어졌다.

그 후 일반적으로 알려진 사실관계에 의하면, 김재규는 박 대통령을 시해한 후 우여곡절 끝에 정승화 육군참모총장과 함께** 육군본부 벙커로 갔고, 그곳에서 사태의 수습(?)을 위하여 우왕좌왕했다.

정승화 총장이 사건 현장을 목격한 김계원 비서실장으로부터 "박 대통령을 살해한 범인은 김재규"라는 보고를 받고 헌병감을 시켜 그날밤 12시 반경 김재규를 체포함으로써 5시간 동안의 급박한 상황은 일단락된 것이었다.

그런데 여기에서 일반인들의 관심을 끄는 부분은, 다음의 두 가지 핵심사항이다.*** 첫째는, 김재규가 대통령을 살해한 목적이 '정권을 잡을 생각으로' 한 것인가 이고, 둘째는, 김재규의 대통령 살해행위가

---

* 일설에 의하면, 준공식 당일 처음에는 김재규가 박 대통령과 함께 삽교천에 가는 헬기에 탑승하였으나, 출발 직전 '어떠한 이유로' 차지철이 김재규를 헬기에서 내리게 했다는 이야기도 있다.
** 이 차에는 김재규의 심복인 김정섭 중정 2차장보 및 박선호 중정 의전과장도 동승했다.
*** 이 두 가지 쟁점은 김재규에 대한 대법원 판결 중 양병호 대법원 판사의 소수의견의 핵심내용이 된다.

'폭동을 일으킨 것'에 해당될 것인가이다.

위 두 가지 점을 살펴보기 전에 우선, 사건 발생(10월 26일) 후 1980
년 5월 20일에 대법원 판결이 내려지기 직전인 1980년 5월 17일까지
의 6개월 22일 동안, 이른바 '서울의 봄' 기간 동안, '법정 밖에서' 내밀
하게 벌어지던 급박한 권력투쟁 과정을 살펴본다.

동기야 어찌 되었든 유신의 핵심인 박정희 대통령이 제거되자, 그
동안 자유와 민주화에 '목말라 있던' 대다수의 국민들은 희망에 차 있
었다. 이러한 열망에 따라 '공식적으로는' 유신체제를 벗어나는 작업
들이 진행되고 있었다.

1979년 12월 6일에는 '유신헌법에 따라'* 국무총리이던 최규하가
대통령으로 당선되었고, 이어서 12월 7일에는 유신의 산물인 긴급조
치가 해제되었으며, 이어서 김영삼, 김대중 등 정치인의 정치활동이
허용되었다. 그리고 당시 합동수사본부와 그 본부장인 전두환의 월권
이 지나치다고 판단한 정승화 육군참모총장은 12월 9일 전두환을 동
해경비사령부로 보낼 것을 내부적으로 계획했다. 그런데 전두환은 이
내부계획을 미리 탐지하여 알고 있었다.

또한 당시 신현확 국무총리는 12월 13일에 새로운 내각을 조직하여
발표할 예정이었다.

그러나 이러한 외면적인 민주화 진행과정과는 별개로, 과거 권력의
핵심 축인 몇몇 군인들은 권력유지를 위한 방책들을 '은밀하게' 강구하
고 있었다.

---

* 이를 개정할 시간적 여유가 없었으므로.

대통령 살해사건이 일어나고 며칠 후, 합동수사본부가 구성되고 대외적으로 발표되기 이전에, '이미' 보안사의 핵심간부 몇 명은 긴급히 모여 비상회의를 열었다. 박정희 대통령 살해사건의 '성격'을 어떤 방향으로 규정할 것인지 논의하기 위해서이다. 그들은 정보기관에 근무하는 최고의 전문가인 만큼, 세상 돌아가는 일에 대한 분석과 판단력이 비상하고 냉철했다.

　　그들은 우선 두 가지 점을 분명히 구별하여 생각했다. 하나는, 살해당할 당시의 박정희 대통령을 어떻게 '평가'할 것이냐는 문제였다.

　　박 대통령을, 나라를 구하겠다는 의지로 목숨을 걸고 혁명을 일으키고, 그 목적을 이루기 위하여 온 힘을 바쳐 국민경제의 향상에 이바지한 구국의 영웅으로 볼 것인가? 아니면 최초 혁명을 일으킬 당시에는 구국충정에 불타 있었지만 시간이 가면서, 특히 1974년 육영수 여사가 총탄에 쓰러진 이후에는 총명함이 사라지고 권력욕에 빠졌으며, 심지어는 철저한 보안으로 외부에는 거의 알려지지 않았지만 술에 빠져 지내는 '나락에 빠진 독재자'로 볼 것이냐는 점이었다.

　　그들은 냉정하게 일반 국민들의 머릿속에 박 대통령이 어떻게 각인되어 있는지를 헤아려보았다. 설왕설래 논의 끝에 내린 결론은, 박 대통령이 비록 민주화의 측면에서는 부정적 인상을 주었지만, 그래도 타락한 인간으로 몰아붙이는 것은 적절하지 않다는 것이었다.

　　이어서 다음의 논점인 김재규의 '범행 동기'를 어떻게 평가할 것이냐로 넘어갔다. 그들도 사태의 진행과정을 선입견 없이 허심탄회하게 살펴본다면, '사전에' 적어도 몇 개월 전부터 치밀하게 계획된 것은 아니고, 사건발생 4시간 전에 차지철로부터 궁정동 행사계획 전화를 받은 이후에 이루어진 상당히 '우발적이고 즉흥적인' 측면이 많다는 것은 인정할 수밖에 없었다.

그러나 이 사건을 그런 방향으로 몰고 간다면, 박 대통령 피살 후 권력의 진공상태에서, 그들 스스로가 나서서 후속 권력을 창출하고 이어가는 데에 약점과 난관이 있을 수 있다는 점을 '이심전심으로' 알고 있었다.

대통령이 우발적 사건으로 생명을 잃었는데 왜 군대가, 그것도 하필이면 군 내의 일부 핵심세력(이른바 '하나회'이다) 이 권력을 장악해야 하는지에 대해 명분이 너무 허약함을 자각하고 있었다.

그리하여 그들은 박 대통령 살해사건의 성격을 다른 각도에서 규정하기로 '자연스럽게' 의견을 모았고, 그러자 가야 할 방향이 분명히 나타났다. 즉, 박정희 정권은 비록 비민주성이 있기는 하나, 국가경제발전을 위하여 애를 쓰고 있었는데 김재규가 대통령으로부터 업무능력을 의심받고, 더구나 한참 낮추어 보던 차지철로부터 여러 가지 수모를 당하게 되자, 이 기회에 대통령을 살해하고 '정권을 탈취할 생각으로'(내란의 목적으로) '폭동'을 일으킨 것으로 몰아가는 것이다. 그래야만 그들이 벌이는 이러한 일련의 작업으로부터 '정당한 정권을 회복하고, 이를 유지계승하는 권력의 정통성'을 인정받을 수 있기 때문이었다.

이와 같이 의견이 모이자 나머지 작업은 이러한 구도에 따라 일사천리로 진행되었다. 그들은 우선 김재규에 대한 공소장에, '김재규는 1979년 4월 하순경부터 대통령을 살해하고 정권을 잡을 것을 기도하고, 살해 후 계엄을 선포하고 계엄군을 장악하여 삼권을 총괄하는 혁명위원회를 구성하고 본인이 위원장에 취임한 다음, 대통령에 출마할 것을 계획하여'라는 내용을 기재해 넣었다.

그리고 이러한 내용은 1심과 2심의 군법회의 판결문에도 그대로 인용됨으로써 일단 그 목적이 달성되었다.

이와 같이 대통령 살해사건 이후 겉으로는 민주화의 과정이 진행되고 있던 중에, 신군부 핵심세력(하나회) 내에서는 '은밀하지만 급박한' 조치들이 이루어지고 있었다.

전두환은 12월 9일 육군총장 정승화가 자신을 보안사령관에서 한직인 동해경비사령부로 보내려 한다는 정보를 입수하자, 그를 적대적인 인물로 단정한 다음 제거할 계획을 세우고 즉각 실행에 옮겼다.

그는 총리의 내각 개편이 예정된 12월 13일 하루 전날인 12월 12일, 심복부대를 동원하여 총격전 끝에 정승화를 한남동 소재 육군참모총장 공관에서 내란방조 혐의로 체포하고,* 반강제적으로 국방장관(노재현)과 협의를 거쳐 대통령(최규하)의 재가를 받아냈다.

이때 최규하는 재가를 위한 서명을 하면서 이례적으로(강제임을 암시할 목적으로) 날짜와 시간을 '1979. 12. 13. 05:10'이라고 기재했다.

정승화는 곧바로 보안사 서빙고 분실로 끌려가 발가벗겨진 상태로 고문을 받고 이등병으로 강등되었다. 이것이 '소장이 대장을 체포한' 12·12 군사반란 사건이다.

이렇게 권력을 장악한 신군부는 아른바 'K 공작계획'을 수립하고, 무주공산에서 전두환의 집권플랜을 착착 진행시켜 갔다. 물론 그 과

---

* 　이는 10월 26일 사건 당일, 그가 김재규의 초대를 받아 대통령 살해장소인 궁정동의 만찬장소 바로 인근의 정보부 사무실에 있었던 것을 빌미로 한 것이다.

정에서 시민들, 재야정치인, 학생들의 반대시위가 있었지만 여러 가지 선전과 여론조작, 강압적인 진압 등으로 견뎌 나갔다.

그러던 중 신군부는 급기야 1980년 5월 17일에 계엄을 전국적으로 확대하면서 쿠데타를 일으켰고(5·17 내란사건), 이에 그다음 날인 5월 18일에는 광주시민들이 이에 항거하여 들고 일어나는 극한상황(5·18 광주민주항쟁)이 벌어지게 된다.

밖에서는 위와 같이 권력 쟁취를 위한 정치상황이 급박하게 돌아가고 있었지만, 김재규의 대통령 살해사건을 다루게 될 대법원의 입장에서는 그 상세한 내막을 알 수 없었다. 단지 언론에 보도되는 내용만을 토대로 막연한 추측만 하고 있는 수준이었고, 또 자세히 알려고 하는 것도 옳은 태도가 아니었다. 자칫, 그러한 정치적 상황을 판결에 반영하려 한다는 오해의 소지도 있었기 때문이다.

아무튼 이 사건 재판은 절차를 밟아 진행되면서, 1980년 1월 22일에는 고등 군법회의의 재판이 열렸고, 3일 뒤엔 1월 25일에는 심리가 종료되어 판결까지 선고되었다. 물론 사형이 선고되었다.

이후 이 사건은 상고 후 곧바로 대법원으로 넘어와, 1980년 1월말 대법원 형사 3부로 배당되었다. 이 재판부의 재판장은 안병수, 주심 판사는 유태홍이었으며, 나머지 두 판사는 제일 서열이 높은 양병호와 서윤홍이었다.

대법원의 업무처리 방식에 따르면, 어떤 부에 배당된 사건에 관하여 소속 대법원 판사 4명의 의견이 '일치하면' 그 부에서 판결이 선고되고 종결된다. 그러나 '한 명이라도 다른 의견을 제시하면', 그 사건은 부를 떠나 대법원 판사 전원으로 구성된 전원합의체에서 과반수 의결로 결론이 나게 된다.

사건이 형사 3부로 배당된 후, 4명의 대법원 판사가 각자 기록을 검토하고 1980년 4월 10일에 사건에 관한 최초의 합의를 했다. 주심인 유태홍 판사는 원심(고등군법회의)의 판결이 적법하다는 의견(김재규의 범행은 내란목적의 폭동이라는 의견)이었음에 반하여, 양병호, 서윤홍 판사의 의견은 원심판단이 잘못되었다는 의견이었다. 나머지 한 명인 안병수 판사는 '일부' 반대 의견이었다. 따라서 이 사건은 전원합의부에 가게 되었다.

그런데 그 과정에서 법치국가에서는 상상도 하지 못할 부끄러운 다음과 같은 일이 있었다. 즉, 1980년 1월 말경 김재규 사건이 형사 3부에 배당된 이후 사건에 관한 최초의 합의도 하기 전인 어느 날, 재판소에 이른바 연락관이라는 이름으로 드나드는 육군 소령인가 하는 사람이 대법원의 양 판사 방에 들어와, "지금 보안사 2인자라는 사람이 찾아왔는데 판사님께 무슨 하고 싶은 말씀이 있다고 합니다" 하기에 양 판사는 그를 들어오라고 했다.

키가 크고 체격이 좋은 건장한 45세가량의 머리를 5푼 정도로 짧게 깎고 경상도 말을 하는 사람이 들어와서 인사하기에 응접탁자에 마주 보고 앉아 이야기를 해 보라고 하였다. 그는 잠시 머뭇거리다가 "어디 조용한 교외 요리점에 가서 술이나 먹으면서 이야기를 하고 싶다"고 하였다. 양 판사는 "요리점 같은 것은 필요 없고 이 이상 조용한 곳이 어디 있습니까? 여기서 이야기해 보시지요"라고 하였더니, 그 사람이 머뭇거리다가 "상고를 기각해 주세요!"라고 말하였다.

양 판사는 '아, 김재규 사건을 말하는 것이구나'라고 대번에 사건을 알아차리고 어이가 없어서, "김재규 사건에 대해서 말씀하시는 것으로 아는데, 그 사건은 아직 합의도 안 했습니다. 합의를 해야 판결하지요. 미리 상고를 기각해 달라고 하니 말이 됩니까? 장차 합의해서 판결할 때 나는 넘치지 않고 모자라지 않게, 또 똑바르게 판결할 테니 그렇게 아세요"하고 말하였더니, 그 사람이 미련이 있는 듯하다가 그만 나가게 되었다. 당시에는 그가 누구인지 몰랐으나 나중에 보니 보안사 수사과장이던 L인 것으로 판단되었다.

이렇게 하여 전원합의부로 넘어가게 된 이 사건은 그곳에서의 심리 및 합의도 초고속으로 진행되었고, 기록이 방대하고 중요한 법적 쟁점이 많았음에도 불구하고 불과 2주일 남짓 지난 4월 28일에 최종합의가 마무리되었다. 그런데 상고 기각을 주장한 8명의 다수의견 이외에 파기환송을 주장한 6명의 소수의견의 내용이 복잡하고 방대하였기 때문에 판결문 작성에 많은 시간이 소요되어, 판결 선고는 거의 한 달 뒤인 5월 20일에 내려졌다. 그리고 선고 4일 뒤인 5월 24일에 김재규 등에 대한 사형이 집행되었다.

'역사적일 수밖에 없는' 대통령 살해사건의 발생동기, 범행의 진행과정, 범행후의 전개와 체포 등 사실관계를 토대로 하여 14명의 대법원 판사들은 다음과 같은 각자의 결론에 도달하였다.

즉, 먼저 14명의 과반수를 간신히 달성한 8명 대법원 판사들의 다수의견(이는 대법원 판결의 주문으로 된다)은 아래와 같이 판시하고 있다.

김재규의 행위는 '내란목적으로'(정권을 잡을 목적) 한 것이고, 역시 그

행위는 '폭동'에 해당한다고 인정했다. 요컨대 '내란'이라는 것은 '불법으로' 정치적 기본조직을 파괴하는 것이고, 반드시 공산독재 국가로 돌아가는 것은 아니다. 즉, '민주화를 위해서 했더라도' 내란인 것이다. 또한 '폭동'은 '다수인이 결합하여' 폭행, 협박함을 말하고, 어느 정도 조직화될 필요는 있지만, 그 숫자를 특정할 수는 없으므로 이 사건에서 '6명의 부하직원이 총격을 가한 것도 폭동'에 해당한다고 인정했다.

이 의견에 가담한 대법원 판사는 이영섭 (당시 대법원장), 주재황, 한환진, 안병수, 이일규, 나길조, 김용철, 유태흥의 8명 (서열순임) 이었다.*

이에 반하여 나머지 6명의 대법원 판사는 반대의견 (소수의견) 을 냈는데, 이는 크게 4가지 부류로 나누어졌다.

첫째는 철학적, 문학적 논거이다. 민문기 대법원 판사의 독창적인 논거인데, "이 사건 이후, 우리나라에는 국민들 사이에서 중대한 정치적 결단 (합의) 이 나타났다. 즉, 과거의 유신체제를 폐지하고 민주체제를 세워야 한다는 요구이다. 그런데 김재규의 행위는 '결과적으로' 이러한 요구에 부합하는 것이다. 따라서 이 사건 범행은 국민의 뜻에 합치되는 것이므로, '적어도' 내란죄가 될 수는 없다"고 했다.

민문기 판사는 과거에도 '시인 판사'라는 별명이 붙을 정도로 문학적 통찰력이 뛰어났다. 그는 법조생활을 검사로서 시작했는데, 법무

---

*   이 중 이일규, 김용철, 유태흥은 나중에 모두 대법원장이 되었다.

부 검찰과장으로 근무할 당시에는 상관인 검찰국장이 마음에 들지 않아 사퇴하고 판사로 전관했다.

또 1960년대 중반 광주고등법원장으로 재직할 당시에, 국회의 국정감사를 받음에 앞서 선서를 하게 되었는데, '법 규정에도 없는' "감사를 받게 됨을 영광으로 생각하며"라는 문구가 있는 것을 이유로 하여 국정감사장에 불참하기도 했다.

대법원 판사에 임명된 후에는 1977년 소액사건 관련한 판결에서 15대 1의 소수의견을 내면서, "한 마리의 제비로서는 능히 당장에 봄을 이룩할 수 없지만, 그가 전한 봄, 젊은 봄은 오고야 마는 법이다"라고 자신의 소신을 적기도 했다.

둘째는 임항준 대법원 판사가 제시한 초헌법적인 '저항권 이론'이다. 민문기 판사도 이 의견에 전적으로 동의했다. 저항권이라는 권리는 헌법에 명문으로 규정되어 있지는 않다. 그러나 헌법 이전의, 헌법보다 상위의 '자연법상의 권리'로서 인정되어야 한다.

그 내용은, "민주주의는 인간의 존엄을 중심가치로 한다. 그런데 국가기관의 권력에 의하여 이러한 가치가 짓밟히고 이를 바로잡을 수 없는 지경에까지 이르게 되면, 최후의 수단으로 국가기관에 대한 복종을 거부할 수 있고, 김재규의 행위가 여기에 해당한다"는 것이다.

셋째와 넷째는, 모두 법률(형법 제88조)의 해석과 적용에 관한 논거이다. 즉, 김재규에게 정권을 장악할 '내란의 목적'이 있었는지, 김재규의 행위가 '폭동'에 해당되는지에 관한 것이다.

이 두 가지 쟁점에 관하여 양 판사는 심사숙고했다.

먼저 핵심적인 내용으로 떠오르는 의문이 '범행의 동기', 즉 김재규가 대통령의 살해라고 하는 극단적인 행위를 하게 된 이유이다. 이 점에 관련해서는 전혀 반대되는 두 개의 주장이 대립하고 있었다.

우선은, 이 사건을 수사한 합동수사본부(본부장 전두환)의 기소내용이다.* 이에 의하면 "김재규는 중앙정보부장으로서 정국수습을 위하여 입안하고 시행한 여러 방안들이 거듭 실패하자 직무수행 능력이 없다고 박 대통령으로부터 질책당하고, 인책 해임설이 나돌아 직위에 불안함을 느끼고 있었고, 박 대통령이 오만방자하고 월권적 업무간섭을 하는 차지철을 더 신임하는 것에 불만을 품게 되었다. 그리하여 김재규는 이건 '범행 6개월쯤 전인 1979년 4월 하순경부터는' 박 대통령을 살해하고 정권을 잡을 것을 결심하고 적절한 때를 선택하여 구체적인 거사계획을 세워 실행하려 하던 중, 10월 26일 19시 40분부터 20시 5분 사이에 박 대통령을 총격 사망케 했다"는 것이다.

반면, 김재규 본인과 변호인들의 주장은, "유신체제에 대한 혐오와 도전은 온 국민의 마음속에 팽배해 있고 민주주의 회복은 온 국민이 원하는 바이다. 이 사건 직전의 부산 마산 사건이 그 좋은 예이고, 그러한 상황이 서울 등 5대 도시로 파급될 형편이다. 그럼에도 박 대통령은 진압책으로 직접 발포명령을 하겠다고 하고, 강한 집권욕과 고집에 비추어 보면 이와 같은 극단적인 불행을 막는 방법은 비(非)민주주의적인 유신체제를 철폐하고 핵심인물인 박정희를 제거하는 수밖에 없다. 자유민주주의의 회복과 대통령 생명의 희생과는 숙명적인 관계에 있어 박 대통령을 살해 제거하는 일을 하지 않을 수 없었다"는 것이다.

---

* 　고등군법회의의 판결내용도 같다.

이처럼 극단적으로 다른 두 주장 사이에서, 양 판사는 깊은 고민에 빠졌다. 어느 쪽의 주장이 옳다고 볼 것인가? 본래 범행의 '동기'라는 것은 사람의 마음속에서 일어나는 생각이므로 객관적으로 증명될 수 없는 것이다. 오로지 주변의 여러 상황들을 종합하여 추론해낼 수밖에는 없다.

생각이 여기에 미치자 우선 수사기관이 주장하는 가장 핵심적인 내용, 즉 '1979년 4월 하순경부터 대통령을 살해하고 정권을 잡을 것을 기도하고 …' 라는 부분에 대해, 간접적 자료도 포함하여, 어떠한 증거자료도 제출되지 않았다는 점을 지적하지 않을 수 없었다.

그렇다면 김재규 자신의 주장, 즉 '민주주의 회복을 위해 유신체제를 철폐하는 수단으로 대통령을 살해했다'는 주장은 믿을 만한가?

내심의 동기에 관한 본인의 주장인 만큼 '간단히' 아니라고 배척하기는 어렵겠으나, 김재규 스스로가 중앙정보부장의 직책을 가지고 그동안 대통령의 권력 유지를 위하여 애써온 전력에 비추어 본다면, 쉽게 받아들이기도 힘들다. 일이 이렇게까지 벌어진 마당에, 생명을 건지고 명예라도 지켜보려고 궁여지책으로 짜낸 '변명'이라고 의심해 보는 것도 가능하다.

이와 같은 갈등 속에서 기록을 상세히 검토해 보니, 다음과 같은 두 가지 사실은 틀림이 없는 듯 보였다.

하나는 김재규는 차지철을 나이, 군대서열, 업무능력 등 모든 면에서 자기와는 비교할 수 없는 존재로 낮추어보는 상황이다. 그럼에도 불구하고, 박 대통령은 어떤 이유에서인지 (아마도 그동안 대통령으로서의 혜안이 어두워지고, 차지철의 극단적인 충성심에 판단력이 압도되어) 이러한 차지철만을 총애하였고, 이에 김재규는 우선은 차지철, 나아가 박 대통령에 대해 시기심과 적개심이 누적되어 왔다.

그리고 이와 같은 불편한 심기가 가득 쌓인 김재규를 결정적으로 자극하는 또 다른 하나의 이유가 덧붙여진다. 그것은 사고 당일(10월 26일) KBS 당진송전소 개소식에 본인을 제쳐 놓고 차지철이 혼자서 대통령을 모시고 참석한 일이었다. 양 판사는 당진송전소가 사실은 대북공작을 위한 중정의 보안시설이었기 때문에, 중정부장인 김재규가 당연히 참석해야 할 자리였다는 사실에 생각이 미쳤다.

차지철의 이와 같은 부당한 조치에 김재규의 분노가 '격발'(trigger)되었다. 사나이가 주군(主君)을 위해 목숨을 바치는 이유는 단 하나, 그가 자신을 믿어주고 신뢰해 주기 때문이라고 하지 않는가? 더욱이 충성심에 목숨을 걸고 자긍심에 죽고 사는, 잘 나가던 군인의 입장에서는 도저히 참을 수 없는 상황이 벌어진 것이었다.

이러한 참담한 심정에 빠진 김재규가 사건 당일 오후 4시경 차지철로부터 "대(大) 행사가 있으니 6시까지 궁정동 안가(식당)에 와 있으라"는 전화통보를 받으니, 순간적으로 분노가 하늘을 찌르고 충동적으로 끔찍한 결심을 하게 된 것이었다.

이상과 같은 추리가 양 판사가 심사숙고 끝에 다다른 '범행의 동기'에 관한 결론이었다.

다음으로 김재규의 대통령 살해사건이 얼마나 치밀하게 사전에 계획된 것인지, 즉 '내란 목적으로 폭동을 일으킨 것'인지 판가름해 보기 위해서 범행 직전, 약 2시간 전 및 범행이 이루어진 과정인 약 25분간을 살펴보는 것이 중요하다고 양 판사는 생각하였다.

즉, 양 판사가 기록을 철저히 읽고 확인한 바에 의하면, 박 대통령 살해 당일 오후 4시경부터 살해된 8시 5분까지 4시간여 동안에 진행된 과정은 다음과 같다고 추리하였다.

김재규는 사건 당일 오후 4시경 차지철 경호실장으로부터 궁정동 안가로 오라는 전화를 받고, 오후 4시 15분부터 30분 사이에 정승화 육군참모총장에게 전화를 걸어 저녁식사를 같이하자고 하면서, 그날 저녁 6시 반경까지 위 대행사가 열리는 곳과 40미터 거리에 있는 궁정동 중앙정보부 집무실로 오도록 초대했다. 그리고 바로 중정 제2차장보 김정섭에게도 전화하여 그날 오후 6시 반까지 궁정동으로 와서 정승화 총장을 영접하고 접대하라고 지시했다. 드디어 저녁 7시경 만찬이 시작되고, 동석한 두 여인의 노래가 끝난 후, 박 대통령과 차지철의 당시 시국에 관한 이야기가 오갔다.

이러한 대화의 과정에서 김재규는 대통령과 차지철로부터 모욕적인 언사들을 듣고 순간 격노했다. 이 시점에서 그동안 쌓여 왔던 대통령에 대한 서운함과 차지철에 대한 분노가 함께 상승작용을 하여, '어느 정도는 충동적으로' 마침내 일을 저지르기로 작정하고, 방에서 나와 2층에 있는 자신의 집무실로 가서 책상 서랍에 있던 독일 발터회사 제품인 PPK권총*을 하의 호주머니**에 넣고 나와 만찬장으로 향한다.

---

* Polizei Pistol의 소형화 모델로서, 사복 경찰관이 휴대하기 좋게 만든 것이다. 히틀러가 자살했을 때 사용한 것으로 알려져 있다. 마지막 철자 K는 Kriminal이다.
** 원래 시계 호주머니로서 크게 만들어져 있다.

이때는 오후 7시가 조금 지나 있었는데, 중간에 있는 건물에서 심복 부하인 박선호(중정 의전과장)와 박흥주(수행비서관)에게 "오늘 저녁 결행한다. 내가 해치운다. 나를 따라 행동하라. 방 안에서 총성이 나면 밖의 경호원들을 처치하라"고 지시했다. 그때 박선호가 "대통령까지 해치웁니까?"고 묻자, 김재규는 "그렇다. 주머니에 총을 갖고 있다. 육군참모 총장과 제2차장보도 와 있다"고 답했다.

박선호로부터 "알았습니다. 시간은 30분만 주십시오"라는 말을 들은 김재규는 다시 만찬장 안으로 들어갔다. 방에 들어와 보니 박 대통령과 차지철이 상의를 벗고 계속 주연과 노래가 이어지는 중에, '과장이 찾는다'고 해서 김재규가 나가니까, 박선호가 "준비 완료되었다"고 말했다.

다시 방으로 들어오니 박 대통령이 야당 지도자인 "김영삼 총재를 구속, 기소하라"고 해서, "김영삼은 이미 제적되었습니다. 그러면 이중으로 조치하는 것으로 됩니다"라고 했다.

그리고 나서 김재규는 바로 차지철을 향하여, "짜~식, 넌 너무 건방져"라고 하면서 갑자기 권총을 꺼내어 첫발을 발사했다.* 그러나 이는 팔에 맞았고 치명상은 아니었다.

이어 박 대통령을 향하여 2~3미터 거리에서 두 번째 발사를 했는데, 이는 가슴에 명중하여 박 대통령은 피를 흘리고 옆에 있던 여인 쪽

---

* 이 당시 김재규가 대통령에게 하였다고 공소장에 기재되어 있는 말, 즉 "각하! 정치를 대국적으로 하시지요"라는 것과 차지철에게 하였다는 말, 즉 "버러지 같은 놈"이라는 것 및 김계원에게 하였다는 말, 즉 "대통령을 제대로 모시라"는 것은 실제 있었던 말이 아니라 합동수사본부의 각본이라고 양 판사는 생각하였다.

으로 쓰러졌다. 이는 거의 치명상이었다.

그리고 나서 바로 김재규는 다시 한 번 박 대통령에게 방아쇠를 당겼으나 불발이었다. PPK 권총은 반(半) 자동으로서, 총탄 발사 시의 반동을 이용하여 슬라이드를 움직여 재장전하는 방식인데, 발사 시의 압력이 약하면 자동으로 장전이 안 되는 경우가 있다.

그러자 김재규는 방 밖으로 나가서, 대기 중인 박선호가 가지고 있던 리볼버 권총*을 빼앗아 들고 다시 방으로 들어갔고, 마침 치명상이 아닌 총상만을 입고 문갑 뒤에 숨어있던 차지철을 발견하고 가슴을 쏘아서 적중시킨 후, 다시 박 대통령을 향하여 약 50센티미터 거리에서 두부를 향해 발사함으로써 확인 사살했다.

만찬장 밖에서는, 당초 김재규와의 약속대로 심복 부하인 박선호('사제지간'이다)와 박흥주('전속 부관'이다)가 대통령 경호실 직원 4명을 사살했다. 이 과정에서 식당 경비원(이기주) 또는 운전사(유성옥)의 도움을 받았고, 나머지 한 명(김태원)은 이기주의 지시로, 이미 총탄을 맞고 쓰러져 있던 경호원을 확인사살했다.

양 판사가 추리한 범행직전 및 범행당시의 이와 같은 사실관계를 토대로 하여 볼 때, 김재규의 행위를 어떻게 평가할 것인가에 대한 양 판사의 고민이 있었다.

즉, '계획적으로' 대통령을 죽이고 폭동을 일으켜 정권을 잡을 목적으로(내란목적) 한 것인가? 아니면 '우발적으로' 분노에 휩싸여 차지철

---

*   이는 약실을 먼저 회전시키고 '공이'가 총탄을 때려 격발하는 방식으로, Smith & Wesson M36 모델이었다.

을 죽이면서, 자연인인 대통령까지도 죽인 것인가?

양 판사는 완전한 '우발(偶發)성'을 인정하기에는 장애가 되는 두 가지 사실이 계속 마음에 걸렸다.

즉, 하나는 김재규가 사건 당일 오후 4시경 차지철로부터 대(大) 행사(만찬)가 있다는 전화를 받고, '무슨 이유로' 육군참모총장 정승화를 '궁정동 중앙정보부 집무실로 오게 하였는가'이다. '저녁 식사나 함께 하자'는 제안은 너무나 형식적이고 피상적인 명분으로 보였고, 혹시 거사 후에 계엄을 선포할 계획을 가지고 있으면서 계엄사령관이 될 육군참모총장을 미리 불러둔 것이 아닌가 의심해 볼 수도 있었으나, 그와 '사전에' 계엄선포 등에 관한 조금의 상의도 없었음은 명백했다.

다른 하나는, 거사 직전 만찬장소 밖에서 김재규가 박선호, 박흥주와 나눈 대화내용이다. "오늘 저녁에 해치운다"고 하니, 두 사람이 "알겠다, 따르겠다"고 하였고, 박선호가 "박 대통령까지 포함되느냐"고 물었을 때 김재규가 "그렇다"고 답했다는 내용이다.

이 대화내용을 종합 정리해 보면 김재규와 부하인 두 사람 사이에서는 평소에 차지철을 살해할 생각을 함께하고 있었음이 분명하고, 다만 박 대통령까지도 살해할 것인지는 유보된 상태로 두고 있었는데, 막상 거사 당일에는 박 대통령까지 살해하기로 '전격적으로' 합의한 것으로 보였다. 이러한 점에서 김재규의 범행이 "완전히 순간적이고 우발적으로 일어난 것은 아닌 듯" 보였다.

그러나 양 판사의 머릿속을 계속해서 지배하고 있는 것은, 바로 두 번째 문제점인 김재규의 행위가 '폭동'을 한 것이라고 볼 수 있는지에 관한 것이었다.

즉, 그의 생각에 의하면, 폭동이 되기 위해서는 '적어도 수십 명이 모의하고 작당하여 부대나 탱크 등을 동원하고 총탄과 도검으로 행동해야 하는 것'인데, 이 경우에는 심복부하인 박선호, 박흥주 두 명만을 동원하고, 그것도 '범행 직전' '현장 바로 앞에서' 지시하였으며,* 그들에게는 끝마무리를(청와대 경호실 직원 4명 살해) 담당하도록 하고, 이 건 범행은 '김재규가 완전 단독으로' 실행하였으니, 폭동이 되기에는 너무나도 부족하다는 생각이 들었던 것이었다.

이제 김재규의 범행이 '내란목적의 폭동'인지, 즉 '사전에 치밀하게 계획'된 것인지를 판가름해 보기 위한 마지막 시도로서, 김재규가 범행 이후에 어떻게 행동하였는지를 살펴보아야 했다.

양 판사는 사건기록을 면밀히 검토한 후, 다음과 같이 사실관계를 정리했다.

즉, 김재규는 사건 당일 저녁 8시 5분 대통령의 머리에 마지막 확인 사살을 한 다음 밖으로 나와, 마루에서 김계원 비서실장을 만나 "보안 유지를 철저히 하시오"라고 말하고, 40~50미터를 맨발로 와이셔츠 바람으로 뛰듯이 걸어가서, 정승화 참모총장과 김정섭 중정 제2차장보를 찾아 "큰일 났으니 차에 타세요"라고 말했다.

자동차 뒷좌석의 왼쪽(운전석의 뒤쪽)에는 김정섭이, 가운데에는 정승화가, 오른쪽에는 김재규가 탔고, 운전석 옆자리에는 수행비서 박흥주가 탔다.

중앙청 앞과 광화문을 거쳐 3·1 고가도로를 가는데 정승화가 이상

---

*　나머지 가담자 3명은 '이들에게서 다시' 지시를 받았다.

한 생각이 들어 "어디서 무슨 일이 일어났느냐? 어디로 가느냐?"고 묻고 다그치자, 김재규가 엄지손가락을 밑으로 몇 번 돌려, '각하가 돌아가셨다'고 표시하고 "어떻게 하지?"라고 했다.

깜짝 놀란 정승화가 "육본으로 가지요"라고 말하고, 앞자리에 있던 박흥주도 이를 권하여, 자동차는 미8군 영내를 지나 저녁 8시 15분경 육군본부 지하벙커 앞에 도착했다.

이와 같이 육본으로 가기로 즉석에서 결정될 당시, 김재규와 정승화는 머릿속으로 각기 다른 생각을 품고 있었다. 김재규는 육군총장이 계엄을 선포하면 군이 3권을 장악하므로 그 기회에 군을 혁명군으로 바꾸려는 구상을 하고 있었다. 반면에, 정승화는 대통령의 사망사건이니 우선 군 전체에 알리는 것이 필요하였고, 나아가 박 대통령의 사망이 내부의 사정, 즉 경호실장 '차지철의 소행인지' 아니면 맨발로 당황하는 '김재규의 소행인지' 불분명하므로, 우선 군에서 사건의 진상을 밝혀보겠다는 속셈으로 육본으로 가자고 한 것이었다.

아무튼 그들이 육본 벙커 내에 도착한 다음, 총리와 주요 장관들이 '청와대로 모이느냐 아니면 육본에서 모이느냐'로 설왕설래한 후에, 결국은 밤 9시 반경 같은 구내에 있는 국방부 장관실에서 비상국무회의를 하기로 하고 그곳으로 옮겨갔다.

그 과정에서 김계원 비서실장이 정승화 총장을 잠시 옆으로 불러내어 "김재규가 쏜 총에 각하가 돌아가셨다"라고 진실을 알리고, "그는 총을 가지고 있으니 조심해서 다루시라"고 말했다. 이렇게 사건의 진상을 알게 된 정승화 육군총장은 육군 헌병감을 불러 김재규를 체포하라고 지시하였고(이때 정 총장이 김 부장을 찾는다면서 유인했다), 이에 밤

12시 반경 헌병 두 명이 김재규를 체포함으로써 대통령 저격 후 4시간 25분이 지나 사태는 일단 마무리되었다.

이와 같이 대통령 살해 후에 김재규가 보여준 여러 가지의 태도, 특히 범행 후 구체적인 '사후계획'은커녕 '육본으로 갈지 아니면 본인의 근거지인 중정으로 갈지'조차도 정해지지 않은 채 망설였으며, 육본의 벙커에 모인 후에도 전혀 사전에 의도된 계획도 없이 혼란한 상태에서 체포된 것에 비추어 보면, 김재규에게 '내란 목적의 폭동'을 일으킬 의도가 있었다고는 도저히 인정할 수가 없었다는 것이 양 판사의 확고한 결론이었다.

이와 같은 양 판사의 결론에 김윤행, 서윤홍 두 대법원 판사도 동조했다. 이 점과 관련하여 양 판사가 판결 이후, 오랜 시간이 지나서도 언론사의 기자들과 동료 법률가로부터 수도 없이 들은 똑같은 질문이 있다. 그것은 "김재규는 어차피 대통령을 살해했으니 죄명이 무엇이든 간에 사형을 받을 것이 뻔한데, 왜 '법률 조문에 집착하여' '내란목적살인'(형법 제88조)이 아니고 일반 '단순살인'(형법 제250조)이라고 강하게 주장하였느냐"는 것이다.

이에 대한 그의 대답은 한결같았다. 첫째로, 법률조문 적용에 잘못이 있는지 여부는 대법원에서 마땅히 다루어야 할 법률문제이며, 둘째로, 범행의 동기에 '내란목적(폭동)이 있었느냐'의 여부는 신군부의 '정권의 정당성 여부'에 너무나도 중대한 의미가 있으므로 엄격히 따져 보아야 하며, 셋째로, 만약 단순살인으로 인정한다면, 김재규의 사형에는 변함이 없다고 하더라도, 김재규의 지시를 받은 박선호로부터

'다시' 지시를 받은 이기주, 그리고 이기주로부터 '또다시' 지시를 받은 김태원(그는 이미 총탄을 맞고 쓰러져 있던 경호원을 확인 사살한 것에 불과했다)에게는 사형판결을 하지 않을 수도 있었기 때문이었다.

신군부의 '숨은 의도'를 간파하지 못한 언론인들의 질문에 대하여 그는 실망하지 않을 수 없었다. 다만, 판사로서 다른 동료판사에 대한 그의 배려는 품위 있고도 우아했다.

이 점에 관련하여, 그는 다른 동료들이 '방대한 기록을 미처 제대로 읽지 못한 것'이라고 짤막하게 이야기할 뿐이다.

이로써 신군부는 대법원의 판결에서 그들이 절실하게 원했던 결론을 얻어내는 데에 간신히 성공했다. 그러나 이는 결과만의 성공일 뿐, 과정에서는 실패와 다름없었다. 8 대 6의 결론이었으니, 만약 다수의견 중 한 사람만이라도 반대의견을 제시하였더라면, 7 대 7이 되어 과반수를 얻지 못하였을 것이기 때문이었다.

여기에서, 훗날의 역사가들 및 법률가들은 '내밀하게 속으로' 생각해 본다. 과연 8명의 대법원 판사들 중에서 '누가 결정적 역할'을 하였을까? 외부에 공개할 수 없는, 판사들 사이의 합의과정상의 이야기이므로 섣불리 추측하는 것은 허용될 수 없다. 그러나 한참 훗날 이런 저런 대화나 자료 속에 숨겨진 힌트들을 종합해 본다면, 어렴풋이 상황을 그려볼 수는 있지 않을까?

그런데 뜻밖에도, 당시 다수의견 쪽에 섰던 이일규 대법원 판사(그는 후에 10대 대법원장이 되었다)는 어느 역사학 교수와의 면담에서 "이론적으로는 소수의견이 옳았다. 그러나 일반 살인이든 내란목적 살인이든 어느 쪽으로 해도 사형은 틀림없는데, 내란목적이냐 뭐냐 따져서 시일을 보낼 필요가 없지 않나 하는 생각에서 소수의견에 가담하지 않았다"고 말했다는 것이다.

김재규의 대통령 살해동기가 얼마나 큰 정치적, 법적 의미를 가지고 있는지는 이미 여러 차례 앞에서 보아왔고, 그의 오랜 법관으로의 경륜이나 성품으로 보아 너무 '단순화되어' 전달되었거나 해석된 것은 아닌지 의심이 들 정도이다.

다른 한 가지, 행간을 유심히 잘 읽지 않으면 놓쳐 버리기 쉬운 힌트가 어떤 곳에 숨겨져 있었다고 볼 수도 있는 장면이 있다. 즉, 양 판사는 1995년에 간행한 그의 첫 번째 회고록(《법조 반백 년에 이른 나의 소신》)에서, 그가 속한 형사 3부에 배당된 이 사건을 최초로 합의한 1980년 4월 10일 합의시에 있었던 장면을 다음과 같이 묘사하고 있다.

즉, "주심 대법원 판사(유태흥)가 범죄사실을 설명하고 내란목적을 인정한 원심판결이 적법하므로 상고를 기각해야 한다는 의견을 제시했다. 이에 내가(양 판사) 먼저 반대의견을 진술하고, 다른 분(서윤홍 판사)도 같은 의견이고, 재판장(안병수 판사)도 '일부' 반대의견이어서, 사건을 전체합의부로 돌리기로 했다"고 적고 있다.

여기에서 특히 맨 마지막 문장을 주의 깊게 다시 읽어보면, 재판장(안병수)도 '일부 반대의견'이라고 '분명히 그러나 살짝' 언급하고 있었다. 그런데 사건이 전원합의부로 넘어간 뒤에는, 합의결과 안병수 판사가 어떤 반대의견(소수의견)을 제시하였는지 특히 판결문상으로는 아무 언급이 없다. 혹시 그가 결정적 역할을 한 것은 아니었을까?

이와 같이 역사적 사건에 대한 대법원의 판결은 1980년 5월 20일에 종결되었지만, 그 무렵 법정 밖에서의 정치상황은 하루가 다르게 급변하고 있었다.

　판결 3일 전인 5월 17일에는 전국적으로 비상계엄이 확대 시행되었고(신군부 쿠데타), 다음 날인 18일에는 광주에서 학생, 시민들이 들고일어난 광주민주항쟁이 벌어졌다(여기에서 전두환은 '대법원 판결이 늦게 내려졌기 때문에 광주항쟁이 일어나게 되었다'고 말했다). 이어서 판결 4일 뒤인 24일에는 판결확정을 근거로 해서 김재규 등에게 사형을 서둘러 집행했다. 이는 그가 살아있음으로 인해서 생길 수도 있는, 민주주의 회복 등의 명분을 없애 버리기 위한 계산이었다.

　이러한 와중에도 신군부의 집권플랜은 계획대로 진행되어, 5월 27일 광주항쟁을 진압한 뒤, 5월 31일 국가보위비상대책위원회(국보위)를 발족시켜 전권을 장악했다. 이어서 1980년 9월 1일에는 전두환이 대통령으로 취임했다.

　이러한 과정에서 신군부에게는 눈엣가시처럼 껄끄러운 존재가 있었으니, 바로 야당 정치인 김대중이었다. 그를 제거하기 위하여 신군부는 '김대중이 북한의 사주를 받아 내란음모를 계획하고 광주 민주화운동을 일으켰다'는 혐의로 기소했다.

　그들은 자신들의 권력의 정당성이 너무나도 취약하다는 것을 잘 알고 있었기 때문에, 앞으로 있을 내란음모 사건의 판결에서 대법원 판사들 '전원의 일사불란한 유죄를 인정받을' 필요성이 절실했다.

　그런데 1980년 5월 20일에 김재규에 대하여 내려진 대법원 판결, 특히 양 판사가 '마음을 먹고, 해야 할 이야기를 다한' 반대의견을 보니 한편으로는 가슴이 철렁하였고, 한편으로는 분노가 치밀어 올랐다.

그래서 핵심간부들은 대법원에서 김대중 내란음모 사건으로 '다시 반대의견이 나올 것을 우려하여', 김재규 사건에서 이미 반대의견을 쓴 대법원 판사 6명 중에서 5명을 제거하기로 작정하고, 스스로 물러나 줄 것을 요구했다.* 그리고 그 자리에 새로이 5명의 대법원 판사를 임명했다.

신군부는 그 반대의견이 구구절절 진실의 핵심을 찌르고 있었기 때문에 일반국민에게 전파되는 것을 막기 위하여 철저히 언론보도를 차단하였고, 심지어는 그 사건의 변호인에게도 판결문의 등본을 발급해 주지 않았다.

그 판결문은 5년쯤 지나 1986년에 어느 월간 잡지에 처음으로 실렸고, 공식적으로는 10년이 지난 1990년 8월 27일에 대법원 공식간행물 (대법원 전원합의체 판결문집)에 게재되었다.

예정된 수순대로 김대중 내란음모 사건에 대해, 1심 군법회의는 유죄로 인정하여 1980년 9월 17일 사형을 선고하였고, 2심 군법회의도 11월 3일 유죄사형을 선고하였으며, 대법원도 다음 해 1981년 1월 23일 대법원 판사 '전원일치의 의견으로' 사형을 선고한 원심이 옳다고 판결했다.** 그날 바로 전두환은 김대중에게 사형을 무기징역으로 감

---

* 이 과정에서 반대의견을 낸 6명 중 한 명이었으나 그 강도(強度)가 가장 약한 정태원 대법원 판사는 일단 제외되었지만, 8개월 뒤에 있은 1981년 4월의 재임용에서 탈락했다.
** 이영섭(재판장), 주재황, 한환진, 안병수, 이일규, 나길조, 김용철, 유태흥, 정

경해 주는 정치적 제스처를 취했다. *

이를 보면 당시 대법원이 신군부의 위세에 눌려 허수아비 역할을 하였음을 짐작할 수 있다. 그들은 메피스토에게 영혼을 팔아넘긴 대가로, '절실했던' 마음의 평정을 얻을 수 있었다.

그런데 '판사'가, 그것도 한 나라의 '최고법원 판사'가 다른 일도 아닌, 그 '판결의 내용'을 문제 삼아 그 자리를 물러나도록 압박을 받은, 민주국가에서는 있을 수 없는 일이 벌어지고 있었다. 말도 되지 않는 일이었지만 양병호를 제외한 민문기, 임항준, 김윤행, 서윤홍 대법원판사 등 4명은 1980년 8월 9일 사의를 표명했다.

국보위는 원래 그들을 사회정화대상(파렴치범)에 포함시켜 제거하려 했는데, 현직 부장판사로 국보위에 파견근무 중이던 김헌무 판사의 강력한 반대로 무산되었다. 그는 임항준 판사의 사위이기도 했다.

그러나 평생을 법과 정의에 따라 살아가기로 맹세하고 법조인의 길에 들어선 양병호 판사의 입장에서는 도저히 받아들일 수 없는 일이어서 단호히 거절했다. 그렇다고 해서 그 시도를 간단히 포기할 신군부가 아니었다.

정보기관이 대상자를 축출하는 방법은 어느 때, 어느 나라나 마찬가지다. 우선은 여자관계를 들추어 '파렴치범'으로 몰고, 다음은 금전

태원, 김태현, 김기홍, 김중서, 윤운영.
*   그 후 1982년 12월 22일 형집행정지로 석방하면서 미국으로 망명하게 했다. 그런
    데 김대중은 위 사건에 대해 2004년 1월 29일에 재심으로 무죄판결을 받았다.

(재산) 관계를 파헤쳐 '부도덕한 인물'로 만들고, 이도 저도 아니면 '물리적 고문'을 가하여 파멸시키는 것이다.

교과서대로 그들은 먼저 첫 번째 수단을 동원했다. "사실은 양 판사가 6·25 당시 여자관계가 있었고, 그 사이에 사생아가 있었는데, 그 아이를 자식으로 인정하지 않아 말썽이 되고 있다. 그러한 사실이 공개되면 대법원의 망신이니 조용히 해결하라"고 서일교 법원행정처장을 통하여 이영섭 대법원장에게 알려왔다.

그가 양 판사를 대법원장 공관으로 불러 확인하니, "친자 운운은 날조이고 모함"이라고 부인했다. 다만 "결혼 전 혼담이 있었던 여인을 피란길에서 우연히 만나 알고 지내기는 했다"고 했다. 사실이 아님이 밝혀져 이번 공작은 무산되었지만, 몇십 년 전의 이러한 사소한 일까지 들춰내 알고 있는 정보기관의 치밀함과 끈질김에 크나큰 공포심을 느꼈다.

여자관계를 내세운 전략이 실패하고, 아무리 조사해 보아도 부도덕한 금전관계가 나타나지 않자, 이제는 보안사가 마지막 수단인 물리력(고문의 방법)을 동원했다. 사법부 역사상 끔찍하게도 '현직의 대법원 판사를 불법 연행하는 행위'가 일어난 것이다.

양 판사는 7월 말, 8월 초 무렵 여름휴가를 가는 공무원 사회의 관례대로, 그도 8월 3일에 3일간의 예정으로 서울을 떠나 지방에서 머무르고 있었다. 그날(3일) 정체를 밝히지 않는 어떤 사람으로부터 집으로 전화가 왔다. 양 판사가 집에 있는지 확인하는 내용이었다. 이 전화는 그의 3남이 받았는데, "휴가를 가셔서 안 계시다"고 응답했다.

그 후 매일 전화가 왔고, 마침내 8월 6일에 양 판사가 돌아와서 집에 계신다고 하였더니 알았다고 하며 전화를 끊었다. 그 직후 저녁 7시경이 되어 가족들과 막 저녁식사를 시작하려는데, 건장한 남자 3명이 차를 가지고 와서 "함께 가시자"고 하면서 가족들이 보는 앞에서 양 판사를 차에 태워 어딘가로 데리고 가 버린 것이다.

영문을 모르는 가족들은 멍하니 당하고 있을 수밖에 없었다. 나중에 알게 된 것이지만, 그가 내려진 곳은 그 악명 높은 서울 용산구에 있는 '서빙고 보안사 분실'이었다.* 겉보기로는 아담하고 깔끔한 3층 양옥집 같은 외관이어서 속칭 '빙고호텔'이라고 불렸다.

이곳에서 그는 3박 4일을 지내게 되었다. 4 의혹에 가득 찬 3일을 지낸 후, 마지막 날이 되었다. 한층 누그러진 조사관들은 그에게 백지두 장을 가져왔다. 한 장에는 '사임서'라는 제목을 쓰게 하고, 나머지는 여백으로 남겨둔 채 맨 밑에 그의 이름을 쓰고 서명을 하게 했다. 나머지 한 장에는 '서약서'라는 제목을 쓰게 했다.

그리고는 그들이 불러주는 대로 받아 적게 했다. 요지는 이곳 서빙고 분실에서 보고 들은 것, 당하고 경험했던 일들을 앞으로 '영구히' '어떤 경우에도' 발설하지 않겠다는 내용이다. 당연히 이에 어긋나는 행동이 있을 경우에는 심각한 보복이 있을 것이라는 문구도 들어 있다. 이러한 의례적인 절차가 끝나자, 이제는 다음 날 출소를 위한 준비작업에 들어간다.

양 판사의 경우에는, 다른 피조사자들의 경우와는 달리, 마치 아무

---

* 　서울 용산구 서빙고역 교차로에서 크라운호텔 쪽으로 100미터쯤 가다 보면 오른쪽으로 휘어진 급한 언덕이 끝나는 곳에 있었다.

일도 없었던 것과 같은 외모, 외관을 갖추게 하는 것이 필요하였으므로 이에 맞추어 작업이 진행된다. 그리하여 다음 날(8월 9일) 아침 9시 경, 그는 그곳에 왔던 그 차에 동승자 두 명과 함께 탑승하고, 마치 아무 일도 없었다는 듯이 집 대문 앞에 내려졌다.

부인과 3남이 놀랍고 반가워 그를 맞이하여 집으로 모시고 들어가 "별일은 없었는지" 다급히 물었지만, 그는 "그냥 잘 지내고 왔다"고 말할 뿐 아무 말도 하지 않았다. 그때에만 아무 말도 하지 않은 것이 아니라, 25년이 지나 2005년 3월 22일에 타계할 때까지 누구에게도 아무 말도 하지 않았다.

16년의 세월이 흘러 강산이 바뀌고, 이제는 전두환이 피고인으로 법정에 선 사건에서, 그는 증인의 자격으로 1996년 7월 8일 제20차 공판에서 진술할 기회가 있었으나, 3박 4일 동안 있었던 일에 대하여는 일체 함구했다.

이를 보면, 양 판사에게는 석방된 당시에 작성했던 서약서의 내용을 지키기로 약속한 것을 넘어서서, 아마도 '수사기관의 속성상' 도저히 밝힐 수 없을 정도로 '자존심 상하는' 일이 있었던 것이 아닌가라고 추측된다.

앞에서(특히 미주 4를 포함하여) 3박 4일 동안 일어날 수 있었다고 적은 일들은, 조사관들의 평소 업무상 매뉴얼을 토대로 '합리적으로 추리'해 본 것이다.

인간적인 측면에서, 당연한 심정이겠지만, 그는 김재규 사건에 관련하여 대법원 판사를 사임한 것에 관한 이야기를 타인에게 알리는 것을 극도로 싫어했다. 특히 보안사에 끌려갔던 3박 4일간의 일에 대하여는 극구 함구했다. 많은 언론에서 여러 차례 이에 관한 인터뷰를 하였으나, 아무 이야기도 하지 않았다.

다만, 그가 쓴 두 권의 자서전(즉, 첫 번째인 《법조 반백 년에 이른 나의 소신》과 두 번째인 《험준한 인생의 고개를 넘어서》)*과, 이에 관한 '모든' 자료들을 찾아보고 검토해 본 결과, 오로지 두 군데에서만 이에 대한 언급이 발견된다.

하나는, 두 번째 자서전의 123면과 124면에 걸쳐 있는 부분으로, 1996년 7월 15일에 스스로 쓴 것이다.

"내가 사임원을 쓴 것은 보안사 서빙고 분실이고, 그곳 사람들이 대법원에 가서 가져온 나의 인장으로 그곳에서 날인하였던 것이다. 1980년 8월 3일인가 보안사에 끌려가 곤욕을 받다가 끝내 나의 직위까지 내던지지 않을 수 없었으니 창피스러운 일이기도 하다.

곤욕을 받았다는 것이 무슨 고문을 받았다는 것이 아니라, 보통 고문은 최소한의 신체적 접촉으로 어떤 힘이 작동된 것을 말함이요, 일간신문에서 그런 것이 있지 않았느냐고 쉽게 넘겨짚을 것인데, 내가 여기에서 명백하게 단언코 말하는 것은 고문은 절대 당하지 않았다는 것이다. 명색이 대법원 판사인데 조사관이 아무리 비상계엄 시라도 손찌검이야 할 수 있느냐?

솔직히 털어놓건대, 당시 조사관이 조사를 끝낸 마지막 밤에, '사직원을 내세요!' 하기에, '사직? 내가 왜 사직서를 냅니까? 직분을 지킨

---

*　두 권 모두 비매품이다.

것뿐인데'라고 말하면서 이를 거절하다가, 사직서를 내더라도 내가 나가서 대법원장에게 물어보고 내겠다고 하니까, 다른 사람들도 다 사직원을 썼다고 하기에, 같이 사임한 법관들도 사임을 했나 보다고 생각되었다.

'왜 사임원을 내지 않으려 하느냐?' 조금 억압적인 나무람 같은 말도 하기에 '에이, 귀찮다' 하여 사임원을 쓰고 조금 있다가 나의 인장을 가져왔기에 인장을 찍어 낸 것이다.

이것이 강요된 타의에 의하여 된 것으로 창피스러운 일이어서 나만의 관심사로 묻어 두었던 것이었다. 끝끝내 내가 사직원을 내려고 하지 않았다면 모르되 당시는 그와 같은 단계는 아니었다는 것을 확실히 말해 두는 것이다."

다른 하나는, 서울변호사회가 발행하는 월간잡지인 〈시민과 변호사〉 2001년 6월호 86면에 실린 인터뷰 기사에서 간략하게 언급한 부분이다.

"(눈을 크게 뜨고) 아무리 그래도 대법원 판사인데 그렇게는 하지 않았지. 3일을 깜깜한 방에 가두어 놓더니* 나를 조사한 사람이 '사임하지 않겠느냐?'고 물어요. 그러더니 '다른 사람들도 사임했는데요' 그래요. 나는 대법원장을 만나서 상의해 보고 결정하겠다고 했지요.

그랬더니 '사임을 안 하겠다는 말입니까? 당신이 사표를 내야 일이

---

* 이 수법이, 뒤(p. 403)에서 언급한 바로 그 '감각이탈'의 방법이다.

해결된다'고 위압적으로 말하더라고. 그래서 정말 다른 이들도 다 사표를 냈는가 보다 생각하고, 귀찮기도 하고 그냥 백지에 사표를 적어 냈어요."

양 판사는 8월 9일 오전 집으로 돌아와 잠시 머무른 후, 이영섭 대법원장에게 사직 인사를 하기 위하여 대법원장실을 방문했다. 커피 한잔을 가운데 두고 두 사람은 마주 앉아 잠시 말이 없었다. 아니 말을 할 수가 없었다. 이윽고 그가 대법원 판사직을 사임하려 한다고 이야기를 꺼내자, 대법원장이 "그렇지 않아도 어제 서일교 행정처장으로부터 사임서를 전달받았다"고 말했다.

행정처장은 어떤 군인 복장을 한 사람으로부터 그 사임서를 받았다고 했다. 어색한 시간을 메꾸려고 앞에 놓인 커피를 들어 마시는데, 대법원장은 놀라운 장면을 보게 되었다. 그가 커피잔을 들어 입으로 가져가 마시려고 하는데, 커피는 입으로 들어가지 않고 와이셔츠 위로 줄줄 흘러내리고 있었다.

여직원을 불러 황급히 처리하였으나, 그 순간 대법원장의 머릿속에는 여러 가지 생각이 교차했다. 이와 같이 '내밀한' 내용을 발설하여, 후대에 알릴 수 있는 유일한 사람은, 그 현장에 있었던 대법원장밖에는 없다.

이와 같이 양 판사는 1980년 8월 9일 사임하였고, 같은 날짜로 역시 반대의견을 썼던 다른 4명의 대법원 판사도 사임했다. 다만 반대의견을 썼던 6명 중의 한 명인 정태원 판사는 그 반대의견의 내용이 '무의미'하여 사표 제출이 강요되지 않았다.

이로써 전두환 정권은 '사법부에 대하여', '대법원에 대하여', '확인 사살'을 감행했다. 즉, 국가배상법 위헌판결사건에서 위헌의견을 제시하였던 대법원 판사 9명을 '꼭 집어서' 사임하게 한 '조준사격'이 있었음에도, 9년 후에 또다시 이러한 일이 일어나자, 비록 소수의견에 그쳤지만 그들의 '권력적 메시지'를 확실히 전달한 것이었다.*

* * *

양 판사는 그 무렵 함께 사임한 다른 두 분과 함께 대법원 인근의 덕수궁에서 세 번을 만났다. 장래 어떻게 생활할 것인지에 대하여 상의하기 위한 것이었지만, 각자의 사정이 조금씩 달랐기 때문에 특별한 방침이 없이 헤어졌다.

그는 평생 변호사를 하다가 1969년 대법원에 들어와 10년 남짓 근무하였으나 기간이 모자라 연금은 받지 못하였고, 법원으로부터 약간의 일시금만 받았다.

퇴직 후 시간을 무료하게 보낼 수만은 없어서, 1980년 12월 단독 변호사 사무실을 열었으나 여의치 않아 접고, 다른 분들과 함께 '공증합동사무소'라도 설립해 보려고 했다.

그리하여 1981년 4월, 함께 대법원에서 사임한 세 사람이 모여 법무부에 개설신고를 하였으나 불가하다는 통보를 받았고, 그 후 6월 이

---

* "모욕을 묵묵히 참아 넘기면, 새로운 모욕이 찾아온다"고 일찍이 로마인은 말하지 않았던가(p. 79 참고).

번에는 구성원을 바꾸어 이전에 대법원에서 퇴임한 대법원 판사 두 분과 함께 개설하겠다고 신청하였더니, '양병호 변호사를 제외하면 허가해 주겠다'고 답변이 와서 이 역시 실패했다.

두 번의 불이익을 당한 셈이다.

양 판사와 그 가족들은 사실 그가 3박 4일의 고생을 치르고 난 후, 혹시라도 건강에 영향이 있지 않을까 하고 크게 염려했다. 하지만 아무런 영향이 없다는 것이 오히려 이상할 것이다.

8월 9일 집으로 돌아온 후 며칠 안 되어 그에게 당장 변화가 일어났다. 흔히 민간인들 사이에서 '입이 돌아간다'는 증상이 나타난 것이다. 한방에서 흔히 '풍'이라고 하는 증상인데 말을 제대로 할 수가 없고 얼굴 모양이 변형되는 것이다. 당시의 알려진 치료방법에 따라 한방에 가서 침을 맞으니 한참 지나 회복되었다.

하지만 이보다 더 큰 후유증이 잠재되어 있었다. 집으로 돌아온 지 1년 3개월이 지난 1981년 11월 24일에 그에게는 평생 잊지 못할 일이 일어난 것이다.

그는 스스로 진짜 발병은 이미 1년 남짓 전이었을 것으로 추측하고 있었다. 그날 오전 7시반경 아침 운동을 하려고 현관 앞에서 골프채 아이언을 하나 들고 스윙을 해보니 팔이 도저히 올라가지 않고 정신이 온통 혼미하여졌다. '큰일 났구나' 하고 골프채를 주섬주섬 챙겨 현관문을 들어와 2층으로 벽에 붙어서 간신히 올라와 골프채를 골프 가방에 넣고, 다시 2층 계단을 난간을 붙들고 10분이 걸려 내려와 겨우 1층의 식탁 자리에 앉았다.

그 순간 부인이 목격한 바에 의하면, 그는 입 오른쪽을 실룩거리면서 걸어오더니 의자에 앉자마자 마룻바닥에 쓰러졌다. 가족들이 놀라 의식이 없는 그를 안방에 눕히고 인근의 한의사를 불러 침을 맞고 약을 먹게 했다. 그러나 차도가 없어 11월 30일 병원에 입원하여 치료를 받았다.

병원에서는 뇌경색으로 진단했는데 쉽게 낫는 병이 아니어서 얼마 후 퇴원하고 집에서 자가치료를 했다. 이러한 상태에서도 그는 꾸준히 산책과 재활운동을 하여 3년의 시간이 흐른 뒤에 거의 완치단계에 이르렀다. 이런 병에 완치는 있을 수 없을 것이고, 단지 조심해서 생활하면서 더 이상 악화된 증상이 나타나지 않았을 뿐이었겠지만.

이쯤해서, 정상적인 법치국가의 국민들이라면 국가기관의 폭력, 즉 '고문'에 대하여 다시금 생각해 보지 않을 수 없다. 전쟁포로이든, 정치적 반대자이든 누구에게라도 고문은 하지 말아야 하겠지만, 민주주의 헌법하에서 판사에 대해서, 그것도 '최고법원의 판사'에 대해서 판결의 내용을 문제 삼아, 그것도 '소수의견으로' 표현된 것을 트집 잡아 불이익을 주고, 사임을 넘어서 '고문'을 가하는 것은 진정 있을 수 없는 일이다.

이러한 짓을 묵인하는 나라는 법치주의가 죽어 있는 나라이다. 설사 권력의 횡포가 두려워 당시에는 침묵했다고 하더라도, 후대에 이르기까지 진상을 밝히고 행위자를 벌하지 않는 것은 역사로부터 배울 의지가 없고, 장래성이 없는 나라이다.

진정 권력은 독이고 재물에 대한 욕망보다 크다. 여러 학문의 순위 매김에서 신학이 제일 위이고, 다음이 철학이며, 순차로 여러 학문이 거론되는데, 경제학이 제일 아래인가, 법학이 제일 아래인가는 잠시 고민해 볼 수 있겠으나, 남을 해치고 증오하는 본성이 내재되고 있다는 점에서 법학이 제일 하급이라고 해도 좋겠다.

자기가 최고라고 생각하면서 어떠한 형식이라도 '상부세계'를(그것이 헌법이든, 자연법이든, 아니면 다른 국가기관이든, 특정 직업이든 간에) 상실한 사람들에게는 권력도 '죽음의 독'이다.

고문을 가하는 그들에게 "역사의 흐름을 보라, 머지않아 너희들도 똑같이 이러한 학대를 받는 날이 올 것이 분명하지 않느냐"고 타이르면, 그들은 "너는 오늘 죽어라, 나는 내일 죽겠다"고 답한다.

얼마나 끔찍한 생각들인가!

고문자들을 밝혀내고 그들을 처벌하는 것, 아니면 처벌도 필요 없이 "그렇습니다. 나는 고문자였습니다"라는 대답만을 듣는 것도 거의 불가능하다. 왜냐하면 모든 고문이 심문자의 재량에 맡겨져 있고, 고문의 종류가 규정되어 있는 것이 아니라 마음대로 고문의 방법을 만들어 낼 수 있기 때문이다. 더욱이 고문자의 상관은 떳떳하게 자기는 결백하다고 말할 수 있다. 왜냐하면 그는 고문을 하라는 명령을 직접 내린 적이 없기 때문이다.

양 판사를 3박 4일 동안 괴롭혔던 사람들은 아무도 처벌받지 않았다. 노무현 대통령 시절인 2005년 12월 1일에 출범한 진실화해위원회에서도 이 사건의 진상은 밝혀지지 않았다.

1970년대 후반부터 1988년까지 반정부인사들을 수사하고 고문했던 것으로 유명한 이근안 경감은 1986년 전두환 대통령으로부터 옥조 근정훈장을 받았다. 그런데 세상이 바뀌고 어느 정도 민주화되자, 그는

1988년부터 10년간 도피생활을 하다가 더 이상 숨어 지낼 수가 없어 1999년 검찰에 자수하였고, 2000년 9월 대법원에서 7년의 형이 확정된 후 2006년 11월 만기 출소했다.

1999년 그가 구속될 당시 대부분의 언론들은, "그 당시에 행해진 고문이 모두 이근안의 혼자 결정만으로 이루어질 수는 없었다. 그 상부의 책임자까지도 철저히 조사하여 처벌해야 한다"는 논조를 펼쳤다. 그러나 이러한 기사들은 잠시 반짝하다가 어느새 완전히 자취를 감추어 버렸다. 엄격히 따지면 책임을 면하기 어려웠을 상급자들(특히 검찰의 인사들)이 '전력을 다해 뭉쳐서' 제동을 걸었기 때문이다. "그런 식으로 따지자면 유죄 판결을 한 판사, 궁극적으로는 장관, 대통령까지 책임을 져야 한다"고 강변하였기 때문이었다.

5·18 광주민중항쟁에 있어 발포(發砲)에 대한 최종책임자가 누구인지를 두고 아직도 논쟁이 마무리되지 않은 이유가 이해된다. 하지만 2차 세계대전 이후 독일의 나치 전범의 처리는 어떤 형식으로 이루어졌는지, 그 처벌의 근거로서는 어떤 논리가 적용되고 개발되었는지 되새겨 볼 필요를 느낀다.

부끄러운 과거, 숨기고 싶은 역사에 대하여도 저항세력은 항상 있게 마련이다. 1987년 6월 항쟁 직후인 6월 29일에 집권당 대표인 노태우가 직선제 개헌요구를 받아들여 이른바 6·29 민주화 선언을 했다. 그 후 1988년 2월 25일에 대통령이 된 노태우는 그들 일당이 저질렀던 어두운 역사를 지우기 위해 '빙고호텔'로 불렸던 서빙고의 보안사 분실을 철거해 없애 버렸다. 현재 그곳은 대원아파트가 들어서 있다.

물론 명분은 1990년 11월 국군 '보안사'가 민간인 정치사찰을 중지

하고 반성하면서 국군 '기무사'로 명칭을 바꾸기로 하고 환골탈태하기로 한 것을 내세웠다. 그리하여 폭압의 현장은 역사에서 사라졌다.

그런데 역사의 수레가 조금씩 바뀌어 이른바 보수로 평가되는 이명박이 2008년 2월 25일 대통령이 되자, 숨죽이고 있던 역사의 잔당이 다시 슬며시 고개를 들고 나타났다. 즉, 2008년 7월 16일에 당시 서빙고 수사분실이 있던 장소에 '서빙고 수사분실 터'라고 새긴 중간 크기의 표지석을 세웠다. 그 표지석에는 다음과 같이 쓰여 있다.

이 장소는 조선 건국 초기인 1395년부터 얼음창고〔西氷庫〕였던 곳으로서, 인조 13년(1635년) 태조 이성계와 선덕왕후 강씨의 영정을 모신 제당으로〔祔君堂〕사용되었으며, 일제 치하인 1910년경부터 군사훈련장으로 이용되었다. 해방 후인 1957년 9월 1일부터 특무부대 공작분실로 개관, 1971년 9월 20일 보안사 수사분실로 개칭하여 사용하다가 1990년 11월 폐쇄할 때까지, 자유민주주의 체제 수호를 위해 수많은 방첩인들의 땀과 혼(魂)이 서려 있는 터로서, 그 의미를 되새기고자 이 표지석을 세운다. 2008년 7월 16일

이러한 표지석을 그대로 보고 있을 수만은 없었는지, 다시 진보의 문재인이 2017년 5월 10일 대통령으로 당선된 후인 2018년 1월 14일,* 서울시는 그 현장에 '빙고호텔 터'라는 역삼각형 형태의 동판(가

---

* 이날은 박종철이 당시 남영동 대공분실에서 이근안에게 고문을 당하다가 사망한 지 31년이 되는 날이다.

로, 세로 각 35센티미터 크기) 을 새겨 땅에 박아 설치했다.

이 동판은 대원아파트 입구 바로 앞 노상에 있고, 다음과 같은 문구
가 쓰여 있다.

'빙고호텔' 터
The 'Bingo Hotel'
1957~1990
민주인사 등에게 고문 수사를 했던 국군보안사 서빙고 분실 자리
Many who asked for democracy were tortured here at the
Seobinggo Branch Defense Security Command.

법과 정치는, 서로 어떤 관계에 있는가? 법이 정치를 지배해야 한다
는 것은 한갓 순진한 꿈인가? 정치가 법을 지배한다면, 법률가의 역할
은 무엇인가? 법은 결국 정치권력이 만들어 내는 것이라면, 거기에는
아무런 한계도 없는가? 정치가 그 한계를 넘었을 때 법률가는 어떻게
행동해야 하는가? 법은 어떻게 만드느냐가 중요한가, 아니면 그 법을
집행하는 사람이 더 중요한가? 법률가에게 가장 중요한 덕목은 무엇
인가? 무엇이 정의인지 밝혀내는 '혜안'인가, 아니면 정의를 말하고
실천해 낼 '용기'인가? 정의 (법) 가 어차피 시대정신 (정치) 에 따라 변화
되어 나갈 수밖에 없는 숙명이라면, 법은 어느 범위에서, 얼마나 융통
성 있게 유연성을 가질 수 있는가? 과거의 잘못에 얼마나 강도 높게 이
를 파헤치고 처벌해야 할 것인가?

이러한 모든 의문들이 그가 뇌경색에서 어느 정도 회복된 1984년 이후 2005년 별세할 때까지 머릿속에서 삭이고 되새기며 숙고한 주제들이다.

　　하지만 그의 시대는 이제 지나갔다. 다행히 그는 그의 어려운 시절을 직접 목격하며 성장한, '그리하여 법률가가 되기를 결심한' 3남이자 막내인 아들(호준)이 성장해 가고 있었다. 이제 그 숙제는 다음 세대로 넘어갔다. 부디 그 아들에게, 행운이 함께하기를 빈다.

양삼승 판사

不知哪片雲彩会下雨
어느 구름이 비를 내릴지 알 수 없다.

법률가에게,
가장 중요한 덕목은 무엇인가?
무엇이 정의인지 밝혀내는 '혜안'인가?
정의를 말하고 실천해 낼 '용기'인가?

구태여 불교의 심오한 연기론(緣起論)을 끌어오지 않더라도, 돌이켜보니, 그의 인과(因果)의 고리는 짧게 잡아도, '그' 일이 있기 3년 전인 1996년 2월에 이미 시작되고 있었다.

그는 1974년 9월에 서울민사지방법원에서 판사의 일을 시작하였으니, 1996년 현재는 이미 경력 22년차의 중견 부장판사이다. 법원의 인사 관행에 따라 이제는 지방법원 부장판사에서 승진하여 고등법원 부장판사로 옮겨갈 단계이다.

물론 이 단계에서는 모두가 자동으로 그렇게 되는 것은 아니고, 일정한 평가를 거쳐 긍정적 판단을 받은 경우에만 그렇게 된다. 다행스럽게 그는 그동안 좋은 평판을 얻고 있었기 때문에, 내심으로 별문제 없이 차관급으로의 승진을 예상하고 있었다. 다만, 인사의 관행상 약 2년 동안 서울을 떠나 지방에서 근무해야 할 것이라는 점도 알고 있었다.

전국적으로 서울 이외의 지방으로서는 대전, 대구, 광주의 세 곳에 고등법원이 설치되어 있으므로, 지방 근무지는 위 세 곳 중의 한 곳이 될 것이고, 인사권자가 적절히 지정해 줄 것이었다.

그해 2월 초의 어느 날, 그는 평소대로 사무실에서 사건 기록과 씨름하는 도중에 예상치 않은 구내전화를 받았다. 법원행정처에서 인사 업무를 총괄하는 최고 실무책임자로부터의 전화였다.

재판부에서 근무하는 판사에게는 좀처럼 드문 일이기에 약간 긴장하면서 전화기를 들었는데, 반가운 소식을 전해주는 내용이었다. 아직 대외적으로 공표할 단계는 아니지만, 그가 이번 인사에서 고법 부장으로 승진될 것이라는 소식과 함께 축하한다는 격려까지도 덧붙여졌다. 그는 당연히 친절과 배려에 감사한다는 뜻을 표시하였다.

그런데 이어서, 전화기의 저쪽으로부터 생각지도 않았던 호의가 담긴 제안이 들려왔다. "잘 알고 있듯이 고법 부장으로 발령받아 갈 수 있는 곳이 대전, 대구, 광주의 세 군데인데, 현재 인사안을 구상 중에 있는 단계이므로 원하는 근무지가 있으면 우선적으로 배려해 주겠다"라는 내용이었다.

그는 이러한 각별한 호의에 감사하면서, 잠시 생각 끝에 가능하다면 대전고등법원에서 근무했으면 한다고 이야기하였다. 사실 그로서는 위 세 군데 모두 특별한 인연이 없기 때문에 아무 곳이나 크게 다를 바가 없었다. 하지만 구태여 한 군데를 고른다면, 우선 대전 인근의 대덕연구단지에 있는 한 연구소에 그의 친동생이 근무하고 있었으므로 필요한 경우(그는 가족과 떨어져 단신 부임을 해야 할 처지였다) 도움을 쉽게 받을 수 있겠다고 생각하였다.

뿐만 아니라 그의 부친이 서울에 계시는데 이미 고령이어서 만일의 경우, 어느 때든지 필요하면 자동차를 운전하여 바로 서울에 오기에 거리상 편리할 수도 있다는 생각도 하였다. *

그의 희망이 받아들여져서, 그는 1996년 3월 대전고등법원의 부장 판사로 부임하였고, 주말이 되면 서울로 올라와 가족과 함께 지내는 생활을 2년간 하게 되었다. 대전에서의 객지생활은 단조롭고 쓸쓸할 수밖에 없었다. 9시 출근하여 6시 퇴근 때까지는 사무실에서 업무에 몰두하였지만, 그 나머지 시간은 어차피 혼자일 수밖에 없었다.

이러한 사정을 잘 아는 법원의 후배들이나, 기타 고교나 대학의 선후배가 되는 법조의 지인들이, 배려해 주는 의미에서, 저녁식사 자리를 마련하기도 하였으나, 그것도 시간이 지나면서 자연히 시들해졌다. 대전이 그와는 학연이나 지연으로 아무런 연관이 없는 지역이라, 퇴근 후에는 바로 귀가하여 평소 읽고 싶었던 책들을 방해받지 않고 마음껏 읽는 행복을 누리기도 하였다.

그와 같은 생활을 하면서 마주치는 가장 큰 어려움은 매끼 식사의 해결이었다. 점심식사는 사무실에서 배석 판사들과 함께하면서 해결되었으나, 아침과 저녁이 문제였다. 조금 부지런한 성격이라면 몇 가지 해결방법이 있었겠지만, 전형적인 한국인의 50세쯤 되는 남성의 속성을 지닌 그는 '끼니를 거르는 방법으로' 대부분을 해결하였다.

아침은 매일 거르고, 대신 약간 이른 점심으로 대체하였고, 저녁은 가끔 퇴근길에 해장국집 등에 들러 이른 저녁을 먹고 집으로 들어갔다. 당시 그에게는 20평 남짓의 아파트가 관사로 제공되었는데, 매달

---

* 부친은 2년 뒤인 1998년에 타계하였다.

한 번 나오는 수도와 가스 검침원이 계량기 눈금이 '하나도' 변하지 않는 것을 보고 계량기가 고장 난 것으로 오해하기도 하였다.

아주 드물게는, 한밤중에 (새벽 한 시나 두 시경에) 시장기에 참을 수 없을 정도가 되면, 그는 혼자서 차를 운전하고 (법원에서 제공하는 관용차가 아파트 주차장에 주차되어 있었다) 철야영업을 하는 해장국집 등을 찾아가 식사를 해결하기도 하였다.

이러한 생활을 2년 가까이 하다 보니, 심한 어지러움을 느끼는 등 스스로 몸의 건강상태가 의심되어 종합검진을 받은 적이 있었는데, 검진 종합소견으로 '영양실조성 빈혈'이라는 진단을 받기도 하였다. 결국 2년의 기간을 마치고, 서울로 다시 돌아와 정상적인 식사를 하면서 치료되기까지 여러 달이 걸렸다.

역사에는 가정법이 없다고는 하지만, '인간은 얼마나 우연에 지배되는가?'에 대하여 그는 생각해 보지 않을 수 없었다.

그는 사실 대전고법으로 발령 받기 직전에, 인사권을 가진 분들로부터, 지방근무 대신에 바로 대법원에서 비서실장으로 근무하도록 하는 방안을 놓고 신중한 검토가 있었다는 이야기를 전해들은 적이 있었다. 하지만 숙고 끝에, 어떤 사정으로,* 그를 대법원에 근무하게 하는 것이 혹시라도 오해를 불러일으킬 수도 있다 하여 그러한 고려는 없었던 것으로 하였다는 것이다. 만약 그렇게 되었더라면, 그의 앞길

---

* 그의 처가에서 어쩔 수 없는 사정으로 송사를 하고 있었는데, 그 사건이 당시 대법원에 계속 중이었다.

은 어떻게 전개되었을까?

지방에 단신 부임하는 공직자의 생활이 이러하므로, 대개의 경우 지역마다 학교를 인연으로 한 모임이 만들어지고, 정기적 또는 부정기적으로 식사모임(회식)이 열리기도 한다.

그가 근무하던 대전의 경우도 마찬가지였다. 그는 서울에서 경기고와(일제시대의 명칭이 제1고보였다) 서울대 법대를 졸업했다. 그리하여 대전의 법원 및 검찰에서 근무하는 위 동문들과 변호사로 일하는 동문들이 모여 '일법회'(一法會)*라는 모임이 이미 만들어져 있었다. 회장은 고교 기준으로 제일 선배가 당연히 맡고, 연중 두세 번 부정기적으로 모여 저녁식사를 한다. 그가 대전에 부임할 당시에는, 대전 지검의 검사장이 가장 선배여서 당연히 그가 모임을 주도하였다.

모임의 식사비용은 그곳에서 기반을 가지고 생활하는 재야 법조인(변호사)이 돌아가면서 적절히 부담하는 것이 관행으로 되어 있었다. 그렇게 함으로써 친목 도모와 함께 한 끼의 저녁식사가 해결되는 것이다.

한 끼 식사에 관한 구차스러운 이야기가 너무 길어졌다. 하지만 인간의 운명을 씨줄과 날줄로 엮어내는 여신의 장난(?)은 여기에서부터 시작되고 있었다.

그의 운명의 기본을 이루는 씨줄(가로줄)은 대전으로 발령받아 오면서 이미 정해졌지만, 여기에 어떻게 날줄(세로줄)을 엮어 어떤 무늬를 만들어 낼 것인가는 오로지 그 여신의 몫이었다. 그 여신은 그때까지

---

* 　제 '一'고보 와 서울대 '法'대를 합성한 것이다.

'그'의 일생이 너무 단조롭다고 여겼는지, 이제 본격적으로 재능을 발휘하기 시작하였다.*

그가 대전에서 근무한 지 6개월쯤 지나서 검찰에 인사이동이 있었고, 그 결과 일법회의 회장을 맡고 있던 선배(당시 대전지검장)가 다른 곳으로 전근 갔다. 그 결과 이제는 그가 가장 선배가 되었고, 자연히 일법회의 회장이 되었다.

그리고 며칠 후 대전에서 변호사로 활동하는 고교 후배가 그의 판사실로 찾아왔다. 형식적인 일이지만, 그가 회장된 것을 축하하면서, "이전의 모임에서 가끔 보니, 회식 후 변호사가 현장에서 식대를 계산하는 모양이 좋아 보이지 않았다"고 말하며, "자기가 식사비용의 용도로 약간의 금액을 두고 갈 터이니, 앞으로는 '회장님이 그 돈으로 식대를 계산'하는 것이 좋겠다"고 이야기했다. 그는 그 취지에 공감하는 뜻에서 굳이 거절하지 않고 호의를 받아들였다(돌이켜보니, 야박하지만 그 호의를 받아들이지 말았어야 했다).

얼마 후 관행대로 일법회의 회식이 있었고, 그는 약속대로 대여섯 명분의 식대, 20만 원을 계산하고 잔액 80만 원을 다음 모임을 위하여 그의 통장에 입금해 두었다(역시 돌이켜보니, 수표를 통장에 입금해 두는 것은 순진하고 어리석은 짓이었다).

따라서 그의 통장에는 변호사의 구좌에서 발행된 합계 80만 원의 수표가 버젓이 입금되어 있는 결과로 되었다. 그리고 그 후 그는 대전에

---

* 물론 지난날들을 돌이켜 보니 비로소 보이는 것이었지, 당시에는 꿈에도 생각지도 못한 일들이었다.

서 일 년 반 정도 더 근무하였으니, 아마도 위 액수의 상당 부분은 용도에 따른 몇 차례의 회식비용으로 모두 소비되었을 것으로 생각되었다(그는 그 돈의 성격상 정확한 회계정리를 하지 않았다).

그리고 대전 근무시작 2년 후인 1998년 3월 그는 법관의 정기인사에서 서울고등법원으로 전근되었고, 다만 보직을 대법원장 비서실장으로 발령받아, 대법원에서 재판을 주업무로 하는 판사로서는 특이한 업무를 맡아 그 생소한 일에 적응하기 위해 애쓰고 있었다.

그러나 돌이켜보니 사법부 전체에 하나밖에 없는 자리에 간다는 것은 스스로를 위험에 노출시키는 일이었다. 잎이 무성한 나무 속에서 많은 참새와 함께 지내는 대신에, 화려한 색상의 깃털을 펼치고 혼자 나무 꼭대기로 올라가 춤추는 것과 같은 일이었다.

사냥꾼의 표적이 된다는 것은 너무나도 자연스러운 결과였다. 하물며 사법부의 현실에 관하여 고비 때마다 그의 소신을 확실히 표명해 온 그에게는, '각광과 기대'와, 동시에 '경계와 저격'을 불러일으키는 일이었다.

그런데 1998년과 1999년에, 그러니까 20세기에서 21세기로의 '세기의 전환기'에, 더 크게 보면 1000년대에서 2000년대로 넘어가는 '새 1000년'(뉴밀레니엄)을 맞아 운명의 여신은 그를 위하여 특별한 일들 (특별한 무늬의 날줄)을 준비하고 있었음이, 돌이켜보니 밝혀지고 있었다.

그리고 그러한 특별한 일들은, 첫째 가정과 직장에서, 둘째 직장은 전임지인 대전과 현임지인 서울에서, 셋째 서울은 그 근무지 안인 대법원과 근무지 밖에서, 넷째 근무지 밖은 검찰청과 언론사에서 각각 맹렬한 속도와 강도로 일어나고 있었다.

우선, 그가 비서실장으로 부임한 지 두 달이 지난 1998년 5월에 그의 부친 양회경 전 대법관이 세상을 떠났다. 1912년생이니 87세로 천수를 누렸다고 볼 수 있겠지만, 평생 '정의를 향한 용기'를 북돋아 주던 사표(師表)를 잃은 슬픔은 어쩔 수 없었다. 약간의 곡절 끝에 경기도 용인의 양지바른 곳을 구하여 편히 쉬도록 모셨다.

다음으로, 언뜻 보기에는 그와 아무런 상관도 없어 보이지만, 인과의 고리는 얽히고 얽혀 결국에는 그로 하여금 평생의 천직으로 여겨 왔던 곳을 떠나게 만드는 사건이 전임 근무지인 대전에서 어둠 속의 유령같이 꿈틀거리고 있었다.

그의 고교 후배로서, 그에게 고교동창 모임의 회식비용을 제공했던 그 변호사는 대전 지역에서 성공적인 직업활동을 하고 있었다.

그가 이미 대전 근무를 끝내고 서울로 복귀한 이후인 1998년 12월, 대전MBC 방송국에 비밀장부와 함께 한 장의 투서가 배달되었다. 투서의 내용은 그 변호사 사무실에 근무하던 직원 한 명이 변호사의 수임료를 횡령한 것이 드러나 해고당했는데, 여기에 불만을 품은 그 직원이, 사건을 소개해 준 보답으로 지급해 준 사례비를 정리해 기록해 놓은 '회계장부 632장'을 방송국에 등기우편으로 보냄으로써 폭로한 것이다.

이러한 상황은 방송을 통하여 대대적으로 보도되었고, 급기야 변호사와 방송국 간의 법정다툼으로 번지게 되었다. 쌍방 간에 거친 공방이 오가던 중, 마침내는 방송국 측에서 공격의 수단으로, 그 변호사가 검찰의 인사들에게 금품을 제공했다는 의혹을 제기하고 이에 대한 수사를 촉구하기에 이르렀다.

사건을 접수한 수사기관은 그 변호사가 대전에서 활동한 모든 기간 (수년간이다) 동안, 대전에서 근무한 적이 있는 모든 검사와 판사의 계좌를 추적하여 그 입출금 내역을 확보했다. 그 변호사가 검찰 출신이 었기 때문에 대부분의 대상자는 검찰 측 인사였지만, 조사의 범위가 상당히 장기간에 걸친 만큼 적지 않은 수의 검사와 약간의 판사 명단 이 드러났다.

대부분은 의례의 범위를 넘지 않는 금액이었다. 그리고 계좌추적을 넘어서, 관내의 유명 술집들도 모두 추적, 조사하여 향응을 받은 적이 있는지도 철저히 수사하였다. 금전관계 조사와 여자관계 조사는 흠집 내기 수사의 단골 메뉴다.

조사가 마무리되자 그 결과는 즉각 대검찰청의 '범정'(犯情)*에 보고되고 있었다. 이 범정에는, 전국의 검찰에서 업무집행 중에 (주로 수사 중에) 입수된 모든 '의미 있는' 정보들(특히 주요 인사, 요주의 인물에 관련된 것들)이 즉각적으로 보고된다. 마치 주요 정보기관에서 주요 인물에 관한 존안자료를 수집하고 보고하는 것과 같은 형태이다.

수집된 정보는 체계적으로 분석하고 정리되어 필요시에 '적절한 방법으로' 활용된다. 이 조직은 대검의 핵심조직의 하나로서 그 책임자인 단장 자리는 요직 중의 요직이다. 검찰 조직에 대한 충성심과 무거

---

* '범죄정보기획단'의 약칭. 이는 대검찰청에 설치되어 있는 기구로서 정계, 재계, 관계, 언론계 등의 동향과 정보들을 일상적으로 수집, 관리, 분석, 평가하는 조직이다. 이 기구에 대한 비판여론이 일자, 2018년 2월 그 명칭을 '수사정보정책단'으로 바꾸어 현재까지 운영하고 있다. 이번 사건에서도 수사 개시 이래 수시로 수사 진행상황이 이곳에 보고되고 있었음은 물론이다.

운 입이 결정적 선발기준이 된다.

계좌추적 결과를 받아 든 범정은 우선 검찰총장에게 보고하고, 이 일을 어떻게 정리하고 처리해야 할지 숙고하였다. 이 단계에서 범정의 위력이 발휘된다. 사실 이러한 권력은 모든 정보기관이 필연적으로 가지게 되는 힘이기도 하다.

우선, 외부인으로서는 위 기관이 '누구'에 대한 자료를 가지고(모으고) 있는지 알 수가 없다. 즉, 자기가 그 정보수집 대상인지조차 모른다. 다음, 외부인은 자기에 관한 정보가 '어느 정도로'(어느 범위에서) 수집되어 있는지 알 수가 없다. 즉, 자기에 대한 '어떤' 부정적 정보가 수집되어 있는지 모른다. 나아가, 외부인은 그 수집된 정보가 '어떻게' 이용될지 알 수가 없다. 많은 정보 중에서 '어떤 부분을', '어떤 방법으로' 활용하여 그를 압박해 올지 모르기 때문에 불안하다. 더욱이 그러한 정보를 어떻게 활용할지는 전적으로 그 조직의 재량에 맡겨져 있기 때문이다.

이를 수사의 단서로 활용하여 강제수사로 들어갈지, 또는 언론에 흘려 망신주기와 함께 스스로 물러나게 할지, 아니면 없었던 것(못 본 것)으로 하여 아무 일도 없는 듯 넘어갈지, 이 모두가 그의 '자유로운' 손에 달려 있다.

기초조사가 완료되고 자료가 정리되자, 검찰총장을 비롯한 대검찰청의 주요 간부들은 구수회의(鳩首會議)를 가졌다. 우선 분명한 것은, 계좌추적 결과 금액의 많고 적음을 불문하고, 한 번이라도 이름이 나타난 수는 수십 명에 이르러 이들 모두를 문제 삼는 것은 좋은 방법이 아니라는 데 모두 공감했다.

그런데 추적된 금액을 살펴보니, 유독 두 사람이 눈에 띄게 액수가 컸다. 거의 대부분이 수십만 원 정도인데, 그 두 명만은 수백만 원대로 단위를 달리했다. 자연스럽게 그 두 명은 어떤 방법을 써서라도 자리에서 물러나게 해야 한다는 데 의견이 모아졌다.

두 명 중 한 명은 현직 부장판사였고, 다른 한 명은 차관급(검사장급) 검찰간부였다. 그런데 그 순간 참석자 모두의 머릿속에 한 줄기 섬광(閃光)이 스쳐 지나간다. 검찰을 지배하는 몇 가지 '법칙' 중의 하나에 해당되는 생각이다. 즉, 검찰은 헌법상 뛰어넘을 수 없는 한계 때문에 법원에 대하여 가지고 있는 '극복할 수 없는 콤플렉스'와, 여기에서 비롯하는 '견제심리'가 작동하기 시작한 것이다.

그 이유는 여기에 해당되게 된 검사장급 간부가 '그대로 버리기에는' 너무나 아까운 카드였기 때문이다. 그는 검찰 내에서 소탈하고 사심이 없을 뿐만 아니라 제갈공명이라고 불리는 '지략가'(智略家)이다. 사시 12회 출신인 그는 동기생 중에서 가장 먼저 검사장으로 승진하여 장차 유력한 총장 후보로 촉망받고 있었던 것이다.

이러한 '소중한 카드'를, 법원의 많은 차관급 인사 중 한 명과 함께, 구색 맞추기 용도로 소비해 버린다는 것은 엄청 '손해 보는 거래'라고 여겼기 때문이다. 그리하여 회의 참석자 중 일부는 어떤 방법을 써서라도 그를 구제해야 한다는 의견을 제시하기도 하였다.

그러나 여기에서 검찰을 지배하는 몇 가지 법칙 중에서 또 '다른 법칙'이 작동하기 시작했다. 검찰 조직은, 물론 그 구성원들을 아끼고 소중히 여기지만, 어떤 경우에 이렇게 하는 것이 '검찰 조직 자체에 해'가 되는 때에는 '가차 없이 그를 버린다'는 것이다. 만약 그를 살리기 위해서 좌천발령 등 모양 나쁜 조치를 취한다면, 여기에 대한 여론의 엄청난 반발을 검찰 조직이 도저히 감당해 낼 수 없을 것임이 너무나 분명하기 때문이다.

뿐만 아니라 회의에 참석 중인 간부들의 머릿속에는, 장차 언젠가 있을지 모를 검찰총장 후보의 강력한 경쟁자 한 명을 자연스럽게 탈락시킨다는 성취감도 있었다. 그리하여 조직은 과감히 그를 버리기로 결정하였다.

그러나 그렇다고 해서, 이렇게 소득이 없는 결정만을 하고 물러설 그들이 아니었다. 어떤 방법을 써서라도 이에 대한 반대급부를 얻어내야 했다. 아니, 이보다 더 큰 어떤 것을 얻어내야 했다. 두뇌회전이 빠르고, 이전에도 이미 이와 비슷한 일들을 처리해 보았던 그들은 과연 '수지맞는' 카드를 꺼내 들었다. 그 의미는, 그들이 잃는 것보다 '더 큰 것을 얻는다', 즉 '더 큰 손해를 상대방에게 가한다'라는 뜻이다.

즉, 계좌 추적된 인물들을 자세히 살펴보니, 그곳에 의외의 '대어'가 포함돼 있음을 발견한 것이다. 사법부에서 특이한 보직, 눈에 띄는 보직인 대법원장 비서실장의 이름이 들어 있었다.

그는 앞에서 본 대로 1996년 초부터 1998년 초까지 대전고법에 근무하고 있었고, 이 사건은 그 기간 동안에 벌어진 일이었다. 금액을 살펴보니 80만 원으로 큰 액수는 아니었지만, 그렇다고 아주 소액 또한 아니었다.

보다 근본적으로는 금액 자체는 문제가 아니었다. 어차피 드러난 인원수가 너무 많아 적절한 선에서 차별화해야 할 상황이었는데, 자연스럽게 그 구분선이 떠올라 왔다. 별 문제제기 없이, 명단에 올라온 법관 중에서 80만 원이 안 되는 인물들은 불문(不問)에 부치는 것으로 의견이 모아졌다.

이제 실무적인 작업만이 남았다. 안타까운 일이지만, 문제가 되었던 검사장급 인사에게는 검찰총장이 전화를 하여 상황설명과 함께 자진해서 사표를 제출해 주기를 종용하였고, 촉각이 뛰어난 그는 이를 즉시 수용했다.

그는 언론과의 인터뷰에서, "눈을 떠보니, 밤사이 벚꽃이 졌더라. 벚꽃처럼 사라지고 싶다"고 심경을 토로했다. 멋진 멘트에 감동한 언론은 후속 취재의 형식으로, "그는 받은 돈의 전부를 자진 공개했는데, 그 돈으로 모두 도서 상품권을 구입하여 미화원 등을 포함한 검찰 직원에게 나누어 줌으로써 소비하였다"고 보도함으로써 화답해 주었다. 그는 퇴직 후, 국내 최대의 변호사 사무실에 극진히 영입되어, 형사팀을 새로 조직하고 2013년 지병으로 타계할 때까지 눈부신 활약을 하였다.

반면, 액수가 비교적 다액이었던 고법 부장인 다른 한 명은 이러한 계좌조회 결과를 듣고, 선선이 고향인 대전에서 변호사로 지내겠다고 자청하였다.

이제 모양 나쁘지 않게 잘 처리해야 할, 한 명이 남았다. 대법원장 비서실장이었다. 그 처리방안을 두고 구수회의 참석자들은 신중하게 숙고하였다. 자칫 잘못 처리하면, 마치 검찰이 사법부를 표적 사찰하여 특정 인물을 찍어서 배제시키려 한다는 부정적 인상을 줄 수도 있기 때문이었다.

'법정'의 단장은 그들이 수집해서 확보하고 있는 그에 관한 자료들을 구수회의 참석자들과 함께 공유하였다. 우선 그(비서실장)는, 1974년 판사로 임관하여 1999년 현재까지 25년 동안, 당시의 인사관행에 따라 정상적인 루트를 밟고 있었다. 즉, 판사 임관 후 5년 동안은 지방법원에서 좌우 배석판사를 지내고, 그 후 단독판사가 될 무렵에는 서울과 지방의 인사교류 원칙에 따라 지방으로 발령받아 2년 정도 근무하다가 서울(또는 서울 부근)로 복귀한다.

그때가 되면 서열상 고등법원의 배석판사로 전보되어 몇 년간 일하다가 대법원의 재판연구관으로 전보된다. 이곳에서 얼마간 대법관을 보좌하는 업무를 하다 보면, 이제는 지방법원, 고등법원, 대법원의 업무를 모두 경험해 봄으로써 비로소 하나의 성숙한 법조인으로 독자적인 재판부(합의부)를 이끌 경륜이 된다. 여기까지 오는 데 대략 15년 정도 걸린다.

드디어 재판연구관으로의 업무를 마치면 이제 서울 이외 지역의 지방법원에 부장판사로 근무한다. 아마도 이때가 법관의 길을 택하고 나서 맞이하는 최초의 황금기일 것이다. 우리 사회에서 일어나는 여러 주요 현안에 대하여 판결을 통하여 직접적으로 본인의 소신을 피력하고, 나아갈 길을 제시할 수 있는 기회가 주어지기 때문이다.

이러한 생활을 지방에서 2년 정도 하고 나면* 서울 또는 서울 부근으로 올라와 근무하게 된다. 이렇게 지방법원 부장판사 생활이 5~6년 되다 보면, 다시 고등법원 부장 판사로 승진할 단계가 되고, 다시

---

* 시간이 갈수록 인사 적체로 이 기간이 점점 길어지는 경향이 최근에 생기고 있다.

한 번 지방으로 근무를 떠나 2년 정도 지나면 서울로 복귀한다.

이 고법 부장으로의 승진만은 서열에 따라 자동적으로 이뤄지는 것이 아니라, 이제부터 '평가에 의한 발탁'의 개념이 도입된다. 즉, 모두에게 고법부장이 될 기회가 주어지는 것이 아니다. *

그(비서실장)에 관한 정보들은 공식적인 자료여서 일반에게 공개된 자료에 의하여도 쉽게 얻을 수 있는 것들이다. 그들에게 필요한 것은 여기에 담긴 '의미'를 찾아내는 일이다.

두뇌가 명석하고 상대방(사법부)에 대한 정보에 밝은 그들인 만큼, 이러한 기초자료로부터 쉽사리 의미 있는 점들을 추출했다. 그(비서실장)는 통상적인 법원의 인사패턴을 거치면서도, 요소요소에서 일반적인 법관과는 '은근히 구별되는' 무엇이 있음을 감지했다.

우선, 판사의 초임시절을 서울민사지방법원과 형사지방법원에서 2년씩 근무했다는 것은 아무에게나 주어지는 혜택이 아니다. 당연히 객관적 기준에 따라, ** 상위 몇 명에게만 허용되는 혜택이다. 그러고 보니, 그는 1972년도의 제 14회 사법시험에서 수석 합격하였음이 그들의 자료에 특이사항으로 기재되어 있었다.

다음으로, 서울형사지법 근무의 2년차가 되는 1977년에, 그(비서실장)는 독일 정부의 장학금(DAAD)을 받아 일 년 반 정도 독일의 대학과

---

* 이 제도 역시 시간이 지나면서 부작용이 많다는 지적에 따라 이제는 고법 부장판사라는 승진제도가 없어졌다.
** 사법시험 합격성적과 연수원 졸업시험 성적의 합산결과에 따라.

법원에 유학 겸 연수를 다녀왔다. 해외여행이 극히 제한적이었던 당시의 상황을 고려해 보면, 판사의 해외연수 기회는 특별한 혜택이었다. *

해외 연수를 마치고 귀국한 후, 그는 다시 법원의 정상적인 인사패턴에 따라 1979년 말경 지방으로 인사발령을 받아 광주지법 순천지원으로 부임하여, 단독판사의 업무를 맡아 지내고 있었다. **

그런데 부임한 지 6개월쯤 지나 1980년 5월 비극적인 광주민주항쟁이 일어나고, 서울에 초헌법적인 '국보위'(국가보위 비상대책위원회)가 설치되었는데, 뜻밖에도 그가 국보위에 파견되어 근무하라는 인사발령이 내려졌다. 그곳에서의 2년 근무를 예상하고 있었던 그는, 졸지에 6개월 만에 다시 서울로 올라올 수밖에 없었다. 그들(구수회의 참석자들)이 보기에 이는 너무나도 특별한 상황이었지만, 인사권자의 인사명령에 의한 것인 만큼 특별한 흠을 잡아 공격할 수 있는 내용도 아니었다.

국보위에서 4개월, 이어서 입법회의 5개월의 파견근무를 마친 그(비서실장)는 다시 법원으로 복귀하여, 정상적인 판사생활에 열중하고 있었다. 다만 약간의 특이 사항으로는, 바쁜 와중에도 서울대에서 박사과정을 이수하고 학위논문을 완성하여 1987년에는 법학박사 학위를 받은 것이 있었다.

이후 또다시 정상적인 인사관행에 따라 대법원 재판연구관을 거쳐, 1989년에는 지방법원 부장판사가 되어 부산지법 울산지원으로 발령

---

*   그는 물론 독일 대사관이 실시하는 공개 경쟁시험을 거쳐 선발되었다.
**   순천은 그의 모친의 고향이기도 하다.

받았다. 통상 2년 근무가 보통이었는데, 그(비서실장)는 1년이 지난 1990년에, 헌법재판소 연구부장으로 전보되어 서울로 복귀하였다.

지방근무를 1년 만에 마쳤다는 점은 특별한 배려라고 볼 수도 있었겠지만, 당시 출범한 지 얼마 안 되는 헌법재판소의 토대를 닦는 데에 독일 연수의 경험이 있는 그가 특별히 필요했다고 볼 수 있는 면도 있었다. *

2년간의 헌법재판소 근무가 끝난 후, 1992년 그는 다시 정상적인 인사 패턴으로 돌아와, 서울형사지방법원 부장판사로 2년 동안 근무했고, 이어서 서울민사지법에서 2년간 부장판사로 근무하였다.

다만 여기에서 약간 눈에 띄는 점은, 민사법원 근무 중인 1995년에 미국 아이젠하워재단의 초청을 받아 3개월 동안 미국의 법조계(대법원을 포함한 각급 법원, 각지의 유명 법과대학, 유수한 변호사들)를 둘러보는 기회를 가졌다는 점이다.

이 선발과정에서도 당연히 미국 대사관이 주관하는 공개경쟁과 선발과정을 거쳤음은 물론이었다. 3개월 동안 재판업무를 떠나 미국의 여러 기관과 제도를 시찰할 수 있도록 허가받은 점에서는, 일종의 혜택을 받았다고 볼 수도 있겠으나, 딱히 흠잡을 일도 아니었다.

아무튼 그(비서실장)는 이로써 독일과 미국의 법제를 두루 체험해 본 행운을 누린 것이었다.

민사법원 근무 후 고법 부장 승진의 기회가 되어 '혜택을 받아', 대전고법으로 발령받아 간 것은 앞에서 이미 본 바와 같다.

---

* 잘 알다시피, 우리의 헌재는 독일의 헌재를 모델로 삼아 만들어졌다.

대전에서 2년 근무 후 서울로 복귀하는 것은 예정된 인사패턴이었으므로 특별한 점은 없으나, 그 보직이 일반 재판부가 아니라 대법원장 비서실장이라는 점이 특이하다면 특이한 것이었다.

아마도 인사권자의 의중은 그동안 독일과 미국의 선진 법제도와 사법부의 모습을 많이 보고 경험하였을 터이니, 그 과정에서 느끼고 생각한 점들을 우리 사법부 운영에 진취적으로 반영하는 의견을 기대하였는지 모른다.

이상의 여러 객관적으로 드러난 이력과 경력사항을 보고 그들 구수회의 참석자들이 마음속으로 내린 결론은, '그(비서실장)는 사법부 내에서, 장차 자리가 주어진다면 어떤 의미 있는 큰일을 할 수도 있는 인물이다'는 판단이었다. 이어서, '그렇다면 그는 자칫 검찰에 부담스러울 수 있는, 더 나아가면 위험할 수도 있는 인물이다'라는 데에까지 생각이 미쳤다.

하지만 단장이 준비해온 자료들 중에는 이와 같은 공개적이고 객관적인 자료 이외에도 그들만이 보유하고 있는 비공개적 자료가 여러 가지 포함돼 있었다. 사실, 이 대외비 자료들이 핵심자료들이고 이를 위하여 '법정'이 존재하는 것이다.

이와 같은 기밀자료들은 수집과 관리가 철저히 극소수의 관리자에게만 맡겨져 있어서, 심지어는 법무부 장관조차도 마음대로 그 내용을 알아볼 수도 없다. 이는 국가 최고정보기관의 경우에도 마찬가지여서, 신임 정보부장이 부임 직후 자기 자신에 관한 존안자료를 찾아

올 것을 지시하였다가 책임자로부터 거절당한 일이 있었다는 이야기도 있다.

회의 참석자들은 커다란 궁금증을 가지고 이 기밀자료들을 검토하기 시작한다. 그(비서실장)가 경력 25년 동안, 사법부에서 일어난 '의미 있는' 사건과 사태가 있을 때마다, 대외적으로 소신을 표명해 온 것들에 대한 검찰 자체의 평가이다.

그들이 보관하고 있는 첫 번째 기밀자료는 1988년 1월 21일자 〈법률신문〉 2개면에 걸쳐 통으로 실린 그의 기고문과 이에 대한 그들의 '평가'였다. 이는, 그해(1988년) 설립을 앞두고 있는 헌법재판소의 기본 골격을 정하는 법률을 제정함에 있어, 헌재의 심판대상으로 '법원의 판결'을 포함시킬 것인가의 문제를 두고, 법무부 주최로 세미나가 열렸는데, 이를 참관하고 느낀 그의 소견을 적어 위 신문에 발표한 것이었다. 이 기고문은 몇 가지 점에서 특이했다.

우선, 그들은 경력 13년 남짓 되는 현직판사가 현안에 대하여 공개적으로 의견을 표명한 것에 흠칫 놀랐다. 그들이 생각하기로 판사라는 존재들은, 명석한 두뇌를 가진 '헛똑똑이들'로서, 이론적으로 옳고 그름을 따지는 데는 능숙하지만, 막상 그 결론을 외부적인 행동으로 옮기지는 못하는 '방안퉁수' 쯤으로 여기고 있었기 때문이었다.

그렇기 때문에 그들은 지금까지 사법부를 압박하거나 견제하는 데 있어서 조그만큼의 두려움이나 죄책감도 가지고 있지 않았다. 잠시 반항하고 분개하였다가 어느 정도 시간이 지나면, 스스로의 무력함을 한탄하면서 수용하고 적응해 가는 데 익숙한 존재라고 여기고 있었다. 하지만 이번에 그는 과거의 예와는 전혀 다른 대담성을 보이고 있어서, 그들은 내심 당황하였다.

다음, 그들은 그가 원고지 50매 가까운 장문의 기고에서, 1961년 5·16 군사쿠데타 이래 25년간 점점 몰락해 가는 사법부의 위상 추락의 면면을 낱낱이 지적하고 있음에 놀라지 않을 수 없었다.

8·15 해방 이후 1세대의 사법부 구성원들은 거의 독립운동가와 같은 기개와 용기로 정치적 혼란기를 견뎌내면서 국민들의 절대적 지지와 신뢰를 받고 있었다. 그러나 그 후 권력을 장악한 군부, 그들 수하의 정보기관, 그 와중에 권력의 끄트머리라도 함께하려는 검찰의 탐욕에 멍들고 찌그러져 가는 사법부의 참상을 조목조목 예를 들어가며 신랄하게 지적하고 있었기 때문이었다.

이와 같은 맥락 속에서 헌법재판소의 설립이라는 것을 기회로 삼아, 이제는 '사법부의 판결'까지도 다른 기관(헌재)의 심사대상으로 함으로써, 사법부에 주어진 마지막 권위마저도 부정하려는 것이라고 비판한 것이다.

심지어는, 현직법관으로서 가장 언급하기 어려운 법관의 인사 문제, 특히 그중에서도 최고법원의 법관인 대법관의 인선문제까지 거론하였다. '검찰 인사에 의한 대법원의 오염'이라는 문제를 정면으로 들고 나와 질타한 것이다.

경력 13년 남짓의 고등법원 배석판사인 주제에 감히 대법관 인사에 토를 단다는 것이 괘씸하기는 하였지만, '워낙 옳은 말을 당당히 주장한 것'이기에, 숨어 하는 도둑질이 들킨 것같이 속으로는 불쾌하였지만 당장 어떠한 조치를 취할 수도 없어 그대로 넘어갔다. *

법조계에 신선한 충격을 준 위 기고문이 발표된 후, 실질적인 결과로 두 가지 일이 일어났다. 하나는 그의 주장대로, 사법부의 판결이 헌재의 심판대상에서 제외되는 것이었고, 다른 하나는 대법관에 임명되는 검찰의 몫이 하나로 줄어들었다. '혹 떼려다가, 혹 붙인 격'이 되었다.

이렇게 다시 4년의 시간이 흘러, 그는 이제 울산지법 부장판사, 그리고 헌재 연구부장을 거쳐 1992년 5월 서울형사지방법원 합의부 부장판사로 근무하고 있었다.** 그런데 이곳에서 그들의 간담을 서늘하게 하는 일이 벌어졌다.

매주 열리는 재판기일에서 특별한 점은 전혀 없는 일반 사건들을 심리하고 있었다. 그중 한 사건은, 나이 16세, 18세의 미성년자인 고교생 두 명이 지나가던 어린 학생들을 불러 세웠다. 흔히 있는 학교폭력 사안으로, 주먹으로 몇 대 쥐어박아 2주 정도의 상해를 입히고, 가지고 있던 몇만 원 상당의 지갑과 현금을 빼앗았다.

전자는 상해, 후자는 강도에 해당되니, 법률상 강도상해죄에 해당된다. 법정형이 7년 이상이다. 따라서 이는 집행유예가 불가능한 형이다. 범행을 모두 자백하고, 피해 변상도 했고, 초범이며, 피해자도 용서를 바라니 더 심리할 것이 없다. 그는 공판관여 검사에게 구형하

---

*   그 후 검사가 대법관으로 들어오는 것은 한 명으로 줄었고, 이후로는 그마저도 타당성이 계속 논의되어 그들은 가시방석에 앉아 있는 꼴이 되었다. 2021년에는 드디어 한 명도 없게 되었다.
**   형사지방법원의 합의부는 살인, 강도 등의 형량이 높은 중범죄자들을 주로 재판 대상으로 하는 재판부이다.

라고 지시하였다. 검사는 잠시 머뭇거리더니 '징역 10년'을 구형했다.

조금 지나, 그는 그 의도를 파악하였다. 형사소송법(제331조)에 의하면 "10년 이상 구형하면, 판사가 무죄나 집행유예를 선고하더라도, (상급심에서) 확정되기 전에는 석방될 수 없다"고 규정되어 있음을 활용한 것이었다.

그는 이 규정이 헌법에 어긋난다고 여기고 헌재에 위헌제청을 하였다. 위헌제청 후 약 6개월쯤 지나 1992년 12월, '당연히' 헌재에서 위헌이라는 결정이 나왔다.

모든 신문이 이 사실을 1면 머리기사로 보도했다. '이제야 사법부가 지난날의 미몽에서 깨어나 법치 실현을 위한 결의를 다지고 있다'라는 논조였다.

당연한 일이지만, 검찰 내에서는 극도의 우려와 긴장감이 감돌았다. '사법부가 이제 깨어나는 것인가? 용기를 가지고 정도(正道)를 가려는 신호탄인가? 그렇게 되면 우리 검찰의 위상은 어떻게 될 것인가? 이제 우리나라 대법원이 미국의 대법원과 같은 지위를 가지고 그러한 역할을 할 것인가?'

그들이 가장 두려워하는 상황인 것이다. 그리하여, 그는 또 한 번 자연스럽게 검찰의 요주의 인물이 되었고 공적(公敵)이 되었다. 그날의 구수회의 자리에서도 이러한 점들이 당연히 부각됐으며, 그에 대한 극도의 경계심과 함께 적개심을 불러일으켰다.

하지만 그들 구수회의의 하이라이트는 아직 오지 않았다. 이제 비로소 결정적 기밀자료가 첨부되어 있음을 확인하였다. 그가 모시고 보좌해 드리는 분과 둘이서 나누고 있는 대화의 내용이었다.

어느 날 바쁜 일상 중에서 드물게 찾아오는 오후 4시경의 한가로운 시간이다. 이제 5시 반경의 퇴청시간까지 특별한 일정은 없다.

둘 사이의 대화는 그날 이루어졌던 몇 가지의 결정에 대한 복기와 함께, 혹시라도 사려 깊지 못한 조치는 없었는지 허심탄회하게 반성해 보는 것으로 시작된다. 그러면서, 그(비서실장)는 자연스럽게 평소의 소신을 좀더 직설적인 방식으로 표현하기 시작한다.

그의 소신은 한결같다. 판사들이 너무 '여리고 문약(文弱)하여 용기가 없다'라는 것이다. '쓸데없이 작은 데에 연연하여 막상 큰 것을 놓친다'는 것이다. 그리하여 '해야 할 말을 해야 할 때 하지 못하고', 한참 실기(失機)한 다음 뒤늦게 깨달은 듯이 뒷북을 치는 경우가 많다.

또한 판사들이 자긍심이 너무 약하여 '정의의 최후의 수호자'라는 기백이 없다. 특히 검찰과의 관계에서 그들을 '압도하는 권위', 그들과는 '헌법상 차원이 다른 신분'이라는 긍지가 없다.

우리나라의 후진적인 법치국가의 모습 속에서 검찰이 과도한 권력과 영향력을 행사하는 일이 있겠지만, 그래도 '판사는 판단하는 사람이고, 검사는 판단받는 사람이다'라는 헌법상 불변의 원칙을 실현시키려는 의지가 약하다.

이야기가 여기까지 진행되자 그는 마무리 삼아 지금까지 아무도 감히 말로 옮기기를 꺼려 왔던, 그러나 틀림없이 옳은 말을 거론하였다. 즉, '검찰 청사가 법원 청사와 나란히 대칭되게 놓여 있는 것'은 우리나라 법치주의의 수준을 나타내는 것으로 수치스러운 일이다.

세계 어느 선진국에 가 보아도 이런 나라는 없다. 기회가 있는 대로, 아니 기회를 만들어서라도 법원 청사는 검찰 청사와 분리되어야 한다. 이렇기 때문에 어느 국회의원이 공식적인 위원회에서 발언하는 도중에, '법원도 검찰과 마찬가지로 행정부 소속의 한 부서인데'라고 '거침없이 말하는 추태가 벌어지는 것이다'라고 지적했다. 그가 모시는 분은 구구절절, 묵묵히 들으면서 공감을 표시했다.

그들 구수회의의 참석자들은 이제 준비된 모든 자료를 숙지하였다. 그중에서도 특히 마지막 두 개의 언급, 즉 '검사는 판단을 받는 자이고, 판사는 판단을 하는 자이다'라는 말과, '검찰 청사와 법원 청사는 명백히 분리되어야 한다'라는 말에는 강한 분노와 적개심을 느꼈다. 검사, 검찰의 약점을 꼭 집어 핵심을 언급했기 때문이기도 하지만, 더욱 쓰라린 것은 그 말들이 조금도 틀린 말이 아니기 때문이다. 오로지 국민이나 언론이 아직 깨어 있지 못하거나, 아니면 감히 용기가 없어서 이를 지적하지 못함을 그들 스스로도 너무나 잘 알고 있기 때문이다.

이제 그들은 그(비서실장)에 대하여 어떻게 처리해야 할지 결정할 시간이다. 그러나 위와 같은 준비된 자료를 보면서 그들의 마음속에는 이미 어떠한 결론이 내려져 있음을 스스로 느끼고 있다.

'그를 제거해야 한다.'

'그가 사법부에 오래 남아 있는 한, 그리하여 그가 혹시라도 좀더 영향력을 행사할 수 있는 자리에 있는 한, 그의 소신을 정책으로 옮길 수 있는 위치에 가는 한 검찰의 위치는 점점 약화되고, 권력의 핵심에서 멀어져 갈 수밖에 없다.'

'어차피 시간이 흐르면서 우리나라가 점점 민주화되어 가는 것은 필연이겠지만, 그리하여 검찰 권력에 대한 통제가 점점 강화되어 가겠지만, 그래도 이대로 사라져 갈 수는 없다. 최대한 버틸 수 있을 때까지 버티고, 살아남을 길을 찾아야 한다.'

누구 하나도 이와 같은 내심의 생각을 말로 옮겨 표현하지는 않았지만, 그러한 공고한 공감대가 형성되어 있었음은 의문의 여지가 없었다. 그들의 굳은 표정과, 분노와 적개심이 묻어 나오는 눈빛으로 보아 명백하였다.

그러한 분위기 속에서, 그(비서실장)가 모시는 분의 집무실 내에서 그와 단둘이 나눈 대화의 내용이 어떻게 이와 같이 상세하게 그들의 자료 속에 들어 있게 되었는지 아무도 묻거나 알려고 하지 않는다.

다만 그들은 아무도 이야기하지 않았지만, '도쿄 소재 주일 한국대사관의 건물을 신축할 당시에, 모든 유리 창문의 바깥쪽에 마치 햇볕을 차단하기 위한 것처럼 비스듬한 가림판이 시멘트 콘크리트로 설치된' 사실을 잘 알고 있었다.

혹시라도 있을지 모를 '대사관 내부에서의 대화내용이 유리창에 진동을 일으켜 외부로부터 도청, 감청 당할 위험에 대비한 것'이라는 것도 잘 알고 있었다.

그(비서실장)는 이번 기회에 확실히 제거되어야 한다. 굴러들어온 호박이다. 남은 문제는 어떤 방법으로 이를 실현시킬 것인가이다. 그 과정에서 가장 주의할 점은 검찰이 그를 표적으로 삼아 주도적으로 눈엣가시를 제거하였다는 인상을 일반 국민에게 심어 주어서는 안 된다는 것이다. 만에 하나 그렇게 된다면, 검찰의 이미지가 나빠질 뿐만 아니라 자칫 그를 영웅으로 만들어 줄 우려가 있기 때문이다. 그가 '부패한 판사'라는 인식이 필요한 것이지, 사법권의 독립을 위해 몸 바쳐 싸우다가 억울하게 희생된 '정의의 사도'로서 자리매김 되어서는 안 될 것이다.

기본적인 틀이 이와 같이 정리되자, 몇 가지 가능한 선택지 중에서 한 가지는 확실히 배제되었다. 그를 뇌물수수와 같은 죄명의 형사범죄를 저지른 것으로 몰아가는 것은 가장 하수(下手)라는 데에 모두들 공감했다. 우선 그가 받았다고 하는 금액(80만 원)이 소액일 뿐만 아니라, 그 명분이 '동창회장으로서 동창회의 회식비용으로 받아 보관, 사용한 것'이므로 누가 보기에도 직무에 관련된 뇌물이라고는 볼 수 없었기 때문이다.

더욱이 그런 방향으로 간다면, 수사권과 기소권을 독점하는 검찰이 그 권한을 스스로의 이익만을 위해 사용하였다는 것이 너무나 분명히 드러나기 때문이다. 잠시 침묵의 시간이 지난 후, 회의 참석자 중 연배가 조금 낮은 한 명이 발언했다.

계좌 추적된 자료와 기타 자료를 면밀히 검토해 보니 '약간 무리해서' 사실을 구성한다면, 그가 받은 액수를 백만 원 정도 더 늘려서 인정할 방법이 없지는 않다고 설명하였다. 그렇게 된다면 그의 비난 가능성을 높이는 데 도움이 될 수도 있겠다는 의견이었다.

이 제안을 들은 나머지 참석자들 전원(모두가 경력이 오래된 선배들이다)은 즉각적으로 반대의견을 표명했다. 그 의견은 너무 순진한 단견(短見)이라는 것이다. 우선 액수가 백만 원 정도 늘어난다고 해서 금전의 성격이 바뀌거나 비난 가능성이 크게 높아지지도 않는다는 취지였다.

더욱이 가장 중요한 것은, 이 추가될 수 있는 백만 원은 이를 '숨겨진 카드'로 남겨두는 것이 여러 면에서 훨씬 효율적이라는 것이다.

첫째, 그렇게 함으로써 검찰은 그(비서실장)에 대해서, 또한 사법부에 대해서 엄청난 생색을 낼 수가 있다. 그를 보호해주기 위해서 나름 고민 끝에 커다란 배려를 했다는 인상을 줄 수 있다. 그럼으로써 그로부터의 원한을 조금이라도 줄이는 효과도 있다. 물론 그들이 내심으로 노린 목적은 충분히 달성하였다.

둘째, 사실은 이 점이 훨씬 고단수이고, 특수수사를 오래 해 본 경험이 있는 검사들이 능숙하게 활용하는 수법이다. 즉, 추가할 수도 있는 혐의사실을 드러내지 않고 숨겨서 가지고 있음으로써, 만약 피의자들이 나중 재판과정에서 범행을 부인하고 검찰에 협조하지 않든지, 아니면 검찰에 불리한 행태를 보이든지 하면, '은근히 이러한 카드를 다시 사용할 수도 있음을 암시하여' 압력을 가하는 것이 훨씬 효과적이라는 것이다. 이러한 순진한 제안을 했던 검사는 부끄러운 마음에 좌불안석이 되었다.

잠시 침묵이 흐르고 각자 숙고의 시간을 가졌다. 이윽고 경험 많고 노련한 참석자 한 명이 의견을 제시했다. 그 의견은 즉각 모든 참석자로부터 전적인 호응을 받았다. 이른바 '이이제이'(以夷制夷)의 방법이었다.

그(비서실장)를 제거하는 껄끄러운 작업을 그들 검찰 스스로가 하는 것이 아니라, 항상 마땅한 먹잇감(거물이면 금상첨화다)을 찾아 헤매고 있는 언론사에게 '싱싱하고 먹음직스러운' 고기 덩어리를 던져 주는 것이다.

어떤 한 참석자가 보도자료를 상세히 작성하여 대검의 출입기자실에 넌지시 던져주는 방안을 제시하였으나, 이는 즉각적으로 거부되었다. 모든 언론사들을 공평하게 대우한다는 점에서는 무난한 방법이겠지만, 이는 너무 밋밋한 방법으로 특종성을 완전히 포기하는 것이다.

일시적으로 다른 언론사는 불평하겠지만, 어느 한 언론사를 골라 특종을 하게 함으로써 보도의 효과를 극대화할 필요가 있었다. 결정적인 한 방으로 그(비서실장)에게 회복할 수 없는 충격을 주어서 제 발로 물러나게 하여야 한다.

여기에 공감대가 형성되자 그들은 모두 일치하여 '누가 그 일을 할 것인지', 그리고 '어떤 언론사를 택할 것인지', 나아가 '어떤 방법으로 이를 처리할 것인지'를 그 회의의 좌장으로서 가장 경험이 풍부할 것임에 틀림없는 검찰총장에게 일임하기로 결정했다. 그리하여 이제 모든 숙제는 검찰총장의 어깨에 달려 있게 되었다.

이로써 그날의 회의는 마무리되어 각자 해산하였고, 그 이후의 모든 외부 일정은 당분간 취소됐다. 혹시라도 있을지 모를 외부의 바람을 피하기 위해서이다.

이제 총장은 집무실에 혼자 남게 되었다. 그는 의자를 뒤로 젖히고 잠시 눈을 감았다. 어느 언론사의 누구를 부를 것인가? 하루가 지난 후(금요일이다) 그는 집무실 책상을 덮고 있는 두꺼운 유리판 밑에 깔려 있는 검찰청 출입기자의 명단을 유심히 살펴보았다.

그리고 그중의 한 명에게 직접, 비서를 시키지 않고 직접 전화를 걸었다.

"A 기자입니까? 나, 총장입니다. 잠시 보고 싶은데 제 방으로 바로 와 주시겠습니까?"

상대방은 놀라움과 함께 기자의 예민한 촉각으로, 틀림없이 무슨 중요한 건이 있음을 직감하였다.

"알겠습니다. 바로 찾아뵙겠습니다."

얼마 후 두 사람은 총장실의 응접 테이블을 사이에 두고 마주 앉아 있다. 물론 두 사람은 모두 서로 어깨를 앞으로 숙여 작은 목소리로 소곤거려도 충분히 의사소통을 할 수 있는 거리로 좁혀져 있다.

총장은 먼저 그에게 사건 개요를 설명했다.

"특별한 보직을 가진 고위 법관이 변호사로부터 금품을 받았다"는 것이다. 물론 '법관'이 '변호사'로부터 '돈을 받았음'을 강조하였다. 이러한 프레임은 기자가 가장 반기는, 그리고 '국민들이 가장 혐오하는' 구조임을 그는 꿰뚫어 보고 있었다.

그 돈을 받게 된 연유 및 그 용도에 대해서는 함구했다. 구태여 그가 스스로 그(비서실장)를 위한 변론을 해줌으로써 특종 기사의 가치를 떨어뜨릴 필요가 없기 때문이다.

그리고 그는 '필요 없는', 그렇지만 사실은 가장 '필요한' 말을 덧붙였다. 그가 수십 명이 되는 출입기자 중에서 왜 하필이면 A 기자를 꼭 집어서 불렀는지, 왜 그중에서도 서열이 낮은 '말진'(末陣)인 A 기자인지를 짤막하게 언급했다. 이러한 자리에서 그 이유를 장황하게 설명하는 것은 너무나 프로답지 못한 행동이다.

기자는 짤막하게 대답하였다.

"잘 알겠습니다. 틀림없이 잘 처리하겠습니다."

여기에 모든 의미가 전부 함축되어 있었다. 검찰의 '사냥꾼', 언론의 '몰이꾼'이라는 역할 분담이 이루어진 것이다.

이때가 1999년 1월 29일 '금요일'이었다.

이로써 그들은 커다란 비판자 한 명을 제거하였다. 그러나 그 대신 영원한, 끈질긴 비판자 한 명을 얻게 될 것이었다.

하지만 당시의 검찰총장은 13년 후인 '2012년 10월 18일 18시 20분'에 그를 (비서실장) '대면하여' 만나는 자리에서 당시 일을 언급하면서, '사과하고 용서를' 구했다. *

A 기자는 흥분된 마음으로 즉각 회사에 복귀하여 최고 간부들에게 상황을 보고하였다. 즉시 기사의 초안을 작성하였고, 그 처리방법은 상층부의 노련한 선배들에게 위임했다.

비슷한 특종을 이미 처리해 본 경험이 있는 그들은 매뉴얼에 따라 프로답게 행동했다. 우선 A 기자는 바로 퇴근하여 주말 동안 외부와의 접촉을 삼가고, 출입처인 대검찰청 출근도 하지 않도록 하였다. 기사가 나가는 날은, 특종 효과를 극대화하기 위하여 주말을 조용히 지내고 뉴스에 궁금해 하는 첫날인 월요일 아침이다.

신문사의 실무상 같은 날짜의 신문이라도 여러 판이 인쇄되므로 (배송을 고려하여 멀리 운송될 지방판이 가장 먼저 인쇄된다), 이 특종 기사는 지방판에는 실리지 않고, 새벽 한 시경 인쇄되는 최종판인 서울시내판에 최초로 실린다. 그동안의 보안 유지는 특종의 생명이다.

---

* 그와 만난 장소는 그의 입장을 배려하여 여기에서는 언급하지 않기로 한다.

보안이 잘 유지되었는지, 주말 동안 그(비서실장)와 대법원의 공보관실 측에서 신문사 쪽으로 어떠한 문의나 확인 요청의 움직임도 없다. 이윽고 이 특종을 인쇄하기 시작해야 할 1999년 2월 1일(월요일) 새벽 0시가 되었다.

A 기자로서는 이제 그가 해야 할 마지막 일을 처리할 순간이다. 그는 전화기를 들고 심호흡을 한 후, 미리 확인해 둔 그(비서실장)의 집 전화번호를 돌렸다. 한밤중이라 그가 바로 수화기를 받아 들지는 않았으나, 십여 차례 신호가 울리자 그가 전화를 받았다. 심야의 전화이므로 그는 놀란 목소리로 응답하였다. A 기자는 이미 여러 번 암기하여 준비한 내용을 전하기 시작한다.

"저는 X 신문사의 A 기자입니다. 보도가 나가기 전에 한 가지 본인에게 직접 확인할 내용이 있어 전화드렸습니다. 저희가 취재한 바로는 실장님이 대전에 근무할 당시 후배 변호사로부터 금품을 받은 것으로 알고 있습니다. 그 점이 사실인지 확인 부탁드립니다."

검찰의 수사와 계좌추적이 있었다는 정도는 알고 있었으나, 그 내용이 이미 언론사에까지 전해진 것으로는 예상치 못했던 그는 크게 당황했다. 엉겁결에 "그건, 사실, 제가 동창회 회장으로서 회식비로 받아 보관하고 있었던 것인데 …" 하고 말을 이어가려고 했다.

그러나 그 순간, 전화기의 상대방으로부터 "아, 네. 그러면 금품수수 사실 자체는 틀림없는 것이군요. 확인해 주셔서 감사합니다" 하고는 전화가 끊어졌다. 기자에게는 최소한 '완전한 오보'는 아니라는 확신을 준 것이고, 나아가 보도하기 전에 '반론의 기회'까지도 부여하였다는 법적인 명분 역시 확보한 것이다.

그날(2월 1일) 아침 조간의 1면 머리기사로 '대법원장 비서실장도 연루'라는 대문짝만 한 제목과 함께 금품사실 이외에는 별로 특별한 내용이 없는 기사가 실려 배포됐다. 그(비서실장)로서는 그때까지 평생 두 번째로, 최대 일간지의 1면 톱을 장식하게 되었다.

첫 번째는 7년쯤 전인 1992년 12월 말경 그가 위헌제청했던 사건(10년 이상 검사구형의 효과는 위헌)이 헌법재판소에서 그대로 받아들여져서 위헌결정이 났던 때였다. 그때는 '영광의 1면 톱'이었지만, 이번에는 '불명예의 1면 톱'이다.

기사를 보는 순간 몇 가지 생각이 머리를 점령한다. 일생 동안 중에서 가장 극단적인 일이 일어났구나! 11년 전인 1988년 1월 15일 밤을 새워 원고지 47매 9,400자 분량의 글을 써서 〈법률신문〉에 기고하면서 각오하였던 일("나의 시체를 딛고 넘어가라")이 마침내 현실로 일어나는구나! 두려워하고 피하려 했던 적은 결코 한 번도 없었지만, '모난 돌이 정 맞는다'는 말이 이런 뜻이었구나!

'새가 나무 꼭대기로 너무 높이 올라가, 사냥꾼의 표적이 됐구나!'

'예전에 독립운동을 했던 지사들, 우리의 사법 역사에서 소신 판결을 하고 불이익을 받은 선배들(일부는 가혹행위까지도 당하셨다)은 그 고통이 얼마나 컸을까!'

'엄격한 가정교육과 함께, 어려움에 처하여 용감하지 못함을 가장 크게 질책하셨던 아버지가 이 일을 아시면 얼마나 안타깝게 생각하셨을까?'

'경망스럽게도' 그의 마음속에는 아버지가 작년에 이미 돌아가신 것이 다행이라는 생각도 들었다. 아버지가 돌아가시고 혼자서 생활하시는 팔순의 모친이 새벽에 이 신문을 보시고, 새벽 동이 트기 전인데도 신문을 들고 아들 집으로 찾아와 걱정을 해주셨다.

그는 거짓인 줄 알면서도 "잘 처리될 것이니 걱정 마세요. 아니면, 이제 변호사해서 돈 많이 벌어 어머니 호강하도록 해 드리지요" 하고 마음에도 없는 말로 얼버무렸다.

어려움이 큰 만큼 가족애는 더욱 공고해졌다. 아내는 애써 "이제 변호사 하면서 편하게 살자"고 하였고, 그때 25살이던 큰아들은 (시키지도 않았는데) 그 신문사 그 기자의 이메일을 찾아 거의 막말에 가까운 어투로 아빠의 억울함을 변호하였다.

이와 같은 사실은 그 기자가 7년 반이 지나 후일담의 형식으로, '기사의 실명 보도가 어떤 공직자에게 얼마나 치명적일 수 있는가'에 관하여 칼럼을 쓰면서 그때의 일을 언급함으로써 알게 되었다.

하지만 그 기사의 '허점'은 오히려 그 배경 설명을 의도적으로 빠뜨림으로써 '진실' 보도를 외면하였고, 검찰이 의도한 목적 달성을 위하여 특종에 목말라 하는 기자의 약점을 철저히 이용하고 있음에도, 이를 덥석 받아먹었다는 데에 있었던 것임을 애써 무시하려 했지만, 그 지면을 빌려 사과의 뜻을 전하였다.

그러나 사실 이 기사로 인한 진정한 고통은 2월 1일 기사보도 후, 2월 20일 토요일 그가 낸 사표가 수리될 때까지 3주일 동안에 극에 달하였다. 우선 그와 함께 법원행정처의 모든 인력은 어떠한 인연이라도 찾아서, 언론에 우호적인 후속보도가 나갈 수 있도록 노력하였다.

핵심내용은 그 금품이 동창회 회장으로서 회식비 용도로 사용하기 위한 것임을 부각시켜 달라는 것이다. 하지만 모든 언론사는 단 한 줄도 이러한 내용을 써주지 않았다. 법원에 대한 언론의 비(非) 호감 때문인지, 검찰의 강력한 로비 때문인지, 아니면 둘 다인지, 완강하였다. 반면에 검찰의 검사장급 인사의 연루와 퇴임에 관하여는, 그 돈의 사용처와 함께 가슴 아픈 심정을 '감동적으로' 보도해 대비를 이루자 법원행정처 인력들은 허망해졌다.

게다가 하루하루 시간이 지나면서, 그에 대한 지지를 보내던 동료들도 피로감 때문인지 하나씩 떨어져 나가기 시작했다. 다만 몇몇 진심 어린 응원자들은 고맙게도 매일 찾아오거나, 구두로 격려와 지지를 보내 주었다.

이러한 상태로 2주가 지나 3주째로 접어드니, 정신적인 스트레스가 육체적 건강에 얼마나 크게 영향을 미칠 수 있는지가 느껴졌다. 한의사들은 스트레스가 심해지면 폐암으로 이어지기 쉽다 하는데, 그의 경우에는 극단적인 불면의 밤이 이어지고, 심지어는 기사가 보도된 2월 1일부터 혈변(血便) 증상까지 나타나더니, 2월 20일 사표가 수리되자 감쪽같이 이 현상이 없어졌다.

이제 머뭇거리거나 미련을 가지지 말고 결단을 내려야 할 때라고 결심하고, 3주째가 가까워지는 어느 날 인사권자에게 그는 사표를 제출하고 받아들여 줄 것을 부탁했다. 일이 터지고 3주째가 되는 날(2월 20일) 그는 개인 소지품을 정리하여 사무실을 떠났다.

기자실에 잠깐 들러 작별인사를 한 후, 아무도 환송해 주는 사람도 없이 대법원 지하주차장을 통하여 25년 동안 몸담은 직장을 떠났다.

떠나며 그는 허탈한 심정을 다음과 같은 글로 남겼다

법원을 떠나면서

지난 25년간 몸담았던 법원을 이제 떠나려 합니다. 나의 판사생활의 에필로그가 어떤 것이 될는지 가끔 생각해 보기도 하였으나, 막상 이와 같은 시나리오가 될 줄은 상상도 하지 못하였습니다. 그러나 인생만사 새옹지마(塞翁之馬)라는 말을 믿고, 모든 것을 담담히 받아들이기로 하였습니다.

그동안 저와 인연을 맺었던 선배, 동료, 후배들 모두에게 아끼고 사랑해 주신 데 대해 감사드립니다. 사법부가 한참 어려운 시기에 저만이 부담을 벗어 던진 것 같아 송구스러운 마음도 없지 않습니다. 판사에게는 칼도 없고, 지갑도 없습니다. 공정한 판단만이 있을 뿐입니다. 그러나 바로 그렇기 때문에, 판사는 칼을 가진 사람이나 지갑을 가진 사람으로부터 존경받아 마땅하다고 생각합니다.

부디 여러분의 지혜를 모아, 국민으로부터 신뢰받고 사랑받는 사법부가 되기를 마음속 깊이 기원합니다. 평소 가끔 읽던 시를 하나 적어 두고 가겠습니다.

사랑하는 사람과 함께 가겠어요.
어떤 희생이 따를지 따져보지 않겠어요.
그것이 잘한 일인지 생각하지 않겠어요.
그가 나를 사랑하는지 알고 싶지 않아요.
사랑하는 사람과 함께 가겠어요.

Ich will mit dem gehen, den ich liebe.

Ich will nicht ausrechnen, was es kostet.

Ich will nicht nachdenken, ob es gut ist.

Ich will nicht wissen, ob er mich liebt.

Ich will mit ihm gehen, den ich liebe.

〔참고로, 이 시는 독일의 저항시인 베르톨트 브레히트(Bertolt Brecht; 1898~ 1956)의 시이다.〕

그러자 평소 뜻을 같이하던 한 후배 판사가, 같은 시인의 다음과 같은 시로 화답해 주었다.

살아남은 자의 슬픔
물론, 나는 알고 있다. 오직 운이 좋았던 덕택에
나는 그 많은 친구들보다 오래 살아남았다는 것을.
그러나 지난밤 꿈속에서, 이 친구들이 나에 대해서
이야기하는 것을 들었다. "강한 자는 살아남는다."
그러자 나는 나 자신이 미워졌다.

Ich, Der Überlebende
Ich, weiss natürlich: einzig durch Glück,

Habe ich so viele Freunde überlebt.

Aber heute Nacht im Traum,

Hörte ich diese Freunde von mir sagen: "Die Stärkeren überleben."

Und ich hasste mich.

* * *

그는 8 · 15 해방 다음다음 해인 1947년 4월 4일, 당시 변호사이던 양회경(梁會卿)의 첫째 아들로 서울에서 태어났다.

이 책 첫째 장의 주인공인 그 양회경의 아들이다. 따라서 그의 신상에 관한 이야기들은 모두 아버지에 관한 이야기와 같다. 즉, 그는 제주 양씨 학포공(學圃公)파 15대손이고, 어린 시절 아버지의 슬하에서 1953년 3월까지는 서울에서 지냈다. *

1953년 3월 12일 아버지가 부산지방법원 수석 부장판사로 발령받아 감에 따라 부산에서 지내다가, 그곳에서 부민국민학교(현재의 초등학교)에 입학하여 2년간을 다녔다. 너무 어린 나이인 만큼 그 당시 특별한 기억은 없으나, 피란생활 중 다들 어려운 상황에서 어머니가 저녁밥 먹으라고 부를 때까지 공 차고 뛰어놀던 기억밖에는 없다.

역사를 돌이켜 보니, 그때 아버지는 서민호 사건 등 정치적으로 어려운 사건 등을 맡아 처리하느라고 많은 수고를 하고 있었음을 알게 되었다.

2년이 지나 1955년 2월 아버지가 광주고등법원으로 전근감에 따라 광주에서 서석국민학교 3학년으로 전학하였다. 그곳에서의 학교생활 역시 공부에 대한 스트레스는 없이, 수업시간 후에 여기저기 넓은 공간을 찾아 공놀이하러 다니는 것이 일상이었다.

---

* 아버지는 1949년 5월, 4년간의 변호사 생활을 마치고 서울지방법원 판사로 임관하였다.

당시 기억에 남는 일로는, 매년 여름방학이 되면 그곳에서 멀지 않은 아버지의 고향 죽청리(竹靑里)에 살고 계시던 할아버지 집에 머물며 지냈던 추억이 있다.

전학 온 초기에는 부산에서 익힌 경상도 사투리 때문에 친구들 사이에서 약간의 어려움이 있었으나, 몇 달 지나지 않아 현지 사투리에 완전히 적응함으로써 교우관계에 전혀 문제가 없었다. 그곳 광주에서 2년 반을 지나(역시, 역사를 돌이켜 보니 아버지는 그 당시 '정읍 환표사건' 등 정치적 사건을 처리하느라 큰 고생을 하고 있었다), 그가 이제 5학년 말이 되었다.

1957년 10월 말, 아버지가 서울고등법원으로 다시 전근을 감에 따라 그도 당연히 정든 친구와 학교를 떠나 서울로 왔다. 그때는 이미 나이도 11살이 되어 정든 친구들과 이별하는 데 상당한 어려움도 겪었다. 당시 친하게 사귀었던 친구 중의 한 명은 나중에 경기고등학교에 함께 입학하여 그곳에서 다시 만나게 되는 깜짝 즐거움도 있었다.

그런데 그에게 있어서 어린 시절 학교생활의 즐겁고 낭만적인 추억은 여기에서 끝이 났다. 서울로 이사 온 후의 거주지는 현재의 중구 서소문동이었다. 이곳은 그의 부친이 1945년 해방 직후 변호사 시절에 일본의 이른바 적산가옥을 불하받아 살던 자그마한 단독주택이다.

당시에도 국민학교의 학군제가 시행되어 서소문동에 사는 학생은 서대문국민학교(현재 이화여고 부근이다)에 다니도록 되어 있었다. 그런데 그곳에서 멀지 않은 곳으로 당시 미국 대사관, 덕수궁 돌담길을 끼고 거리상 100m 정도만 더 가면, 당시 유명중학교에 합격자를 가장 많이 낸다는 덕수국민학교가 있었다.

자식의 교육열이 높은 그의 부모님은 약간의 편법을 사용하여,* 굳이 덕수국민학교로 입학시켰다. 그러나 부모님의 기대와 달리, 그는 학교생활에 전혀 적응하지 못하고 우울한 나날을 지내게 되었다.

우선 그는 '완벽한' 전라도 사투리를 구사하고 있었는데, 이는 '완벽한' 놀림의 대상이었다. 나아가 광주에서는 시험의 압박 없이 학교 수업만으로도 최상위의 성적을 올렸으나, 그곳은 차원이 달랐다. 5학년 말경이니 이미 명문중학교 입시를 목표로 매일 평가시험이 치러지고, 고액의 과외공부는 기본이었다.

심지어는 12시 5분 전 점심시간 직전이 되면 교실 밖 복도에는, 그 시간에 맞춰 '따끈하게' 준비된 식사 쟁반을 들고 서 있는 사람들로 북적거렸다. 그로서는 상상도 못 한 별세계였다. 반면, 그의 책가방 속에는 큼직한 알루미늄 도시락이 두 개, 하나는 꾹꾹 눌러 담은 밥, 다른 하나는 국물이 흘러넘치는 김치가 들어 있었다.

매일 치러지는 시험에서 그는 한 반 80여 명 중에서 50등을 넘어서기가 어려웠다. 전에 다니던 학교에서는 전혀 듣지도 보지도 못한 시험문제들이었으니 당연한 결과였다. 집에 돌아와 시험지를 아버지에게 보이면서, 매일 울며 저녁밥을 먹는 것이 일상이 되었다. 아버지의 판사 봉급으로는 생활이 빠듯하여 남들과 같이 과외선생을 붙이는 것은 생각도 못 하였다. 심지어는 저녁 밥상에 쌀밥 한 그릇과 김치 그리고 국물 대신에 냉수 한 사발이 전부인 경우가 여러 날이었다.

아버지는 당시 고등법원 부장판사였는데도 나라에서 받는 봉급이 그 정도 수준이었고, 그나마 그는 고향에서 쌀이라도 보내왔기 때문

---

*   그 학교 부근에 주민등록을 이전하는 방식으로.

에 흰 쌀밥은 가능하였다.

그때부터 그에게는 절망적인 학교생활이 계속되었다. 친구 없지, 시험성적은 바닥이지, 경제적으로 빈궁하지, 어느 것 하나 탈출구가 없었다. 그러한 영향인지 그 이후로 그는 '말 더듬는 증상'이 생겨 학교생활이 더욱 어려워졌다. 이 증상은 사춘기가 되어 자아가 형성되는 고등학교 2학년 때까지 계속되었다. 설상가상이었다.

이와 같은 극단적인 어려움 속에서 돌파구를 '찾아낸', 정확하게는 '만들어 낸' 분이 아버지였다. 그는 단신으로 일본에 건너가 심지어는 피를 팔아 가면서까지 생활비를 마련하여 고학하면서 결국 일본 고등문관시험에 합격한 '의지와 용기의 화신'이었다.

그는 국민학교 수준 정도의 교과목(국어, 산수, 사회, 자연)은 함께 읽고 공부해 나간다면 아들을 가르칠 수 있다고 생각하고, 이를 실천해 나갔다. 매일 저녁, 밥상을 물리면 그 밥상을 책상 삼아 아들과 함께 교과서와 참고서를 읽고, 이해하고, 암기하는 과정을 계속하였다. 아버지에게는 이미 익숙한 공부방법이었지만, 그 아들에게는 끔찍한 일이었다.

하지만 아버지의 권위에 눌려 꼼짝 못 하고 끌려가는 수밖에 없었다. 자연스럽게 어느 정도 성적은 향상되었지만, 학기 말에 전학을 왔기 때문에 학기 초부터 이미 학습한 자료가 없어서 이를 따라잡을 수는 없었다.

여기에서 또다시 아버지의 끈기와 집요함이 발휘되었다. 아들로 하여금 우호적인 친구의 집주소를 알아오게 하여, 어느 일요일 새벽, 아들을 앞세우고 그 친구의 집을 찾아가 학기 초부터 배워왔던 자료들을 빌려왔다. 여러 날에 걸쳐 그 내용을 옮겨 적은 후, 이를 돌려주었다.

다시 부자(父子)는 같은 방법으로 그 내용을 학습하는 과정을 되풀이하였다. 이러한 과정에서 몇 달이 흘러 이제는 중학교 입시에 본격적으로 대비해야 할 6학년이 되었다.

부자공동의 학습방법은 변함이 없었고, 학업성적은 향상을 거듭하여 80명 남짓의 한 반에서 10등 내외의 수준까지는 올라갔다. 하지만 그와 같은 방식으로는 확실한 한 자릿수 등수까지 올라가기에는 한계가 있었다. 모두들 원하는 명문학교에 안정적으로 진학하기 위해서는 안정적인 한 자릿수 진입이 절실한 상황이었다.

이윽고 6학년 말이 되어 중학교에 입시원서를 낼 단계가 되었다. 진학지도 교사의 안내에 의하면, 덕수국민학교에서 경기중학교에 입학하려면 반에서 10등 이내에는 들어야 안정권이라고 하는데, 그는 성적이 빠듯하였다.

여기에서 다시 아버지 특유의 강한 투지와 정신력이 발휘되었다. 입시를 몇 개월 앞둔 어느 일요일, 아버지는 그를 데리고 산보 겸 해서 집(서소문동)에서 30분쯤 걸리는 경기중학교*까지 걸어갔다. 교문 앞에 서서 "앞으로 들어가 공부할 학교이다. 도전해서 반드시 합격하거라!" 하고 격려해 주었다.

모친의 한마디도 큰 자극제가 되었다.

"담임선생님이, 너희 어머니는 왜 학교에 한 번도 안 오시냐?" 하고

---

* 종로구 화동 1번지, 현재의 정독도서관.

말씀하셨다고 전해드렸는데, "네가 성적이 그 정도인데, 내가 무슨 면목으로 선생님을 만나러 갈 수 있겠느냐!"고 짐짓 대꾸하셨다. 이후 그는 상처 입은 자존심을 회복하려고 무진 애를 쓰게 되었다.

지성이면 감천이라 하였다. 최악의 여건에서, 그는 합격하였다. 다이아몬드 마크 속에 쓰여진 학교 이름은 그동안의 모든 어려움을 보상하고도 남았다. 검정 교복과 교모를 쓰고 광화문을 지나 학교까지 가는 도보 30분의 시간은 자랑의 시간이었고, 영광의 시간이었다. 그러나 이러한 환희와 영광은 겨우 한 달밖에 지속되지 않았다.

입학 후 한 달 만에 매월 실시되는 월말고사가 있었는데(국어, 영어, 수학 세 과목의 시험이다), 한 반 정원 60명 중 끝에서 두 번째인 59등을 한 것이다. 국어와 수학은 국민학교에서 익힌 기초가 있었으므로 중간 정도는 하였지만, 영어가 거의 0점에 가까웠기 때문이었다.

시험문제는 비행기, 책, 새 등을 그려놓고 거기에 해당하는 영어단어를 쓰는 것이었는데, 하나도 채워 넣지 못했다. 이유는 간단했다. 그 영어단어에 해당하는 알파벳(스펠링)을 외워야 한다는 것 자체를 몰랐기 때문이었다.

그에게는 이를 가르쳐 줄 사람이 아무도 없었다. 선행학습은 물론 없었고, 앞서가는 형들도 없었으며, 일제강점기에 고학으로 고등고시를 합격한 아버지는 영어는 전혀 생소하여 국민학교 때와 같은 부자 공동 가정학습이 불가능했기 때문이다.

이때부터 힘든 과정을 거쳐 자아가 형성된 고등학교 2학년 때까지 5년 동안이 그의 학창생활에서 가장 어려운 시절이었다. 돌이켜보면

12세(중1)부터 17세(고2)까지 육체적으로, 정신적으로 한참 성장할 사춘기 때에, 방황하고 좌절감 속에서 지내온 것은 슬픈 일이었다. 그 시기 동안, 범죄에 이를 정도까지는 아니었지만, 친구들과 어울려 몰래 담배도 피우고, 술도 마시는 정도의 일탈은 있었다.

하지만 아버지의 사랑만으로는 뒤떨어진 학업성적을 만회할 수 없었고, 주위에 이끌어 줄 형들이나 선배가 없었던 까닭에 침체와 낙오는 5년 내내 계속되었다.

한 반 60명 중에서 40등 이내로 들어본 적은 한 번도 없었고, 게다가 다른 학생과의 경제적 격차는 어린 그에게 더욱 심한 좌절감을 안겨주었다. 중학교에 입학하자마자 검정색 교복을 입게 되었다. 학교 지정 옷가게가 있었지만, 모친은 비용 절약을 위하여 남대문시장 뒷골목의 허름한 가게에서 치수도 한참 큰, 저렴한 옷으로 구입해 입게 하셨다.

결과는 아침 등교시간마다 교문에서 규율반 선배에게 적발되어 주의를 받았다. 목 칼라의 호크를 잠그지 않았다는 지적이었는데, 그는 호크를 잠근 상태였다. 다만, 옷이 너무 커서 마치 잠그지 않은 것처럼 보였을 뿐이었다.

어느 날은 하교 시에 갑자기 비가 내려 우산이 없이 비를 맞은 채로 집까지 걸어왔는데, 이상하게도 팔목 아래 부분이 까맣게 물이 들어 있는 것이었다. 알고 보니 워낙 저렴한 옷이었기에, 저질의 검정 물감으로 염색한 것이 빗물에 녹아 흘러내린 것이었다. 반면, 부유한 집안의 친구들은 개교기념일 행사 때 말을 타고 승마 기술을 뽐내기도 하였다. 아버지는 당시 대법원 판사로 재직 중이었는데도 경제사정이 그러하였다.

그러나 오래 참고 견디면 어느 때인가 돌파구가 나타나는 것이 세상 이치다. 그에게 돌파구는 고 2 여름방학이 시작될 때(1963년 7월) 우연히 찾아왔다. 학사 일정상 예년과 같이, 여름방학을 앞두고 마지막 수업인 7월 21일 담임선생님이 학생들 앞에서 짧막한 훈시를 하였다.

방학을 보람 있게 보내라고 하면서 '한 달 동안 여러 과목을 다 잘해 보려는 것보다는 한 과목에만 집중하여 노력함이 효과적일 수 있다'는 취지였다. 이전에도 비슷한 이야기를 들었을 법도 한데, 이상하게도 그날은 그 말씀이 뇌리에 박혔다.

영어 정도를 제외하고는 잘하는 과목이 거의 없었는데(특히 수학은 제일 약점이었다), 그때는 '어찌된 일인지' 한 달 동안 독일어에만 집중하기로 결심했다. 독일어를 배운 지 이제 1년 반이 되었으니, 중요한 문법은 이미 끝난 상태였다. 하지만 '무슨 변화가 그리도 많고, 명사, 형용사, 정관사, 부정관사, 남성, 여성, 중성, 1, 2, 3, 4 격 등과 불규칙한 동사변화는 왜 그리도 많은지' 갈피를 못 잡고 있었는데, 이 난관을 극복해 보기로 결심한 것이다.

문법 전체를 한 달 30일로 나누어 하루 종일, 하루도 거르지 않고 독일어에만 매달렸다. 당연히 초기에는 권태와 어려움이 있었지만, 중간쯤 지나고 나니 자신감도 생기고 재미도 느껴졌다. 그렇게 한 달을 지나고 보니 독일어에 완전히 빠질 정도가 되었다.

그리고 개학 후 얼마 지나 전 과목에 걸친 학기말 시험이 있었는데, '놀랍게도, 정말로 놀랍게도' 그가 반 전체에서 독일어에서 1등을 한 것이었다. 비록 독일어 한 과목에서만 이룬 성공이었지만, 돌이켜 보니 국민학교 5학년 말에 서울로 전학 온 이래, 7년 가까운 기간 동안 처음으로 해 본 일등이었다.

그는 기뻤고, 흥분하였고, 자신감이 생기기 시작하였고, 삶에 새로운 눈을 뜨게 된 결정적인 체험이었다. 그리고 나서부터 그의 삶에, 생각에 커다란 변화가 생기기 시작하였다. '그렇다, 나도 할 수 있다. 어차피 한 번 살아가는 삶인데, 내가 원하는 대로 실컷 해보고 즐겨보자!'라는 놀라운 깨달음에 다다른 순간이었다.

이제 그의 삶은, 학교생활은 급격하게 달라지기 시작하였다. 자발적, 의욕적으로 되었고, 생활에 활기가 넘치게 됐다.

몇 달이 지나 이제 본격적으로 대학입시를 준비해야 할 고 3이 되었다. 대입 시험과목은 5과목(국어, 영어, 수학, 일반사회, 독일어)이었다. 가장 취약한 과목인 수학에도 정성을 쏟아 성적이 서서히 향상되었다. 아직 안정적이지는 못하였지만, 그래도 원하는 서울대 법과대학에 합격을 '기대할 수 있는' 정도까지는 이르렀다.

그리하여 최종적으로, 법과대학 진학, 사법시험 합격, 판사 임관, 평생 법관이라는 어렸을 적 이래의 꿈을 실현해 보기로 삶의 진로를 확정하였다.

그렇게 시간이 흘러 대입시험을 4개월쯤 앞둔 때가 되었다.

이때 또 한 번 그의 삶에 큰 영향을 끼치는 두 가지 체험을 하게 된다. 하나는, 긍정적 체험('자극과 깨우침')이고, 다른 하나는, 부정적 체험('자만과 어리석음')이다.

먼저, 자극이고 깨우침이다. 고3 때 같은 반에 조영래 군(나중에 인권변호사로 유명해진 그이다)이 있었다. 한 반 60명이 키 순서대로 번호를 정하여 앉았기 때문에 가까이 지낼 기회는 별로 없었다.

조 군은 입시 4개월쯤을 앞두고 5과목 전부에 걸쳐서 전교에서 압도적 1등이었다. 10월경 매월 실시되는 모의고사가 끝나고 시험결과를 알려주는데, 우연하게도 선생님으로부터 영어시험 답안지 중 일부를 앞자리에 있던 그가 전달받아 이름을 찾아 하나씩 나눠주고 있었다.

그중에 조영래 군의 답안지가 있었다. 이름을 불러 전해주면서 '슬쩍' 점수를 훔쳐보았는데, 놀랍게도 60점 정도였다.

순간 깜짝 놀랐다. 그가 70점 정도를 받아 상위권이었는데, 조영래 군보다도 더 좋은 성적이었다. 조 군은 특히 영어, 국어 등에 관한 한 항상 압도적인 전교 수석이었다.

순간적으로 조 군보다 성적이 좋은 데에 기뻤으나, 잠시 후 무언가 이상하다는 생각이 들었다. 그러면서 조 군의 답안지를 슬쩍 훑어보았다. 그런데 답안지의 1번부터 10번까지가 공란으로 비워져 있는 것이 아닌가. 따라서 당연히 모두 틀린 것으로 채점되었다.

그 순간 그는 그 10문제가 모두 기본점수를 주기 위한 쉬운 문제였음이 머리에 떠올랐다. 그리고 11번부터의 나머지 문제는, 미국의 시사주간지 *Time* 잡지에서 문단을 따와 독해력 테스트를 위해 출제한 가장 어려운 문제였다. 그 부분은 거의 대부분이 정답으로 채점되어 있었다.

이때 머리에 번쩍 떠오르는 생각을 그는 '평생' 잊을 수가 없다.

남들은 (특히 그는) 조금이라도 좋은 성적을 얻으려고 버둥거리고 있는데, 조 군은 쉬운 문제는 버리고(시간을 낭비하지 않고) 어려운 문제에만 집중적으로 도전하여 진정한 실력을 테스트해 보기로 작정하고 있었던 것이었다.

그 순간, 그는 자신이 끝없이 초라하고, 한없이 부끄러웠다. 내면에서부터 강한 꾸중이 들려왔다. '너는 어떤 종류의 사람이냐? 하루하루 살아남기 위해 허덕이는 소시민이냐? 내일의 꿈을 키우기 위해 고난을 무릅쓰는 영웅이냐?'

조 군에 대한 또 하나의 기억이 있다.

고 3 졸업이 가까워지자 친구들이 쉬는 시간 10분 동안에 장난으로 한 명씩 앞으로 불러내 노래 한 곡씩을 부르도록 강권하였다. 대부분의 친구들은 당시 유행하던 사랑 타령의 신곡들을 불러 사춘기의 감성을 노래했다. 어느 날 조 군이 앞으로 불려 나왔다. 잠시 망설이더니 이윽고 우렁차게 한 곡을 불렀다. '해병대의 씩씩한 군가'였다.

다음, '자만'이고, '어리석음'이다.

대학입시를 석 달쯤 앞두고 최종 정리작업을 해야 할 때이다. 이 중요한 시기에, 그는 어리석기 짝이 없는 멍청한 생각과 행동을 저지르고 있었다.

그 당시 그의 모의고사 성적은 안심할 수준은 아니지만, 그래도 합격은 가능한 수준이었다. 그런데 이 단계에서 그는 '터무니없는 결단'을 내렸는데, 대학에 들어가서는 수학이 필요 없으므로 수학 공부는 이쯤에서 그치고, 그 노력을 독일어에 집중하기로 한 것이다.

수학에서 입게 될 손해를 독일어에서 만회하면 된다는 전략이었다. 하지만 이는 완전히 잘못된 생각이었다. 수학에서의 손실은 수십 점이 될 수 있는데, 독일어에서의 이득은 겨우 몇 점 정도에 불과할 것이기 때문이었다.

미몽에 빠져 그는 대학입시에 필요한 기초적인 수준을 훨씬 넘어 중급, 고급 독일어 공부에 열중하였다. 고급 문법책을 어렵게 구입하여 공부하고, 중급 난이도의 소설(예를 들어 《황태자의 첫사랑》 등)을 읽어내고, 심지어는 대입준비에 전념해야 할 그 시기에 명동의 뒷골목 외국 중고서적 판매상을 찾아 헤매어, 독일 시사주간지를 고가에 구입하여 읽기도 하였다.

어리석음은 시험 당일 극에 달하였다. 수학시험을 보기 위해 연필과 지우개를 가져가야 할지를 망설일 정도였다. 볼펜만으로 수학시험을 보는 줄로 여겼다. 수학공부를 3개월 동안 손 놓고 있었으니 시험 당일 기초적인 수학 공식조차도 겨우 생각해 낼 정도로 바보 같은 짓을 하였다. 독일어에서 더 얻은 약간의 점수는(더욱이 중급, 고급의 독일어 문제는 출제되지도 않았다) 그를 합격하게 하는 데 턱없이 부족하였다.

그는 당연한 귀결로 낙방하였다. 처음 겪어보는 시험에서의 좌절이었다. 반면, 우연하게도 그의 바로 옆자리에서 시험을 치른 조영래 군은 서울대 전체 수석, 당연히 법대 수석으로 합격하였다.

그러고 나서 어느 날, 그는 '우연히' 그의 부모님이 나누시던 대화를 엿듣게 되었는데, 모친이 하신 말씀에 가슴이 찢어지는 듯하였다.

"사법고시는 분명 법대 입시보다는 훨씬 어려울 터인데, 큰애가 대

학입시에 실패하였으니, 고시 합격이 가능할지 의문입니다. 만일의
경우를 대비해서 차선책이라도 미리 마련해두는 것이 좋겠습니다" 고
하신 것이었다.

어리석었던 것을 후회하였으나 이미 늦었고, 대입 재수학원을 다닐
수밖에 없었다. 마음을 다잡고 특히 수학공부에 열중하여 어느 정도
자신감을 회복하였다.

그러면서도 독일어에 대한 미련을 버리지 못하여, 대학입시에는 별
필요도 없지만, 어휘력을 늘리겠다는 욕심으로 독일어 사전에서 중요
단어로 별(*) 표가 되어 있는 1만여 개 단어의 단어장을 따로 만들어
암기하였다. 이는 대학입시에서는 별 도움이 안 되었으나, 미국의 어
느 대학 독문학 전공학생들을 대상으로 한 독일어 어휘시험을 가져다
재수학원에서 테스트한 적이 있었는데, 2위와 사이에 더블스코어의
차이로 압도적 성적을 올렸고, 훗날 독일 대학에서의 유학과 법원 연
수과정에서는 큰 도움이 되었으며, 평생의 자산이 되었다.

아무튼 1년의 재수기간이 끝나고, 무난히 다음 해 입시에서 합격하
였다. 이제 드디어 오랫동안 바라던 '법과대학의 학생'이 된 것이다.

1966년에 시작된 법과대학에서의 4년 동안은 학창생활의 하이라이
트였다. 마음껏 즐기고, 마음껏 공부하는 최고의 시간이었다.

낮 동안에는 학교에서 그리고 교실 밖에서, 친구들과 토론하고 장
래의 모습에 고민하였고, 밤에 집에 돌아와서는 밤을 새워 가면서 법
률 서적을 읽고, 법학에 몰두했다.

대입 합격 발표날에는 아버지가 몸소 책방에 가셔서, 헌법책 한 권

과 민법총칙책 한 권을 구입하여 주셨고, 그는 기쁜 마음으로 이를 꼼꼼히 읽기 시작하였다.

이제 평소에 가장 약점이었던 수학을 공부할 필요가 없어지고, 인문, 사회과학의 책만을 읽어도 된다는 생각에 마음껏 책 읽기에 몰입했다. 자연히 독서효과도 엄청나서, 마치 목마른 대지에 단비가 쏟아져 흡수되는 것 같았다.

황홀한, 그리고 더없이 행복한 체험으로는, 밤 12시경부터 책을 읽기 시작하여 몇 시간 동안이나 삼매경에 빠져 있다가, 문득 얼굴을 들어 창문 쪽을 바라보니, 어느새 새벽 동이 하얗게 밝아오는 것을 발견하고 불교적 희열을 느끼기도 하였다. 기쁨에 넘쳐서 몰입하여 하는 공부였기 때문에 그 학업성과 역시 훌륭했다.

2학년이 되자 본격적인 법률강의가 시작되었는데, 학생들의 관심 초점은 매주 월요일 9시부터 4시간 동안 연속으로 진행되는 유기천 교수(서울대 총장이다)의 어렵기로 소문난 형법 총론, 각론 강의였다. 4시간 동안 한 치의 흐트러짐 없는 열강에 모두들 압도됐다.

그에게는 특별히 감동적인 장면이 있었다. 즉, 형법 총론의 '정당방위' 부분을 강의하는 과정에서, 우리나라의 대표적 판례로서, 그의 부친(양회경 당시 부장판사)이 1953년 10월 20일 부산 피란시절의 어려운 정치상황 속에서도 용기 있게 정당방위 이론을 적용하여, 서민호 의원에게 무죄판결을 하신 것을 언급하고 칭송한 것이었다. 합동 강의실을 빈틈없이 채운 160명의 수강 학생 중에서 그는 남모르게 혼자서 감동했고, 앞으로 '정의롭고 용기 있는 판사'가 되기로 결의를 다졌다.

형법학계의 대가로서 학점이 박하기로 유명한 그 유기천 교수의 형

법이라는 '큰 과목'에서, 두 번에 걸친 1, 2학기말 시험 모두를 A 학점
으로 장식하여, 그만의 자부심으로 평생 간직하고 있다.

독일어에 관련한 몇 가지 에피소드가 더 있다. 한번은 독일어 원서
를 읽는 강의였다. 당시 한참 유행하던 독일의 벨첼(Hans Welzel) 교수
가 주장하는 '목적적 행위론'(*finale Handlungslehre*)에 관한 논문이었는
데, 교수님께서 학생들에게 미리 잘 읽어보고 오도록 숙제를 주었다.

교수님은 수업시간에 출석한 학생 중 한 명을 무작위로 지적하여 해
석하도록 했다. 대부분이 해석을 포기하거나, 조잡한 내용으로밖에
해석할 수 없었다. 그 과정에서 우연히 교수님이 역시 '무작위로' 그를
지적했다.

그는 사전에 예습을 해오지 않았기 때문에 잠시 당황했으나, 용기
를 가지고 "사실 미리 예습해 오지 못하여 죄송하지만, 이 자리에서 바
로 한번 해석해 보겠습니다"고 응답했고, 교수님은 이를 허락했다.

그런데 '그 자신도 놀랍게도' 한 페이지가 넘는 내용을 거의 막힘없
이 훌륭하게(이는 문장의 의미가 제대로 연결되도록 해석했다는 의미이다) 해
석해 내는 결과로 되었다. 이례적으로 교수님으로부터 칭찬이 있었
고, 그 역시 크게 고무되었다.

다른 하나의 예로는, 1967년 2학년이 되어 첫 학기 수강신청을 하
는데, '독일 판례 강독'이라는 것이 눈에 띄었다. 독일의 판결문을 원
문으로 읽고 해석하는 강좌이다.

담당 교수님은 황적인 교수인데, 처음 들어보는 이름이었다. 심지

어는 성함의 가운데 글자가 한자로 '迪'이라고 적혀 있었는데, 수강신청 카드 난에 한글로 황'유'인 교수라고 잘못 써서 기재하였다. 후에 알고 보니, 그해 독일 쾰른대학에서 박사학위를 하고, 서울대에서 첫 강의를 맡게 되셨다고 한다.

과목 이름에 흥미가 끌려 수강신청을 하고 첫 강의에 들어갔더니, 넓은 강의실에 학생이 달랑 두 명이다. 한 명은 그 자신이고, 다른 한 명은 그가 강권하여 함께 데리고 들어간 그의 친구였다.

하지만 교수님은 성실 그 자체였고, 매시간 열강이었다. 첫 강의가 끝나면서 그 교수님은, 다음 시간부터는 강의를 본인의 연구실에서 할 터이니 그곳으로 오도록 하셨다. 그로서는 커다란 영광이었고, 평생 처음으로 독일어 원서로 사방이 가득 찬 교수님의 연구실을 체험하였다.

매주 1분도 오차가 없는, 개인교수 형태의 친절하고 꼼꼼한 강의가 행해졌다. 사제지간의 열정과 애정이 돈독했던 만큼, 학습효과는 엄청났다.

그는 그곳에서 처음으로 '법률에 관한 독일어', '독일어로 된 법률용어'에 대하여 알게 되었고, 우리나라의 법이 일본을 거쳐 독일로부터 전수되어 온 것을 비로소 알게 되었다. 이때부터 마음속으로, 기회가 된다면 독일에 가서 그들의 법률문화를 제대로 체험해보고 싶다는 소망과 꿈을 가지게 되었다.

열정적인 1년의 강의가 끝나고 3학년이 되었는데, 이 강의(독일 판례)는 본래 2학년을 위한 강좌였기 때문에 교수님의 강의를 더 이상 들을 수 없게 되었다. 너무나 아쉬워서 그는 감히 교수님께 3학년에도 그 강좌를 개설해 주실 수 없는지 부탁드렸고, 놀랍게도 교수님은 이를 허락하셨다. 그리하여 또다시 1년 동안 교수님과 멋진 시간을 가질 수 있었다. 황적인 교수님과의 아름다운 인연은 평생 동안, 2013년 황 교수님이 타계하실 때까지 이어진다.

독일어 그리고 독일법에 대한 열망은 그대로 이어져서, 아버지가 독일을 포함한 세계일주 여행 중에 특별한 배려로 독일 민법전, 민사소송법전, 그리고 기본적인 교과서 몇 권을 구입해 주셨다. 소중한 이 책들을 어루만지며, 언젠가는 독일 현지에서 마음껏 공부해 볼 것을 다짐했다.

그에게 있어서 법과대학 입학 때부터 3학년까지 3년 동안의 '질풍, 노도'(Sturm und Drang)의 시간은 후회 없는 열정의 시간이었다. 법학에 매료되어 그 뿌리를 이해해 보고자 책을 씹어 먹듯이 꼼꼼히 읽었다. 이해가 안 되는 부분이 나오면 몇 시간이고, 한 페이지에 머물러 책이 뚫어지도록 읽고 또 읽었다.

대학 2학년 때의 한여름, 8월 초의 어느 날에는 평생 잊혀지지 않는 체험을 하였다. 30도를 훨씬 넘는 찌는 듯한 더운 날에, 2층 다락방에서 그는 웃통을 벗은 채로 팬티만 입고 어떤 헌법책을 읽고 있었다. 도저히 흡족하게 이해가 되지 않아 11시부터 오후 4시까지 5시간 동안 꼼짝 않고 딱딱한 의자에 앉아 그 부분을 이해하려고 몰두하였다. 마침내 역자가 독일 원서를 완전히 이해하지 못하고 대충 두루뭉술하게 번역한 탓에 그러한 모호함이 생겼다고 파악하고 의자에서 일어났는데, '엉덩이 살과 팬티가 달라붙어' 떨어지지 않았다.

5시간 동안 땀을 뻘뻘 흘리며 같은 자세로 계속 앉아 있은 탓이었다. 엉덩이에서 그 팬티를 조금씩 '뜯어'내는데, 얼마나 아팠는지 아직도 잊혀지지 않는다. 쓰라린 경험이었지만, 훗날에는 흐뭇한 경험으로 남아있다.

질풍, 노도의 또 다른 면이다.

푸릇푸릇한 젊음에서 비롯하는 배움의 열정은 참으로 아름다운 것이다. 대학입시를 통과한 후 이제 대학생으로서(성인으로서) 원하는 모든 것을 할 수 있는 자유를 얻었다. 더욱이 아직은, 적어도 2, 3년 동안은 사법시험 공부라는 굴레에서 잠시 벗어나 있을 수도 있었다.

지난날, 중학교 1학년 때의 영어에 대한 악몽을 끈질긴 노력으로 극복하여 얻은 성과와 자신감(물론, 탄탄한 문법지식을 기초로 한 독해력에 한정된 것이지만)에 더하여, 독일어에서 달성한 애정과 열정을 토대로 하여 외국어에 대한 관심과 흥미가 극대화되었다.

그리하여 법대 1학년이 시작되자마자 프랑스어에 흥미를 가지고, 프랑스 문화원(Alliance Française)에서 운영하는 프랑스어 강좌에 등록했다. 그가 가장 나이가 어렸고, 불문학 전공자도 아닌 법대생이 수강을 하니 이례적이기도 하여 선생님을 비롯한 다른 수강생으로부터 사랑도 많이 받았다. 그만큼 재미도 생겼고, 발전속도도 빨랐다. 흥미로운 새로운 경험을 한 즐거운 시간이었다.

이어서 1학년 여름방학 기간(7월과 8월)에는 외국어대학 스페인어과 대학생들이 방학 때마다 개설하여 운영하는 스페인어 강좌에 등록했다. 이는 스페인어 보급을 위한 무료강좌였다. 가장 큰 목적은 〈검은 돛대〉(Barco Negro)와 같은 멋있고 낭만적인 스페인어, 포르투갈어 노래를 즐기고 그 가사를 이해하기 위해서였다. 짧은 기간 동안이었지만 라틴계통 언어의 기본을 이해하고 외국어에 대한 시야를 넓히는 데 크게 도움을 받았다.

일본어에 대한 언급도 빠뜨릴 수 없다. 사실 일본어는 일본에서 공부하신 아버지가 일찍이 외국어의 중요성을 인식하고 그가 초등학교 때부터 틈틈이 일본어 문자(가타카나와 히라가나)를 익히도록 하였다. 그리고 중학교 및 고등학교 때에도 방학기간을 이용하여 사설학원에 등록하여 적어도 초급 일본어 정도는 이미 알고 있었다. 이러한 결과로 그는 대학 3, 4학년 때부터, 일본의 법률책을 어느 정도까지는 읽고 이해할 수 있는 정도에까지 이르렀던 것이다.

나아가 그는 과외활동에도 적극적으로 참여했다. 예를 들어 1학년 여름방학 동안에는 문교부(현재의 교육부)에서 대학생들을 위한 특수체육(승마, 낙하산 등)의 기회를 아주 저렴한 가격으로 제공했는데, 그는 승마를 선택하여 귀한 체험을 하기도 했다.

20살 전후의, 아무것도 하지 않고 아무것도 없어도 반짝반짝 빛나고, 활기에 가득 찬 시절은 이렇게 지나가고 있었다. 원하던 법대에 입학한 19세부터 이제 대학 3학년이 끝나가는 스물두 살까지의 황홀한 세월은, 더 이상 연장되지 않았다.

그 이후에는 스스로 빛을 만들어, 빛나는 수밖에 없다.

낮에는 친구들과 어울려 젊음을 만끽하고, 집에 돌아와서는 저녁식사 후 3, 4시간 정도 잠을 잔 후, 새벽 한 시경 일어나 새벽 동이 틀 때까지 법률 공부에 집중하는 생활이 대학교 3년 동안 계속되었다.

이제 사법시험 전 과목(7과목)에 대한 기본서도 이미 몇 차례 읽어, 시험(2차 논문시험)에 도전해 보고 싶은 생각도 들었다. 그러기 위해서는 먼저 예비시험(당시에는 대학 졸업생에게만 응시자격을 주었으므로, 졸업 전 응시를 위해서는 이에 합격해야 했다), 그리고 1차 시험(2차 주관식 논문시험의 대상자를 500명 수준으로 줄이기 위해 먼저 객관식 시험을 치러 3천 명 정도의 응시자 중에서 걸러내는 시험)을 통과해야만 했다. 국사, 외국어 등 법률과목이 아닌 과목들을 일시적으로 공부할 필요가 있었지만, 잠시 노력한 끝에 3학년이 끝나가는 12월경 두 시험에 모두 합격했다.

드디어 이제 꿈에 그리던 사법시험 2차 시험에 도전할 수 있게 된 것이다. 하지만 스스로 생각하기에도 아직 합격을 장담할 정도의 수준은 아니라고 판단하여, 우선은 경험삼아 응시해 보기로 했다.

1969년 초(2월경), 4일간에 7개 과목에 걸쳐 행해지는 주관식 시험을 '호기심 속에서' 치러냈다. 처음 3일 동안은 오전, 오후 각 한 과목씩, 4일째에는 오전 한 과목을 치르고, 각 과목당 2시간이 주어진다. 두루마리에 먹으로 크게 쓰여진 2개의 주관식 문제가 풀려서 펼쳐질 때의 긴장감과 흥분은 특별한 체험이었다. 어차피 연습 삼아 치르는 시험이기에 능력되는 대로 답안지를 작성하고 시험을 마쳤다.

한 달쯤 지나 합격자가 발표되었는데, 한 과목이라도 40점 미만의 과락 없이 7과목 평균이 60점 이상이면 합격이다. 2차 시험 응시자 총 1천 명 가까운 숫자에서(1차 시험 응시자까지를 대상으로 한다면 약 3천 명 가까운 숫자에서) 고작 30명 남짓만이 합격하였다. 무려 30 대 1이 넘는 경쟁률이다. 발표 후, 주무부서인 총무처에 그의 시험성적을 확인해 보니(당시에는 낙방자에게도 희망에 따라 성적확인이 가능했다) 평균 56점 남

짓의 점수였다. 만족스럽지는 않았지만, 그렇다고 크게 실망할 정도
도 아니었다. 1년 뒤에 있을 시험이 목표였기 때문이다.

이제, 대학 4년째는 본격적인 수험준비에 임할 때다. 하루 16시간
이상, 식사와 수면시간을 제외한 모든 시간을 공부에 바친다. 법률공
부를 '제대로' 해보지 않은 사람은 법률공부, 즉 사법시험 공부가 마치
'암기력'만에 의존하는 듯 여기지만 결코 그렇지 않다. 여기에서도 '완
전한 이해'가 기본이다. 암기가 결정적 기준이라면 '왜, 수험생 각자
에게 참고하도록 법전을 나누어 주고 시험을 치르겠는가!' 한 번의 경
험도 있고 하여, 이를 토대로 부족한 점을 보충하면서 나름 만반의 준
비를 갖추고 1970년 초 제 11회 사법시험에 임했다.

공교롭게도 시험일자와 대학 졸업식 일자가 겹쳐서 졸업식에도 참
석하지 못하였다. 합격을 자신할 정도는 아니었지만 그래도 나름 1년
동안 더 열심히 노력했고, 별 준비 없이 치른 지난번 시험에서도 평균
56점이라는 비교적 양호한 성적을 올렸으니, 혹시나 하는 마음이 있
었음을 숨길 수가 없다.

결과는 참패였다. 7개 과목 중 가장 기본적으로 중요하고 범위가 넓
은 과목이 민법인데, 그 과목에서 38점의 과락을 맞은 것이다. 결정적
이유는 두 문제 중 한 문제인 '전질(轉質) 과 전전세(轉傳貰)'라는 '괴팍
한' 문제에 허를 찔린 것이었다.* 한 과목이 과락이니 나머지 과목은
살펴볼 것도 없이 불합격이다.

---

*   하지만 후에 다시 돌이켜 보니, 이 문제야말로 민법 전체에 걸친 이해력을 테스트
    하기에 아주 적절한 문제였다는 것을 뒤늦게 깨닫게 됐다.

크게 실망했다. 4년 동안 나름대로 열정을 가지고 노력해 왔는데, 이런 결과가 나오다니. 더욱이 이제는 대학을 졸업하여 학생 신분도 아니고, 엄격하게는 실업자가 되었다. 부모님 뵐 면목도 없다. 다른 선택의 길이 없어 다음을 기약하고 다시 공부를 계속할 수밖에 없다.

그런데 이 시점에서 커다란 변수가 생겼다. 즉, 사법시험 합격자 수가 매번 30명 전후밖에 되지 아니하여 (1966년의 시험에서는 고작 5명만이 합격한 적도 있었다) 주무부서인 총무처에서 개선방안을 마련한 것이다.

요지는 합격자 선정기준을 바꾸어, 종래의 평균 60점 이상의 '절대적 기준'을, 평균성적과 관계없이 1위부터 매년 정해서 발표하는 순위 (예를 들면 50명 또는 80명 등) 까지 석차 순으로, 즉 '상대적 기준으로' 합격시키기로 한 것이다.

그리고 다음 시험 (제 12회 시험) 을 6개월 후인 (통상은 1년에 한 번 시험을 치른다) 1970년 8월에 시행하기로 하고, 합격자 수는 50명으로 한다고 공고하였다.

실망에 빠져 있던 그에게는 새로운 동기가 부여되었다. 우선 지난번에 과락을 받은 민법과목에 대하여 철저한 반성과 함께 구석구석 샅샅이 공부를 다시 하였다. 이제 두 번의 경험이 쌓였으니 수험준비도 제법 익숙해졌고, 어느 정도의 자신감도 얻게 됐다.

이윽고 8월이 되어 4일간의 시험이 시작되었다.

한 과목 한 과목, 신중하게 치러 가고 있었는데 왠지 이번에는 (경망스럽게도) 합격의 예감이 들었다. 크게 망친 문제가 없었을 뿐만 아니라, 몇 문제는 시험 당일 아침식사를 하면서 훑어본 문제가 출제되기도 하는 행운이 따랐기 때문이었다.

한 달 동안의 채점기간을 초조하게 기다리다가, 막상 합격자 발표를 하는 날에는 불안감을 견디지 못하고 혼자서 시외버스를 타고 인천의 월미도에 갔다. 외롭게 모래사장을 거닐면서 몇 시간을 보냈다.

어둠이 깔리기 시작하자 다시 버스를 타고 서울로 돌아왔다. 중앙청 정문 앞 게시판에 이미 합격자 명단이 발표되어 있을 것이었다. 날이 밝은 때에는 남의 눈이 두려워서 밤이 될 때까지 기다려 혼자 그 게시판 앞으로 간 것이다. 게시판 앞에는 길 가는 사람들 이외에는 이미 사람들이 없다. 진작 확인하고 간 것이다.

그가 떨리는 가슴으로 게시판 앞에 섰다. '아니! 이럴 리가 없는데!' 그의 이름이 없다. 수험번호 순서에 따라 그의 이름이 있어야 할 자리는 비어 있고, 다음 번호로 넘어가 버렸다.

그는 잠시 어떻게 해야 할지를 몰랐다. 고개를 푹 숙이고 있다가, 어쩔 수 없이 터벅터벅 한 시간쯤 밤길을 걸어 집으로 돌아왔다. 다른 사람의 눈에 띄지 않게 방으로 숨어 들어가 이불을 뒤집어쓰고 한참을 울다가 잠이 들었다.

기대가 컸던 만큼 실망도 컸다. 며칠이 지나, 총무처에 시험결과를 알아보았다.

'오 마이 갓!!!'

50명을 뽑는데, 51등을 하여 속칭 '수석 낙방'을 한 것이다. 더욱 기가 막힌 것은 50등으로 합격한 분의 7과목 총점은 2,100점 만점에 1,276점인데 그의 총점은 1,275점이었다. 평균점으로 따지면 60.76이 합격선인데 그는 0.05가 모자란 60.71이었다.

당시 채점방식이 한 과목당 시험위원이 3명씩이므로 7과목 전체로 보면 21명의 채점위원이 있고, 따라서 2,100점이 총점이다. 더구나 이 2차 시험은 논문형, 주관식 시험이므로 객관적 기준에 따른 '정량평가'가 아니라, 시험관의 직관에 따른 '정성평가'이다. 즉, 감각적으로 점수를 주는 것이다. 답안이 좋아서 합격시킬 만하면 60점이고, 이를 기준으로 조금씩 위아래로 점수가 매겨지는 방식이다. 그러므로 2,100점 만점에서 1점이 모자랐다는 것은, 21명 중 어느 한 사람이라도 1점만 더 주었으면 공동 50위가 되는 상황이었다.

더욱이 아이러니한 것은, 합격자 수를 늘리기 위하여 평균 60점 이상의 합격제도를 버리고 50명까지의 석차 순 합격으로 바뀌었는데, 60점이 넘었는데도 불합격이라는 결과가 되었다.

아쉽지만 어쩔 수 없었고, 2차 시험 합격자 50명을 대상으로 며칠 뒤 면접시험인 3차 시험이 있었는데, 공교롭게도 1명이 여기에서 불합격되었다. 혹시나 1명을 보충하는가 했는데, 그러한 일은 없었다. 어쨌든 불합격이다. 이제 또다시 그 지겨운 법률책을 다시 공부해야 한다. 이제는 같은 책을 아마도 백 번씩은 읽었을 것이다.

6개월 뒤 1971년 2월에 다음 시험이 있다는 공고가 나왔다. 꾹 참고 6개월을 잘 견디면 이제는 합격의 가능성이 월등하게 높아질 것으로 예상된다. 하지만 인간의 마음은 어찌 그리도 간사한지.

그는 아무리 마음을 다 잡으려고 해도 자꾸 나태해지고 집중이 되지 않는다. 정말 해서는 안 될 '못된 생각'이 불쑥불쑥 머리를 점령한다. '나보다 우수한 수험생은 지난번까지 모두 합격했으므로, 이번 시험에는 객관적으로 내가 제일 우수하다. 더욱이 이번 시험은 예정 합격자 수를 지난번같이 50명도 아니라 80명으로 공고하였으니, 내가 합격하는 것은 너무나 당연한 일이다!' 라는 생각이 머릿속을 떠나지 않는 것이다.

그래서는 아니 된다는 고심 끝에, 조금이라도 집중력을 높이기 위하여 각 과목마다 '서브 노트'라는 것을 만들기로 하였다. 즉, 출제 가능한 '모든 예상문제를' 추출한 다음, 이에 대한 모범답안을 미리 작성해 보는 것이다.

6개월의 작업 끝에 7과목 전체에 걸쳐 '99퍼센트의 완성'을 이뤘다. 각 과목당 '모범답안 작성이 용이하지 않은' 한두 개 정도의 문제만을 제외하고는, 모든 문제에 모범답안을 작성해 둔 것이다. 나름 '거의' 완벽한 준비를 하고 시험에 임했다.

첫날 첫 시험은 항상 헌법 과목으로 시작한다. 헌법 문제가 펼쳐졌다. 순간, 그는 '그의 눈을 의심했다'. 이럴 수는 없었다. 그의 서브 노트에, 헌법 과목에는 모두 70여 개의 예상문제를 선정하고 그중 '두 문제'만 제외하고는 모두 모범답안을 작성해 두었는데, 막상 출제된 두 문제가 모두 그가 제외해 둔 바로 그 두 문제였기 때문이었다.

마치 출제위원이 그의 서브 노트를 읽어보고, 일부러 그곳에서 빠진 두 문제를 골라 출제한 것 같았다. 아무리 우연이라도 그런 우연이 있을까 싶었다. 그런데 사실은, 그렇더라도 '정신을 가다듬고' 적절히 답안을 작성하였으면 되었을 터인데, 수양이 부족한 탓에 당황하여 우왕좌왕해 버렸다.

이러한 불운은 나머지 과목에서도 계속되었고, 첫 과목에서 의기소침한 나머지 다음의 여섯 과목에서도 제대로 된 실력을 발휘하지 못했다. 또다시 낙방이었다. 나중에 성적을 알아보니 헌법 성적이 제일 나빴는데, 3년 전 경험삼아 치른 첫 번째 헌법시험 성적보다도 훨씬 저조했다.

이제 졸업 2년 차로 접어드는데, 다른 선택의 여지가 없었으므로 또다시 지긋지긋한 공부를 계속할 수밖에 없었다. 부모님에 대한 면목도 없고, 더욱 가슴 아픈 것은 주변의 친척들이나 친구들조차도 나에 대한 시선이, 평가가 달라져 가고 있음을 느끼게 되는 것이다. '공부 좀 하는 줄 알았는데, 아니었구나. 하다 안 되면 적당히 취직이나 할 수밖에는 없겠네!' 하고 말하는 듯하였다.

더욱이, 세상만사가 설상가상이다. 안 좋은 일은 겹쳐온다. 병역의무를 더 이상 미룰 근거가 없으니 입대하라는 영장이 나온 것이다. 입대하여 3년의 군복무를 마치고 나면 모든 것이 흐트러질 것임은 명백하였다.

병무청에 알아보니 한 번 나온 영장은 되돌릴 수 없고, 유일한 방법은 얼마 뒤에 월남전 파병장교 선발시험이 있는데, 거기에 응시하는 것뿐이라는 것이다.

다른 방도가 없어 그 시험에 응시하기로 하고, 속마음으로는 반드시 불합격하여야 한다고 다짐하였다. 의도대로 불합격이 됐다. 사실은 체력검사를 하는데, 그의 체력으로는 도저히 합격할 수도 없는 상황이었다. 겨우 임시방편으로 영장소집은 면했으나, 다시 병역문제가 제기되었다.

고민 끝에 당시 생긴 지 얼마 안 되는 방위소집에 응하기로 하고 경기도 수색의 30사단에서 6주간의 기본훈련을 받았다. 이후는 정해진 기간 동안(1년 반 정도이다) 동사무소 또는 파출소에서 하루 8시간 동안 방위병으로 근무해야 한다. 다만 집에서 출퇴근이 가능하다. 출퇴근이 가능하므로 나머지 집에 있는 시간에는 계속 시험공부를 하여 다음 사법시험에 응시할 속셈이었다.

그러나 세상일이 그렇게 마음대로 될 리가 없다. 수시로 비상소집이고, 다른 동료들 눈치가 보여서 차분히 공부가 되지 않는다. 그렇게 6, 7개월이 지나 어느덧 11월이 되었다. 이제는 다음 시험 때까지 3개월 정도밖에 남아 있지 않았다. 무언가 특단의 조치를 취하지 않으면 안 되었다.

'운명의 여신은 그다지도 우연을 좋아하는 것인가?'

그즈음 어느 날, 어떤 일로 시청 앞 골목을 지나고 있었는데, 대학 동기생 친구들을 우연히 만났다. 그들 역시 장래의 진로를 걱정하고 있었는데, 우선 임박한 다음 시험 준비를 위하여 세검정에 있는 관음사라는 절에서 숙식하며 공부하고 있다는 것이었다. 그 자리에서 그는 결단을 내렸다. 바로 다음 날로, 그 친구들을 따라 관음사로 들어가 시험이 끝날 때까지 머무르기로 한 것이다.

집에 돌아와 침구와 책들을 챙겨 바로 절로 들어갔고(이러한 행위는 법률적으로는 정확히 '탈영'에 해당된다), 집에는 어떤 일이 있어도(설사 탈영으로 문제 삼더라도) 절대로 나의 숙소를 알려주지 말 것을 당부하였다.

관음사는 자그마한 비구니들의 절로서, 석 달 정도 숨어 공부하기에는 충분하였다. 이제 마지막이라는 각오로, 아침저녁으로 탑돌이도 하면서 공부에 매진했다. 아니, 그 길밖에는 없었다.

마음이 맑아져 여러 가지 좋은 생각들도 많이 하였으며, 공부하기 좋은 시절에는 무슨 짓을 하다가, 이제 최악의 궁지에 몰려 여기까지 왔는지 자책하였다. 일주일에 한두 번, 먹을거리와 빨래거리를 가지고 멀리 산길을 걸어 올라왔다 가시는 모친을 보고 속앓이도 많이 하였다.

그렇게 하여 석 달이 훌쩍 지나고, 1972년의 제 14회 사법시험에 (연습게임을 포함하여) 5번째로 도전했다. 이번에도 합격 예정자 수는 80명이다.

주변의 모든 여건은 이번이 최악이다. 4일 동안의 시험은 분노에 가득 찬 시험이었다. 7과목 14개의 문제들은 그동안 쌓이고 쌓인 분노를 쏟아내는 대상이었다. 좋은 답안인지 여부는 둘째이고, 인간성이 말살된 이 과정을 빨리 끝내고 싶은 마음밖에 없다.

시험을 끝내고, 다음 날 바로 방위병으로 근무해야 했던 동사무소에 찾아가 모든 분들에게 경위를 설명드리고 백배 사죄했다. 이후 시험결과 발표 때까지 한 달 동안 속죄의 의미로 열심히 근무했다.

시간은 다시 냉정하게 흘러, 합격자 발표일이 가까워졌다. 그는 이제 다시 예전에 했던 고민을 반복해야 했다. 발표 당일, 그는 어디에서 어떤 방식으로 그 소식을 접할 것인가? 우선, 부모님과 가족들이 있는 집은 최우선적으로 제외되었다. 불행한 소식일 경우 이를 감당해낼 자신이 없었던 것이다.

하지만 1년 반 전과 같이 인천 앞바다로 도피하는 것도 마음이 내키지 않았다. 슬픈 경험 때문이다. 친한 친구들과 함께 있고 싶지도 않았다. 예의상 해주는 위로의 말도 부담스러웠다.

결국은 당일 오전 11시경 집에서 그리 멀지 않은 극장으로 가서, 어두운 객석에 혼자 앉아 마음을 정리하기로 하였다. 마음 정리라고 하지만 결국은 불합격일 경우, 장래의 진로를 어떻게 할 것인지가 핵심일 것이다.

당일 아침식사 후, 혼자서 걸어 한 시간쯤 시내 쪽, 종로 3가나 청계천 3가 부근으로 가니 커다란 영화간판이 눈에 들어왔다. 〈초원의 빛〉이라고 적혀 있다. 첫 상영시간인 만큼 객석의 자리는 거의 비어 있다. 두 시간 남짓의 상영이 끝났으나 줄거리는 하나도 머리에 남아 있지 않고, '마음의 정리'는 생각일 뿐 내내 그가 치른 7과목 14문제의 자체 평가점수만이 머리에 꽉 차 있다. 이제 점수계산을 하도 여러 번 해서 모든 경우의 합계 점수가 즉각 계산되어 나온다.

상영이 한 차례 끝났지만 마음의 준비가 되어 있지 않아, 그 자리에 그대로 남아 한 번 더 영화를 보았다. 줄거리는 아직도 모른다.

이윽고 오후 4시경이 되어 집으로 가야 할 시간이다. 틀림없이 지금쯤 합격자 발표가 있었을 것이다. 그는 다시 다짐하였다. '집까지 천천히 걸어가자. 걸어가는 한 시간 동안 반드시 마음을 정리하자!' 그는 걷기 시작하였다.

하지만 한 시간 내내 머릿속에서는 점수계산만 하고 있었다. 다섯 시경 집에 도착했다. 집은 한옥이다. 대문 옆의 쪽문을 열고 들어가면서 저쪽 현관 앞의 계단 위쪽을 보니 구두가 20켤레 가까이 어수선하게 벗겨져 있다.

쪽문 열리는 소리를 듣고 세 살 아래 동생이 현관문을 열고 말한다. "형! 큰일 났어!" 그는 심장이 '쿵' 떨어지는 것 같았다.

'또, 떨어졌구나. 어떻게 하지?'

다음 순간, 현관의 응접실에 앉아 있던 여러 명의 남자들이 우르르 몰려나오면서 말한다.

"축하합니다. 수석 합격을 축하합니다."

그는 놀랐다. 합격은 그렇다 치고, 내가, '수석 합격'이라고? 꿈에 도 생각하지 못한 소식이었다. 어리벙벙한 상태에서 응접실에 앉아 기자들에 둘러싸였다.

"그동안 어디 계셨어요? 얼마나 찾았는데요."

"소감이 어떠세요?"

"부친이 현직 대법관이신데, 공부에 많은 도움이 되셨나요?"

질문이 이어졌다. 적절히 대답해 나가는 중, 어느 순간에 그는 갑자 기 마음속에서 분노가 끓어오르면서 왈칵 눈물이 솟아올랐다.

'운명의 여신이여, 저를 왜 이렇게 힘들게 하셨어요. 이번에 수석을 시켜 주는 대신에 전번에, 아니, 전전번에 꼴찌로라도 합격시켜 주지 그러셨어요. 그동안 얼마나 속상했는지 아세요? 감동은 꼭 고통 너머 에 있어야만 하나요?' 하고 속으로 울부짖고 있었다. *

---

*   약간 촌스럽고 전근대적인 모습이지만, 당시에는 고시 합격자 발표가 나면 수석 합격자, 최연소 합격자, 최고령 합격자 등이 언론에 소개되고, 가끔 인터뷰 기사 도 나는 것이 보통이었다.

퇴근시간이 되자 아버지가 평소보다 조금 일찍 집에 도착하셨다. 그리고 그의 평생 처음으로 "그동안 수고했다!"라는 짤막한 칭찬의 말씀을 들었다. 그리고 어머니로부터 들었던 두 번의 가슴 아팠던 말씀 (국민학교 학부형 회의 불참의 이유 및 대학입시에 실패했을 때의 걱정의 말씀)이 머리를 스쳐 지나갔다.

당시에는 합격자 발표는 3월이었지만, 사법연수원 입소는 9월이었다. 봄기운이 완연한 4월 어느 날, 그는 친구들과 명동 거리를 거닐고 있었다. 그런데 마침 반대편에서 오던 고교 동창 조영래 군(서울대 수석 합격한 그 친구로서, 그는 그 전해에 사시에 합격하였다)을 마주쳤다. 서로 반갑다고 인사말을 나눴다. 그가 한마디 덧붙였다.

"너 그동안 고생 많이 했구나!"

그 안에 모든 뜻이 담겨져 있었다.

연수원 입소를 기다리는 6개월 동안은 일생일대의 황금기였다. 하고 싶은 많은 것을 할 수 있었다.

그는 우선 두 가지를 시작하였다. 하나는 일본어 개인교습을 받기로 하였다. 급수도 이제는 초급을 넘어 중급으로 상향됐고, 개인수업인 만큼 그 효과도 특별했다.

다른 하나는 평소부터 갈망해 왔던 독일문화원(Goethe Institut)에 등록하여 본격적으로 독일어 실력을 갈고 닦기로 했다. 그동안 회화의 기회가 없었던 만큼 초급부터 시작했는데, 독일어 학습은 물론이고 독일문화, 독일인의 생활모습까지 익힐 수 있어서 환상적이었다. 독일문화원에는 이후 사법연수원에 들어간 후에도 2년 동안 빠짐없이 등록하여, 그동안 충족시키지 못했던 독일에의 갈증을 풀어주었다.

그런데 합격자 발표가 있고 그다음 날 그는 생각지도 못했던 의외의 전화를 받았다. 모교 법과대학의 황적인 교수님으로부터 전화였다. 2년 동안 그의 연구실에서 독일 판례와 독일어 특강을 강의해 주신 그분이었다. 언론의 보도를 보시고 어떻게 집의 전화번호를 찾아 전화를 주셨는데, 평소의 품성 그대로 대화는 간단명료했다.

"우선 합격을, 수석합격5을 축하한다. 그런데 다음 학기부터 바로 법과대학에 석사과정을 등록해서 공부를 계속하라"는 말씀이셨다. 그동안 많은 제자들이 시험 합격 후 공부에서 손을 놓고, 현실에 매몰되어 가는 모습을 보시고 안타까워했던 까닭이었다. 존경하는 교수님의 전화에도 감격하였고, 그 배려에 감동받아 바로 다음 학기에 석사과정을 시작하였고, 황 교수님을 지도교수로 모셨다.

그는 초등학교 5학년 이래로 어느 집단에서나 1등을 해본 적이 없었다. 그런데 가장 경쟁자가 많은 시험에서 생애 처음으로 1등을 하였다. 어떻게 그렇게 되었을까?

돌이켜 뒤돌아보니, 이유는 두 가지였음이 마음속에 떠올랐다.

하나는 대법관이신 아버지가 끔찍이 사서 모으신 일본의 법률서적 덕분이었다. 한자가 많이 섞인 일본의 법률서적을 틈틈이 뒤적여 보면서 '좋은 글'이라는 것, '내용을 완전히 이해하고 쓴 글'이라는 것이 다른 글과 어떻게 차이 나는지를 깨닫고 알게 되었던 것이다.

다른 하나는 공부의 목표를 더 높은 곳에 두는 것, 즉 고시 합격이라는 눈앞의 목표를 넘어 훌륭한 판사가 되고자 하는 열망이 누구보다

도 크고 높았다는 데 있었다. 그러니 자연스럽게 공부에 대한 밀도가 다를 수밖에 없었던 것이다

9월이 되어, 2년 과정의 사법연수원에 들어갔다. 처음 1년은 강의식으로 주로 민사, 형사 판결문 작성요령을 익히는 것이다. 대법원의 판례와 각급 법원의 실무처리 과정을 배운다.

나머지 1년은 법원, 검찰, 변호사 사무실에 나가서 현장의 경험을 쌓고, 졸업시험을 치르는 일정이다.

그는 처음 얼마 동안은 배움에 열중하였으나, 곧바로 흥미를 잃었다. '영혼은 없이 기술만을 익히는 과정에 실망'하였을 뿐만 아니라, '착실하게 일만 한다는 것이 하찮게 느껴졌기' 때문이었다.

그는 자연스럽게 연수원 과정 밖의 생활에 더욱 열심이었다. 매주 두 번씩 독일문화원 방문은 필수적이었고, 독일의 주요 법전과 교과서를 구하여 읽고, 특히 법률용어를 익히는 데 열중하였다. 당시에는 해외여행이 지극히 제한적이었기에 독일문화원에서 접하는 독일의 문화, 예술 등에 관한 영화 등 영상자료는 그를 매료시키기에 충분하였다. '언젠가 나도 한번 저곳에 가서 마음껏 보고, 즐기고, 활동해 보고 싶은' 열망으로 가득 찼다.

그가 연수원에 입소한 1972년 9월부터 6개월 남짓의 기간은, 그의 부자간에는 특별한 시간이었다. 그의 부친은 당시 대법관으로 근무하고 있었는데, 대법원 청사와 사법연수원 건물이 함께 서소문 법원 구내에 있었기 때문에, 그가 부친의 출근길에 관용차에 '편승'하여 '함께

출근'하는 광경이 연출됐다.

말씀은 없으셨지만, 그의 부친이 퇴임했던 1973년 3월까지 그는 효도하는 결과가 되었고, 그의 부친은 마음속으로 '드문' 행복감을 '만끽'하셨을 것이다.

연수원 2년 차인 1973년에는 결혼 적령기인 만큼 오랫동안 양가 집안끼리 알고 지내던 집안에서 훌륭한 배우자를 만나 결혼하였고, 부모님을 즐겁게 해 드렸다.

1974년 연수원 졸업시험을 치르고, 성적결과에 따라* 서울민사지방법원으로 발령받았다. 1974년 9월 1일, 27세의 나이에 드디어 고대했던 판사생활을 시작하게 된 것이다.

사법연수원 2년 과정을 마치고 1974년 9월 1일 그는 어린 시절의 꿈인 판사가 됐다. 서울민사지방법원은 전국에서 가장 복잡하고 어려운 사건이 많은 곳인 만큼, 무엇보다도 업무처리를 신속하고 정확하게 처리하는 데 집중하였다. 물론 가장 중요한 업무는 판결문 작성이다.

판사로서 성장하는 데 가장 중요한 계기는 어떤 부장판사를 모시고 실무를 익히는가에 달려 있다고 하는데(즉, 도제교육인 셈), 그는 운 좋게도 두 번의 기회에 훌륭한 분들을 모셨다.

첫 부장님은 김상원 부장판사인데, 현직판사로는 드물게 법률문화상을 수상하였다. 6개월 뒤의 두 번째 부장님은 윤일영 부장판사인

---

* 당시는 사법시험 점수와 연수원 졸업시험 점수를 단순 합산하여 발령 순위를 정했다.

데, 대단한 학구파여서 민사소송법 판례집을 출간하기도 하셨다. 특별히 기억에 남는 것으로는 손해배상액 산정에 있어서 '중간이자를 공제'할 경우, 종전의 호프만식 계산법 (단리에 의한 방식) 의 모순을 지적하여 라이프니츠식 계산법 (복리에 의한 방식) 을 도입하여 판례를 바꾼 것이었다. 두 분 모두 나중에 대법관을 역임하셨다.

민사법원에서의 2년 4개월은 그렇게 업무에 몰두하여 판사의 기본 자질을 탄탄히 다지면서 지나갔다.

2년 남짓 민사법원 근무가 끝나자, 일반적인 인사원칙에 따라 1977년 1월 초 서울형사지방법원으로 자리를 옮겼다. 법관 서열이 낮은 만큼 '형사합의부'로 배치됐다. 그곳은 살인, 강도 등 법률에 정해진 형이 아주 높은 중범죄 사건들을 주로 다루는 부서이다.

유죄, 무죄의 판단도 일차적으로 중요하지만, 대부분의 사건은 범행을 자백하고 있고 범죄증거도 충분하므로, 판사의 고민은 얼마 정도의 형을 선고할 것인가의 '양형'의 문제에 집중된다. 사회 (피해자) 보호라는 명분으로 '엄벌주의'로만 가는 것도 적절치 않고, 그렇다고 너무 '온정주의'에 흘러도 아니 된다. 양자 간의 균형이 중요한데, 여기에서 판사의 인간적인 성숙도, 정의 관념, 인생관, 철학관이 중요한 역할을 한다.

그는 이 재판부에서도 훌륭한 부장판사를 모시게 되어 행운이었다. 안우만 부장판사이셨는데, 균형 감각이 뛰어날 뿐만 아니라 정의감 또한 투철하였다. 원만한 재판진행과 검찰 및 변호인과의 관계에서도 사법부의 중심을 단단히 지키면서도, 최대한 요청사항을 수용해 주는 모습에서 그는 많은 것을 배울 수 있었다. 그분도 역시 나중에 대법관이 되셨다.

이와 같이 판사 초임기간 동안 모신 세 분의 부장판사님들이 나중에 전부 대법관이 된 것은 그에게 커다란 행운이었다. 초기에 훌륭한 사부님을 모실 수 있었기 때문이다.

이렇게 5개월 가까운 기간 동안 판사로서의 또 다른 중요한 업무분야인 형사부에서 실무를 익히는 과정에서, 처음부터 의도한 것은 아니었지만, 약간의 '돌발상황'이 발생하였다.

즉, 어떤 기회를 통하여 주한 독일대사관의 주관 하에 독일에 유학하여 공부를 할 기회를 제공하는 프로그램(독일학술교류처: DAAD)이 있는데, 여기에 법조인 3명을 선발하기로 하였다는 것을 알게 됐다. 선발은 독일대사관 주관으로, 지원자들에 대한 독일어 시험을 통하여 이루어진다는 것이다.

사법연수원을 마친 후 3년 가까운 기간 동안 법원의 민사, 형사 실무에 몰두하느라고 따로 독일어 공부를 할 기회는 없었지만, 이전에 독일어에 열중한 적이 있었기에 당연히 관심을 가졌다. 얼마 후, 그는 별다른 특별한 준비도 없이 대사관에서 실시하는 선발시험에 응시하였고, 기대했던 대로 합격자 3명 중에 포함됐다.

이러한 기회가 있을 줄로는 꿈에도 예상하지 못했는데, '간절하게 바라고 준비를 게을리하지 않으면 언젠가 기회가 주어진다'는 삶의 이치를 체험하게 됐다. 이러한 독일 유학의 계획이 있었음을 사전에 모시던 부장님이나 동료들에게 알리지 못하여, '마치 속으로만 꿍꿍이로 준비하고 있었던' 것 같은 오해를 줄 수도 있었지만, 사실 이는 전혀 계획된 과정이 아니었다.

돌이켜보니 '고교 2학년 여름방학 때 담임선생님의 한마디에 공감하여 실천하였던 일(독일어 공부에의 몰입과 그 성과)이 이제 이렇게 열매를 맺는구나' 하고 생각하니 감개가 무량하였다.

나아가, 그에게 석사과정 입학을 권유해 주셨던 황적인 교수님도 이 소식을 듣고 크게 기뻐하셨으며, 그의 이력서, 연구계획서 등의 독일어 작성에도 크게 도움을 주셨다.

아무튼, 이렇게 하여 갑작스럽게 독일 유학의 기회가 주어졌고, 1977년 5월, 30세의 나이에 평생 처음으로 해외여행의 길에 올랐다.

1977년 5월 초의 어느 날, 그는 독일 정부에서 제공한 루프트한자 항공권을 받아 들고, 독일 함부르크행 비행기에 올랐다. 항공 루트가 북극으로 돌아가는 북방항로가 아니라, 태국, 파키스탄 등을 거치는 남방항로였기 때문에 24시간이 넘는 긴 비행시간이었지만, 첫 해외여행이라는 기대감에 오히려 즐거운 추억거리가 됐다.

함부르크 공항에 도착한 후, 안내에 따라 기차로 50분 정도 걸리는 최종목적지인 뤼네부르크(Lüneburg)로 향하였다. 그곳에서 4개월 동안 괴테 인스티투트(Goethe Institut)에서 어학연수를 받을 것이다.

1977년의 우리나라 상황은 경제도약이 막 시작할 단계였다. 국민소득이 역사상 처음으로 1천 달러를 넘었고(1,034달러. 2020년의 우리나라 국민소득은 31,755달러), 해외수출 100억 달러를 최초로 달성하였다. 그러나 정치적으로는 박정희 대통령의 독재와 탄압이 더욱 심해지고 있었다.

그해 6월에는 김형욱 전 중앙정보부장이 미국 하원의 청문회에서 박정희 정권의 비리를 폭로했고, 반체제인사 (리영희 교수 등)의 구속 등이 있었다.

그리고 이해는 1972년의 10월 유신이 있은 지 5년 후이고, 김재규가 박 대통령을 시해 (1979년) 하기 2년 전이며, 해외여행이 자율화 (1989년) 되기 12년 전임을 상기할 필요가 있다.

태어나서 30년 동안 경제적 어려움에 시달리고 (사실 모든 국민이 그러하였지만), 잘살아 보고자 하는 열망에 각박한 입시와 시험의 과정을 거쳐 살아온 그에게, 독일의 모습은 환상적이고 천국으로 비쳤다. 우선, 사방에 가득한 푸른 잔디, 울창한 숲, 잘 보존된 건물, 교회 등 친절하고 우호적인 시민, 당연한 것으로 받아들여지는 규칙 준수 등은 당시 조국 대한민국의 현실과는 너무나도 다른 것이었다.

1977년 5월 초, 뤼네부르크의 괴테 인스티투트에서 4개월의 어학연수가 시작되었다. 초급 II와 초급 III의 각 2개월 과정의 코스이다.

뤼네부르크는 오래전부터 원래 암염 (巖鹽)의 채굴로 경제적 번영을 누리던 인구 7만 명 정도의 아름다운 한자 (Hansa) 동맹 도시이다. 오래된 시 청사 (Rathaus)가 명물이고, 성 요한 교회는 세바스티안 바흐가 한때 악단장으로 일했던 곳으로 유명하다. 어학연수 기간 동안에는 효율적인 독일어 습득을 위하여 가족과의 동거가 허용되지 않는다는 방침에 따라, 그는 중심에서 약간 떨어진 곳에 1인용 숙소를 배정받았다. 식사 제공은 없다. 숙소 바로 뒤편에는 울창한 숲이 있어서 산책을 즐기기에 제격이었다. 바로 인근에 있는 황야 (Heide)에는 마침 붉은색의 야생화가 만발해 있어서 장관이었다. 집주인은 전쟁미망인인데, 주로 외국 학생들에게 방을 빌려주면서 회화연습과 생활정보 제공 등 많은 도움을 주고 있다.

독일어 수업은 월요일부터 금요일까지 오전, 오후에 걸쳐 강도 높게 진행된다. 한 반은 세계 각국에서 온 20명 정도의 학생들로 구성되어 있다. 다른 학생들과 비교하여 그는 읽기와 문법에서는 최상위급이지만, 듣기와 말하기에서는 많이 부족함을 느낀다.*

부족함을 극복하기 위하여 열심히 노력하는 과정에서, 그는 '눈이 번쩍 띄는'(좀더 정확하게는 '머리를 크게 얻어맞는') 두 가지 충격적인 일을 경험하였다.

그의 반에는 미국에서 온 대학 2학년 학생이 한 명 있었다. 학원에서는 아침 9시, 수업시작 한 시간 전부터 빵과 음료 등의 훌륭한 독일식 아침식사를 무료로 제공한다(물론 수강료에 이미 포함되어 있었다). 거의 대부분의 수강생들은 늦잠을 자지 않는 한, 이 아침 식사시간에 맞추어 학원에 온다. 아니면 따로 집에서 식사를 해결해야 하는 불편함이 있기 때문이다. 그는 물론이고 미국인 학생도 처음 1주일 동안은 빠짐없이 학원에서 아침식사를 했는데, 이후에는 웬일인지 아침식사를 거르고 바로 수업 시작시간에 맞추어 학원에 온다.

스페인에서 온 어떤 친구가 그에게 가서 이야기해 주었다.

---

* 그 과정에서 머릿속에 아무리 많은 지식이나 교양이 있어도 이를 외국어로 표현하지 못하면, 상대방은 표현된 만큼만 알고 있다고 생각하고 그만큼만 대접해 주는 것이 냉정한 현실이다.

"너 왜 아침식사에 안 오니? 그 비용은 이미 지급되어 있는 거야."

이 말에 그 미국 학생이 다음과 같이 대답하는 것을 그가 우연히 옆에서 듣고 깜짝 놀랐다.

"이야기해 주어 고마워. 나도 그것은 알고 있는데, 나는 하루 중 아침 7시경이 공부가 제일 잘되는 시간이야. 그 시간 동안 학원에 아침 먹으러 오면 아침 독일어 공부를 못하게 되어서, 아깝지만 식사를 포기한 거야!" 하고 말하는 것이었다. 그는 자기 자신을 돌아보고 부끄러웠다.

다른 하나의 사건은 더욱 충격적이었다.

어느 날 정규 수업시간이 끝난 후 선생님을 찾아가 잠시 몇 가지 질문 겸 상담을 하고 있었다. 대화 도중 그 선생님은 다른 약속이 있어 먼저 일어나야 하겠다고 사과하였다.

사유를 잠깐 설명했는데, "수강 중인 미국인 대학생(위의 그 학생)이 얼마 전 자기를 찾아와 특별한 부탁을 하였다. 그는 미국에서 독일어를 2년간 배웠는데, 현지에 와서 실습하기 위하여 여름 방학 동안 아르바이트를 해서 학원 수강료를 마련하였다(미국과 같은 부국에는 장학금이 주어지지 않는다). 그런데 현재의 강의수준이 본인에게는 너무 쉬워서 별로 도움이 되지 않으니, 정규 수업시간 이후에 따로 특별히 자기를 위한 특별수업을 해 달라"라고 부탁했고, 선생님은 이를 승낙했다는 것이다.

그는 그 미국 대학생의 적극성과 진정성에 충격을 받았다. 수업시간에 그에게 혹시라도 질문할까 봐 두려워 선생님과 눈 마주치는 것을 피해왔던 자신의 모습이 부끄러웠기 때문이었다.

그는 또 뤼네부르크에서 3명의 인상 깊은 사람을 만났다.

한 분은 얀 라베(Jan Rabe)라는 의사이다. 함부르크에 있는 대형병원의 과장이고, 그의 부인은 변호사로서 정당활동을 하고 있었다. 어느 날 수업이 끝난 시간에 예고도 없이 괴테 인스티투트를 찾아와 "한국에서 온 판사가 있다는데, 그를 만나고 싶다"고 이야기하였다. 정장을 한 훌륭한 신사인 그는 자기소개를 하였다. 그는 침술을 배우기 위해 한국의 원광대에서 2년간 머물렀는데, 당시 너무 많은 도움을 받아서 한국인에게 보답하고 싶다는 것이었다.

며칠 뒤로 시간을 정하여 저녁식사 초대를 받았다. 독일 가정의 식사 초대는 처음이었는데, 후에 알게 된 바로는, 그의 집은 유서 깊은 전통건물을 원형 그대로 수리, 보존한 거의 문화재급의 훌륭한 주택이었다. 여러 차례에 걸친 훌륭한 식사, 와인 제공은 물론이고, 각종 정보와 친절한 안내에 깊이 감사하였다

다른 한 분은 볼두안(Bolduan)이라는 뤼네부르크 지방법원의 판사였다. 한국의 판사가 그곳에서 어학연수 중이라는 소식을 듣고 기꺼이 집으로 초대해 주었다. 같은 직업인만큼 대화도 훨씬 흥미로웠는데, 한국과 독일 두 나라 판사들의 생활이 그렇게, 유사한 정도를 넘어서 똑같은 데에 놀랐다. 하기야 법제도가 같은 결과이겠지만, 안내를 받아 방문한 법원을 돌아보면서 판사실의 한쪽 구석에 테니스 라켓이 놓여 있는 것까지도 똑같아서 서로 한참 웃었다.

마지막 한 사람은, 학원의 같은 수강생이었는데, 타이완에서 온 건축학도였다. 같은 동양인으로 비슷한 처지의 나라에서 왔을 뿐 아니라 나이도 같아서 그와는 금방 친구가 되어 가까이 지냈다. 어느 주

말, 학원에서 대형버스를 빌려 인근의 유서 깊은 고적을 방문할 기회가 있었다.

그날은 역시 한자도시로서 유명항구였던 뤼베크를 찾아보았다. 가장 이름난 곳은 홀스텐토르(Holstentor, 성문)였는데, 당시 50마르크짜리 독일 화폐 뒷면에 그 모습이 인쇄되어 있을 정도로 유명한 곳이었다. 감탄과 함께 관광을 마치고 그 부근의 박물관 앞에서 안내자가 한 시간의 시간을 줄 터이니 박물관을 둘러보고 그 자리에서 다시 만나기로 약속했다.

그는 타이완 친구와 함께 당연히 박물관에 들어갈 것을 예상했는데, 그 친구는 들어가지 않겠다고 한다. 몇 차례의 권유에도 응하지 아니하여 혹시 입장료가 부담이 되어서인가 하고, 조심스럽게 입장료는 그가 구입해 주겠다고 했는데, 그래도 거절하면서 다음과 같은 충격적인 이야기를 하였다.

"이 정도의 유적은 우리나라에 너무 많아서 구태여 들어가 볼 필요가 없다!"고 하는 것이었다. 순간, 관광 도중에 감탄과 부러움을 금치 못했던 자신이 너무 작아지고, 초라함을 느꼈다.

짧은 넉 달 동안의 뤼네부르크 생활이었지만, 그는 강한 인상을 받았다. 잘 보존된 자연환경과 문화유산들, 스스로 기회를 찾아 남을 도와주려는 여유와 인간미, 이루려는 목표를 향한 적극적인 태도, 마음속 깊숙이 자리 잡은 역사와 문화에 대한 자긍심 등이었다.

폐쇄되고 각박한 환경 속에 갇혀 있던 개구리가 이제 막 열린 세상을 보면서 눈을 뜨기 시작했다. 하지만 어느 날 갑자기 시공간의 벽을 뛰어넘으며 선진국의 문명사회에 떨어진 그에게 문화 충격과 적응의 어려움이 없을 수 없었다.

우선 집에서 학원까지 가는 데는(반대도 마찬가지) 중간에서 버스를 한 번 갈아타야 하는데, 1시간 이내면 무료 환승이 가능한 줄을 모르고 매번 버스표 두 장씩을 헛되이 소비했다. 은행 간에는 '지로'라는 제도를 이용하여 다른 지점에서도 입출금이 가능한지를 모르고, 시간을 들여 구좌개설 지점에 꼬박꼬박 갔다. 두 경우 모두, 당시 우리나라에서는 그러한 제도가 없었다.

더욱 힘든 것은 수업이 없는 주말(토요일과 일요일)에는 식사를 각자 해결해야 하는데, 음식점들 또한 문을 닫는 것이다. 하는 수 없이 금요일에 식빵 한 줄과 맥도날드에서 '반 마리 크기의 통닭'(한 마리는 너무 양이 많아서)을 사다가 주말용으로 집에 두고(냉장고가 없으니 상온 보관) 있었다.

식빵은 하루만 지나니 곰팡이가 피어 먹을 수 없었고(방부제가 전혀 들어가 있지 않았기 때문이다. 우리나라에서는 며칠씩도 문제가 없었는데), 식어서 기름이 굳어진 통닭은 차마 먹을 수 없었다. 이후 귀국해서도 몇 년 동안 어떤 기회에도 통닭은 먹지 않았다. 무한리필이 되는 쌀밥을 먹기 위하여 그곳에서 유일한 중국식당을 자주 이용했는데, 얼마 지나지 않아 쌀밥을 추가로 시키는 데 종업원의 눈칫밥을 먹게 되어 더 이상 가지 않았다.

4개월의 어학연수 기간이 끝나면서 아내를 불러오기 위하여 서울에서 함부르크까지 항공권을 구입하여 보냈는데, 항공권 가격이 그렇게 천차만별인 줄 모르고 현금을 들고 거리에 있는 아무 여행사에나 들어가 '표시된 정가' 그대로 지불하는 호기를(?) 부리기도 하였다. 세상살이에 밝은 어떤 분은 독일로 입양된 아이를 동반해 주는 대신에 무료 항공권을 받는 것도 보았다.

물론 긍정적인 기억도 많았다. 어느 날 큰마음 먹고 함부르크의 오페라 극장을 찾아 오페라를 감상하고 밤늦은 시간 뤼네부르크행 완행 열차를 타고 귀환한 일, 어느 날 친구와 함께 함부르크의 환락가 레퍼반(Reeperbahn)을 찾아 새로운 세계를 구경하는 데 빠져 당일 귀환 열차를 놓치고, 새벽 6시 출발의 다음날 첫 기차를 타기 위하여 역 구내의 계단에 앉아 졸던 일, 한밤중 차가 한 대도 지나가지 않는데 건널목에 파란불이 들어올 때까지 차분히 기다리던 통행자를 보는 일들이 인상적이었다.

이렇게 4개월간의 꿈같이 새로운 뤼네부르크의 생활은 마지막 날 종합시험을 무사히 합격한 것으로 마무리되었다.

다음 일정은 대학에서의 두 학기 등록과 법원, 검찰, 변호사 사무실에서의 실무수습을 위해 괴팅겐(Göttingen)으로 옮겨가는 것이다.

1977년 9월 대학의 새 학기가 시작될 시기에, 그는 유서 깊은 대학도시 괴팅겐으로 옮겨왔다. 이제 그의 아내도 합류하였다. 대학에 등록도 마쳤고, 대학의 소개를 받아 학교에서 약간 떨어진 곳에 허름하지만 방 두 개의 숙소도 구하였다.

네 살과 두 살의 두 아들이 있었지만, 대한민국의 국가 정책상(해외 망명을 막기 위한 조치라는 이야기가 있었다) 아이들의 동반은 허용되지 않았다. 본의 아니게 제 2의 신혼생활을 하게 됐다.

독일 정부에서 주는 장학금은 월 700마르크였는데, 정확한 계산에 근거한 수치였다. 방값, 식생활비, 교통비, 약간의 용돈 그리고 전공 서적 한 권 정도 구입하면 끝나는 수준이었다. 그래도 일반 유학생의 월 500마르크에 비하면, 판사로서 우대해 주는 조치였다.

이제부터 두 학기 동안 대학과 법원에서 연수하게 될 괴팅겐은 어학 연수를 했던 뤼네부르크와 같이 니더작센주에 속해 있다. 원래 1600년대에는 직조와 양모사업으로 번성하였으나, 영국의 양모가 지배하자 점차 쇠락하였다. 그러한 가운데 1734년에 게오르그 2세 왕이 이곳에 대학을 설립하여 이후 대학도시로 크게 발전하였다. 하이델베르크, 튀빙겐과 함께 독일 내 3대 대학으로 꼽힌다.

괴팅겐은 독일 전체를 놓고 보면 지리적으로 한가운데 있다. 즉, 남북으로 그리고 동서로 중간 지점에 있어서 자연스럽게 학술교류 등의 중심이 되었다. 1977년 당시에는 동·서독이 분리되어 있어서 동독과의 국경에 바로 인접해 있었다.

1800년대 말경 프로이센의 문화부 관리인 알트호프(Althoff)가 적극적 정책을 시행하여 이 대학은 수학, 화학, 물리학의 중심지로 도약하였고, 1920년대까지(1933년 나치 집권으로 많은 유태인 교수들이 외국으로 망명할 때까지) 40여 명의 노벨상 수상자를 배출하였다. 현재까지는 총 45명의 수상자가 나왔다.

이곳 출신의 유명인으로는 가우스(수학), 후설(철학), 폰 예링(법학), 하이젠베르크(물리학) 등이 있고, 동화작가 그림 형제도 인근 도시(Hanau) 출신이다. 정치가로서는 비스마르크(총리), 슈뢰더(총리), 바이츠체커(대통령) 등이 이곳에서 수학하였다. 공동묘지에는 8명의 노벨상 수상자가 안장되어 있고, 유명 정밀 전자저울 생산회사인 사르토리우스(Sartorius)의 본사가 있다.

이곳 명물은 시 청사(Rathaus) 앞 광장에 있는 겐제리젤(Gänseliesel, 거위 기르는 소녀)의 동상이다. 1900년에 세워진 이 동상은 모든 이의 사랑을 받으며, 이곳 대학에서 박사학위를 취득한 사람이 축하공연과 함께 와서 이 동상에 입맞춤을 하는 전통이 현재까지 내려오고 있다.

괴팅겐에서의 생활은 앞으로 그의 직업활동에 커다란 영향을 미친 두 분을 만나는 것으로부터 시작되었다.

우선 도이치(Dr. Erwin Deutsch) 교수이다. 대학에서는 이미 독일학술교류처(DAAD)로부터 사전에 연락을 받아 그의 신상과 체류목적을 알고 있었고(당연히 그의 이력서와 연구계획서가 이미 전달되어 있었다), 이에 맞추어 지도교수까지도 배정해 두고 있었다. 그는 민법전공(특히 손해배상법)이 희망이라 하였기에 도이치 교수를 찾아가 만나도록 예정돼 있었다.

9월 초 어느 날 그는 약간 긴장된 마음으로 교수실을 방문하였다. 1929년생으로 당시 48세인 그 교수는 학계에서 주목받는 연구열이 왕성한 중견교수였다. 교수 자격논문(*Habilitation*)으로 쓴 "과실의 개념에 관한 연구"는 명저로 평가되고 있었다.

첫 만남은 오래 걸리지 않았다. 간단한 자기소개와 함께 앞으로의 공부 방향과 관련하여, 매주 열리는 이번 학기의 세미나 주제가 '인과관계론'이므로 열심히 참여하기를 바란다는 것으로 끝났다. 우연하게도 서울의 황적인 지도교수로부터 받은 석사학위 논문의 제목이 "가정적 인과관계론"(*überholende Kausalität*) 이었는데, 바로 이 주제가 다뤄진 다고 하니 큰 도움이 되리라고 예상하였다.

서울을 떠나기 전에 황적인 교수님으로부터 독일 교수의 성향에 관한 상세한 안내를 받았기에 그는 이 점을 항상 명심하고 있었다. "독일 교수는 절대로 처음부터 친절하게 대해 주지 않는다. 처음 3개월 동안은 그대로 내버려 두면서 어떤 사람인지를 면밀히 관찰한다. 그 결과 성실하고 유능하다고 판단하면, 그 이후로는 철저히 끝까지 도와준다. 따라서 특히 처음 3개월 동안을 성실하게 잘 지내야 한다"고 충고하셨다.

하지만 그는 구태여 애써서 일부러 그럴 필요가 없었다. 17세 고교 2학년 때부터 갈망해 오던 독일 현지에서의 공부인데, 어찌 게으름 피우고 소홀히 할 수가 있었겠는가? 매주 수요일 저녁 7시부터 두 시간 예정으로 진행된 세미나에는 한 번도 빠진 적이 없었다. 대학원생(일부 박사를 마치고 교수되기를 준비하는 분들도 있었다)이 참석하는 20명 내외의 참석자들은 토론의 열기에 두 시간을 훌쩍 넘기는 것이 보통이었다.

순번에 따라 매주 학생 한 명이 한 시간 동안 발표하고, 나머지 한 시간은 교수의 주도 아래 토론을 벌이는 형식이었다. 발표원고가 사전에 배포되었고, 주제가 우리의 법조인에게도 생소하지 않은 것이어서 독일의 법학 수준을 가늠하는 데 크게 도움이 되었다. 물론 가끔 관심 있는 내용이 있으면 대학생을 위한 학부 강의에도 들어가 그곳 대학생들의 일상적인 생활도 경험하였다.

이와 같이 학교생활에 몰두하면서 3개월 정도 지나 그곳 일정과는 별도로, 귀국 후에 서울에서 제출할 석사학위 논문을 우선 한국어로 완성했다. 서울에서 가져온 자료에 이곳 도서관에서 발견한 논문들을 종합한 결과물이었는데, 이로써 독일 연수의 최소한의 목표는 이미 달성한 셈이 되었다.

마음에 큰 부담을 덜게 되자, 이제 새로운 욕망이 싹트고 있음을 느꼈다. 즉, 한글로 된 논문을 독일어로 바꾸어 교수님과 판사들에게 보여주고 싶다는 생각이었다. 약간의 망설임 끝에 도전해 보기로 결심했다.

우선 한국어 논문을 독일어로 번역하는 것이 큰일이었지만, 참을성과 열정을 가지고 끈기 있게 해 나갔다. 그리고 이를 위해서 '가장 저렴한 가격의 타자기'도 무리하여 구입하였고, 독수리타법으로 정말 힘들게 60페이지 남짓의 타자까지 완성하였다. 저렴한 가격인 만큼 타자기에 수정기능이 없었으므로, 한 페이지에 오타나 오자가 하나라도 나오면 그 페이지 모두를 새로 타자해야 하는 '초(超) 원시적인' 작업이었다.

타자가 완성되자 이제 이를 가지고 학교 앞의 복사점에 가서 30부를 복사하고, 간단한 제본까지 마쳤다. 그 순간은 마치 자기가 위대한 학자라도 되는 것 같은 느낌이었다. 그리고 며칠이 지난 어느 날, 그는 이 논문을 들고 교수실을 방문하여 한 부를 증정했다.

교수님은 놀란 표정을 지으면서 무슨 목적으로 이 논문을 작성했느냐고 물었다. 그는 경위 설명과 함께 교수님 의견도 듣고 싶다 하니, 두고 가라고 하였다.

이 일이 있은 후, 교수와의 관계는 훨씬 가까워졌다. 한 달에 한 번 정도는 저녁시간에 집으로 초대하여 와인을 곁들인 식사 후, 그의 서재에서 밤늦게까지 해외여행의 경험(그는 남아공, 뉴질랜드, 중국, 일본 등지에 많은 제자들이 있어서 강연 등을 위한 여행을 자주 하였다)과 음악과 미

술에 대한 관심(그는 모차르트와 렘브란트를 특히 좋아했다), 학문 전반에
관한 소식 등 홍미롭고 유익한 이야기들을 해 주었다.

그는 또한 인근의 첼레(Celle) 고등법원의 판사로도 일하고 있었는데
(이른바 '3분의 1 판사'로서 한 달에 한 번 정도 법정에 들어가서 심리, 판결하고,
판사 봉급의 3분의 1을 받는다), 그 법원에 갈 때마다 그를 차에 동승하여
데리고 가서 방청할 수 있는 기회를 주기도 하였다.

이와 같은 돈독한 관계는 1978년 9월 연수를 마치고 귀국할 때까지
지속되었다. 나아가 귀국 후에는 더욱 진전하여 십여 차례 한국을 방
문하여 법원과 대학에서 강연하고, 경주, 제주 등을 방문하였고, 그
때마다 그가 동행하여 통역과 안내를 맡았다.

가장 인상 깊었던 일은, 도이치 교수의 80회 생신을 맞아 2009년 4
월 동료, 제자 등이 마련해 준 '80회 생신기념 논문집'의 발간과 이를
계기로 한 일주일간의 세미나 개최였다. 그는 당시 변호사로 활동하
고 있었는데, 생일 축하를 위하여 일부러 괴팅겐을 방문하였다.

첫날 저녁식사는 도이치 교수가 2009년 4월 1일, 세계 각국에서 찾
아온 제자들 15명을 집으로 초대하여 즐거운 회고담을 나누었다. 그
도 당연히 이 자리에 초대됐다.

이후 여러 발표자들이 준비해온 논문을 발표하고 토론하는 과정이
오전, 오후로 매일 계속되었다. 그리고 매일 저녁에는 친구나 동료 중
희망자가 참석자들을 훌륭한 식당으로 초대하여 연회를 베풀었다.

그도 역시 예전에 입은 혜택에 보답하는 의미에서 2009년 4월 2일
저녁을 괴팅겐 외곽의 브렘케(Bremke) 숲속에 자리 잡은 '무터 위테'

(Mutter Jütte) 라는 환상적인 레스토랑 전체를 빌려, 50여 명의 참석자 전원을 저녁식사에 초대하는 기회를 마련하였다.

그날은 그가 식사 초대자로서 '테이블 스피치'를 했는데, 20분 남짓 예전의 아름다운 추억을 회상하는 진솔한 이야기에 참석자 모두가 박수갈채를 보냈다. '원고를 보지 않고' 이 20분간을 이야기하기 위해 그는 여러 날 동안 엄청 노력했다. 그 자리에 황적인 교수님도 계셨다.

이어서 그는 도이치 교수 등과 함께 헤드테이블에서 식사했는데, 식사 도중 그로부터 예상치 못했던 코멘트를 듣고 깜짝 놀랐다. 즉, 무려 32년 전인 1977년, 그가 도이치 교수를 방문하여 증정하였던 논문("가정적 인과관계"에 관한 석사학위 논문의 독일어 번역본)의 내용을 정확히 기억하면서, 그 접근방법이 특이해서 인상적이었다는 것이었다.

거의 모든 독일의 학자들은 이 문제를 '인과관계론'의 관점에서 다루었는데, 그는 시각을 달리하여 특이하게 '책임론'의 관점에서 접근한 점을 지적한 것이다. 그 논문 증정 후 교수님으로부터 별다른 언급이 없어서 '자세히 읽어보지도 않고 내버려 두었겠지' 하고 생각했는데, 그 핵심을 정확히 꿰뚫고 있었던 것이었다.* 과연 훌륭한 교수는 다르구나 하고 느꼈다.

우연하게도 도이치 교수와 그의 지도교수인 황적인 교수는 모두 1929년생 동갑이다. 그를 매개로 하여 알게 된 두 분은 2012년 도이치 교수가 타계할 때까지 돈독한 우정을 서로 주고받았다.

---

* 도이치 교수는 기념논문집에 그의 논문 게재를 희망하였으나, 그의 준비부족으로 아쉽게도 성사되지 못하였다.

괴팅겐에서 만나 그에게 커다란 영향을 끼친 두 분 중 다른 한 분은 괴팅겐 지방법원의 호만(Homann) 부장판사이다. 그는 한국에서 판사가 법원에 연수를 온다는 말을 듣고 자진해서 연수지도를 맡기로 자원하였다. 그와의 첫 만남은 법원의 집무실에서 이뤄졌다. 아담하고 마룻바닥으로 된 방은 정갈하게 정돈되어 있었다. 번잡하게 사람 만날 일이 별로 없이 조용히 서류검토가 주된 업무인 판사실의 전형적인 모습이었다.

50대 후반 중후한 신사 풍모의 그는 자리에서 일어나 반갑게 맞아주었다. 그런데 그의 외모가 심상치 않다. 우선 악수를 청하는 손이 왼손이었고(오른팔은 의수로, 검은 장갑을 끼고 있었다), 오른발이 의족이어서 지팡이를 짚고 있었다. 친밀하게 인사를 주고받으며 각자 자기소개를 하였고, 앞으로의 연수일정에 관한 그의 계획을 알려주었다. 법정 견학은 물론이고, 법정에서도 법대 위 판사석에 추가의자를 배치하여 그곳에서 재판진행을 함께 볼 수 있도록 배려했다.

법정을 개시하기 전에는, 특별히 방청객들에게 한국에서 온 판사로서 연수차 이곳에 머무르고 있다는 소개까지 했다. 실제 진행 중인 사건기록 중 도움이 될 만한 사건을 찾아 미리 검토해 볼 수 있도록 배려했다.

특히 감사한 것은, 재판장과 배석판사가 사건에 관한 합의를 하는 과정에도 함께 참석할 수 있도록 하여, 독일 법원의 판사들이 실제로 어떠한 과정과 토론을 거쳐 사건의 결론을 내려가는지를 직접 체험할 수 있도록 '특별한' 도움을 준 것이다.

연수가 계속되는 1년 가까운 기간 동안, 한 주일에 적어도 한두 번

정기적으로 그를 방문하여 독일의 사법제도 전반에 관하여 설명해 주었고, 질문에도 성실히 답변해 주었다.

우리나라와 기본적인 법제와 제도가 동일한 독일에서의 법원연수는 거의 바로 우리나라 실무의 발전에 도움을 줄 수 있는 유용한 것이었다. 법원 연수과정에서 우리나라와 비교하여 가장 인상적인 것은, 완전히 민주적이고, 세밀하고, 친절한 심리방식에 있었다. 판결이 결과만 옳으면 된다는 것을 뛰어넘어, 심리의 전 과정과 절차까지 당사자들이 충분히 납득하도록 노력하는 모습이 역력했다.

어떤 경우, 당사자 사이에 법리논쟁이 생긴 경우에는, 도서실에서 판례집, 주석서 등을 빌려와서 그 즉석에서 결론이 도출될 때까지 토론하는 모습을 여러 차례 목격하기도 하였다. 민주적인 재판, 당사자에게서 신뢰받는 재판이라는 것은 이렇게 해야 하는 것이구나 하고 마음속 깊이 다짐하였다.

그렇게 얼마 지나지 않아 호만 부장판사는 그를 자택으로 저녁식사에 초대하였다. 정성을 들인 식사에 와인까지 융숭한 대접을 받았고, 밤늦게까지 와인을 나누면서, 이제는 개인적인 사연도 포함한 친밀한 대화를 나누었다. 그러한 과정에서 알게 된 인상적인 사연이 있었다.

호만 부장판사는 원래 2차 세계대전 중에 전투기 조종사로 참전했다. 임무수행 중 연합군의 공격으로 그가 조종하던 전투기가 추락하였고, 그 과정에서 오른팔과 오른쪽 다리가 절단되는 부상을 입었다.

전쟁이 끝나고, 그는 독일 정부에서 상이군인에게 제공하는 재취업을 위한 교육 프로그램의 혜택을 받았고, 그는 법률가가 되는 길을 택하여 오늘날 판사로서 일하고 있다는 설명을 들었다. 그는 부인과 사이에 자녀는 없었고, 둘이서 국가에서 주는 상당한 액수의 상이연금을 받아 생활하고 있다. 건강한 사람에 비하여 법정 휴가일수도 훨씬 많아서, 법원에 근무하는 기간 이외에는 부부가 함께 해외여행을 하는 것을 즐기고 있다.

그리고 괴팅겐에 머무는 동안에는, 그곳(특히 대학)을 찾아와 일정 기간 머무르는 외국의 교수나 전문직들을 초대하여 도움을 주고 친교를 나누는 것을 자원하고 있었다. 대화를 나누다 보니 세계 여러 나라를 여행하였고, 한국에도 방문한 적이 있었다 한다. 참으로 헌신적으로 민간외교에 공헌하는 모습이 존경스러웠다. 과연 선진국의 시민은 이러하구나 하고 감동을 받았다.

그의 배려는 그 정도로 그치지 않았다. 1977년의 크리스마스이브에는 호만 부장판사 부부가 그의 자택에서 괴팅겐의 저명인사들 수십 명을 초대한 연말 모임을 개최했는데, 그 자리에도 초청했다. 여러 저명인사와 만나 대화를 나눌 기회를 가졌는데, 그중에는 노벨상 수상자(화학상 수상자)도 있었다.

또한 1978년 신년 초에는 괴팅겐의 대극장에서 시장이 초청한 백여 명의 저명인사 부부가 참석하는 무도회가 있었는데, 특별히 부탁하여 참석의 기회를 얻어 주었다. 이와 같은 무도회 경험이 없어 긴장되고 어색하기도 하였지만, 훌륭한 문화체험이 되었다.

그 이외에도 호만 부장 판사의 도움으로 1년 동안 괴팅겐에서의 연수는 알차고 보람 있게 지낼 수 있었다. 그의 주선으로 단독 판사와의 면담, 대화, 그곳 검사장과의 접촉과 검찰 실무의 체험, 두세 곳의 변호사 사무실 방문과 질의응답 등 법조 전반에 걸친 폭넓은 경험을 하게 된 것은 전적으로 그의 덕택이었다.

이렇게 하여 1년 반 가까운 독일에서의 생활은 막바지를 달리고 있었다. 생애 첫 해외여행의 기회가, 거리상 가까운 나라도 아니고 유사한 문화권도 아닌 유럽의 독일에서, 1년 반이라는 비교적 장기적인 체류로 이어졌으니, 문화충격과 함께 좋았던 경험과 씁쓸한 경험이 적지 않았음은 당연한 일이었다.

우선 그를 부끄럽게 하고, 반성하게 하고, 앞으로의 직업활동에서 커다란 깨우침을 준 것은 사람에 대한 신뢰와 함께, 가능한 한 도움을 주려는 인간애였다. 물론 사람 사는 곳인 만큼 일부 대도시 등에서는 당연히 반대 사례도 많다. 몇 가지 실례이다.

귀국을 얼마 앞두고, 후일의 공부자료로 책을 한 권 사려고 서점을 찾아 갔다. 매년 '전년도에 독일 전국에서 출간된 법률서적의 전부를 빠짐없이 수록한 책'(한 권으로 된 두꺼운 책)이 발간된다. 이 책만 있으면 독일 내 법학분야의 현황과 전망을 한눈에 알아볼 수가 있다. 시내의 가장 큰 서점을 방문하여 직원에게 문의하니 그 책이 두 권 있기는 한데, 이는 외부 판매용이 아니라 내부 직원의 참조용이기 때문에 판매할 수는 없다는 대답이었다.

안타까운 마음에 가격은 불문하고 구입하기를 원한다고 졸랐더니, 그러면 일단 빌려줄 터이니 볼 만큼 보고 반환해 달라고 한다. 그때 나는 집주소라도 적어주고 신분증이라도 맡기라고 하려나 하였더니, 필요 없고 그냥 가져가라고 한다. 감사를 표하고 집에 가져와 며칠 동안 잘 보았다. 그런데 마음속에 부끄럽게도 갈등이 싹트고 있음을 느꼈다. 며칠 후에는 한국으로 돌아갈 터인데 '그대로 가지고 가 버릴까', '책 도둑은 도둑도 아니다'라고 하는데.

잠시 갈등하다가 결국 반환하기로 결심하였다. 가장 큰 이유는 그 직원이 그 정도까지 믿어 주었는데, 너무나 부끄러운 배신이라고 여겼기 때문이다. 이윽고 다음 날, 그는 자존감과 긍지에 가득 차서 가슴을 쭉 펴고 한 손에 그 책을 들고 서점을 다시 찾아 그 직원에게 당당하게 보라는 듯이 직접 반환하려 하였다.

직원은 저 멀리서 다른 업무에 열중하고 있다. 그는 책을 높이 들어 보이면서 신호를 하고, 직원에게 다가가려고 하였다. 직원은 자기에게 올 필요 없이 '그곳에 그냥 책을 두고 가라'는 듯 손짓을 하고, 다시 자기 일로 돌아갔다. 그 자리에서 그는 부끄러움과 함께, 여러 가지 생각이 머리를 점령하였다.

비슷한 일은 또다시 귀국 1주일 전쯤 일어났다. 귀국을 준비하던 어느 날 구청에서 전화가 걸려왔다. 용건인즉, 그가 신청해서 수령하던 '주거보조비'(Wohngeld)의 지급기간이 곧 만료되는데, 원하면 다시 신청해 달라는 것이었다. 독일에서는 사회보장제도의 일환으로, 수입에 비해 주거비 지출이 과다하면 일정 금액을 국가에서 보조해 준다. 국가 주거정책의 잘못을 이유로 하는데, 이는 외국인에게도 적용된다.

외국인에게도 지급한다는 데 놀라웠고, 또한 공무원이 먼저 돈을 받아가라고 연락하는 것도 놀라웠다. 당시 우리나라 공무원 사회의 현실에 비추어서 감동하면서, 얼마 후 귀국한다고 답변하였다.

이러한 예들은 너무나 많다.

법원 실무에서 '서류의 송달'은 중요하면서도 잦은 일인데, 독일에서는 법원에 보관하는 해당 서류의 한쪽 귀퉁이에 "담당직원이 '송달했다'고 사인만 하면" 그것으로 끝이다. 우리나라에서는 양쪽 당사자에게 등기우편으로 발송하고, 받았다는 영수증을 일일이 기록에 첨부하여야 한다.

한번 맺어진 신뢰관계는 오랫동안 계속되었다.

1978년 귀국한 뒤, 그는 다시 도이치 교수의 주선으로 독일학술교류처(DAAD)의 초청을 받아 1985년 '보충연수'를 위하여 3개월 동안 다시 괴팅겐을 방문하였다. 또한 1980년대에 들어와, 이제 우리나라의 예산으로 판사의 해외연수를 시작했는데, 그의 네트워크와 주선으로 거의 10년 가까이 괴팅겐대학과 법원에서 판사 연수가 이뤄졌다.

극히 예외적인 일부의 현상이라고 여기지만 씁쓸한 경험도 없지 않다. 12월의 구름이 잔뜩 낀 음산한 어느 날이었다.

국방색 파카를 뒤집어쓰고 집에서 나와 학교로 걸어가는 중에, 결혼한 학생용 아파트가 있고, 그 앞에 어린이 놀이터가 있다. 다섯 살 정도 되어 보이는 독일 어린이가 모래밭에서 놀고 있다가 지나가는 그를 발견하고 '즉각적으로' 한마디를 하였다.

"Du Chinese. Du stinkst."(너 중국 놈, 너는 냄새 난다.)

알다시피, 'Du'(너)라는 단어는 독일에서 거지에게도 쓰지 않는 말이다. 그가 놀라 주위를 둘러보니, 그 이외에 다른 사람은 아무도 없었다. 기겁한 그 아이의 어머니가 아이를 번쩍 잡아채어, 도망치듯 아파트 안으로 뛰어 들어갔다.

한 가지만 더.

외롭고 각박한 독일생활 중 몇 가지 낙(樂) 중의 하나가 방금 구운 따뜻한 독일 빵(Brötchen)에 향기로운 모카커피 한 잔으로 아침식사를 하는 것이었다. 당연히 집에 커피를 가는(grinding) 기계가 없으므로 귀찮아도 2, 3일에 한 번씩 시내 나가는 길에 소량의 커피를 사 가지고 온다(커피향이 달아나지 않도록). 그리고 매일 아침 8시경, 아내가 바로 집 부근의 빵집에 가서, 갓 구워 낸 그 빵을 4개씩 사 가지고 온다(집에 빵을 신선하게 보관하는 기구가 없으므로).

그러던 어느 날 아내가 아침에 나갔다 오더니, "여보, 아쉽지만 이제는 아침식사를 다르게 하지요" 하고 울먹거리며 이야기한다. 자초지종을 들어보니 빵 가게 주인으로부터 서글픈 일을 당했음이 틀림없었다(자그마한 동양 여인이 화장기도 없이 매일 아침 얼마 안 되는 빵을 사러 왔으니 호감이 갔을 리 없다). 다음 날부터 아침 식단이 바뀌었다.

사람 사는 세상에 있을 법한 두 가지 경험이 있다.

하나는, 신문기자 관련이다. 검찰청 실무수습 중 어느 날 검사장으로부터 연락이 있었다. 괴팅겐 지방신문의 기자가 한국의 법관이 연수 중이라는 소식을 듣고 인터뷰하겠다고 동의 여부를 묻는 것이다.

기본적으로 동의 못 할 일도 아니어서 승낙하면서 한 가지 조건을 붙였다. 후에 기사가 작성되면, 그 내용을 한 번 미리 검토할 기회를 가지겠다는 것이었다. 혹시라도 잘못된 내용이 있으면 수정하기 위해서이다.

동의가 이뤄졌고, 인터뷰가 깔끔하게 잘 행해졌고, 며칠 뒤 기사 작성이 완료되었으니 이를 보여주겠다고 연락이 왔다. 그런데 인터뷰 과정에서 조금도 불편한 내용, 특히 한국의 정치상황에 대한 언급 등이 없었기에 기사내용 검토는 필요 없다고 대답하였다.

며칠 후 기사가 보도됐는데, 그곳 한국인 유학생들로부터 항의가 빗발쳤다. 도대체 무슨 이야기를 했길래 그런 기사가 나갔냐는 것이었다. 확인해 보니, 이런! 한마디 하지도 않은 말들이 버젓이 실려 있었다.

"인터뷰 내내 화기애애한 대화가 이어졌는데, 화제가 한국의 국내 정치상황으로 옮겨가자 굳은 표정으로 입을 꾹 다물고, 한마디도 하지 않았다"는 내용이었다. 기자라는 직업은 어느 나라나 그런 속성을 가지고 있는지 모르겠다.

다른 하나는 외국어(독일어) 번역(해석)의 어려움에 관한 것이다.

앞서 이야기한 바와 같이, 독일로 떠나기 전 지도교수로부터 석사학위 논문제목을 받았다. "가정적 인과관계론"이다.

그때는 우리나라에 이에 관한 자료가 전혀 없었기 때문에 우선 일본 자료를 찾아보았다. 힘든 과정을 거쳐* 일본 어느 지방 시립대학 교수가 똑같은 제목으로 쓴 100여 페이지 정도 되는 논문을 발견하였다. 그분을 위하여 성명, 학교명 등은 밝히지 않기로 한다.

---

* 1977년 당시에는 요즘같이 인터넷, 구글 등을 통한 검색이 없어 일일이 수작업으로 찾고 복사해야 했다.

일본 주재 한국대사관의 지인 등을 동원하여 이 논문을 복사하여 힘들게 입수하였다. 독일로 출발하기 전, 소중한 이 자료를 여러 번 꼼꼼히 읽어보니 크나큰 도움이 되었다. 과연 일본의 학문 수준이 우리와 비교하여 엄청나구나 하는 존경심까지도 가지고 독일로 갔다. 독일 현지에서는 추가로 자료를 입수하여 석사논문을 완성할 심산이었던 것이다.

괴팅겐대학에서 공부하면서 도서관에서 당연히 이 제목에 관한 논문, 서적, 판결례 등을 찾아보니 너무나도 많은 자료들이 발견됐다. 가능한 한 많이 읽고, 후일을 위하여 복사도 해 두었다.

그중에 우연하게도 괴팅겐대학에서 바로 똑같은 제목을 붙인 박사학위 논문이 발견됐다. 100여 페이지 되는데, 그가 정확히 필요로 하는 주제였기에 당연히 복사하고 꼼꼼히 읽기 시작하였다. 과연 좋은 논문이었다. 감탄하면서 30페이지쯤 읽어 갔다.

그런데 이상하게도 그 내용이 생소하지 않고 어디선가 본 듯한 느낌이 들었다. 혹시나 하고 일본에서 발견했던 논문을 꺼내 놓고 비교해 보았다. 아니나 다를까! 일본 논문이 이 독일 박사학위 논문을 글자 하나도 고치지 않고 그대로 번역한 것이었다. 유감스럽게도 번역했다는 언급이나, 그 출처가 어디에도 나타나 있지 않았다.

그 순간, 그 교수에 대한 존경심이 사라졌다. 그래도 계속하여 처음부터 두 개의 논문을 놓고 비교하면서 끝까지 읽어 나갔다. 그러자 점점 그 교수에 대한 존경심이 조금씩 다시 생겨났다. 그 번역이 정확하게 너무나 잘 되어 있었던 것이었다. 역시 일본의 외국문화 수입, 번역문화는 대단하구나 싶었다.

그러면서 그는 독일의 이 박사학위 논문을 읽어 가던 중, 약 한 페이지에 달하는, 아무리 꼼꼼히 읽어도 잘 이해되지 않아 고생스러웠던 부분이 생각나서, 이 부분에 해당하는 일본 논문은 어떻게 되어 있나 찾아보았다. 그 순간 다시 일본 교수에 대한 존경심이 완전히 사라져 버렸다. 놀랍게도 그 부분만이 통째로 빠져 있는 것이었다. 당연히 그 부분의 앞뒤가 논리상 자연스럽게 연결될 수 없음은 명백하였다. 기본적으로 외국 문헌의 정확한 이해가 얼마나 어려운 것인지를 본의 아니게 절실히 느꼈다.

독일생활의 마무리 정리는 웃기고도 슬픈 사연으로 할 수밖에 없다. 그는 독일 정부로부터 월 700마르크의 장학금을 받아 생활을 한다. 기초생활 유지에 빠듯하다.

그렇지만 당시 우리나라는 해외여행이 극히 제한적이었으므로 그들 부부는 독일에 머무르는 동안, 유럽의 여러 나라들을 가능한 한 많이 여행해 보기를 갈망하였다. 하지만 여행경비를 합법적으로 마련할 길이 없었다.

서울에서는 판사의 기본 봉급은 매월 지급되고 있지만, 이를 독일로 송금하여 사용할 방법이 없다. 어쩔 수 없이 여행 욕심에 그는 법에 어긋나는 탈법행위를 하였다. 즉, 독일 현지에서 일하고 있는 어떤 한국인 목사님을 소개받아, 목사로서 받는 봉급을 그가 빌려 독일에서 사용하고, 대신 서울에서 한국돈으로 목사님의 부인에게 지급해 주는 것이다. 이는 이른바 '환치기'라는 수법으로, 당시의 외환관리법에 저촉되는 행위다.

이렇게 마련한 비용으로 그는 유럽의 여러 나라를 여행했다. 물론 비용을 최소화하기 위하여 이동은 야간열차를 이용하고(숙박비 절약을 위하여), 새벽에 도착하여 하루의 일정을 시작한다. 그는 야간열차 운행 중에도 다음 일정 준비를 위하여 잠자는 시간을 줄여 다음 목적지의 여행정보를 읽고 계획을 세우기 위해 바쁘다. 이렇게 매번 강행군을 하면서 여행을 하다 보니, 귀국할 무렵쯤 되어 그의 아내가 그에게 조심스럽게 한마디 제안을 하였다.

"여보, 다음에는 세 군데 갈 것을 한 군데만 가도 좋으니, 제대로 된 호텔에서 자고, 맛있는 음식을 먹으면서 여행합시다."

그는 미안함을 느꼈다.

한 가지 더 '웃픈' 사연이 있다.

독일에 머무른 지 8개월쯤 지난 어느 날, 우체국에서 집으로 소포가 배달돼 왔다. 서울에서 모친이 비용절감을 위해 배편으로 보낸 것인데, 조그마한 항아리와 함께 손으로 쓴 편지가 있었다.

사연을 읽어보니 "필요할 것 같아 고추장을 보낸다. 도착할 때까지 시간이 걸려, 고추장이 상할지 몰라 고추장 안 비닐봉지 속에 방부제를 싸서 넣었으니, 꺼내어 고추장과 잘 섞어서 먹어라"고 적혀 있었다. 그는 어리석게도 이 '암호문'을 해독하지 못하였다.

고추장을 열어 저어보니, 역시 고무줄로 묶여 있는 작은 비밀봉지를 발견했다. 고추장이 상했는가 하고 맛을 보았는데, 전혀 상한 것 같지 않았다. 안심하고 건져낸 비닐봉지를 '풀어 볼 필요도 없어서' 그대로 쓰레기통에 넣어 버리고, 고추장을 감사히 잘 먹었다. 모친의 배려에 감사하면서.

　몇 개월 후 그는 귀국하였다. 모친께는 보내주신 고추장은 잘 먹었다고 말씀드렸다. 그런데 모친의 말씀은 "고추장 속의 200달러는 잘 사용했느냐"였다. 이로써 지구상의 달러 발행고가 200달러만큼 줄어들었음을 깨닫게 되었다. '자식은 백 번 죽었다 깨어나도 자식에 대한 부모님의 사랑을 만분의 일도 따라갈 수 없다'고 생각하였다. 모친은 2014년 저 세상으로 가셨다. 그곳에서 영원히 평안하시기를.

　1978년 9월, 그는 독일 연수를 마치고 귀국길에 올랐다. 귀국 항공편까지도 독일 정부에서 부담했기 때문에 시야를 넓히기 위하여 귀국 노선을 미국과 일본을 거쳐 돌아오는 것으로 선택하였다. 친구나 친지들이 있는 곳을 선택하여 뉴욕, 워싱턴, 보스턴, 시카고, 하와이, 동경 등에서 며칠씩 머물러 가면서 9월 말경 서울로 돌아왔다. 오랜 기간 동안 적절한 나이에, 적절한 나라에서 많은 것을 보고 배우고 깨우쳤다. 판사로서 그의 직업활동에 큰 영향을 미칠 것임은 당연히 예상됐다.

* * *

　1년 4개월 동안(1977년 5월부터 1978년 9월까지)의 독일 연수를 마치고 그는 다시 원래의 근무지였던 서울형사지방법원으로 복귀하였다. 새로운 담당업무는 형사항소부(단독사건의 2심)의 배석판사였다. 의도된 것은 아니었지만, 그는 그동안 박정희 정권 하에서 법조인으로서 어려운 시절을 일정기간 동안 피해 있었던 결과로 되었다.

그가 독일로 연수를 떠나기 6개월쯤 전(1976년 11월 8일)에 영등포지원에서 긴급조치 9호 위반사건에 대하여 무죄판결이 내려져(이영구 부장 판사), 사법부에 대한 감시와 통제가 강화되고 있었다.

그의 귀국 후에도 이러한 상황은 계속되었으나 형사항소부의 배석 판사로, 폭풍의 중심에서 약간 벗어난 채로 1년 남짓을 지내고 있었다. 그 과정인 1979년 8월 독일에서부터 준비해 온 논문이 심사를 통과하여 석사학위를 받게 됐다.

그러던 중 1979년 10월 26일 김재규가 대통령을 살해한 사건이 일어났는데, 그 한 달 후인 1979년 11월 30일자로 인사이동의 원칙에 따라 그는 지방 근무를 발령받고 광주지방법원 순천지원으로 배치됐다. 그곳에서는 2년간 근무하고 상경하는 것이 인사 관행이다.

아내 및 두 아들(6살, 4살)과 함께 이사하여 아담한 국민주택까지 임차해(당시에는 그곳에 아파트도 없었다) 한가롭고 자연친화적인 지방생활을 즐기고 있었다. 그렇게 7개월 정도 지났는데, 1980년 6월경 그의 일생에 큰 변화를 초래할 일이 생겼다.

잘 아는 바와 같이 1980년 5월 18일 순천과 인접한 광주에서 민주항쟁이 일어난 것이다. 모든 통신이 차단되어 어떤 일이 일어났고, 어떻게 진행되는지도 모르는 상황에서(순천지원의 판사로서 알 수도 없었지만), 나중에 알고 보니 광주민주항쟁 이틀 후인 5월 20일 대법원에서 김재규에 대한 사형판결이 있었고, 여기에 5명의 대법관이 작심하고 소수의견을 기재하였음을 알게 됐다.

6월의 어느 날, 광주지방법원장으로부터 "서울로 발령이 났으니 바로 상경하라"는 통지를 받았다. 이임인사 겸 어떤 영문인지 소식이라도 전해 듣기 위하여 법원장님을 방문하여 문의하였으나, "본인도 무슨 일인지 알 수가 없고, 법원행정처를 찾아가 지시를 받으라" 하는 대답이었다.

졸지에 이삿짐을 꾸려 가족과 함께 서울로 이사하고, 행정처를 방문하니, "내일부터 당장 국가보위비상대책위원회(국보위)에 파견근무"라 한다.

지시에 따라 다음 날(6월 20일 경) 국보위에 출근하니(국보위는 1980년 5월 27일 광주항쟁 완전 진압 후, 5월 31일에 발족했다), 법사위 소속으로, 위원회가 배당하는 업무를 처리하도록 되어 있었다.

출근시간은 아침 일곱 시, 퇴근시간은 무제한, 휴일은 없었다. 그러다 보니, 아침시간에 화장실이 만원이어서 한참 줄을 서서 기다려야 하는 진풍경이 연출되기도 하였다.

그가 배당받은 일은 국보위에 접수된 수많은 각종 민원, 탄원, 고발 사건에 대하여 법률적 검토를 한 뒤에, 답장을 준비하여 보내는 것이었다. 당시 국보위는 국민의 고충을 최대한 해소시켜 주겠다고 대대적 홍보를 하여, 엄청난 양의 민원이 접수되고 있었다.

그리고 모든 통화는 당연히 감청되고 있었으며, 업무의 강도는 최고로 높았다. 그는 당시 겨우 34세의 경력 5년 남짓의 판사였기에(더욱이 그는 주체세력과 지연, 학연 등이 전혀 없었다), 업무상 중요한 결정에 참여할 기회는 전혀 없었지만, 다만 옆에서 귀동냥으로 어떤 일이 진행되는지, 그리고 일 처리방식이 어떠한지 등을 듣고 구경할 수는 있었다.

그렇게 시간이 지나가면서 누군가 핵심참모들이 준비한 정치적, 법적 스케줄에 따라 1980년 9월 1일에는 상임위원장인 전두환이 대통령으로 취임하는 것을 가까이서 경험하였다.

그리고 (역시, 당시에는 알지 못하였고 나중에 알게 된 것이지만) 김재규에 대한 대법원의 사형 확정판결에서 '내란목적이 없었다'는 소수 의견을 소신 있게 밝힌 민문기, 임항준, 김윤행, 서윤홍 4명의 대법원 판사로부터 1980년 8월 9일 임의제출 형식의 사표를 받았고, 사표제출을 완강히 거부한 양병호 대법원 판사는 강제연행과 가혹행위 끝에 사표를 받아냈음을 알게 되었다.

사실, 당시 국보위에 파견되어 있던 김헌무 부장 판사는* 이러한 조치는 사법권 독립에 대한 명백한 침해이므로 있어서는 안 된다고 강력히 주장했으나, 정치적 이유 때문에 결과적으로 받아들여지지 않았다. 하지만 이러한 소신 주장은 당시의 군부 실세 내부에서도 내심 칭송을 받았고, 10·26사건 직후 보안사의 자체 조사에서도 박정희 살해는 김재규의 단독범행으로 결론내린 바도 있었다.

그런데 위 판결에 소수의견을 낸 판사는 모두 6명으로서 위 5명 이외에 정태원 대법원 판사가 더 있었으나, 유독 그는 사표제출 대상에서 제외되었다. 이유는 판결문을 잘 읽어보면 분명하다. 즉, 세 줄밖에 안 되는 소수의견으로, '아주 부수적인 쟁점에 대하여 다른 판사의 의견에 동조한다'라는 형식적인 내용이었기 때문이다. 그러나 그 역시 몇 개월 뒤에 있는 1981년의 대법원 개편에서 탈락되었다.

이와 같이 1980년 6월 말경부터 10월 말경까지 4개월 남짓 동안 국

---

* 그는 임항준 대법원 판사의 사위이기도 하다.

보위 법사위에 파견근무를 하면서, 비록 중요한 정책결정 과정에 참여할 기회는 없었지만, 그래도 나름 법조인으로서 시야를 넓히는 데는 크게 도움이 되었다.

우선 다수의 민원사무를 처리하면서 느낀 것은, 민원의 상당수가 고위공직자를 모시는 운전기사, 비서 또는 수행원 등 최측근에 의한 것이었다. 그들만이 알 수 있을 개인적 비리나 사적 일탈을 제보하여 결국 사정(司正)이라는 명분으로 사임시키는 경우가 많았다. 사법부의 최고위층에도 해당 인사가 있었다.

나아가 국정운영의 중대 방향을 결정하는 '메커니즘', 즉 누가 또는 어떤 세력집단이 주도권을 가지며, 그들의 의지를 관철시키는 과정은 어떠하며, 반대세력의 제압 또는 회유는 어떻게 이뤄지는지 등에 관한 내밀한 모습들을 비록 옆에서라도 보고 들을 수 있었다.

당시의 주도권 싸움은 군부세력(정보기관 세력 포함)과 검찰세력 사이의 다툼이었지만, 박정희 대통령 이래로 군부세력이 워낙 막강하여 주도권이 군부에 넘어가 있었다. 그러나 검찰세력 역시 전통적 권력집단으로 계속 기회를 엿보고 있었고, 특히 법률적 쟁점이 대두되었을 때에는 확실한 우위를 차지했다.

이러한 세력 분포 속에서 판사의 신분을 가진 그는 본능적으로 판사의 역할 또는 사법부의 역할이라는 관점에서 상황을 분석해 보았는데, 본인의 희망과는 달리 너무나도 실망스러웠다. 즉, 정책결정 과정에서 영향력이 전혀 없었다. 그나마 군부세력은 사법권 독립이라는 환상적인 헌법이념에 추상적이나마 경외심 내지는 존경심을 나타내고 있었다.

반면, 검찰세력은 이러한 존경심은 전혀 없이 오로지 견제의 대상 또는 압도해야 할 대상으로 사법부를 생각하고 있음이 명백했다. 형식적으로라도 숨기려 하지도 않았다. 법률적 자격과 지위에서는 대등하고, 실질적 영향력에서는 독점적 수사권을 가지고 있음을 내세워 우월하다는 인식이 팽배했다. 기회 있는 대로 사법부를 견제하고 압도하려고 했다.

이렇게 사법부(판사들)의 무기력함을 통감하고, '정의의 최후의 보루'로서의 임무를 저버린 사법부 구성원들에 대한 실망으로 번민하면서, 국보위 근무를 마치고 다음 단계로 나아가게 되었다. 즉, 1980년 10월 27일부터 발족한 국가보위 입법회의(立法會議)의 파견근무로 이어지게 되는 것이다. 이 기구는 '평상시의 국회'의 역할을 맡고 있었다. 즉, 특별조치에 의하여 국회는 해산되고, 대통령이 임명한 입법위원이 국회의원의 역할을 하는 것이다. *

그는 입법회의 법사위 소속 전문위원 여러 명 중 한 명으로 근무하게 됐다. 이러한 전문위원에는 군, 행정부, 검찰, 법원 출신 등이 포함돼 있어서 심리해야 할 법률안의 성격에 따라 적절한 전문위원에게 사건이 배당되게 된다.

해당 전문위원은 그 법률안을 사전에 검토한 후, 법적 문제점을 정리하여 법사위원회에 보고하는 역할을 한다. 하지만 당시 분위기상으

---

* 이와 같이 국보위와 입법회의의 설치 및 여기에서 행해진 조치에 따라 전두환이 대통령이 되는 과정은 과거 박정희가 유신 조치 이후 행한 과정들의 데자뷰이다.

로 전문위원의 검토, 보고 단계에서 사실상 그 내용이 정해지기 마련이었다. 그리하여 그는 본의 아니게 이제는 입법부(국회)에서의 법률가의 역할까지도 경험할 수 있는 기회를 가지게 됐다.

대부분이 국보위에서 정책적으로 결정한 내용들을 구체적으로 실행하기 위한 법안을 만들어 내는 것이었다. 그에게는 주로 사법부 관련 법안들(법원조직법, 사회보호법 등)이 배당되었는데, 법 시행과정에서 판사들이 '하늘과 같이 여기고 따르는' 법조문의 문구와 내용이 얼마나 '허술하게'(여기에는 고위 정책입안자가 아닌, 중하위 실무자의 손끝에서 정해져 버린다는 의미도 포함해서) 만들어지는지를 보고 놀라움을 금치 못하였다.

물론 사법부(판사)는 제정된 법률의 문구에 충실하여 해석, 적용하여야 하겠지만, 필요한 경우에는 그 '조문의 진정한 입법의도'를 파악해서 과감하게 해석하는 자세(용기)도 가져야 할 필요가 있다고 느꼈다.

1981년 4월 10일 입법회의의 종료일까지 5개월 남짓 근무하면서, 몇 가지 기억에 남는 일들이 있다.

우선은 이른바 '언론기본법'의 제정이다. 당시에는 언론탄압을 위한 악법이라는 비난이 많았지만, 실제내용은 반박보도 청구권(반론권)의 신설과 언론중재위원회의 설치가 주된 내용이었다. 주심 전문위원을 맡는 바람에 반론권에 대한 공부를 많이 하게 되었고, 그 인연으로 언론중재위원회 탄생부터 시작하여(1981년에 설치), 오랫동안 중재위와 관련을 맺어 오게 되었다.

다음은, 법원조직법에 삽입된 '선언적, 장식적' 규정에 대한 회고이다. 위 법의 개정안이 제출됐는데, 어느 날 법사위원장(정희택)이 호출하여 방문하였다. 용건인즉, 선진국이 되려면 사법부(판사)가 제대로 기능해야 하는데, 우리나라도 이를 지향하는 의미에서 사법부의 우위를 다지고 구성원(판사들)의 사기를 높일 수 있는 규정을 만들어 넣어보라는 취지였다.

검찰 출신인 그가 그 정도로 배려해주는 것이 고맙기도 하여 며칠을 연구하고 머리를 짜내어 선언적 규정을 만들어 넣었다. 그 내용인즉 "판사의 권위는 존중되어야 하고 …"로 시작되는, '장식적'인 것이었다.

웃지 못할 일은 그다음에 벌어졌다. 바로 그 이후에 있은 검찰청법 개정안에서, 그들이 위 규정을 모방하여, "검사의 권위는 존중되어야 하고 …"라는 조항을 신설하여 넣은 것이다. 이토록 그들은 사법부에 조금도 뒤처지지 않으려고 사력을 다했다.

더욱이 그들은 검찰청법 개정안의 심의일자를 법원조직법 개정안의 심의일보다도 조금이라도 늦게 잡아서, 혹시라도 있을지 모르는 상대적인 불이익(손해)을 입지 않도록 주도면밀한 영악함을 보였다.

검찰의 위와 같은 집요함에 비하여 사법부의 무기력한 대응은 실망스러웠다. 어느 날, 사회보호법이 법사위에 넘어왔다. 핵심내용은, 일정한 요건에 해당되면 '판사는 재량권이 없이' 기계적으로 '검사가 신청한' 사회보호처분을 내려야 한다는 것이었다. 위 안건은 당연히 검찰 출신 전문위원에게 배당됐다.

그러나 어떠한 과정으로 판사인 그가 그 내용을 알게 되었다. 어떻게 해서라도 이를 저지해 볼 방안을 찾던 중, 이 법률안을 복사하여 법원행정처의 고위직에 알려줌으로써 그 저지방안을 강구하도록 할 계획을 세웠다. 그는 마치 스파이 활동을 하는 심정으로 잔뜩 기대를 가지고 행정처를 방문하여 도움을 구하였다. 그 자리에서 그는 사법부의 소극적, 패배주의적인 사고방식에 크게 실망했다. "입법부에서 법안을 만드는데, 사법부가 어떻게 개입하겠느냐"라는 대답이었다. 참고로 이 법안은 후에 헌법재판소에서 위헌결정을 받아 폐지됐다.

잊지 못할 또 하나의 기억은, 정치를 지향하는 사람의 놀랄 만큼 '뻔뻔함'에 관한 것이다.

1980년 말과 1981년 초, 입법회의(즉, 국회)에서 각 부처의 예산안을 심의해야 할 시기이다. 그가 속한 사법부도 역시 예산 심의를 받아야 한다. 사법부 예산 담당 전문위원은 군인 출신 법조인이었다. 예산을 배정받아야 할 법원도 '예의상' 가만히 있을 수가 없어서, 위 담당 전문위원과 고교 동기동창으로 친분이 있는 어떤 판사를 내세워 그 전문위원을 인사차 방문하고, 점심식사라도 대접할 계획이었다. 이미 그곳에 파견 근무 중인 그(양 판사) 역시 분위기 조성을 위하여 그 자리에 함께하였다.

용건전달을 마치고 점심식사를 제안하니, 그 전문위원이 정중하게 "모처럼 만나게 되었는데, 공교롭게도 다른 점심약속이 있어서…"라고 사양, 거절하였다. 12시경이 되어 하는 수 없이 위 세 사람은 각자의 식사를 위하여 자리에서 일어나 복도를 걸어가고 있었다. 그 순간 복도의 반대쪽에서 걸어오던 '영향력 있는 분'(당시 법사위원장)과 마주쳤다.

서로 반갑게 인사를 나누었는데, 그 위원장이 "마침 의원식당에 점심식사를 하러 가는 중인데 괜찮으면 함께 가자"고 세 사람에게 제안하였다. 판사인 두 사람은 어차피 약속이 없었으므로 승낙했으나, 나머지 전문위원(군 출신으로 정치적 야망이 있었다)은 당연히 자리를 함께 하지 못할 것으로 예상했다.

방금 전에 선약을 이유로 친구 판사의 점심식사 제의를 거절하였기 때문이다. 그러나 '놀랍게도' 그는 '1분 전에 제안을 거절한 두 판사의 면전에서' "감사합니다. 함께 식사하겠습니다"라고 위원장에게 대답하고, 4명이 함께 점심식사를 하였다.

그는 그 전문위원이 조심스러워서 식사 도중 내내 그의 얼굴을 쳐다볼 수가 없었다. 하지만, 그 전문위원은 조금도 개의치 않고 점심식사를 즐겁게 마쳤다.

이렇게 입법회의가 임무를 마친 1981년 4월 중순, 그는 다시 친정인 법원으로 복귀했다. 당분간은(4개월 동안) 본업인 재판업무가 아니라 법원행정처에서 법무담당관으로 새로운 경험을 하고, 1981년 9월이 되어 서울민사지방법원에 돌아왔다.

돌이켜보니 지난 1년 2개월 동안 재판만을 하는 판사로서는 경험하기 어려운 특별한 체험을 했다. 어려운 시간도 있었고, 권력을 쫓아가는 불나방의 모습도 보았지만, 나름 시야를 넓히고 판사(사법부)의 위치와 역할을 다시 생각해 볼 수 있는 유익한 시간이기도 했다.

이러한 와중에 1981년 1월 23일, 대법원은 김대중에 대하여 내란음모사건(5·18 사건)에서 전원일치로 사형을 확정했고, 모양 나쁘게, 그날 바로 대통령은 무기징역으로 감형해 주었다.

틀림없이 이러한 체험들은 앞으로 이어질 그의 판사 생활에 커다란 영향을 미치게 될 것이었다. *

* * *

　그는 오랜 동안(15개월)의 외도(?)를 끝내고, 1981년 9월 1일 마침내 본업으로 돌아왔다. 새 둥지를 튼 곳은 민사지방법원 신청부이다. 가압류, 가처분 등 신속을 요하는 신청사건을 주로 처리하는 곳이다.

　재판장으로는 1977년 형사합의부 때, 독일 가기 직전에 모셨던, 그리고 여러 면에서 존경하던 안우만 부장판사님이다. 새로 접하는 업무인 데다가 순발력을 요하는 일이기도 하여(회사 정리 등) 긴장감 속에 지내고 있었는데, 사법사에서 역사에 남을 일이 찾아왔다.

　언론중재위원회가 발족하면서 새로 도입된 반론보도청구 사건이 최초로 접수된 것이다. 첫 당사자가 되는 불명예는 'K 주간지'에 돌아갔다. '최초라는 낙인'을 벗어나기 위해 법정 안팎에서 여러 가지로 노력하였지만, 법리상 결론이 너무나 분명하기에 우여곡절 끝에 그대로 판결이 났다.

　이어서 이번에는 일간지 중에서 첫 사례가 나타났다. D 일간지의 H 기자가 쓴 기사였는데, 사실확인이 미흡했던 점이 문제가 되었다. '제대로 된(?)' 첫 사례이고, 당시 언론계 및 법조계에서도 반론보도라

---

* 　1973년 정치권력에 의한 부친의 비자발적 퇴임과, 1974년 그의 판사생활의 시작이 근접하게 겹치면서, 그는 자연스럽게 사법권의 독립에 대한 애착과 외부권력에 의한 사법권 침해에 극도의 저항감을 가지게 되었다.
　　그럼에도 불구하고 그는 그의 의지와는 상관없이, 비록 말단이었지만, 사법부 독립을 저해하는 기구에 파견되어 일조하는 역할을 맡아 하였으니 인생은 알 수 없는 것인가 보다. 물론 그곳에서의 여러 경험들은 그에게 반면교사로 작용하였다.

는 개념에 익숙하지 않을 때여서 심리과정에서, 특히 피신청인인 언론사에 대하여 거의 반론권 강의를 하는 듯이 재판이 진행되었다. 언론사의 집요한 방어가 있었지만, 역시 법리상 어쩔 수 없어 패소판결이 내려졌다.

판결선고 직후 해당 기자로부터 주심 판사인 그에게 전화가 걸려왔다. 대화의 시작은 '반론권의 법리를 묻는' 형식으로 부드러웠으나, 얼마 지나지 않아 본래의 의도가 드러났다. 판사가 '정보부의 조종을 받아 언론사를 탄압하기 위하여 사건을 의도적으로 진행하고 판결하였다'는 취지였다. 상황을 잘 설명하고 오해를 해소하기 위하여 무진 노력했지만 실패하고, 급기야는 상대방의 막말에 수화기를 내리쳐 박살냄으로써 통화가 종료되었다. 씁쓸한 기억이었다.

1980년 입법회의에서, 언론기본법안의 주심 전문위원을 맡아 '중재위원회와 반론권' 조항을 정리하면서 맺어진 인연이 그 첫 사건을 맡는 것으로 이어졌고, 이는 그 후 2021년까지 40년 동안 여러 형식으로 (논문 작성, 세미나 참석, 중재위원 활동 등) 계속되었다.

이와 같이 민사법원에서의 생활은 1984년 8월 말까지 3년 동안 계속되었는데, 법정 밖의 혼란스러운 정치상황과는 단절된 채로 폭풍전야의 고요함을 즐기고 있었다.

이 기간 중 독일에서 인연을 맺었던 도이치 교수님의 배려로 '보충연수' 목적으로, 다시 3개월 동안 독일에 머무르는 혜택도 받았다. 또한 주한 독일대사관과의 서로 협조적인 관계도 진전되어 독일 대사관의 여러 행사에 초청되어 참석할 기회가 많았고, 나아가 독일학술교류처(DAAD)의 독일 유학생 선발과정에 선발위원으로 참여하여 도움을 주기도 하였다.

이와 같이 시간이 흘러 법원 내의 판사경력이 쌓이면서 1985년 3월부터 서울고등법원의 배석판사로 자리를 옮겨갔다. 사무분담의 원칙에 따라 형사부, 민사부, 특별부 등을 돌아가면서 1988년 7월 말까지 3년 5개월 동안 끔찍한 업무부담(판결문 작성 등) 속에서 허덕이고 있었다.

그러한 와중에, 이제 갓 40세를 지난 '혈기 왕성하고 순수한 정의감에 불타는' 판사로서 마땅히 하여야 할 일을 하지 않을 수 없었던 두 가지 사건이 발생하였다.

하나는 순진한 마음에 상상하지도 못했던 '도청'을 경험한 일이다. 1987년 봄의 어느 날이다. 사무실에서 업무에 바쁜데, 대법원 재판연구관인 친구로부터 잠시 만나 이야기하자는 연락이 왔다.

그해(1987년)는 군부독재에 대한 국민들의 저항이 점점 격렬해지면서 커다란 정치적 사건들이 연이어 일어났던 해이다. 박종철 군의 남영동에서 고문사망(1월 14일), 전두환의 호헌(護憲) 조치 발표(4월 13일), 연세대 학생 이한열의 최루탄 사망(6월 9일), 노태우의 6·29 민주화선언 발표, 대통령직선제 개헌안 통과와 공포(10월 29일), 13대 대통령에 노태우 당선(12월 16일) 등이다.

그리고 당시 영향력 있는 신문인 〈동아일보〉에는 그의 친구(고교 동창)인 조영래 군(변호사로 활동 중이었다)이 매주 장문의 시사칼럼을 쓰고 있었다. 재판연구관인 그 친구는, 그와 함께 조영래 변호사를 만나 다음에 실릴 칼럼에 '사법부 개혁과 당시 9대 대법원장(김용철)의 잘못을 지적하고 대법원장 연임에 반대하는 내용'의 글을 강하게 적어 달라는 부탁을 해 보자고 제의하였다.

취지에 적극 공감한 그들은 다음 날 아침 8시 반경(법원 출근시간 바로 전에) 조영래 변호사 사무실을 찾아가 조 변호사의 출근을 기다리고 있었다. 한 시간이나 기다렸는데 아직 출근하지 않아서 하는 수 없이 (바로 법원에 출근해야 했기 때문에) 그 사무실 안에 있던 전화로 조 변호사와 통화하고, 방문의 목적을 자세히 이야기하였다.

조 변호사는 흔쾌히 동의하였고, 1주일 후 이 칼럼에 그러한 내용이 실렸다. 소기의 목적을 달성하고 다시 업무에 열중하고 있는데, 한 달쯤 뒤에 당시 잘 알고 지내던 고등법원의 어느 부장판사(그는 후에 크게 잘 되었다)로부터 차 한잔 하자면서 방으로 오라는 연락을 받았다.

다른 방의 부장이 다른 방의 판사를 부르는 일은 극히 이례적이기에 무슨 일인가 궁금해 하면서, 혹시라도 질문 대상이 될 수 있는 몇 가지를 추려 대답할 내용을 정리한 후, 그 방을 찾아갔다.

차 한잔을 대접하면서 건네는 첫 번째 질문에 그는 기절초풍했다.

"요즘 어떻게 지내요? 혹시 이제 판사 그만하고, 변호사 하려고 생각 중인가요?" 하고 묻는 것이었다.

기상천외한 질문에 "아닌데요. 그런 생각을 해본 적도 없고, 열심히 판결 쓰고 있는데요" 하고 머뭇거리며 대답하였다. 그 말을 들은 부장판사는 이후 별 의미 없는 대화를 하면서, '다른 생각 말고' 업무에 열중하라고만 이야기하였다.

그 방을 물러나오면서 (순진한) 그는 '이상한 일이다. 그 이야기를 하려고 일부러 나를 불렀나?' 하고만 생각하였다. 그리고 몇 시간이 지나 대법원 연구관인 그 친구(조영래 변호사 사무실을 함께 찾아갔던)로부터 전화가 왔다.

요 며칠 새에 무슨 일 없었는지 묻는 것이었다. 천진한 그는 아직도 감을 잡지 못하고 "별일 없었다"고 대답하니, 자기는 오늘 대법원의 어느 분이 호출하여 찾아갔더니, 얼마 전 조영래 변호사 사무실을 방문한 것을 거론하면서, 앞으로 그런 짓 하지 말고 자숙하라는 이야기를 들었다는 것이다.

그제야 그는 머리에 깨달음이 왔다. 조 변호사의 사무실 전화는 당연히 정보기관에서 도청하고 있었고, 그 내용이 사법부의 수장에게도 전달되고, 이는 다시 믿을 만한 심복을 통하여 해당 당사자 본인에게 은밀한 방법으로 경고가 가해지는 '악마의 시스템'이 사법부 내에서까지 작동하고 있었던 것이었다.

여기에서 잠시 외부 정치상황과 연계된 사법부 격동기 10년간(1979년부터 1988년까지)의 역사를 돌이켜 본다.

현대 사법부의 역사에서, 시련은 1961년 박정희에 의한 5·16 쿠데타로부터 시작된다. 민주적인 공정한 절차(선거)에 의하지 않고 권력을 획득한 정권은 운명적으로 '정권의 정당성'에 대한 약점을 지니고 있다. 그 결과 정권의 정당성에 대한 공격과 비판을 무마하고 억압하기 위하여 대개 두 가지 명분이 동원된다. 하나는, '국민을 잘살게 하기 위하여'라는 '경제 번영'의 논리이고, 다른 하나는, '외적(外敵)으로부터 국가를 지키기 위하여'라는 '안보'의 논리이다.

지정학적으로 외적의 위협을 걱정할 필요가 없는 나라이거나, 법치주의가 확립되어 있는 나라에서는 이 국가 안보의 논리가 동원될 여지가 없거나, 아주 약하다. 하지만 불행하게도 우리나라는 세계에서 유례없이 남북이 대치된 상황이어서 국가 안보의 논리를 사용하기에 최적의 상태이다. 더욱이 안보의 위협이라는 상황은, 필요에 따라 집권자가 적절히 유발하거나 가장할 수도 있는 요소를 내포하고 있다. 즉, 권력자가 임의로 조작할 수 있는 소지가 있는 것이다.

독재 정권이 내세우는 또 하나의 단골 메뉴인 경제 번영은, 안보 문제와는 달리, 이를 실적으로 보여 주어야 하는 부담이 있다. 이러한 실적 달성을 위하여 국가 주도적인 강력한 경제 통제가 행해지는 것이 보통이다. 그러한 과정에서 경제 번영의 두 가지 축인 '시장경제를 통한 부의 형성'(자유)과 '소득의 평등한 분배'(평등)라는 양립되기 어려운 목표 중에서 전자에 치우치기 쉽다. 근로자의 인권을 일시적이나마 도외시한 채 성장에 치중하다 보면, 어느 때인가 한계상황에 이르러 억눌려 왔던 목소리가 폭발하게 마련이다.

박정희 대통령의 집권 말기에 발생한 노동자 운동인 YH사건이 바로 그러한 예이다. 이는 결국 김재규에 의한 박정희 살해와, 이어서 박정희 정권의 붕괴로 연결되었다.

이와 같이 지극히 후진적이고 비민주적인 패러다임에 따라 움직이는 우리나라의 정치 현실은 필연적으로 사법부의 위상과 자리매김에도 영향을 미치게 마련이었다.

정치권력이 사법부의 독립을 '대놓고' 깨뜨리는 최초의 사건은 1972년 유신 헌법이 만들어지면서 시작되었다. 즉, 그 전해인 1971년에 선고된 국가배상법 위헌판결에서 위헌의견을 제시한 9명의 대법원 판사를 '재임명 탈락'이라는 법적 기술을 발휘하여 제거시키는, 헌정사상 최초의 나쁜 선례를 만들었던 것이다.

이때에 정치권력이 명분으로 내세운 것은, 앞서 본 두 가지 패턴 중에서, '경제발전'이라는 상대적으로 부드러운 논리였다. 그런데 그 당시 강력한 지배세력인 군인(군부)은 강경하기는 하였지만, 그래도 순진함 내지는 사법부에 대한 내심의 존경심(경외감)은 가지고 있었기 때문에 최소한의 예의는 지키고 있었다.

그 예로써, 심리하는 과정에서 대통령이 개인적으로 운동기구(골프클럽)를 선물하고, 시찰과 해외여행을 주선하기도 하였다. 그리고 절차에서라도 '재임명되지 않았다'는 모양새를 갖추어 주기도 하였다.

그러나 이 지점에서 우리는 한 가지 놓쳐서는 안 되는 중요한 낌새를, 조짐을 간파하여야 한다. 즉, 유신헌법의 제정과정에서 한태연, 갈봉근 두 교수와 이후락 정보부장의 주도 이면에, 검사 한 명(당시 겨우 34세의 김기춘)의 깊숙한 관여가 있었다는 점이다.

이러한 검사(법조인)의 관여는 이후의 현대사 발전과정을 깊이 있게 통찰해 보면 정치사, 특히 사법부 관련 역사에서 중대한 변화의 '발원지'가 되는 것이다. 즉, 군부(군인)는 주도권을 가지고 정국을 이끌어 갔지만, 그 구체적 실행방법에서는 법률가의 도움이 필요했는데, 그 역할을 권력욕이 강한 검사(검찰)가 수행하는 최초의 선례를 만들기 시작한 것이었다.

그리고 이러한 현상은 점점 시간이 갈수록 더욱더 심해져 갔다. 특히 시간이 흘러가면서, 필연적으로 군부의 세력이 쇠퇴하고 민간(문민)의 정권이 강해지면서 군인은 물러나고 그 자리에 검사가 들어서는 모습으로 바뀌어 갔다.

이러한 모습은 사법부의 입장에서는 결코 바람직하지 않은 변화였다. 즉, 헌법상, 삼권분립의 원칙상, 사법부나 판사와 결코 대등할 수도 없고, 비교될 수도 없는 검찰과 검사가 사법부를 감히 통제하고 압도하려는 과도한 단계에까지 나아갔기 때문이다.

이와 같은 연장선상에서 몇 가지 사례들이 발생했다.

1971년 당시 이범렬 부장판사에 대한 영장 청구, 1977년 당시 이영구 부장판사에 대한 좌천인사 등과 같은 사법부 압박 조치의 배후(앞잡이)는 결국 군부에 복속한 검찰이었다.

그러나 시간이 흘러 역사를 돌이켜보니, 이 정도는 차라리 다행이었다. 1979년 10월 26일 김재규에 의한 박정희 대통령 살해사건의 대법원 재판에서 단순살인이라는 소수의견을 쓴 대법원 판사들을 강제로 사직하게 하고, 더욱이 사직을 거부한 판사(양병호)에게는 연행과 가혹행위라는 극단적 조치까지도 동원할 정도로 뻔뻔스러워졌다.

이때가 1980년 8월이었는데, 이후 민주화요구 세력에 밀려 1987년 6월 29일 이른바 6·29 선언이 발표되고 급속히 민주화가 진행될 때까지의 7년 남짓한 기간은 우리나라 사법부 역사상 악몽 같은 최악의 시간이었다.

이 같은 악몽의 서막은 제6대 대법원장으로 법무부 장관을 지낸 전형적인 친 여권인사(민복기)가 기용됨으로써 시작되었다. 1968년부터 1978년까지 10년 이상이나 재직하면서* 사법부가 정치권력에 종속되는 빌미를 주었다.

---

*   이는 초대 김병로 대법원장의 재임기간보다도 긴 것이다.

그에 의하여* 달콤하게 포장된 문구, '대법원이 모든 분야를 포괄하는 대표성을 가지기 위해서는 검찰 출신 인사가 한 명 정도 대법관으로 들어올 필요가 있다'로 인하여 검찰에 의한 대법원의 오염이 시작되었다. 이렇게 하여 1964년 3월 대법관으로 임명된 최초의 검사는 주운화였는데, 그는 임기를 4년 7개월이나 남겨놓고 일신상의 사유로 (실은 '자기는 판사 할 능력, 자격이 없어서' 하고 사석에서 실토하였다) 1969년 3월 사임계를 제출하였다. 그는 현재까지 검찰 출신 대법관으로 가장 양심적인 분이라고 평가받고 있다.

이어서 1978년 제7대 대법원장으로 취임한 분(이영섭)은 운 나쁘게도 정치적 격동기에 (10 · 26, 12 · 12, 5 · 18 등 사건이 발생) 그 자리에 있음으로써 '오욕의 나날을' 보내다가 3년 만인 1981년에 자리에서 물러났다. 이임사에서 사법'부'(府)가 사법'부'(部)로 되었다고 한탄하였지만, 이를 막았어야 할 장본인이 그러한 말을 했다 하여 별로 동정을 받지 못하였다.

정권의 입맛에 맞게 10 · 26사태의 김재규에게 '내란목적 살인죄를 관철시킨' 공로로 1981년 제8대 대법원장에 그 주심 판사(유태흥, 조선변시 2회, 1976년 대법관 임명)가 발탁되었다.

6 · 25 당시 생사를 넘나든 개인적 경험으로 철저한 반공주의자, 자유유보주의자(국민소득이 일정 수준을 넘을 때까지는 성장을 위하여 자유를 양보해야 한다)가 되었는데, 개인적인 이러한 성향은 정치권력에 이용당하는 결과로 되었다. 그의 진정한 내심의 뜻은 '1998년 후배 법관과의

---

* 　그가 법무부 장관 시절에 한 말이다

우연한 대화' 중에 드러나고 있었다.

이때쯤에는 검사 한 명이 대법원에 들어오는 것은 이미 당연시되었고, 또다시 기발한 논리를 개발하여 대법원에 오는 검사의 수가 두 명으로 늘어났다. 한 명만 있으니, '너무 외로워서' 제대로 일을 할 수가 없었다는 논리였다.

사법부 최악의 암흑 같은 시기는 아직 아니었고, 그 절정은 제9대 대법원장(김용철, 조선변시 3회, 1975년 대법관 임명) 시절이었다. 제8대 대법원장(유태흥) 보다는 서열상 앞이었지만(대법관 임명일자 순으로 서열이 정해진다), '후일을 기약하고' 제8대 대법원장 시절, 행정처 처장으로 봉사하였다.

1986년 드디어 제9대 대법원장으로 발탁됐지만, 임기 도중인 1987년 10월 제6공화국 헌법이 공포되어 1988년 재임명을 받아야 할 상황이 되었다. 그러나 그에게 관운(官運)은 거기까지였다.

전두환 대통령의 집권 이후 어쩔 수 없이 민주화 요구세력과 대립각을 키우던 정권하에서 법원행정처장(5년간)과 대법원장(2년간) 자리를 유지하려 하였으니, 법관으로의 고충이 극심하였을 것임은 능히 추측할 만하였다. *

본의는 아니었을 것으로 선해(善解) 하지만, 앞에서 잠시 본 바와 같이, '도청'의 결과물을 판사의 사찰에 이용하였고, 훗날 해당 당사자의 '양심고백'에 의하면, 대법관 임명 제청시 당사자를 불러 "귀하를

---

* 그는 매일 출근 전, '적절한 방법으로' 전날까지의 최신 정치상황을 파악한 후 출근하였다.

대법관으로 제청하려 하는데, 혹시 대법원 전원합의체 판결을 하게 될 경우, 대법원장의 의견과 다른 의견을 내지 않겠다고 약속할 수 있느냐?"고 충성서약을 받기까지 하였다고 한다. 마피아 집단의 '침묵의 규율(Omerta)'이 사법부에까지 침투하고 있었다. 면죄부를 팔던 수도사(요한 테첼)의 역할을 그는 자청하고 있었던 것이다.

더욱이 제6공화국 헌법을 기초하면서, 헌법재판의 권한(법률의 위헌 여부 심판권)을 대법원에 주는 것에 대한 의견개진 요구를 받고, 이를 거부함으로써 사법부 위상약화를 자초하였다는 비판도 받았다. *

나아가 탐욕이 극도에 달하면, 상식과 평상심을 잃어버리게 되는 것이 세상의 순리이다. 독재정권의 전횡과 그 뒤에서 숨어 영향력 확대를 계속 추구하던 검찰세력, 특히 사법부와의 관계에서 '대등'을 넘어 '우위'까지 확보하려는 본능적 욕심을 가진 집단이 무리한 요구를 관철시키려 하고 있었다. 즉, 대법원에 검찰 출신 인사를 두 명을 넘어, 이제는 세 명으로 늘리려고 시도하는 것이다. 명분은 대법원에 설치되어 있는 3개 재판부에 각 한 명씩의 검찰인사를 두게 하겠다는 것이었다.

그렇게 해야만 주요 사건의 경우, 정부의 의사가 제대로 반영될 수 있다고 정권 실세인 군부를 설득하였음에 틀림없다. 이 작업이 성공한다면 검찰로서는 그 자체의 영역 확대는 물론 정권 실세로부터 점수를

---

* 이 시절의 참혹했던 사법부의 모습에 관하여 놀랄 만한 진술들이 있기는 하지만, 그 당사자들이 모두 생존해 있는 상황에서 그 공표는 후일을 기약함이 적절할 듯하다.

따는 일거양득이고, 만약 실패한다면 그 부담과 책임은 오로지 대법원 장의 몫으로 돌아가게 되므로 잃을 것이 없는 영악한 전략인 것이다.

오로지 의식 있는 사법부 구성원(판사들)만이 분노할 것이지만, 검찰 핵심수뇌부들은 "판사들은 얌전하고 유약하여 속으로만 끓을 뿐 '행동하는 용기가 없어' 제대로 의사표시나 반격도 할 줄 모르는 '방안 퉁수'로 평가"하고 있었던 것이었다.

검찰의 사법부에 대한 오만, 무례함과 이에 대한 사법부의 체념적 태도는 여러 군데에서 나타났다.

한번은 검찰 출신 대법관이 '판결문 원본철'을 대출해 와서 검토 중 연구관 앞에서 '빨간 사인펜으로 밑줄을 죽죽 그어가면서' 읽었다는 것 이다. 판결 원본이 어떠한 문서라는 개념조차 없었다.

또한, 검사가 신청한 영장을 판사가 기각하면, 판사에게 전화하여 "내가 신청한 영장이 뭐가 잘못되어 기각했느냐?"고 대놓고 항의하기 도 하였다. *

더욱이 고등법원 형사부의 어느 판사가 판결을 선고하면서 어떤 사

---

* 어느 영장담당 판사는 검사로부터 이러한 어이없는 전화를 받고 2014년 〈법률신 문〉에 익명의 기고를 하였다. 판사는 '피의자뿐만 아니라 검찰의 입장까지도 충분 히 고려하여 영장발부 여부를 고민하고 있으니, 앞으로는 제발 이러한 무례한 전 화를 하지 않기를 바란다'라는 내용이었다. 만약 이러한 내용이 외국어로 번역되 어 미국 등 법조선진국에 소개된다면, 그들은 우리나라의 법치를 어떻게 평가할 것인지 걱정스러울 따름이다. 이 기고에 대하여 어느 변호사가 이를 적극 지지하 는 글을 〈변협신문〉에 실었다. 그 직후 대검의 '법정'에서 그 변호사에게 전화하 여 협박성 항의를 하였고, 얼마 후 필자 두 명을 동원하여 동일한 신문에 원래 기 고문의 3배에 달하는 반박문을 게재하게 하였다.

건의 피고인을 집행유예를 붙여 선고하였더니, 검사가 판사실의 문을 박차고 들어와 "아니, 집행유예를 붙여 석방할 것이면, 나에게 미리 알려 주어야 할 것이 아니냐?"고 기가 막힌 항의를 하였다. *

사법행정 담당자의 자존의식 결여도 비판을 받아서 마땅하다. 법원과 검찰 청사의 좌우 대칭적 위치도 세계에 유례가 없는 판에 (법원은 오른쪽, 검찰은 왼쪽), 인천지방법원의 청사를 건축하면서는, 지형상 검찰 청사에 붙여서 재소자를 수감할 건물을 지을 공간이 없다는 이유로. 전국에서 유일하게 이곳만은 검찰 청사가 오른쪽에 자리 잡고 있다. 만약에 여의도 국회의사당 바로 옆에 나란히 영등포구청 건물을 짓겠다고 하면 어떤 반응이 나올까?

사법부 안팎의 정치적 풍향이 이러한 가운데에서 그의 직업적 경력에 '일생일대의 결단'을 내려야 할 운명의 순간이 다가왔다. 1987년 10월 29일 제6공화국 헌법 (제9차 헌법개정) 이 공포되면서 1988년 9월 1일 헌법재판소가 문을 열었다. 이에 맞추어 헌재의 조직과 기능을 규정할 헌법재판소법이 제정되게 되었는데, 이 중 중요한 쟁점인 '헌법소원의 대상에 판결을 포함시킬 것인가'를 두고 법무부 주최로 공청회가 1988년 1월 15일에 열린 것이다.

만약에 소원의 대상으로 판결을 포함시킨다면 법원 (대법원까지 포함

---

* 사법권 독립을 정면으로 침해하는 이러한 작태에 대하여 대법원장 등 사법행정의 책임자들은 법관을 보호해주는 어떠한 조치도 취하지 않고 침묵으로 일관하는 나약함을 보였다.

하여)의 판결이 헌재에서 다시 한 번 심사, 판단받는 결과로 되어 사법권의 독립이 무너질 것임은 명백하였다.

법원의 지도부도 당연히 위기의식을 가지고 강한 반대의견을 제시하였고, 그가 소속된 고등법원의 원장도 판사들에게 공청회의 참석과 반대의사 개진을 독려하였다. 심지어는 참석자에게는 왕복 유류비까지 지급하면서 참석을 촉구하였다.

그도 당연히 같은 문제의식을 가지고 있었기 때문에 바쁜 중에도 시간을 내어 사법연수원 강당의 뒷자리를 차지하고 경과를 지켜보았다. 그는 우선 토론 참가자의 면면을 보고 울화가 치밀었다.

반대하는 입장인 법원에서는 법조 경력이 상당히 높은 두 명의 판사가 참가했는데, 찬성 입장인 법무부(검찰)에서는 이에 비하여 한참 어린 검사로 하여금 참가하도록 하고 있었다. 이러한 수법은 영악한 검찰이 흔히 사용하는 잔꾀이다.

그는 법원 외부에 파견근무 당시의 경험으로 이를 간파하고 있었다. 즉, 이는 상대방을 경시하는 태도로서 '우리는 이 정도의 인물로도 능히 상대방을 상대, 제압할 수 있다는' 오만함의 표시인 것이다.

단적인 예로서, 대법원 판사로 검찰이 추천하는 인사(검사)는 결코 그 조직 내에서 에이스(장차 장관이나 총장감으로 꼽힐 인물)는 아니다. 이류 인사를 보냄으로써 대법원의 지위를 격하시키는 부수적인 효과까지도 노리는 것이다.

이러한 상대방의 속내를 알지도 못한 채, 판사들은 열심히 그 부당함을 '이론적으로' 설명해 대는 순진함을 보였다. 그는 점점 속이 끓어오르고 있는데, 결정적 방아쇠를 당기는 사태가 발생하였다.

즉, 어떤 젊은 사람이 그의 옆으로 다가와 "지금 법무부 장관님이 오셨는데, 다른 곳으로 자리를 좀 옮겨 주시겠습니까?"라고 말했다. 그 말을 듣고 주변을 둘러보니 그가 앉아 있는 맨 뒷줄의 주변만이 자리가 비어 있음을 알게 되었다. 그 순간 그는 울화가 막 터지려고 하였다. '장관이 왔으면 왔지 뭐가 대단하다고 왜 나까지 자리를 비키라 마라 하는 거야' 라는 반감이 일어났다. 당연히 단호하게 거부해 버릴까 하고 생각했지만, 그 순간 마음씨 약한 그는 '그렇게 되면 장관을 모시고 온 그 사람(아마도 틀림없이 검사였을 것이다)은 얼마나 곤혹스러울까' 라는 쓸데없는 생각까지 들었다. 결국 쓰라린 속을 억누르고 다른 자리로 옮겨 갔지만, 검찰에 대한 반감은 이제 하늘을 찌르고 있었다.

이윽고 두 시간 정도가 흘러 사회자로부터 "플로어에 계신 분들 중에서 의견이 있으시면 앞으로 나와 말씀해 주시기 바랍니다" 라는 멘트가 있었다. 우리나라 토론 문화의 현실대로, 한동안 아무도 나서지 않고 있다. 그도 역시 하고 싶은 말은 머릿속에 잔뜩 있었지만 막상 나서기를 주저하고 있다. 여태껏 한 번도 이와 같은 토론 현장에서 방청객으로서 앞에 나가 발언한 적도 없었다.

그는 갈등하고 있었다. 나서는 것은 싫지만, 한편으로 그래서는 오늘, 아니 며칠 동안 마음이 계속 편치 않을 것 같았다. 망설임 끝에 용기를 내어 앞으로 나갔다. 마이크를 잡았다.

처음 시작 부분은 마음을 가다듬으려 애쓰면서 목소리를 낮게, 천천히 이야기를 시작했다. 요지는 "과거 10여 년 동안 사법부는 정치권력에 의해서, 급기야는 검찰권력에 의해서 계속하여 잠식당하고 약화되어 왔었다. 그런데 이제 급기야는 사법부 최후의 권한이자 보루인 판결에 대해서까지 통제를 가하려고 한다. 그 배후에는 음험하게도 검찰이 잠복하고 있다. 사법부는 각성하고 본연의 자세를 찾기 위하여 용기를 내고 궐기해야 한다" 라는 취지였다.

한번 말문이 터지자 목소리는 커졌고, 웅변적으로 변해 갔으며, 평소 가슴에 맺혀 있던 내용까지도 쏟아져 나왔다. 아마도 대부분은 판사였고 일부는 검사였을 청중은 이와 같이 과감한 발언에 깜짝 놀랐고 물을 끼얹은 듯 고요하였다. 발언을 마치고 자리에 돌아오니 한결 속이 후련하였다.

이어서 몇 사람이 더 발언을 하였으나 그의 귀에는 들리지 않았다. 이렇게 토론회가 끝나니 6시경이 되었다. 다들 주섬주섬 일어나 귀가를 서두르는데, 평소 가까이 지내던 동료 판사 몇 명과 행정처 근무 판사 등이 다가와 위로와 칭찬을 하면서 저녁식사라도 함께하고 가자고 제안한다. 그는 동의하였고, 인근의 대중식당에서 소주를 곁들여 두 시간 남짓 식사를 하였다. 대화내용은 당연히 토론회의 연장이었으며, 100% 그의 주장에 공감하고 동조하는 것이었다.

그리고 9시가 넘어 귀가하였다. 서재(책상)도 없는 아파트 거실에서 TV를 켜 놓고 보고 있었으나, 건성이었다. 아직도 머릿속은 온통 토론회의 내용이고, 그가 앞에 나가 이야기한 내용이다. 곰곰이 생각할수록 그가 열변을 토한 내용이 좀더 논리적이지 못하였고, 당연히 했어야 할 말을 빠뜨린 것이 떠오른다. 답답하고 아쉽기 그지없다.

그럭저럭 10시가 지나고 아내와 아이들이 모두 잠자리에 들었다. 혼자 거실에 앉아 있다. 한편으로는 머릿속이 정리되면서, 다른 한편으로는 '일생일대의 결단'을 촉구하는 목소리가 머리와 가슴을 강하게 지배하고 있다.

'너는 지금 무엇을 해야 하는지 알고 있는가? 또 예전과 같이 일시적인 분노를 비겁하게 삭이고, 속으로 한탄하면서 원망 속에서 살아갈 것인가? 시간과 타인의 손에 변화의 책임을 넘기고 평생 동안 후회 없이 살아갈 수 있을 것 같아?'

그는 양심의 소리에 변명할 거리를 찾을 수 없었다. 구태여 찾는다면 '모난 돌이 정 맞는다', '독립투사치고 후손이 잘되는 경우는 없다', '잘 생긴 소나무가 먼저 베어진다' 라는 말들이었다.

다들 잠든 밤 11시경 그는 결단을 내렸다. 평생 한 번도 해보지 않은 일, 외부의 언론에 투고하는 일을 해보기로 하였다. 여기에 따를 위험도 당연히 생각했지만, '내 시체를 밟고 앞으로 전진하라'라고 각오를 다졌다(그리고 이는 그대로 나중에 현실로 된다).

그는 원고지와 펜을 꺼내어 책상 대신으로 사용하는 식탁 위에 올려놓았다. 몰입하여 한 장, 한 장 원고지를 메꾸어 나갔다. 조리 있게, 빠짐없이 하고 싶은, 해야 할 말을 다 적어 내려고 애썼다. 본래의 주제를 넘어 사법부의 슬픈 역사와 현안에 대해서도 과감히 언급했다. 심지어는 일개 배석판사 주제에 대법관의 인선에 대하여까지도 썼다. 검찰 출신 인사는 단호히 배제되어야 한다고 썼다.

이와 같은 단호함과 자신감의 배경에는 9개월 가까운 외부기관에의 (국보위와 입법회의) 파견 경험, 1년 반 동안의 독일에서의 연수과정에서 보고 느낀 체험들이 자리 잡고 있었음은 물론이다.

그의 생각으로는 아무리 독재정권이라도 사법부, 그리고 판사에 대해서는 어느 정도의 존경심을 가지고 있었으며, 판사는 이를 스스로 과소평가하지 말고 자신감과 용기를 가지고 '해야 할 말은 해야 할 때'에 하는 것이 최선이라는 확신이 있었던 것이다.

그는 그 글에서 사법부가 안고 있는 문제점들을, 특히 외부(정치권 및 검찰)의 압박에 의하여 일그러진 모습을 낱낱이 지적하고 시정을 촉구했다. 사법부에 관한 법률안의 제안권이 사법부에는 없고, 대립적 위치의 법무부가 가지고 있는 점, 사회보호법상 판사는 양형 재량권이 없는 점(이는 나중에 위헌 판결이 내려졌다), 대법원에 검찰 출신 인사의 침입, 사법부의 역사는 계속하여 수난의 역사였고 위축의 역사였음을 통렬하게 지적했다.

생각의 흐름에 몰입되어 정신없이 원고지를 채워 나가 9,400자(47매)에 이르러 마무리가 되었다. 비로소 머리를 들고 밖을 쳐다보니, 어슴푸레 새벽이 밝아오고 있었다. 6시간 이상 동안 꼼짝 않고 써내려 갔던 것이다. 제목을 "사법권은 계속 잠식당해야 할 것인가?"로 잡고 원고를 마무리했다.

이제 남은 문제는 이 원고를 어떻게 처리할 것인가이다. 생각 끝에 평소 알고 지내던 〈법률신문〉 기자에게 전달하고, 게재 가능성을 물었다. 언론사 입장에서는 불감청(不敢請) 이언정 고소원(固所願)이었다. 가장 이른 날짜에 게재하기로 약속하였다.

그리고 5일이 지난 1988년 1월 20일(수요일), 그는 한 주일에 한 번 열리는 법정을 위하여 부장판사를 모시고 재판에 참여하고 있었다. 재판이 한창 진행 중인 오후 3시쯤 되었다. 법정 뒤편의 법관 출입문이 살며시 열리더니 여직원이 조심스럽게 그에게 다가와 조그마한 쪽지를 전해주고 돌아갔다. 이러한 상황은 극히 이례적인 일이다.

그는 놀라 쪽지를 읽어보니 '당장 고등법원장실로 오라!'는 내용이었다. 어쩔 수 없이 재판장에게 사정을 이야기하고 법정을 나와 판사실로 가서 법복을 벗고 원장실로 들어갔다. 원장은 그를 기다리고 있었다. 자리를 권하여 원장과 마주보고 앉으니 바로 용건을 말하기 시작했다.

"양 판사, 〈법률신문〉에 글을 투고했다면서? 다른 이야기는 모두 생략하고, 내가 고교 선배로서 부탁을 하나 하겠는데, 〈법률신문〉에 보낸 원고를 '철회'하는 데 동의해 주기 바라네."

잠시 그는 망설였다. 고심 끝에 마음을 단단히 먹고 쓴 글인데, 논리를 떠나, 고교 선배로서 인간적인 부탁을 해오는 이 상황을 어떻게 처리해야 할지 막막하였다. 잠시 대답을 못 하고 머뭇거리며 어색한 침묵의 시간이 흘렀다. 순간 그의 여린 마음이 또다시 작동했다. 선배가 마지못해 힘들게 하는 부탁을 매정하게 거절할 수가 없었다.

"알겠습니다. 원장님 원하시는 대로 하시지요."

황급히 일어나서 나오려고 하는데, 자신도 모르게 울음이 울컥 나왔다. 이어서 참을 수 없을 정도로 크게 흐느끼게 되었다. 부끄럽기도 하여 도망쳐 나오려는 그를 원장이 붙들었다.

"그대로 나가면 밖의 부속실 직원들이 다 보게 될 텐데, 여기서 한참 앉아 있다가 눈물을 식히고 나가게."

원장은 휴지를 옆에 갖다 주었다. 넓은 원장실의 한쪽 구석에 앉아 한참 훌쩍인 후, 도망치듯 부속실을 통과하여 그의 방으로 돌아왔다. 하지만 도저히 그 상태로는 다시 법정으로 돌아갈 수도 없고, 다시 울음이 솟구쳐 화장실로 도피했다. 화장실 문을 걸어 잠그고 대변기에 앉아 있으니 왜 그리도 분하고 슬픈지 펑펑 울었다. 마음 놓고 통곡하며 울었다.

사법부는 왜 이리도 나약한가? 사춘기 이후 철이 들고 나서, 나이 40이 넘어 처음으로 펑펑 울었다. 한참을 울고 나니 마음이 좀 가라앉았는데, 갑자기 누가 화장실 문을 노크한다.

"안에 계신 분, 무슨 일 있으세요? 도와드려야 할까요?"

지나가던 수위가 우연히 통곡하는 소리를 듣고 놀라 문을 두드린 것이다. 그는 정신을 차리고 '괜찮다'고 대답한 후, 판사실로 돌아와 잠시 머물다가 법정에 복귀했다.

그날 재판이 끝난 후, 부장이 사건의 전말을 전해 듣고 원장과 사태수습방안을 논의하였다. 그는 홀로 방에 앉아 '애쓴 보람도 없이 모든 일이 수포로 돌아가는구나' 하고 여기고 있었다.

그때 구내 전화벨이 울렸다. 직원이 원장 전화라고 한다. 다시 무슨 일인가 놀라 수화기를 들었는데, "양 판사, 축하해요. 양 판사가 원하는 대로, 내일 〈법률신문〉에 그 원고가 실릴 거예요. 원고를 철회해 보려고 했는데, 지방판으로 배송될 신문에 이미 그 원고가 인쇄되어 버려서 되돌릴 수가 없게 됐어요!" 하고 이야기하셨다. 다행인지 불행인지, 이렇게 하여 다음 날, 1월 21일자 〈법률신문〉의 양면에 걸쳐 그의 글이 대서특필되었다.

평생 처음으로 외부 언론에 글을 올린 그는, 양쪽 극단의 반응을 경험하였다. 대부분은 법원의 동료들로부터 '용기 있는 행동', '해야 할 말을 한 글'이라는 칭송을 받았다.

비난의 말들도 있었다. 검찰 인사로부터의 반응이었지만, '검찰도 정치권의 압박으로 어려운 처지인데, 법원마저도 이렇게 나오면 우리는 어떻게 하느냐' 하는 하소연이었다.

영악한 검찰은 그와 동기생인 검사를 그의 방으로 보내 회유와 함께 분위기를 파악하려 하였다. 일부 그를 아끼는 검찰 직원은 '검찰의 속성상, 틀림없이 뒷조사 등을 통하여 보복을 가할 것이니, 각별히 처신에 조심하라'는 조언도 해주었다.

아무튼 이날을 기점으로 그는 판사로서의 성향을 분명히 드러냈고, 검찰에게는 두고두고 '타도대상 제 1호'로 낙인찍히게 되었다.

기사가 보도된 며칠 후, 어느 외부 장소에서 법조인 신년모임이 있었는데,* 끔찍한 일을 당했다. 모임 도중 고등학교 후배인 H 검사가 옆으로 슬그머니 다가와, "'너' 한 번만 더 그따위 짓을 하면 뒷조사를 하여 죽여 버릴 거야!" 하고 말하는 것이었다.

그때는 너무도 황당하여 제대로 응답도 못 하였다. 그냥, "그러면 안 되지"라고밖에 말하지 못하였다.** 그 후배 검사는 2021년 현재까지 아직도 그 일에 대하여 사과하지 않고 있다. ***

밤새워 7시간 동안 손으로 꾹꾹 눌러 써 법률신문사에 보낸 47페이

---

*   그는 사법시험 동기생의 총무 자격으로 참석하였다.
**   그가 몇 차례 직접 경험한 바에 따르면, 이러한 비열한 짓을 하는 그들의 작태에는 한 가지 공통점이 있다. 즉, 우연히 단둘이만 마주치는 상황에서 전혀 예상치 못한 순간에 갑작스럽게, 정황상 녹음을 할 수도 없고, 제 3자가 함께 들을 수도 없는 기회를 틈타 소곤거리듯 살며시, 그러나 단호하게 이야기하는 것이다.
*** 그의 반세기 넘는 인생경험에 의하면, 이러한 모진 언행을 한 당사자는 그 부담을 견뎌내지 못하고, 세상을 떠나기 전에 언젠가는 반드시 예외 없이, 사과와 용서를 비는 모습을 보인다는 것을 확신하고 있다.

지짜리 원고는, 30년이 지나 법률신문사의 배려로 그에게 다시 반환되어 운명적인 그날의 징표로 그가 소중히 간직하고 있다.

이와 같이 폭풍과 노도의 세월이 지나가는 가운데, 그는 1988년 8월 1일 자로 대법원 재판연구관 발령을 받았다. 훌륭한 분과 함께하게 되는 행운은 그곳에서도 계속되어, 세심하고 배려심 깊은 윤영철 대법관님을 모시게 됐다. 그는 후에 헌법재판소장까지 역임하시게 된다.

고등법원 판사로서의 바쁜 생활 중에도 한 가지 보람 있는 결과물을 얻었다. 즉, 서울대에서 석사과정을 마친 후, 지도교수인 황적인 교수님의 강권(?)에 따라 입학한 박사과정이 힘들게 마무리되어, 1988년 8월 30일 자로 법학박사 학위를 받게 된 것이다. *

박사과정 지도교수는 민법학계의 대가인 곽윤직 교수이다. 논문의 제목은 "손해배상범위에 관한 기초적 연구"였다. 학위 자체가 큰 의미가 있는 것은 아니지만, 한 가지 작업을 꾸준히 계속하여 어떤 결과물을 만들어 냈다는 데에 의미를 부여하였다.

재판연구관 생활은 7개월 만에 끝났고, 1989년 3월 1일 오랜 꿈이었던 합의부 재판장으로서 주도적으로 사건을 심리하고 판결하는 임무를 맡게 되었다.

1989년 3월, 울산지원에서의 근무는 단신부임이다. 조그마한 아파

---

* 세상사 모든 일에 양면성이 있듯이, 격무의 판사생활 중에 학위논문을 작성하였으니, 사회생활과 인간관계에서 예기치 못한 갈등이 발생하였음은 당연한 일이었다.

트에서 숙식하고 출퇴근하는 생활의 불편함은 초임 부장판사로서의 기대감과 흥분에 압도되어 있다. 맡은 일은 형사합의부의 업무였다. 당시 울산시는 다른 여러 기업과 함께 현대그룹의 본원지이기에 노동운동이 격렬하게 일어나고 있었다. 재판기일마다 방청석이 노동자들의 함성으로 가득 찼고, 심지어는 재판 중에 법정의 창문에까지 방청객이 올라가 있는 상황이었다.

그래도 초임 부장으로 열정을 가지고, 힘이 아니라 대화와 설득으로 재판을 진행하려고 많은 노력을 했다. 힘든 세월이었지만 그래도 판사라는 직업, 형사재판의 본질에 대하여 깊이 생각할 수 있는, 아니 생각해야만 하는 좋은 기회가 되었다.

그리고 법조생활 중 처음으로 배석판사 두 분과 함께 일하는 경험을 하게 되었다. 다른 분들에게도 관심을 가지고 배려하는 성숙함도 필요하게 되었다. 다행히 두 분 판사님들 모두 훌륭하셔서, 그때만 아니라 평생토록 아직까지 좋은 관계를 유지하고 있음은 큰 행운이다.

그런데 이러한 생활도 1년 정도밖에 유지되지 못했다. 통상 2년의 지방근무가 보통인데, 1988년 9월 1일에 발족한 헌법재판소의 연구부장으로 발령받아 서울로 오게 된 것이었다. 아쉬움을 남기고 다시 새로운 업무에 적응해야 했다.

우리나라의 헌법재판제도는 미국형 모델이 아니라 독일형 모델을 따른 것이다. 즉, 헌법재판권(법률이 헌법에 위반되는지 판단할 권한)이 일반 대법원이 아니라 헌법재판소라는 별도의 법원을 두고 그곳에서 판단하게 하는 것이다.

1987년 10월의 제6공화국 헌법에 의하여 신설되고, 다음해 9월 1일에 발족한 이 헌법재판소는 신생 재판소여서 제도의 정비 등 갖추어야 할 일이 산적했다. 그리고 그 과정에서 독일의 제도와 기구들을 참고할 일이 많았다. 그 결과 연구부장을 비롯한 연구관들은, 특히 초기에는 독일어를 해독할 수 있는 능력을 절실히 필요로 하였다. 그가 이곳으로 발령받은 것도 그러한 필요에 의한 것이었다.

연구부장의 역할은 다른 업무와 함께, 특히 헌법재판소장을 보좌하는 일이 주된 것이다. 당시 초대 소장은 조규광이었는데, 법조계에서 신망이 높았을 뿐만 아니라, 특히 외국어에 능통한 것으로 칭송이 자자하였다. 소장님을 가까이 모시면서 보니, 일본어는 모국어 수준이고, 영어는 통역 없이 충분히 대화가 가능한 정도였으며, 프랑스어는 초임판사 시절에 부족한 생활비를 보충하기 위하여 과외로 프랑스어 교사를 했을 정도이다. 독일어는 고교시절에 잠시 배웠다가 손을 놓고 있었으나, 초대 헌재소장으로 내정된 후 독일어의 필요성을 느끼고 6개월 동안 기본 문법을 다시 마스터해 둔 상태였다.

그의 주된 업무는 사건 처리에 필요한 독일어 문헌과 판례를 찾아 번역하여 소장님께서 보고하고, 필요한 경우 질문과 토론에 응하는 것이었다. 몇 개월이 지나면서 보니, 소장님의 독일어 실력이 일취월장할 뿐 아니라 언어감각이 워낙 뛰어나 깜짝깜짝 놀랄 일들이 자주 일어났다. 그 예로, 한번은 다음과 같은 일이 있었다.

1990년 7월의 어느 날 그는 소장의 집무실에서 소장님과 함께 1789년의 프랑스 인권선언('인간과 시민의 권리선언') 제11조의 '사상과 언론의 자유'에 관한 '독일어' 해설서를 읽고 있었다. 그런데 그는 그중 한 부분의 문장을 가리키면서 정확한 해석을 요구하셨다. '문법적으로' 정확히 분석하여 그 뜻을 번역해 드렸다. 하지만 소장님은 전후 문맥 상 그 번역이 어색하지 않느냐고 지적하셨지만, 그는 "문장 구조상 의문의 여지가 없다"고 말씀드렸다. 그러면서 그는 마음속으로 '외국어로 된 긴 문장을 읽으면서 우리말로 정확히 옮겨지지 않는 경우가 드물지 않다'고 치부했다.

이후 그는 자기 방으로 돌아와 자신의 일을 하고 있었는데, 한 시간쯤 후에 구내전화가 울렸다. 수화기를 드니 놀랍게도 소장님이 흥분된 목소리로 직접 전화를 하신 것이다.

"양 판사, 지금 바로 내 방으로 올라와!"

서둘러 소장님 방으로 가니 탁자 위에 조금 전 보았던 인권선언의 독일어판 해설서와 소장님이 한 시간 전에 몸소 도서실에 들러 찾아내신 오스트리아 헌재소장 아다모비치(Adamovich) 교수가 쓴 주석서의 어떤 부분이 펼쳐져 있었다.

"양 판사, 여기 좀 읽어봐!"

그가 지적된 부분을 읽어 보니, 바로 한 시간 전에 소장님과 함께 읽었던 구절에 대하여, "이 부분의 프랑스어 원문은 이러저러한데, 이를 독일어로 이와 같이 번역하였으니, 이는 잘못된 번역으로 오해의 여지가 있으므로 다음과 같이 번역하여야 한다"고 쓰여 있었다.

방금 전 소장님이 이상하다고 지적하신 바로 그 내용 그대로이었다. 그는 놀랐다. 집요함과 치밀함과 언어감각에 놀랐다. 그는 많이 느끼고 깨우쳤다. 그는 훌륭한 분을 모시고 함께 일할 수 있는 행운에 크게 감사하였다.

이런 일도 있었다.

헌재소장님은 몇 년에 한번 열리는 유럽 헌법재판소장 회의에 참가하기로 했다. 우리나라는 옵서버 자격이다. 회의 개최지는 터키의 앙카라이지만, 가는 도중에 우리의 모델인 독일 헌법재판소를 방문하기로 일정을 잡았다. 사전에 협의된 일자에 독일 카를스루에(Karlsruhe)에 있는 헌재를 방문, 우선 법정 등 시설을 둘러볼 기회를 가졌고, 이어서 헌재소장 실에서 대화를 나누는 시간을 가졌다.

참석자로는 독일 측에서는 당연히 독일의 당시 헌재소장 로만 헤어초크(Roman Herzog, 후에 독일 대통령이 되었다)와 헌재 사무총장이 있었고, 우리 측에서는 조규광 소장님, 다른 헌재 재판관 두 분, 그를 포함한 헌재 연구관 두 명, 그리고 주 독일 한국대사관에서 의전 겸 통역을 위하여 외교관 한 분이 함께했다.

인사말에 이어 양국 헌재의 현황과 문제점에 관한 의견교환이 이뤄졌는데, 헌법 관련 법률용어가 대부분이라 외교관의 영어 통역이 이내 한계에 봉착했다. 어쩔 수 없이 그가 독일어로 통역을 담당하게 됐다. 과거 독일에서의 연수 및 헌재에서 연구부장으로 일하면서 '필연적으로' 읽게 되었던 독일 법률문헌에서 익힌 법률용어들이 크게 도움이 됐다. 대화가 한참 진행되던 중에, 조규광 소장님께서 질문하셨다.

"독일 헌재는 재판관 구성이 10명이어서 짝수로 되어 있는데, 이로 인한 문제점은 없는지? (가부 동수일 경우의 문제점이다)"

이를 독일어로 옮겨야 할 그는 잠시 머뭇거리며 당황하였다. 순간적으로 짝수라는 독일어 단어가 머리에 떠오르지 않았기 때문이었다. 상황을 눈치 챈 소장님이 순발력 있게 구원병으로 나섰다.

"양 판사, 이 부분은 내가 직접 이야기해 보지" 하시면서 유창한 영어로 사태를 수습하셨다. 참고로 독일의 교수 등 학식 있는 분들은 거의 대부분 영어로 의사소통을 하는 데 지장이 없는 정도이다.

그는 배려에 내심으로 크게 감사하였다. 서로 유익하고 우호적인 대화는 예정된 시간을 훨씬 넘겨 두 시간 이상 계속되었다. 대화를 마치고 작별인사를 나누는데, 헤어초크 소장님이 그에게 특별히 칭찬의 뜻을 표하였다. "훌륭한 통역에 감사한다"고 말하여 그를 격려하였다.

조규광 소장님의 왕성한 지적 호기심에 감탄하지 않을 수 없는 에피소드가 있다. 1990년 6월경, 조규광 소장님을 모신 지 3개월쯤 지났다. 그동안 소장님은 독일어 공부에 몰두하시어 많은 발전을 이루었다. 하지만 그가 보기에 이제는 한 단계 높은 수준의 문법이 필요한 듯하여, 그가 고교시절 힘들게 구해서 아끼고 있던 고급 수준의 독일어 문법책을 소장님께 전해 드렸다.

여러 날에 걸쳐 전부 다 읽으신 소장님께서 어느 날 그를 앞에 두고 그 책 이야기를 하시면서, 책 뒤표지에 적혀 있던 독일 가곡 〈보리수〉의 악보와 가사를 가리키셨다.

우리가 잘 알고 있는 "Am Brunnen vor dem Tore"로 시작되는 그 노래이다. 그러면서 가사 중 '어떤 특정 부분'을 가리키면서 "그 단어의 '어미변화'가 문법에 맞지 않는 것 같다" 하시며, 확인을 요청하셨다. 그 부분을 자세히 보니, 역시 지적하신 대로 문법과 맞지 않는 듯하다고 대답하면서, "혹시, 노래이다 보니까 발성의 부드러움을 위하여 변화를 준 것은 아닐까요?" 하고 자신 없는 이야기를 하였다.

그랬더니 그 순간 소장님이 "그래? 그러면 정말 그런지 한 번 불러

볼까?" 하시더니, 큰 목소리로 그 노래를 부르기 시작하셨다. "과연, 부드러운가?" 하시면서, 반복 또 반복하여 넓은 소장실이 크게 울릴 정도로 노래를 불렀다. 소장실 밖의 비서실에서 노랫소리를 듣고 있을 터인데, 그는 불안해 하면서도 달리 말릴 방법이 없었다.

저 정도 호기심이 있어야 저 정도에 이를 수 있겠구나 하고 감탄했다. 〈보리수〉의 독일어 가사 중에서 어느 부분을 문제 삼았는지 자세히 추적하면 지금이라도 알아낼 수 있겠지만, 아름다운 추억을 그대로 남겨두기 위하여 그러한 작업은 하지 않기로 하였다.

조규광 소장님은 2018년 12월 24일 93세로 타계하셨다. 소장님을 모시고 외국여행을 하던 중, 출입국 서류를 대신하여 작성하다 보니, 생일이 4월 4일로서 그와 같음을 알게 되었다. 그는 속으로 '생일이 같으면, 그도 소장님의 훌륭한 점들을 함께할 수도 있지 않을까' 하고 부질없는 희망을 가져보았다.

헌재에서 근무한 2년은 그에게 참으로 보람되고 유익한 시간이었다. 헌재 근무 초기의 6개월 정도는 사법시험 공부 이후에 손 놓고 있던 헌법을 새로 공부하다 보니 어려운 점이 많았다.

하지만 헌법재판의 실무를 하면서, 헌법을 접하는 과정에서 헌법이라는 것이 얼마나 중요한지, 법률가에게서 헌법적인 사고를 빼 버린다면 얼마나 공허하고 '가벼워져 버릴 것인지를' 절실하게 느낄 수 있었다. 그는 법률가로서, '진정한 법률가로서' 새로이 태어나는 느낌을 가졌다.

그러고 보니 지난 15년간 일선 법원에서 판사로 일하는 도중 최근에 이르러서 왠지 모르게 지루해지고, 권태로워지고, 짜증이 자주 났던 것이 생각났다. 어린 시절부터 한 번도 딴 눈을 팔지 않고 하고 싶어 했던 일을 하고 있는데 왜 그런 생각이 들까 하고 실망스럽기도 하였다. 그런데 헌재에서 근무를 시작하면서 자연스럽게 그 원인을 깨우치게 되었다. 인간적으로 성숙해진 것이었다.

즉, 이전에는 인간 삶의 겉으로 드러난 부분(행동)만을 보고 분석하고, 평가하는 형식적인 삶을 살아왔던 것이었다. 그러다가 헌재에서 헌법을 다루다 보니, 그 행동의 밑바탕, 역사, 철학, 삶의 의미 등 인간의 삶의 진실이 무엇인지를 깊이 따지고 생각하게 된 것이었다.

되돌아보니 비로소 그때부터 제대로 된 인간으로, 판사로 거듭나게 된 계기가 된 것이었다. 그러고 나니, 다시 판사의 생활이 활기 있고, 의미 있고, 재미있어졌다. 판결을 함에 있어서도 이른바 '시적 정의를' 담으려고 노력하는 성숙함이 찾아온 것이다.

이와 같이 2년 동안 그는 진정한 법률가로서 새로 태어나는 과정을 거친 후, 1992년 3월 1일자로 서울형사지방법원 부장판사로 복귀하였다. 이제는 명실상부 하나의 재판부를 이끄는 책임자로서 법관생활의 하이라이트에 도달한 것이다. 그가 맡은 부서는 형사합의 제25부였다. 형사합의부는 형사소송법상 법정형이 높은 중범죄 사건을 다루도록 되어 있는 곳이다.

게다가 1992년 당시는 13대 노태우 대통령의 임기 말이었고, 1993년 2월 25일에는 14대 김영삼 대통령이 취임하여, 정치적으로는 민주화의 열풍이 거세게 일고 있었던 시기였다.

친정(법원)에 복귀하고 나서 두 달 남짓 지난 시점에서 운명의 여신은 그를 위하여 특별한 '씨줄'을 준비하고 있었다. 운명의 여신은 짓궂은 장난꾸러기인가 보다. 헌법재판소에서 헌법의 신선한 공기를 잔뜩 들이마시고 온 그에게 이제는 그 뜨거워진 공기를 마음껏 뿜어내라고 부추기고 있었다.

세상일이 가끔 그렇듯이, 엄청나게 중대한 결과를 초래하는 일이 엄청나게 작은 일로부터 시작되는 경우가 있다. 국가배상법 위헌판결의 기본이 되는 사건이 흔한 교통사고였던 것과 마찬가지로, 이번 형사소송법 위헌판결의 기본사건 역시 나이 어린 소년들이 노상에서 또래 아이들의 물건을 뺏는 장난에서 시작되었다. '피고인들은 16세, 18세의 소년이다. 길 가던 학생들을 불러 세워 주먹으로 몇 대 때리고, 몇만 원 상당의 현금과 물건을 빼앗았다. 피고인들은 모두 초범이고, 잘못을 인정하면서 피해를 갚아 주었다. 피해자들은 용서하고 선처를 부탁하고 있다.' 그는 재판장으로서 범행을 순순히 인정하는 소년들을 잠시 나무라고, 다시는 이런 일이 없도록 엄하게 훈계하였다.

더 이상 심리할 것이 없으므로 검사에게 구형할 것을 명했다. 젊은 검사는 잠시 머뭇거리더니, 이윽고 "징역 10년을 선고해 주기 바랍니다" 하고 말했다. 그는 "네? 10년이요?" 하고 물으니, 검사는 그렇다고 확인하였다.

잠시 후 그는 검사의 의중을 알아차렸다. 검사가 10년 이상 구형하면, 판사가 집행유예나 무죄판결을 선고하더라도 피고인이 석방되지 못하게 하는 규정(형사소송법 제331조)이 있다는 것을 검사가 이용한 것이다.

아무리 자기 자식이 아니고, 자기가 감옥 가는 것이 아니라고 해도 이와 같은 일로 10년이나 징역을 사는 것이 과연 옳다는 것인가? 검사라는 직업은 다 저런 사람인가?

사무실로 돌아온 그는 법률가로서 '원초적'인 생각에 잠겼다. 판사는 무엇이고, 검사는 무엇인가? '판사는 판단하는 사람이고, 검사는 판단받는 사람이 아닌가?' '헌법에 유일하게 직업이 언급된 사람이 법관이고, 검사는 행정부에 속한 법무부의 외(外)청인 검찰청에 소속된 사람인데, 검사가 판사를 압도하는 것이 헌법상 옳은 것인가?'

'민주화된 현대의 형사재판은 기소한 검사와 반대 당사자인 피고인 (변호인)이 법정에서 서로 대등한 입장에서 자기가 옳다고 서로 다투고, 이를 지켜본 판사가 심판자로서 어느 쪽이 옳다고 판단해 주는 것인데, 한쪽 당사자인 검사가 심판자인 판사를 이기려고 덤비는 것이 옳은가?'

그는 헌법재판소에 위헌제청을 하기로 마음먹고 이유서를 작성하기 시작하였다. 준비작업으로 외국의 사례를 찾아봤는데, 하나도 발견할 수가 없었다. 이런 말도 안 되는 조항이 선진 외국에 있을 리가 없었기 때문임을 깨닫게 되었다.

다음 작업으로, 우리나라에서 선례나 학술논문이 있나 찾아보았다. 위 형사소송법 규정이 1954년부터 시행되어 이제 거의 40년이 되었으니, 이전에 어느 누군가가 문제제기를 하지 않았을까 하는 생각에서였다. 놀라운 일은, 아무도 이와 같은 문제의식을 가지고 글을 쓴 사람이 없었다는 것이다.

한심한 생각과 함께 화가 치밀어 올랐다. 그동안 거쳐 간 수많은 판사들이 그토록 멍청했나 싶었다. 그토록 자존심이 없었나 싶었다. 그는 이제 사건 하나를 처리하는 단계를 넘어 사법부의 역사를 새로 써야 하겠다는 사명감에 불타게 되었다. 다져지지 않은 새로운 길을 가는 일은 항상 힘든 법이다. 독창적인 위헌제청 이유를 구상하고 전개해야 했기 때문에 노력과 수고가 훨씬 많이 들었지만 보람도 있었다.

이윽고 11,000자(원고지 55매) 분량의 이유서를 완성하였다. 요지는, 헌법에 규정한 영장주의의 대원칙상, 피의자를 '구속'함에는 판사가 발부한 영장이 있어야 하는 것과 똑같이 피의자를 '석방'하는 권한도 오로지 판사의 결정에 의해야 한다.

또한, 검사는 수사의 주체이기는 하지만, 법원에서의 공판절차에서는 피고인과 대립되는 한쪽의 당사자에 불과하다. 따라서 심판의 주체인 판사의 결정은 최종적인 것이고, 이는 오로지 상급심만이 그 당부를 심사할 수 있는 것이다. 당연한 결론이지만, 헌법재판소는 이 사건 위헌제청을 접수한 지 7개월 만인 1992년 12월 24일, '재판관 9명의 전원일치 결정으로' 위 형사소송법 규정이 위헌임을 선언하였다.

법무부(검찰) 측에서 제시한 반대의견서(합헌의견)의 내용은* 한 가지도 받아들여지지 않았다. 헌법재판소의 결정이 선고되자, 그 내용은 그날로 각 언론사의 머리기사로 크게 보도되었다. 우리나라의 사법부도 이제 비로소 선진 법치국가로서의 의식을 가지고 '제때에, 정의를 말하는' 역할을 할 것으로 크게 기대한다는 내용이었다.

---

* 지금도 이러한 의견을 그대로 유지하는지 확인할 필요가 있다.

이러한 계기를 만들어 준 그는 사법부 내부와 의식 있는 법조인들로부터 커다란 칭송을 받았다. 그러나 '태양이 밝게 빛나면, 그만큼 그림자도 짙게 되는 법'이다.

검찰 내부에서는 비상이 걸렸다. '법원이 드디어 헌법상 자신의 위치를 자각하고, 이를 실현시키기 위하여 나서겠다는 의지인가' 하고 위기의식마저도 가졌다. 아니면 '언젠가 와야 할 것이 이제 온 것인가?' 하고 반쯤 체념하는 분위기도 있었다.

세속의 명리에 밝은 검찰은 그들이 가장 두려워하는 시대조류가 민주화, 합리화이고, 사법권 우위, 권위주의의 약화라는 것을 잘 알고 있다. 시간이 그들에게 불리하다는 것도 잘 알고 있다.

하지만 '명예는 판사만큼, 권력은 통치권자만큼' 누리려는 그들의 권력의지는 그들이 보유하고 있는 비장의 카드를 다시 돌아보게 만들었다. 양 판사에 대한 자료파일을 꺼내 탈출구를 찾아보려는 노력이었다.

이를 펼쳐보니, 그동안의 이력과 함께 가장 큰 별표로 체크되어 있는 것이 나타났다. 즉, 1988년 1월 15일자로 〈법률신문〉에 투고한 글이었다. 구구절절이 검찰의 아픈 곳을 찔러 속을 상하게 만드는 글이었다. 이제, 이 파일에 추가하여, 헌재의 위헌판결을 이끌어내는 데에 결정적 역할을 한 이 사건 위헌제청 결정이 기재될 것이었다. 현재로서는 눈에 띄는 결정적 약점이 발견되지 않았지만, 훗날의 기회를 기다리면서 호시탐탐 감시의 눈초리를 게을리하지 않을 것이다.

형사지방법원 합의부의 재판장으로 지낸 2년간(1992년부터 1994년까지)은 판사생활의 정수(精髓)를 경험하는 시간이었다.

　돌이켜보니, 당시 취급했던 사건은 대략 세 종류로 나눌 수 있었다. 첫 번째 부류는, 국가보안법 위반사건으로서 노태우 대통령 당시까지의 민주항쟁 과정에서 발생된 사건들이다. 학생운동을 주도하는 학생들이 주로 피고인인데, 이들을 돕는 변호인들과 공안부 검사들과 사이에서의 치열한 법리논쟁, 이념논쟁, 헌법논쟁이 핵심이었다. 많은 경우 실정법(국가보안법)에 위반되어 처벌을 면할 수 없는 상황이었지만, 재판부 나름으로도 '원초적인 질문에 대한 해답'을 찾기 위해 고민하지 않을 수 없었다.

　'자유민주주의의 핵심은 무엇이며, 집권자가 여기에 어긋나게 공권력을 행사한 경우에, 대중으로서는(국민은) 어떠한 방법으로 이에 저항할 수 있고, 해야 하는가'라는 문제였다. 약간은 무책임하고 냉담하게 '민주적인 선거를 통해 승리해서, 이겨서, 돌아오는 수밖에 없다고 말하고, 판결하는 것으로 충분한가'라는 고민에 휩싸이기도 하였다. 판사들은 최소한 '재판의 절차 진행만이라도 공정하게 함으로써' 그들의 말을 들어주려고 최선을 다했다.

　두 번째 부류는, 1993년 2월 김영삼 대통령이 취임하면서 시작된 이른바 문민정부에 의한 과거사 청산과정에서 발생된 사건들이다. 하나회가 해체되고, 과거 권력의 핵심부를 장악하고 있던 군부와 군인들이 줄줄이 법의 심판대에 서게 되었다. 숨겨져 있던 비리들이 검찰의 조사에 의하여 밝혀지면서 권불십년(權不十年)이라는 말이 실감나게 되었다.

이러한 변화는, '좀더 큰 눈으로 본다면', 우리나라 권력구조에 큰 변화를 가져오는 계기가 되어 가고 있었다. 즉, 우리나라에서 1950년 대 초부터 10여 년간 이승만 정권 당시에는 통치권자가 권력 유지수단 으로 사용한 조직이 '경찰 조직'이었다. 그렇기 때문에 그 기간 동안 일어났던 수많은 정치적 사건들의 배후에는 경찰이 악역을 담당하고 있었다. 그러다가 박정희의 5·16 쿠데타 이후인 1960년대부터 약 20 년간은 권력의 핵심축이 군인, 군대로 넘어갔다. 통치 권력자가 믿고 활용할 수 있는 조직이 군사조직이었기 때문이다. 모든 정보기관을 장악하고, 필요해서 형사처벌로 이어지는 경우에는, 권력자 주변을 기웃거리는 검찰조직을 압박하여, 아니면 하수인으로 사용하여 마치 정당한 법집행인 것처럼 가장하였다. 그 과정에서 사법부에도 상당한 압력이 있었음은 물론이다.

다시 30년의 세월이 흘러 1990년대 초에 민간인이 권력을 잡게 되 자, 이제 과거의 군부독재(무인정권)에 대한 반성과 청산이 이뤄졌고, 그 과정에서 정치권력은 검찰조직을 활용하기 시작했다. 본래 속성상 권력의지가 강한 검찰은 정치권력에 충성하면서, 한편으로는 자기 자 신의 권력을 확대시키고 공고하게 하는 데에 진력했다.

많은 경우에 형벌과 수사의 잣대로 통제하고 지배하려고 하였고, 많은 국가기관 등에 검사를 파견하거나 배치하여(심지어는 대법원에도) 검찰권력의 항구화를 시도하였다.

이제 과거의 군인들과 경쟁할 필요도 없게 되어, 그야말로 검찰의 전성시대가 열리게 된 것이다. 물론 검찰의 전성기가 그냥 굴러들어 온 떡은 아니었다. 왕성한 권력욕에 기반한 다음과 같은 조직철학이

작동하기 때문이다. 검찰의 이러한 권력욕은 놀랍게도 미국에서도 그대로 유효하다.[*]

첫째, 검찰 특히 소수의 수뇌부 검찰은 항상 "명예는 판사만큼, 권력은 통치권자만큼"이라는 목표를 추구한다.

둘째, 그리하여 검사들은 어떤 면에서도 "판사에게 지려고 하지 않는다". 심지어는 두 청사의 배치(위치)까지도 대칭을 주장한다. 그리고 관철시킨다.

셋째, 나아가 검찰은 통치권자와의 관계에서도 "서로 의존하는 공생관계를 유지함으로써 권력의 공유를 도모한다". 그러나 "통치권의 힘이 약화되면, 즉 통치권자에게는 '임기가 있으므로' 가차 없이 그에게도 대들어", 양지(陽地)만을 추구한다.

넷째, 이러한 차원에서 검찰권의 강화는 "수사권 독점, 공소권 독점, 영장청구권 독점" 등 형사 사법권력의 독점으로 이어진다.

다섯째, 범죄인을 제압해야 하는 직업적 특성에서 비롯하여, "누구에게도 이기려고 하는" 유아기적 속성을 버리지 못하고 있다. 심지어는 그들을 심판하는 판사에게까지도 이기려고 하는 어리석음을 보인다.

여섯째, 그러나 그들은 세상의 변화에 예민한 촉각을 가지고 있어서, "민주화, 합리화라는 시대조류에 비추어 시간이 그들의 편이 아니라는 것을 잘 알고 있다".

일곱째, 이러한 위기의식하에서, "검찰 내부의 '현직인 검사'뿐만

---

[*] 하버드대학 교수 더쇼비츠(Alan M. Dershowitz)의 《최고의 변론》(*The Best Defense*), Vintage, 1983, pp. 124~125 참조.

아니라, '전직이 검사인 변호사들'까지도 결속력이 강하다. 그들은 현재 일시적으로 변호사로서 생계비를 벌고 있으나, 언젠가는 검찰조직의 고위직으로 돌아가기를 갈망하고 있다'. 따라서 그들은 '의뢰인의 보호보다 검찰의 이익을 우선시'하는 경우가 있다.

여덟째, 결론적으로 검찰은 '진정한 의미에서 정의실현을 위한 의지'는 없다. 다만 그것이 '자기의 이익에 부합하거나, 최소한 반하지 않을 때에만' 그렇게 권력을 행사한다. *

이와 같은 검찰의 생존전략인 조직문화는 그 구성원인 검사들(물론 생계형 검사가 아닌 일부 핵심 검사들에게만 해당된다)의 다음과 같은 탁월한 (?) 정치감각에서 비롯되는 것이다.

① 그들은 엘리트 집단으로서 두뇌회전이 빠르다. 학창시절에 공부 좀 했다. ② 거기에 더하여 그들은 강력한 결속력이 있어서 권력의 유지를 위해서라면 서로 밀고 끄는 힘이 세다. ③ 여론의 흐름에 대한 촉각이 예민하여 항상 국민의 주목을 받고, 뉴스의 주인공이 되고자 한다. ④ 그 결과 언론의 속성을 너무나 잘 알기 때문에 언론을 관리하고 활용하는 기술이 탁월하다. ⑤ 같은 맥락에서, '조·중·동'과 같은 보수 기득권층과 이해관계를 같이하여, 그들은 많은 경우 같은 편이 된다. ⑥ 그들은 좋은 머리로 순간 포착에 능하여 치고 빠지기를 잘한

---

* 이와 같은 신랄한 지적에 대하여 검찰 내부에서 신뢰와 존경을 받는 전직 검찰 간부인 S가 말한 코멘트가 떠오른다. 그는 "검찰의 아픈 곳만 골라 콕콕 집어내어 속이 상하고 밉기도 하지만, 그렇지만, 판사가 더 존경받아야 하는 것은 맞는 말이지"라고 승복하였다.

다. ⑦ 역시 타이밍 조절에 능하여 속도전이나 뭉개기에도 탁월하다. ⑧ 그들은 직무상 압박, 회유, 타협의 경험이 많기 때문에 교착과 위기국면의 돌파에 능하다.

결론적으로 정치를 가장 잘하는 사람은 검사(특히 '특수통' 검사)라고 할 수 있다. 하지만 이는 결코 칭찬하는 말이 아니다.

그러나 인간사 모든 일이 지나치면 반드시 반작용이 나타나기 마련이다. 이러한 좋은 세월이 20여 년 지나다 보니, 검찰의 안하무인인 폐해가 누적되어 또 다른 반발세력을 불러일으키게 되는 것이다. 이것이 바로 2000년대에 이르러 검찰개혁의 필요성이 강하게 주장되고, 급기야 2020년대에 이르러서는 별도 수사기관(고위공직자범죄수사처)의 설립, 검찰의 수사권 제한(경찰로의 수사권 이전) 또는 박탈 등 검찰권한 약화를 위한 여러 조치들이 취해지게 된 동기가 된다.

이와 같이 과거 60년의 역사를 돌이켜보니, 이제 통치권자가 활용하려는 조직이 경찰에서 군대로, 군대에서 검찰로, 검찰독점에서부터 경찰과의 분점(分占)으로 변해 가고 있음이 분명히 나타나게 된다.

이러한 변화는 역사의 필연이다. 달이 차면 기울듯, 권력의 단맛에 너무 빠져들면 오만이 넘쳐 나락(奈落)의 길로 떨어지게 마련이다. 대통령의 최측근에서 비서실장이니 민정수석이니 하는 자리를 꿰찬 검사들이 결국 어떤 모습으로 추락하였는지를 한국의 현대사가 고스란히 보여준다. 그(양 판사)는 그리하여, 이러한 사태에 대한 현실적 대안으로서 사법부가 자유민주주의 수호의 보루 역할을 해야 한다고 누누이 주장해 왔다.

미국의 대법원과 같은 역할을 해야 한다고 기회 있을 때마다 역설해

왔다. 사법부는 (검찰이나 정보기관과 같이) 스스로 사건을 만들어 내는 권한이 없고, 만들어진 사건을 사후에 판단하는 기구일 뿐이므로 권력 남용의 위험성이 훨씬 덜하다. 따라서 사법부에 '무엇이 정의인지'를 판단할 최종적 권한을 주어도 좋다. 아니 주어야 한다.

그러하기 위해서는 대전제가 충족되어야만 한다. 어떠한 상황에서도 '무엇이 정의인지 말할 수 있는 용기와 자존감이' 있어야만 하는 것이다. 그런데 그동안의 우리 사법부는 어떤 모습을 보여 왔는가? 유감스럽게도 이 기대에 훨씬 못 미쳤다. 아니다. 못 미친 정도가 아니라 다음과 같은 모습으로 많은 사람들을 실망시켜 왔다.

첫째, 판사들의 머릿속을 지배하는 최대의 관념은 "정의 실현의 용기보다는 개인적인 자존심"이다.

둘째, 그리하여 지적으로 우수한 집단의 최대 약점인 실천력이 약하다. "연구와 검토는 많지만 행동이 없다."

셋째, 같은 맥락에서 판사들은 "내부적 결속력이 없고, 외부의 압력으로부터 사법부를 지켜야 할 경우에도 소극적이다".

넷째, 따라서 사법 인접의 외부 권력인 대통령, 국회, 검찰, 언론에 대한 관계에서 "대립하고 투쟁하기보다는 적절한 선에서 양보하고 타협하며, 최소한의 자존심이라도 확보하려고 애쓴다".

다섯째, 그러나 "이러한 자존심은 이를 현실적으로 보장할 방법이 없어 상처받기 쉬우므로 '퇴영적으로' 처신하는 데에 익숙해져 있다".

여섯째, "이러한 평화주의적, 비투쟁적 성향은 자중자애(自重自愛)하여 내부적 승진의 기회만을 바라는 것으로 만족한다".

일곱째, 요컨대 판사들은 "자신의 지위나 편안함을 희생하면서까지

322

'정의를 선언하고 실천할 용기나 기개를' 가지고 있지 않다".

여덟째, 그렇더라도 "막상, '의식적으로' 정의를 외면하거나 거부하지는 못한다. 그 정도로 타락되어 있지는 않다".

사법부 판사들의 의식구조가 이러하다 보니, 즉 내면적인 자의식이 충분히 성숙해 있지 못하다 보니, 기회가 왔을 때 이를 포착하지 못하고 흘려버렸을 뿐만 아니라, 도리어 '개혁의 대상으로 전락해 버리는' 최악의 상황을 초래하였다.

2017년 15대 대법원장이 물러가고 새 대법원장이 들어오는 과정에서, 과거 70년간의 사법부에 대한 '역사의식으로 무장된' 분을 모시지 못하여 사법부 위상 회복의 절호의 기회를 놓쳐버렸다. 놓쳐버린 정도가 아니라 정반대 방향으로 추락하여 개혁의 대상으로 전락해 버리는 최악의 사태로 되어 버렸다. *

역사의 아이러니는 가혹하게 적용되었다. 기회 있을 때마다 사법부에 대한 견제를 게을리하지 않던 검찰에, 이번에는 아예 사법적폐 청산이라는 '망외(望外)의 칼자루'를 쥐여 준 것이다.

검찰은 속으로 쾌재를 불렀다.

다른 한편으로, 사법부의 구성원들에게 묻는다!

조금만 고개를 쳐들고 넓은 눈으로 내려다본다면, '재판에 대한 내

---

* 이러한 결과는 물론 자업자득이다. 국민들은 과거 사법부가 강자에게 굴종해 왔을 뿐만 아니라 약자에게 군림해 왔다고 여기고 있는 것이다. 그리하여 사법부로부터 보호받기를 갈망해 왔던 국민들로부터도 신뢰를 얻지 못하였다.

부자로부터의 간섭이 그토록 혐오스럽다면, 과거 외부자(특히 검찰)로부터 가해지는 간섭과 위협, 겁박에 대해서는 왜 한마디 말도 없는 것인가?'

언젠가 역사는 다시 돌고 돌아 또다시 기회가 찾아오기는 하겠지만, 얼마나 많은 세월 동안, 얼마나 많은 사람들이 정의롭지 못한 시간을 견뎌내야 할지 안타까울 따름이다. *

그때까지 넋 놓고 있을 것이 아니라 그동안의 시간을 활용하는 방안으로 첫째, 과거 외부권력에 의한 사법부 탄압사례의 조사와, 둘째, 법치 선진외국에서의 법원과 검찰 청사 배치현황 조사, 두 가지 작업만이라도 '사법부 지도부에 의하여 자발적으로' 이뤄지기를 기대해 본다.

다시 본론으로 돌아와, 이러한 와중에 제14대 대통령 선거를 치르면서 김영삼 후보에게 정면으로 도전하였으나 결국은 실패하게 된 현대그룹의 정주영 회장에 대한 횡령 등 혐의의 수사와 기소가 이뤄졌다. 이 재판을 맡게 된 그는 혹시라도 있을지 모르는 통치권자 측의 압

---

* 제16대 대법원장은 취임한 지 10개월 쯤 지난 2018년 6월 15일에 사법부 역사상 '최악의' 결단을 내렸다. 즉, 그동안 논의되어 왔던 이른바 '사법농단' 의혹에 대하여 "검찰의 수사에 협조하겠다"는 입장을 대외적으로 밝힌 것이다. 지난 사법부 70년의 역사에 대한 '최소한의 통찰'만이라도 있었다면 도저히 갈 수 없는 길을 가버리고 만 것이었다. 이와 같은 (사법부 내부의) 의혹에 대해서는 어떤 식으로든지 내부에서 자체적으로 수습했어야 했다. 피아를 구별하지 못하고 적군에게 자신의 가슴을 드러내 준 어리석은 결정이었다. 추측건대, 시간이 흘러 다시 역사의 흐름이 바뀐다면, 아마도 이와 같은 결정이 있기 전 10여 일 동안의 대법원장의 행적이 크게 문제될 것이다.

박이나, 반대로 선거패배로 인한 정치적 박해라는 하소연에 휩쓸려서는 안 된다는 자세로 심리에 임했다.

공소사실에 대한 철저한 심리는 물론이고, 조금이라도 절차적 공정성에 의심받지 않도록 최대한 유념하였다. 다행스럽게도 두 가지 우려가 현실화됨이 없이 잘 마무리됐다.

심리를 마치고 정주영 회장에 대한 결론을 내리는 과정에서, 그는 법관이라는 직업에 대한 근본적인 성찰을 거듭하였다. 정치적 학대를 받았다는 이유만으로 실정법을 넘어서는 결론을 내릴 수는 없다고 생각하였다. 그렇다고 해서 양형에 있어서까지 이러한 사정을 도외시해서는 안 된다고 생각하였다. 숙고 끝에 징역 3년의 실형을 선고하면서 법정구속은 하지 않기로 결심하였다.

피고인 정주영은 사실심의 마지막 단계인 고등법원에서 집행유예 판결을 받았고, 얼마 지나지 않아서 대통령에 의하여 사면됨으로써 그의 정치적 도전의 스토리는 마무리되었다.

왕 회장 재판과 관련하여 두 가지 에피소드가 있다.

하나는, 그에 대한 재판을 마치고 판사실로 돌아가기 위하여 법정 뒤편에 있는 '법관 전용' 엘리베이터를 타려고 하는데, 왕 회장의 경호원으로 추정되는 체격 좋은 두 명이 담당 재판부의 판사들을 제지하였다. 아마도 왕 회장이 기자들을 피하여 이 엘리베이터를 이용하려 하니 엘리베이터를 확보하고 있으라는 지시를 받은 모양인데, 고지식하게도 그 담당 재판부 판사들을 저지한 것이다.

다른 하나는, 판결 선고 후 지인을 통하여 왕 회장에게 왜 집행유예를 선고하지 않았느냐고 물어왔는데, 그 지인에게 부탁한 사람이 H그룹이 아니라 S그룹이라는 것이었다. H그룹과 S그룹 문화의 차이를 극명하게 보여주고 있었다.

형사합의부의 주요 재판대상이 되는 세 번째 부류는 형사합의부에 고유한 일반 중범죄 사건들이다. 살인, 강도상해, 액수가 큰 횡령이나 배임 등 사건들이다. 이 과정에서 그는 또다시 판사의 본질에 접촉하는 숙명적인 경험을 하게 되었다.

어떤 살인사건을 심리하게 되었는데, 여러 날 동안의 고민 끝에 사형판결을 하게 된 것이다. 기가 막히는 인생의 굴곡을 겪은 30대 초반의 피고인에 대한 사건이었다.

그 피고인은 10대 후반의 나이에 어떠한 연유로 강간치사의 죄를 범하여 무기징역형을 선고받고 복역하였다. 우리나라 행형의 현실에서 무기징역을 선고받고 복역하면 여러 가지 사유(광복절 감형, 성탄절 감형 등)의 감형조치를 받아 15년 정도 복역 후 출소하게 된다. 그도 역시 그러하였다. 출소 후 어느 공장에 취직하여 생계를 꾸려가고 있는데, 어떤 기회에 마음에 드는 여인을 만나 사랑하게 되었고, 결국 결혼까지도 꿈꾸고 있었다. 평생에 처음 맛보는 인생의 행복이었다.

그러나 하늘은 그 행복을 쉽게 허락하지 않았다. 그 여인의 주변 사람들이 '숨기고 싶은 진실'(전과자라는 사실)을 그 여인에게 이야기해 준 것이다. 여인의 마음은 흔들리게 되었고, 급기야 그 남자에게 헤어지자고 이야기한다. 그는 설득에 설득을 거듭했으나 그 여인은 마음을 돌리지 않았고, 언쟁 중에 '전과자'라는 금단의 단어를 입에 올리고 말았다. 아픈 상처가 드러나게 되자 그는 제정신을 잃었다. 바닥에 있던 돌을 집어 들어 여인의 머리를 쳐서 죽게 하였다.

여기에 그치지 않았다. 그는 이렇게 된 모든 원인이 그 여인의 주변 사람들에 있다고 생각하고, 그 주변 사람들을 찾아 하나씩 죽이기 시작했다. 심지어 그것도 모자라 시간(屍姦)까지 하였다.

그는 법정에서 첫 기일부터 모든 범행을 인정하고, 빨리 사형판결을 해주기를 재판장에게 부탁하였다.

"하루라도 빨리 저 세상으로 가서 사랑하던 여인을 만나 행복하게 지내고 싶다"는 것이었다. 그(양 판사)는 이 사건을 심리하는 두 달 가까운 기간 동안 현저하게 말이 줄었다. 술은 물론이고 맛있는 음식조차도 입에 대는 것을 자숙했다.

'인간이 인간을 죽게 할 수가 있는가?' 헌법에서 말하는 '인간의 존엄성'은 어떻게 지켜줘야 하는가? 고뇌를 거듭했지만 우리나라가 법으로 사형제를 인정하는 이상, 하나의 인간이 아니라 법관이라는 직업을 가진 사람의 숙명으로서 사형판결을 하지 않을 수 없다는 결론에 다다랐다.

사형을 선고하였고, 이는 상급심에서도 그대로 유지됐다. 후에 전해들은 바로는, 얼마 시간이 지나 그 형이 집행되었다 한다. 저세상에서는 그의 소망이 이루어졌기를.

2년간의 형사법원 근무를 마치고 인사원칙에 따라 1994년 3월부터 민사법원으로 자리를 옮겼다. 형사 법정에서 벌어지는 험한 공방을 벗어나 차분하게 사실관계와 법리를 다투는 민사법정에 들어오니 마치 별천지에서 지내는 것 같았다. 비록 업무량은 많고, 어려운 사건도 많았지만 우선 마음이 편하니 좋았다. 짬을 내어 가끔 역사책도 읽고, 문학책도 읽는 여유를 가졌다.

이렇게 1년 남짓한 시간을 보내고 있는데, 민사법원장으로부터 솔깃한 정보를 전해 들었다. 미국 필라델피아에 본부를 둔 아이젠하워 재단이 있는데, 그곳에서 3개월의 일정으로 미국 법조계를 둘러볼 기회를 제공한다면서, 거기에 응해 볼 생각이 있느냐고 했다. 모든 비용은 재단에서 부담하고 미국 전역을 돌면서 판사, 변호사, 교수를 만나 대화할 수 있도록 주선해 주는 프로그램이라 한다.

재단의 설립 취지는, 아이젠하워 대통령의 생일날에 그 친구들 몇 명이 모여 축하를 해주는 자리에서 친구들이 기금을 모아 아이젠하워 대통령의 평소 신념을 세계적으로 실현시키는 좋은 일을 해보자고 제안하여 받아들여졌다고 한다. 그 신념은 "사람은 자주 만나면, 서로 잘 알게 된다. 서로 잘 알게 되면, 서로 잘 이해하게 된다. 서로 잘 이해하면 서로 사랑하게 된다"는 것이다.

이런 방법으로 세계에 평화를 정착시키기 위하여 첫 단계로 세계의 젊은 리더들이 우선 미국의 지도자들과 자주 만나는 기회를 제공해 주자는 것이다. 거액의 기금을 모아 매년 20여 명씩 전 세계의 전도유망한 리더를 미국으로 초청하여, 그 분야의 미국 전문가들과 만나 이야기할 수 있도록 모든 편의를 제공하는 재단이다.

그(양 판사)는 기꺼이 참가하기를 원하여, 정해진 선발절차에 따라, 주한 미국대사관에서 주관하는 면접과정을 거쳤다. 다행히 관문을 통과하였고, 1995년 5월 필라델피아 재단본부에서 일주일간의 오리엔테이션을 받은 후 미국 전역을 한 바퀴 도는 일정을 시작했다.

재단의 사무처는 이미 이와 같은 업무에 숙달되어 있어서 조금도 불편함이 없이 각지에서 만날 분들을 사전에 예약했고, 중간에 틈틈이 미국 문화를 심도 깊게 이해할 수 있도록 배려했다.

필라델피아를 출발하여 우선 동부지역에서는 뉴욕, 워싱턴, 보스턴에서 약 1주일씩 묵었으며, 북쪽으로는 시카고, 이어서 중부에서는 덴버를 거쳐 서부로 넘어가 샌프란시스코, 로스앤젤레스에도 들렀다. 후반기에는 남부로 내려와 뉴올리언스를 거쳐 다시 필라델피아로 귀환하였다. 방문하는 도시마다 기본적으로 법원을 방문하고, 그곳의 판사들과 대화하는 시간을 가졌음은 물론이다.

그 과정에서 인상에 남는 일이 몇 가지 있었다.

하나는, LA에 머무르는 동안 마침 그곳에서 심슨(O. J. Simpson) 재판이 열렸는데, 다행히 방청권을 입수하여 하루 종일 재판과정을 지켜볼 수 있었다. 우리나라와는 제도가 많이 달라 약간 생소하기는 하였으나, 신선한 충격을 받기도 하였다. 얼마 후, 일반인들의 예상과는 다르게 무죄의 평결이 내려졌는데, 이에 대한 시민들, 특히 지식인들이 반응이 인상적이었다. 분노하거나 판사를 불신하는 것보다는 "형사재판 제도라는 것이 원래 그런 것이다"라고 받아들이는 모습이 역시 법치 선진국이라는 느낌이 들었다. 우리나라였다면 어떤 일들이 벌어졌을까?

다른 하나는, 방문한 여러 군데의 법원에서, 한국에서 동료 판사가 찾아왔다고 환영해 주면서 실제 법정에 판사와 함께 입장하여 판사 옆에 별도의 좌석을 마련해 주어, 법대 위에서 심리과정을 볼 수 있도록 배려했다. 친절에 감사드린다.

가장 인상적이고 오랫동안 기억에 남으며 그의 이후 법관생활에 자신감과 함께 큰 영향을 주는 일은, 1995년 6월 초 워싱턴에서 미국 연방대법원을 방문하여 하루 종일 법정 방청은 물론이고, 건물 내부(약간은 비밀스러운 곳들)의 순방, 대법관들의 합의 시에 사용하는 회의실의 방문, 그리고 나아가 대법관 스칼리아와 2시간 남짓한 대화와 토론의 기회를 가진 것이었다.

우선, 감탄한 것은 아이젠하워 재단 측의 섭외능력과 기획능력에 관한 것이다. 재단에서 준비한 소개 책자에는 '피초청자가 미국 내에서 만나고 싶어 하는 사람은 모두 만날 수 있게 해준다. 다만, 대통령과 재벌 총수는 예외이다. 그들은 너무 바쁘기 때문이다' 라고 쓰여 있었다. 하지만 미국 대법관 역시도 쉽게 만날 수 있는 사람은 아닐 것이고, 그것도 잠시 인사 정도만 나누는 것이 아니라 제대로 된 대화와 토론의 기회까지 주는 것은 분명 쉽지 않은 일이었을 것이었다.

나아가 하루 종일의 방문일정 구성이다. 오전 9시부터 열리는 개정 시간에 맞추어 일반 방청석이 아닌, 법대 좌측 약간 낮은 곳에 VIP의 방청을 위하여 특별히 설치되어 있는 장소에서 방청할 수 있게 배려했다. 대법관들 사이의 대화 내용이 거의 들릴 수 있는 거리다.

두어 시간 동안의 법정 방청이 끝나고 점심시간이 되자 대법관을 모시는 법률 연구원(law clerk) 2명(그중 한 명은 베트남 출신)과 함께 직원용 구내식당에서 점심을 하면서 자연스럽게 대화할 수 있는 기회도 만들어 주었다. 법률 연구원의 생활과 일과에 대하여 많이 알게 되었다.

점심식사 후 특별히 배치된 직원의 안내를 받아 일반인들에게는 공개되지 않는 대법원 건물의 구석구석을 둘러보았다. 역사가 서린 흥미 있는 공간들이 있었고, 마무리는 대법관들이 합의할 때에 사용하는 회의실까지 볼 수 있었다. '직사각형'의 긴 테이블에 9명의 대법관이 앉는 방식까지 설명했는데, 서열순으로(대법관 임명날짜순) 양쪽 끝에 1번(대법원장)과 2번, 그리고 한 쪽 긴 쪽으로 3, 4, 5번, 반대편 긴 쪽으로 6, 7, 8, 9번이 앉는다고 한다.*

합의실에는 대법관 이외에 다른 사람이 들어올 수 없으므로 서열 9번(출입구 가까운 쪽에 앉게 된다)의 대법관이 외부와의 연락 등 모든 잔심부름을 하게 된다고 한다. 합의실의 벽에는 초상화와 오래된 그림들이 걸려 있다.

대법원 건물 탐방을 마치고 3시경, 안내인은 안토닌 스칼리아 대법관**의 방으로 안내하여 그 비서에게 그를 인계한 후 임무를 마쳤다.

60대로 보이는 우아한 차림의 여비서는 이미 통보를 받은 듯 반갑게 맞이하면서 안쪽의 대법관 집무실로 안내했다. 그는 대법관과 인사를 나누고, 권유에 따라 응접 소파에 대법관과 마주보고 앉았다.

오전 법정에서 다루어진 사건에 관한 이야기를 잠시 나눈 후, 그는

---

* 안내자의 설명으로는 서열이 낮은 판사일수록 좀더 '좁게', '불편하게' 앉는 것은 당연하다고 하였다.
** 그는 독실한 가톨릭 신자로서 철저한 보수주의자이다. 헌법 해석에서는 원전주의자(originalist, 문언주의자)로서 자유주의(liberalism)에 반대하였고, 낙태, 동성결혼 등에 반대하였다. 9명의 자녀를 두었고, 논쟁에서는 직설적, 호전적이어서 '수류탄'(hand grenade)이라는 별명을 얻었다. 2016년 2월 13일 86세로 텍사스주의 어느 리조트에서 '갑작스럽게' 의문의 변사체로 발견되었다. 경찰은 부검을 하지 않고 자연사로 결론 내렸으나, 언론은 음모론을 제기하고 있다.

사전에 준비해 둔 주제인 '사법 적극주의'(*Judicial Activism*)에 관하여 대화를 시작하였다. 사법 적극주의는 우리나라에서는 별로 다뤄지지 않고 있지만 미국의 법학계에서는 이미 왕성한 토론이 있었던 주제이다. 그런데 대화를 시작하고 5분 남짓 동안 이야기가 순조롭게 진행되지 못하고, 서로의 초점이 맞지 않아 약간의 혼선이 있는 것처럼 느껴졌다. 그러다가 좀더 대화를 진행하다 보니 그 원인이 밝혀졌다.

사법 적극주의라는 개념에 관하여 그(양 판사)가 잘못된 이해를 하고 있었던 것이었다. 그 개념의 핵심적 내용은 '판사가 법해석과 판결을 함에 있어서 법 문구에만 그치지 않고, 정치적 목표와 사회정의 실현 등을 염두에 둔 적극적 법 형성 내지는 법 창조를 강조하는 태도'를 말하는 것이다. 쉽게 바꿔 말하면, '판사가 적극적으로 나서서 행정부가 해야 할 일까지도 할 수 있느냐?'의 문제인 것이다

그런데 그(양 판사)의 머릿속에는 '판사가 판결을 함에 있어서 권력자(통치권자나 그의 추종자인 정보기관이나 수사기관 등)의 눈치를 보지 않고 과감하게, 용기를 가지고 판결해야 한다'는 생각이 지배하고 있었던 것이었다. 이제 그의 생각이 정확히 전달되자 스칼리아 대법관은 한마디로 간단히 이 문제를 정리해 버렸다.

'헌법상, 사법부는 독립되어 있는 만큼 누구의 눈치도 보지 말고 소신대로 판결해야 하는 것은 너무나도 당연한 일이다'는 것이다. 그와 같은 말을 듣고 그(양 판사)는 마음속으로 크게 부끄러움을 느꼈다. '너무나도 당연한 것을, 판사라는 사람이 겁을 먹고 망설이고 있다니 얼마나 한심하고 수치스러운 모습인가.' 나아가 이런 걱정을 하게끔 만든 우리의 정치 현실, 사법 현실이 너무나도 원망스러웠다. 사법부에 관한

한 우리나라의 법치주의는 너무나도 후진적인 모습을 가지고 있었다.

대화를 나누는 과정에 와이셔츠 소매 밖으로 드러난 스칼리아의 털이 송송 난 손과 팔뚝을 보면서 그는 엉뚱한 상상을 하였다. 심리중인 사건에 관하여 정보기관 또는 대통령의 뜻이라고 은근히 전하면서 어떠한 부탁을 하려 드는 사람이 있다면, 그(스칼리아)는 대뜸 '주먹으로 그 사람의 얼굴을 후려칠' 것 같은 느낌이 드는 것이다.

이 고비를 지나니 두 사람의 대화는 판사라는 직업을 함께 가진 동료로서 밀도 있고 허심탄회하게 진행됐다. 예정된 시간을 훨씬 지나 두 시간이 넘게 되자 밖의 부속실에 있는 비서가 몇 번이나 문을 열고 들어와서 다음 일정을 채근하는 듯하였다. 만족스러웠지만 아쉬움을 남기고 그는 작별인사를 나누었다.

여비서가 동행하여 대법원 청사 출입문까지 안내해줌으로써 그날의 일정이 모두 마무리되었다. 인상적이고 깊은 반성을 하게 만든 하루였다. 게다가 법치 선진국으로 도약하기 위하여 그가 앞으로 어떤 마음 자세를 가지고 어떻게 처신해야 할지 다시 한 번 다짐하게 만들었다.

이러한 보람찬 경험을 하면서 그의 민사법원에서 예정된 2년간의 근무는 끝나가고 있었다. 2년 근무의 마지막 단계에서 사법행정을 담당하는 책임자로부터 그가 받은 전화의 내용, 그리고 얼마 지나서 대전고등법원으로 발령받아 가게 된 경위, 이어서 대전고등법원에서 2년 동안 지내면서 일어났던 일 등은 이 장의 맨 앞부분에서 이미 이야기한 바와 같다.

다만, 한 가지를 추가하여, 대법원장의 비서실장으로 근무하면서 그에게 고유한 직무상 경험하게 된 특이하면서도 약간 감동적이며, 한편으로는 슬픈 이야기를 더 보태지 않을 수 없다.

대법원장의 비서실장으로서 맡아 해야 할 몇 가지 일 중에 실장으로 처음 부임했을 때와, 1년에 두 번 설날과 추석 때에 하는 업무가 있다. 그때가 되면 아직 생존해 계시는 전직 대법원장님들을 찾아뵙고 문안 인사를 드리며, 혹시 사법부의 운영에 관한 의견이 있으시면 고견을 경청하여 대법원장님께 보고드리는 일이다.

이때, 명절을 잘 보내시라는 뜻에서 과일 한 상자와 소고기 약간을 함께 전해드리는 것도 포함된다. 사무실로 혹은 댁으로 찾아뵙고 적당한 시간 동안 대화의 상대가 되어 드리기도 한다.

오랫동안 관행으로 이뤄지는 일이기에 특별한 어려움은 없고, 예의만 잘 갖추어 드리면 되는 일이다. 그런데 이분들 중에 한 분에게만은 예외가 인정되어 왔다.

즉, 제8대 대법원장이신 유태흥 대법원장에 대해서이다. 그는 '실질적인 도움'이 될 수 있도록 선물을 물품 대신 현금으로 해주었으면 좋겠다고 희망하셨다. 앞에서 김재규 재판을 이야기하면서 잠시 언급했던 바와 같이, 그는 6·25 사변 당시 북한군에 이끌려 납북되어 가는 도중에 극적으로 탈출하여 목숨을 건졌다. 그 이후로 그는 철저한 반공주의자가 되었고, 국민소득이 일정 수준 이상이 될 때까지는 자유를 잠시 유보하고 안보와 경제성장에 집중해야 한다는 확고한 신념을 가지게 되었다. 나아가 같은 맥락에서 법철학적으로는 법실증주의자가 되었다. 이와 같은 인(因)과 연(緣)이 얽히고 얽혀서 그는 대법관 시절 김재규 사건의 주심 판사가 됐고, 나아가 1981년부터 1986년까지 대법원장을 지내고 은퇴하였다.

그러나 '모든 사람의 일상은 비극적이다!'라고는 하지만, 유독 그에게만은 그 비극이 너무나 가혹하였다. 법관으로 재직 중 이른 나이에 부인과 사별하였고, 그 후로는 유일한 따님이 곁에서 그를 보좌했는데, 그분마저도 젊은 나이로 세상을 떠났다. 법원을 떠나면서 지급된 퇴직금은 일시불로 수령했는데, 아들의 사업자금으로 사용되었다가 탕진되었다.

그(양 판사)가 1998년 2월 비서실장으로 부임 직후 인사차 그분을 찾아뵈었는데, 산비탈의 조그마한 한옥에서 가정부 한 사람의 도움을 받으며 쓸쓸히 지내고 계셨다. 문안인사와 함께 용무를 잠시 말씀드리고 자리를 뜨려고 하는데 도무지 놓아줄 기색이 보이지 않는다. 한 시간 넘게 옛날이야기를 들어드리고 물러났는데, 안쓰럽고 마음이 편하지 않았다. 외로움과 함께 지난날의 일들에 대한 회한과 서운함이 절절이 배어 있는 듯하였다.

이후 얼마 지나지 않아 다시 찾아뵐 일이 있어 방문했는데, 그(양 판사)는 지난번의 기억이 있어서 대화 도중 약간의 호응하는 모습도 보여드렸다. 덧붙여, 완전히 가식은 아니었지만 "저도 판사생활이 25년쯤 되다 보니 젊은 시절의 순진한 생각들(무조건적인 자유주의의 신봉 등)을 다시 한 번 되돌아보게 된다. 무조건 나쁜 것으로만 여겼던 생각들(법실증주의나 안보와 경제도 배려해야 한다는 생각 등)도 깊이 다시 되짚어볼 필요가 있다"고 생각하게 되었다는 말씀을 드렸다.

어느 정도는 진심이었다. 그러자 유태흥 대법원장님의 안색이 달라지시고 말씀에 힘이 들어가기 시작하였다. "진정으로 그렇게 생각하느냐?"고 하시면서, "남들은 자기를 권력에 부화뇌동(附和雷同) 하는 판사로만 알고 있지만 실제는 전혀 그렇지 않다. 내가 형사법원 수석 부장 시절, 청구된 영장을 기각한 건수를 조사해 보면 알겠지만, 사실 내가 가장 많이 영장을 기각했었다"고 강조하셨다. 뜻밖의 반응에 그 (양 판사) 는 놀랐고, 다른 한편으로는 "이 어르신이 그동안 본인에게 찍힌 낙인 (불명예) 에 대하여 얼마나 서운하게 느끼고 계셨는지" 눈앞 에서 생생하게 목격하였다. '판사는, 사람은 결국은 다 같은 생각을 가지고 있구나.'

전혀 예상치 못했던 놀라운 일은 그 이후 한 달쯤 지나, 1998년 5월 9일 그 (양 판사) 의 부친 (양회경 전 대법원 판사) 이 돌아가시고 장례를 모 시는 자리에서 일어났다. 그는 상주로서 문상오시는 손님을 맞이하고 있었는데, 평소 바깥출입을 전혀 하지 않으시는 유태흥 대법원장님이 들어오시는 것이었다. 놀라 예의를 갖추고 감사를 표시하니 그 어르 신은 정중히 조문을 마치시고 돌아서 나가셨다. 참으로 어려운 발걸 음을 하셨구나 하고 생각하면서 감사한 마음을 가지고 있었는데, 약 10초 후에 그 어르신이 다시 들어오시는 것이었다. "내가 이제 돌아가 면 양 대법관님을 다시 볼 수 없게 될 것이니, 아쉬워서 한 번 더 뵙고 가려고 돌아왔다"고 말씀하시는 것이 아닌가. 놀라움과 감사함, 그리 고 배려심과 쓸쓸함, 여러 감상이 교차하였다. 놀라움은 계속되었다.

유태흥 대법원장님은 허리의 신병으로 고통받으시다가 (일부 언론은 그와 같이 보도했지만, 그는 보다 '결정적' 이유들이 있었을 것으로 생각하였다) 2005년 1월 17일, 댁에서 멀지 않은 한강의 마포대교에서 투신하여 생을 마감하셨다. 그는 장례기간 동안 내내 그분의 마지막 가는 길을 함께하였다. "부디, 저세상에서 평안하시기를 기원합니다."

　대법원에서 비서실장으로 보낸 1년간은 보람 있고 유익한 한 해였다. 비록 본인 스스로가 사법정책을 결정할 지위에 있지는 아니하였지만, 그러한 분을 보좌하는 것만으로도 배움이 많았다.

　새 대법관의 인선에서부터, 대통령과의 협의를 거쳐 외부 발표에 이르기까지의 과정은 생각보다 훨씬 미묘하였다. 1년에 한두 번 있는 법관들의 정기인사 역시 최고책임자로서 신중을 기해야 할 부분이었다. 그가 모시던 최고책임자는 특히 이 부분에서 깊이 있는 배려를 하셨다. 인사안의 초안이 마련되면 그를 비롯한 신뢰할 수 있는 측근에게 "혹시라도 내가 편애하는 듯한 인상을 주는 부분은 없는지" 솔직하게 이야기해 달라고 부탁하셨다. 그러고 보니 시간이 흐르면서 이러한 부주의가 타성화되어 급기야는 제15대 대법원장 시절에 이르러 '편애하는 듯이 비춰지는' 폐해가 극대화되어 '사법 농단이라는 사태'로까지 변질되어 버렸다.

　나머지, 일반 사법행정이나 법관의 재판상 독립과 관련해서는 대법원장이라고 해서 특별히 할 수 있는 일이 없다. 법관들 각자가 균형감각과 정의실현의 용기를 가지고 잘 해주기를 바라는 수밖에 없다.

　여기에서 과거 민복기 대법원장이 사표를 제출하러 온 이영구 부장판사에게 한 말이 생각나지 않을 수 없다. "당신 같은 판사가 사법부에 세 사람만 있었으면 내가 대법원장 하기에 훨씬 편했을 텐데"라는 말이다.

　외부기관에 파견근무도 해보았고, 사법행정 최고책임자를 가까운 거리에서 보좌해 본 그의 경험에 비추어 '자신 있게' 할 수 있는 말은 이것이다.

"혹시라도, 사법부 내부에서 존경받고, 현실적으로도 최고의 자리에 오를 생각이 있는 분이라면, 고비 고비에서 겁먹지 말고 소신대로 용기 있게 재판하세요. 그것만이 목표에 이르는 첩경입니다."

이렇게 하여 그는 판사로서 25년간의 생활을 마쳤다. 못 다한 말도 있고, 못 다 이룬 꿈도 있지만, 언젠가는 누군가가 그 꿈을 이루어 낼 수도 있을 것이다. 마지막 자리에 이르기까지 훌륭한 분들을 모시고 함께 일할 수 있었던 행운에 그는 더없이 감사하고 있다.

* * *

새로운 천년이 시작되는 1999년, 그는 변호사로서 새로운 생활을 시작하였다. 그때까지 한 번도 변호사로서 경제활동에 종사하리라고 생각해 보지 않았지만, 운명의 여신이 마련한 씨줄과 날줄은 하찮은 인간의 짧은 머리로 예측할 수 있는 것이 아닐 터이다.

졸지에 황야로 내던져진 느낌이었다. 당시에 그의 얼굴을 보고 기억하는 어떤 친구는 '처참하기 짝이 없는 몰골'이었다고 회상하고 있다. 그는 몸을 최대한 작게 만들면 고통도 줄어들 것이라고 생각하는 듯, 매일 저녁 잠들기 위해 침대에서 둥글게 몸을 말았다. 육체는 빵으로 살찌지만 정신은 기아와 고통으로 살찐다는 말을 믿고서.

그래도 불행을 감싸주고 보듬어 주는 고마운 사람들도 있었다.

우선 가족애는 더욱 깊게 되었다. 묵묵히 성원해 주시는 어머니, 격려해 주는 아내, 그가 모르게 나름의 구명활동을 벌였던 아이들이 고

338

마웠다.

친구들 역시 고마운 존재였다. 대기업을 운영하는 어떤 친구는 그의 사표가 수리된 바로 그날 오후 집 근처 커피숍으로 찾아와 만나자고 하였다. 마지못해 나가 만나보니 "자기 회사에 사외이사가 필요한데 도와 달라"고 제안하였다. 또 어떤 친구는 몇몇 친구들을 모아 소주 집에서 위로의 자리를 마련해 주기도 하였다. 또 어떤 친구는 나름의 인맥을 동원하여 그의 명예회복을 위한 조치들을 시도해 주기도 하였다.

세상살이에 영악한 일부 검사들은 퇴임하기 몇 년 전부터 미리미리 권력에 관심 있는 사람은 권력층에, 재물에 관심 있는 사람은 재력가들에게 인맥을 만들어 놓고 나온다고들 하는데, 그에게 이와 같은 세속적 영리함이 있을 리 없었다.

하지만 세상이 그렇게 무심한 것만은 아니었다. '억울함을 안고 퇴직한 사람'이라는 평판은 널리 퍼져 있어서 나름 동정하는 사람들도 도처에 많았다. 그 결과, 본심과는 전혀 다르게 수익성이 좋은 사건들이 많이 몰려와 수임을 부탁하였다.

역시 세상살이에 영악한 언론들은 이제 보도태도를 180도 바꾸었다. "유탄을 맞았다"는 둥, "돈을 받은 이유가 어떠했다"는 둥, "장래의 틀림없는 에이스였다"는 둥 그동안의 서운한 내용들(퇴임 전 그렇게도 보도되기를 바랐으나 거부되었던 내용들)을 앞다투어 보도해 주었다.

잘 알려진 우스갯소리가 생각났다. '검사, 기자, 세무공무원이 식당에서 식사를 하였다. 음식값은 누가 계산했을까?' 식당 주인이 계산하지 않을 수 없는 상황이 충분히 이해되었다. 이 세 직업의 특징은 어떤 일을 '할지 말지', '어느 범위에서 할지'를 스스로가 정한다는 점이다. 권력의 권(權)은 '마음대로'라는 뜻이라 한다.

평소에 없었던 불면증과 우울증이 찾아오고 건강도 급속히 나빠지는 듯하여, 기분전환을 위해 억지로 뉴질랜드 여행에도 다녀왔으나 별 효과가 없었다. 하루빨리 변호사 업무에 종사함이 필요했다.

생각 끝에 개인사무실을 여는 것보다는 법무법인에 들어가기로 하고 우연히 인연이 닿은 법무법인에 합류하였다. 업무를 개시하기 전에 두 가지 원칙을 정하여 실천하기로 결심하였다. 하나는, 그가 스스로 법정에 출석하여 변론하지는 않는 것이다. 변호사로서 역할의 절반 이상을 포기하는 것이지만, 따라서 당연히 수입의 상당한 감소를 초래하는 것이지만 자존심을 지키고 선배, 동료, 후배들에게 부담을 주지 않기로 작정하였다. 그 결과 당연히 좋은 사건을 놓치는 경우가 많이 있었다.

다른 하나는, 경제적 욕심을 탐하지 않기로 하였다. 그리하여 수임료(착수금과 성공보수금)의 대부분을 '의뢰인으로 하여금 스스로 정해 오도록' 하였고, 대부분 이를 그대로 수용하였다. 그렇게 하여 인생의 가운데 토막 같은 기간, 53세부터 약 22년간을 별 탈 없이 지냈다. 기회 있는 대로 해외여행도 하여 견문을 넓혔고, 뒤늦게 배운 스키에도 빠져 20여 년 동안 세계 곳곳의 스키장을 찾아다녔다. 그 결과를 모아 2020년에는 《멋진 세상, 스키로 활강하다》라는 책도 출간하였다.

2010년부터는 특히 마음이 맞는 분들 십여 명이 모여 북클럽을 만들어, 10년 이상 매달 한 번씩 돌려가면서 책을 읽고 토론하며 지식의 폭과 생각의 깊이를 넓히는 데에 크게 도움을 받았다.

여기에서 영감을 받아 법조에 관한 평소의 소신을 담은 두 권의 책*
도 출간하였다.

20여 년 동안의 변호사 생활을 정리해 보니, 다음과 같은 빛과 그림
자가 침전되어 남는다.

먼저, 빛의 일부이다.

지인의 소개로 과다한 상속세 부과가 잘못되었다는 사건을 맡았다.
알다시피 세금소송을 함에는 그 세금 전액을 일단 먼저 납부해 놓은
다음 소송을 하고, 승소하면 그 금액에 약간의 이자를 붙여 돌려받게
된다. 의뢰인을 만나 보니 우선 공탁된 금액이 거액이다.

그리고 의뢰인이 50대 중반의 여인인데 (죄송하지만) 신체적으로 척
추장애인이다. 그런데 놀라운 것은 그 의뢰인이 그렇게 명랑하고 총
명하였다. 사건의 내용은 법리상 의뢰인이 승소해야 마땅한데, 다만
입증이 용이하지 않았다. 운이 좋았는지 재판장도 같은 생각을 가져
서 피고인 국세청에게 조정 (화해) 을 권유하였다.

역시 잘 알다시피 국세청은 패소가 명백하더라도 거의 화해하지 않
고 패소판결을 받는다. 훗날의 책임 문제 때문이다. 그러나 이 경우에
는 국세청 직원과 또한 소송감독을 맡은 검사도 그 생각에 동의하여
지극히 예외적으로 조정으로 사건이 마무리되었다. 모두가 행복하였
고 그도 소정의 사례비까지 받았다.

1년쯤 후에 그 의뢰인으로부터 전화가 왔다. 이러한 전화는 대개 불

---

* 　《법과 정의를 향한 여정》 및 《권력, 정의, 판사》.

길하기 마련이다. 불안한 마음으로 전화를 받아 보니 의외의 말이 나왔다.

"변호사님, 제가 승소한 이후에 다른 세무사를 통하여 공탁해 놓았던 세금(원금)에 '좀더 높은 이자율'을 적용받아 상당액을 더 찾았는데, 그 부분에 대하여도 변호사님께 약정된 성공보수금을 드려야 할까요?" 하고 묻는 것이었다.

각박한 세상에 이러한 생각을 하는 사람이 있다는 것만으로도 감동이었다. 그는 대답하였다. "약정상으로는 더 받게 된 금액의 일정 비율을 주셔야 하지만 마음이 착하셔서 제가 양보하겠습니다."

그 후 여러 날 동안 그는 기분이 명랑하였다.

다른 이야기는 노무현 대통령에 관한 일화이다.

잘 알다시피 그는 2004년 3월 12일 탄핵청구를 당하였고, 5월 14일 헌재에서 탄핵기각의 결정을 받았다. 이런저런 사정으로 양 변호사는 노 대통령 변호인단의 한 사람으로 관여하였다. (그 재판과정에 대한 언급은 생략하고) 탄핵청구가 기각되자 얼마 후 노 대통령은 감사의 표시로 변호인 전원을 청와대로 불러 간단한 식사대접을 하였고, 아울러 선물(만년필과 감사패)도 주었다.

여기에서 말하려는 부분은 감사패를 주면서 그가 한 말이다.

"여러분의 도움으로 대통령을 다시 할 수 있게 되어 감사드립니다. 감사의 표시로 비서실에 감사패를 준비하라 하였더니 큼지막하게 만들어 왔길래, 제가 그러지 말고 접어서 책상 서랍에 넣을 수 있을 정도로 작게 만들라고 지시하였습니다. 책상 위에 감사패를 두고 일을 하시다가 혹시 나중에라도 저의 인기가 떨어져서 욕먹을 때가 오게 되면, 슬그머니 접어서 서랍 속으로 넣어 숨기기 편하시라는 취지입니다." 그는 엉뚱한 데가 있었다.

하나 더 추가할 이야기는 살인죄를 저지르게 된 선량한 엔지니어에 관한 것이다. 그 엔지니어는 착하고 성실한 컴퓨터 기술자이다. 전자상가에서 자그마한 가게를 차리고 생업에 열중하면서 살아갔다. 그의 아내는 은행원인데, 어떤 기회에 만나 연애하여 결혼하였다.

행복한 가정에 문제를 야기한 것은 그들의 잘못도 아닌 IMF 사태였다. 경기가 급격히 악화되어 도저히 가게를 운영할 수 어렵게 된 그는 가게를 접고 강북의 어느 한적한 곳에 허름한 식당을 차려 들어갔다. 운명의 어느 날 저녁 무렵 그 동네의 불량배 한 명이 그 식당으로 들어왔다. 그는 주방에 있었고, 아내는 홀에서 손님을 맞이하고 있었다. 그 불량배는 자기의 관할구역에 들어와 장사하면서 왜 사례도 하지 않느냐며 시비를 걸었다. 주방에서 이러한 이야기를 듣고 있던 그는 화를 꾹 참았다.

불량배는 점점 행패가 심해지면서 급기야는 그의 아내를 희롱하기 시작하였다. 그는 이것만은 참을 수 없었다. 주방에서 칼을 들고 있던 채로 밖으로 나와 불량배를 저지하였으나 막무가내였다. 서로 엉켜 몸싸움을 벌이다가 어찌어찌하여 그의 손에 있던 칼로 불량배의 복부가 찔려 즉사하였다.

그는 살인죄로 구속되었다. 1심에서 10년 형을 선고받았고, 그의 부인은 2심에 이르러 양 변호사를 찾아왔다. 사정을 들으니 딱하기는 하였지만, 우선 변호사 비용이 문제였다. 비용은 어떻게 할 생각이냐고 물었더니 친구와 친척들에게 부탁하여 마련해 보겠다고 한다. 양 변호사는 수임할지 여부를 하루 동안 생각한 후 알려주겠으니 다음 날 다시 오라고 하였다. 그때 양 변호사는 이미 마음속으로 무료로 변론해 주겠다고 마음먹고 있었다. 다음 날 그 부인은 눈물로 감사하였고, 구치소로 찾아간 양 변호사에게 그는 구치소의 시멘트 바닥에 무릎을 꿇고 감사해 했다.

양 변호사는 성심껏 변호하였다. 그의 원칙에 따라 법정에 출석하지는 않았지만, '평생 처음으로' 담당 재판장에게 '전화를 걸어' 선처를 부탁했다. * 양 변호사는 집행유예의 은전을 부탁하였지만, 결과는 5년 징역형이 선고되었다. 이로써 변호사와 판사는 각각 그 임무를 다하였다. 물론 피고인과 그 부인 역시 아쉬워하면서도 감사해 했다.

5년 형의 복역기간 중 그의 부인은 가끔 양 변호사를 찾아와 근황을 전해주면서 감사해 했다. 특히, 시어머니로부터 '며느리가 잘못 들어와 자기 아들이 이 모양이 되었다' 라는 서운한 말을 듣고 가슴 아파했다.

시간이 4년 반이 흘렀는데, 어느 날 그 부부가 양 변호사의 사무실로 찾아왔다. 무슨 일인가 하였더니 "아직 형기가 6개월 남아있는데

---

* 그는 이와 같은 행동이 변호사의 윤리규정 등에 비추어 적절하지 않다는 것을 인지하고 있었음에도 감히 그렇게 하기로 결심하였다.
  그 대신 법조 1년 선배가 되는 재판장에게, 그는 이 사건을 '무료로' 변론하고 있고, 피고인의 딱한 사정을 '구두로' 직접 전달하는 것이 변호인의 절박한 의무로 느꼈다고 진솔하게 이야기하였다. 그가 느낀 바로는 이러한 진심이 담긴 호소에 재판장 역시 불쾌하게 여기지는 않은 것으로 생각되었다.

모범수의 경우에는 만기 출소 후 미리 사회에 적응을 준비할 수 있도록 한 달 정도 집에서 보내고 돌아오도록" 하는 제도가 있다고 했다. 그러면서 그동안 양 변호사님의 은혜에 감사드리기 위하여 일부러 찾아왔다는 것이다.

양 변호사는 겉으로는 고맙다고 말하면서도 속으로는 불길한 염려를 하고 있었다. '혹시라도 출소 후 어떤 도움을 요청하는 성가신 일이 생기지 않을까' 하는 것이었다. 얼마 지나서 양 변호사는 이러한 못된 생각을 한 것을 크게 후회하고 반성했다. 그들은 6개월이 지나 만기 출소한 후 찾아오지 않은 것은 물론이고, 연락조차 해오지 않았다. 양 변호사는 그제야 그들이 '사려 깊고도 착한 마음으로 그와 같이 행동, 처신하기로 결정'하였던 것을 느끼게 되었다. 부디 그 가정에 하나님의 은혜가 가득하기를 빈다.

다음, 그림자의 일부이다.

변호사의 업무에는 두 가지 숙명적인 어려움이 따른다. 하나는, 변호사의 생각으로 당연히 구제받고 보호받아야 할 사건(의뢰인)이라도 결국은 다른 사람(판사)의 결정에 복종할 수밖에 없다는 것이다. 물론 최선을 다하여 판사를 설득해 보려고 애쓰지만, 모든 경우에 성공하지는 못한다.

두고두고 가슴에 남는 일이 있다.

그는 사립대학 이사장으로서 양 변호사와는 중학교부터 동창인 60년 지기다. 어려운 가운데 학교 재정을 탄탄히 할 생각으로 건설회사를 만들었다. 주식의 '전부'는 학교의 소유다. 학교 건물도 짓고, 외부

수주도 받아 수익도 늘려 볼 생각이었다.

그런데 순전히 국가 '행정기관의 탓으로'(분양기준을 '사후에' 임의로 변경) 회사가 어려워졌다. 언론과 학생들은 사학비리의 전형이라고 비난한다. 그는 살고 있는 주택 이외에는 다른 재산이 전혀 없다. 판결 선고에 임박해서는 일주일쯤 전에, 어떤 언론이 사학비리는 엄벌해야 한다고 특집기사까지 실었다. 재판부는 구태여 이러한 언론에 저항하여 구설수에 오르기를 원치 않는다. 검사의 구형보다도 높은 형을 선고한다. 양 변호사는 법정에 스스로 출석하여 변호하는 일은 하지 않겠다는 다짐을 두 번 깨뜨렸다.

한 번은 노무현 대통령의 탄핵사건이었고, 다른 한 번은 바로 이 사건이었다. 양 변호사는 그에게 평생의 빚을 지게 되었다. 의사들이 말하는 이른바 VIP 신드롬이었다.

다른 하나의 우울한 숙명은, 변호사를 찾는 거의 모든 사람들은 결국 '경제적 이익'을 노리고 오는 것이다. 따라서 모든 행동과 처신이 '경제적 이익'에 따라 정해진다. 여기에 더하여, 인간의 마음은 대개 화장실 가기 전후가 다르기 마련이다. 못 받은 사례금 다 받으면 큰 부자 되었을 것이라는 농담이 있고, 처음 상담 시작할 때 생각했던 사례금의 절반만이라도 기쁘게 받기를 원한다.

대개 이익을 위해서는 식언(食言)은 보통이고, 변검(變瞼, 안면 바꾸기)도 흔히 있는 일이다. '세상이, 사람마음이 다 그런 것이지' 하고 지내지만, 인간의 못난 면을 보면서 쓸쓸함을 느낀다.

이와 관련하여 그를 더욱 슬프게 만드는 것은 의뢰인만이 아니라 '변호사들 자신조차도' 그러한 우아하지 못한 모습에 휩쓸려 살아가는 경우가 많다는 점이다.

쓸쓸한 마음을, 달라이라마의 말로써 달래어 본다.

다른 사람이 시기심으로 나를 욕하고 비난해도,

나를 기쁜 마음으로 패배하게 하고,

승리는 그들에게 주소서.

내가 큰 희망을 갖고 도와준 사람이, 나를 심하게 해칠 때,

그를 최고의 스승으로 여기게 하소서.

그리고 나로 하여금, 직접 또는 간접적으로,

모든 존재에게 도움과 행복을 줄 수 있게 하소서.

남들이 알지 못하게,

모든 존재의 불편함과 고통을 나로 하여금 떠맡게 하소서.

* * *

"진주는 조개의 자서전이다."

50년 동안 법조계에서 자란 그의 조개는 어떤 진주를 품고 있을까?

변호사가 가야 할 길은 '최대한 많이 공익에 헌신하라'이다. 특히 '변호사 단체'는 이 점을 명심해야 한다. 회원들의 이익만 앞가림하다 보면 스스로가 점점 작아진다. 권력자들을 긴장하게 했던 예전 회장님들의 날선 한마디를 상기하자.

세상을 정면으로 보기에 가장 적합한 직업은 변호사이다.

'세상을 생각대로 살지 않으면, 사는 대로 생각하게 된다.'
'오랫동안 꿈을 꾸는 사람은, 그 꿈을 닮아 가기 마련이다.'

'검사'가 명심할 일은 '망치를 쥔 사람은 모든 것을 못으로 본다'라는 것이다.

자기만이 옳고, 통제받지 않고, 자기 조직만을 위해서 일해서는 안 된다.

가장 나쁜 생각은 "이 XX들, 전부 OO해 버려" * 이다.

세상은 경성권력(군대, 독재, 형벌)에서 연성권력(자유, 문화, 개성)으로 넘어가고 있다.

그럼에도 검찰은 '권력의 시녀'에서 이제는 '임기 없는' '권력 그 자체로' 옮겨가고 있다.

'판사'가 다짐해야 할 것은, 판사는 현실상황을 '묵인'하거나, '회피'하거나 '기권으로' 얼버무려서는 안 된다.

'지식은 용기에 의하여 뒷받침될 때에만 위대함을 낳는다.'

'진짜 의학은 우연이 끝나는 곳에서 시작되듯이, 진짜 법학은 법률이 끝나는 곳에서 시작된다.'

감동적인 판결(시적 정의)은 법률이 끝나는 곳에서 시작된다.

세상을 바꾸는 많은 사건에는, 흔히 '법률문제'가 아니라 '인간 문제'가 있다.

---

* 이 단어들은 차마 여기에 그대로 적을 수가 없다.

No Legal Problems, Only Human Problems.

'시대의 문제와 싸우지 않는 대법원은 최고법원이 아니다.'

또한, '비교는 사람을 화나게 하고, 분노는 대개 소외에서 발생하며, 가까울수록 시기심도 크지만', 모든 판사가 똑같이 시대를 이끌고 법을 창조할 수 있는 '큰 자질'을 갖추고 있는 것은 아니라는 점을 인정하여야 한다. *

나아가, '특정 판결의 독립도 중요하지만, 제도의 독립성도 유지되어야 한다'.

그래서 법원 청사를 검찰 청사로부터 멀리 떨어뜨려 놓을 필요가 있다. 인간의 삶에도 자연의 법칙(열역학 제2법칙)이 그대로 적용된다. 에너지(열)는 뜨거운 곳에서 차가운 곳으로 이동한다. 에너지(열)는 '특별한 조치'가 없이는 이전 단계로 되돌릴 수 없다. 엔트로피**(무질서의 양)는 증가하기 마련이다. 인간의 삶도 내버려 두면 비극과 무질서(부정의)로 옮겨 가기 마련이다. 그리하여 인간의 삶은 크게 보면 대체로 비극이다. 이를 막기 위해서는 '특별한 조치'가 필요하다. 누군가가 그 역할을 맡아야 하지 않을까?

그는, 여기까지 적는다. 그다음 이야기는, 다른 누군가가 적을 것이다.

---

* 　미국이 연방법원 판사와 주법원 판사로 나누고 있는 취지를 생각해 볼 필요가 있다.
** 　엔트로피(*entropy*)의 '엔'은 '에너지'를 의미하고, '트로피'는 그리스어로 '변화'라는 뜻이다. 독일의 물리학자 클라우지우스(Clausius)가 처음 도입한 개념이다.

우리의 헌법상 그 일을 맡아 할 사람은 누구일까? 사법부가 되어야 하지 않을까?

여기에서 주의를 촉구하기 위하여 한 가지를 상기할 필요가 있다. 2차 세계대전이 끝나고 1951년 9월 샌프란시스코에서 48개 연합국과 일본 사이에 강화조약(대일강화조약)이 체결되었는데, 우리나라는 교전자 지위를 인정받지 못하여 위 조약에 당사국으로 참가하지 못하였다. 그 이유는 한일병합 당시, 통치권자의 명시적인 반대와 정규군 간의 교전이 없었다는 것이었다.

우리의 사법부는 한참 어려웠던 시절, 과연 어떠한 태도를 취하였었는가?

X. Z. Yang

打抱不平

'마음에 불평을 품다'로부터,
'불공평한 일을 보고,
의연히 나서서, 약자의 편을 들다'.

한참 후에 닥칠지도 모를 문제를
미리 찾아 밝혀 두는 것은
위대한 공공 봉사이다.

그러나 해결책을 너무 상세히, 일찍,
밝혀 두는 것은, 그렇지 않다.

Defining potential long-term
problem is a great public service.

Overdefining solutions early is not.
— 스튜어트 브랜드(Stewart Brand)

세상만사 인과(因果)의 고리를 찾아 올라간다면 끝도 없이 이어질 것임이 이치이다. 하지만 여기 'Y 변호사'에 대한 운명의 실타래를 찾아 나서는 것은 우선 1996년의 일(최순영 회장에 대한 수사)에서부터 시작하기로 하자. 그 정도만으로도 인생의 곡절을 이야기하기에는 충분하다고 여겨지기 때문이다.

　1985년 중반부터 신동아그룹의 총수로서 번창을 구가하던 최순영 회장은 사업을 확장하여 무역업을 시작하였다. 그런데 그 과정에서 미국에 유령회사(스티브 영)를 차린 뒤 문서를 허위로 작성하여 국내 은행으로부터 거액의 달러를 대출받아 빼돌린 혐의로 1996년에 수사를 받게 되었다.

　그 발단이 최 회장이 김대중에게 정치자금을 주지 않았기 때문이라는 설과, 불만을 품은 부하직원이 밀고하였다는 설이 있지만, 어느 것이든 인간성의 추한 면에서 비롯된 것임은 동일하다.

게다가 사태를 더욱 악화시킨 것은 이듬해인 1997년에 이른바 외환위기가 닥쳐서 외환 밀반출에 대한 국민감정이 극도로 악화된 것이었다. 이렇게 되자 수사기관은 그때부터 이 사건을 본격적으로 수사하기 시작하였다.

수사의 강도가 점점 더 심해지자 최순영 회장 측은 전 방위로 구명활동을 벌이게 되었다. 그 한 가지 방법이 부인을 통한 구명운동이다. 즉, 최순영 회장의 부인이 당시 검찰총장의 부인에게 접근하여 환심을 산 후, 남편으로 하여금 수사하지 않도록 부탁하는 것이었다.

그 중간에서 다리 역할을 맡은 인물이 전 통일부장관의 부인이었다. 구체적 방법은 김태정 검찰총장 부인이 당시 유명한 옷가게 '라 스포사'*에서 1998년 12월 중순경 호피무늬 코트를 구입하고, 그 대금 (1,380만 원)을 1999년 1월 초 최순영 회장의 부인이 대신 내주는 것이었다.

최 회장의 구명을 위한 다른 한 가지 방법은, 검찰총장과 동향으로서 친밀한 관계에 있던 박시언을 신동아그룹의 부회장으로 영입하여 로비를 시도하는 것이었다. 박시언은 당시 미국에 거주하고 있었는데, 이 일을 위하여 장기간 서울에 머무르게 되었다.

이러한 로비업무를 맡은 박시언은 1999년 2월 하순경 사태의 수습방안을 타진하기 위해 검찰총장실을 방문하였다. 그런데 그 자리에서 김 총장은 대통령비서실 법무비서관으로부터 입수한 '검찰총장 부인 관련 첩보 내사결과'**라는 보고서의 사본***을 박시언에게 건네주었다. 그

* 이태리어로 '라'는 정관사이고 '스포사'는 '신부'라는 뜻이다.

러면서 "나의 아내가 관련된 옷 로비사건이 더 이상 번져 문제가 되지 않도록 최 회장 부인에게 협조를 부탁한다"고 은근히 강요하였다.

박시언이 김 총장으로부터 받은 내사결과를 읽어보니 '총장 부인이 고가의 코트를 구입했는데, 그 대금을 최 회장의 부인으로 하여금 지불하게 하였다는 이야기가 있으나 사실이 아니다. 이는 다만 최 회장의 구명을 위하여 꾸며낸 조작된 내용이다' 라고 적혀 있었다.

이 서류를 읽어 본 박시언은 마음속으로 은근히 화가 치밀었다. 우선 박시언이 최 회장의 부인으로부터 전해 들어 알고 있는 사실관계와 전혀 맞지 않을 뿐만 아니라, 김 총장의 위선과 권위적인 태도에 격한 반감이 일어났기 때문이었다. 더욱이 로비하러 갔다가 거꾸로 로비당하는 모양새가 되었다.

박시언은 '최 회장의 구명'이라는 로비의 목적 달성이 어렵다고 판단하고, 검찰총장실을 나오자마자 바로 기자실에 들러 위와 같은 사실들을 모두 언론에 공표해 버리고 말았다. 호재를 만난 언론은 김 총장의 이러한 태도를 대서특필하였고, 일반 시민들은 예상치 못한 사태의 진전에 흥미를 가지고 나름의 해석을 덧붙이고 있었다.

하지만 김 총장을 비롯한 검찰조직은 큰 망신을 당하였고, 당연히 그 원인제공자인 박시언을 어떻게 해서라도 '혼을 내주어야 되겠다'고 작정하였다. 정상적, 비정상적 방법을 총동원한 '정보력', 어느 범위까지 조사를 할 것인지를 스스로 정하는 '수사 독점권', 어떤 행위까지

**   이는 청와대 직속인 사직동팀에서 작성한 것이다.

***   일부는 가려진 상태였다.

를 용서해 주거나 아니면 기소할지를 자유롭게 정하는 '기소 독점권'을 가진 검찰은 바로 이 시점에서 그들이 가진 '전가의 보도'를 휘두르기 시작하였다.

우선 망신주기의 방법으로 공인된 것은 두 가지이다. '금전관계'의 치부를 뒤지는 것이 하나이고, 또 하나는 '치정(癡情) 관계'의 치부를 뒤지는 것이다. 이 방법 이외에 또 하나, 그들이 '과학적 심리수사'라고 자랑하는 수법이 이른바 '타건 압박수사'(별건 수사)이다. 즉, 정면으로 문제되는 사건의 수사에 도움(압박)을 목적으로 엉뚱한 다른 사건을 파헤쳐서 심리적 압박을 가함으로써 본래 사건에 유리한 진술과 자료를 얻어내려는 수법이다.

여기에서도 위 세 가지 수법이 모두 동원되었음은 물론이다.

먼저 가장 놀랍고도 가관인 것은 여성관계 치부를 드러낸 것이다. 어떠한 수단과 방법을 통해서 알아낸 것인지는 당연히 밝히지 않았지만, 도청이나 미행 또는 몰카 사진촬영 등 일반적으로 동원할 수 있는 방법들은 얼마든지 있다. 놀랍게도, 박시언에게는 망신스럽게도, 그 여비서와의 부적절한 성관계를 들추어낸 것이다.

박시언의 검찰총장 방문일로부터 약 3개월 뒤인 1999년 5월 10일 그 여비서로부터 박시언에 대한 고소장이 검찰에 접수되었다. 물론 간통죄의 죄명이다. 간통죄의 피해자라고 할 그의 '부인'이 아니라 그의 '상간녀'(相姦女)가 신고하였다는 것 자체가 이상하기는 하지만, 아무튼 간통범행이 검찰에 알려진 것은 틀림없는 사실이다.

통상 법원의 실무관행에 의하면 간통죄의 경우 피해자와의 합의가 이루어지지 않을 경우, 이른바 '간8'(姦八)이라고 하여 징역 8월의 실형이 선고되는 것이 보통이었다. 따라서 박시언은 그 일로 인해 '괘씸죄'로 징역 8월의 형을 면하기는 어렵게 되어 버렸다.

그러나 박시언의 대처방식도 역시 만만치 않았다. 그는 간통죄가 친고죄라는 것을 알고 있었다. 즉, 그 부인으로부터 처벌을 원치 않는다는 진술을 얻어낸다면 처벌할 수 없는 것이다. 그는 즉시 부인에게 모든 사실을 고백하고 용서를 빌었다. 물론 검찰이 자기를 밉게 보고 옭아매려고 하고 있다는 점도 이야기하였다.

그의 부인은 검찰에 처벌을 원하지 않는다는 서면을 제출하였다. 이로써 간통고소는 '공소권 없음'으로 마무리되었고, 검찰은 의외의 반격을 받아 판정패했다. 이러한 간통고소에 대한 조사가 진행되는 과정에서 그 여비서는 박시언에게 장문의 편지를 써서 보냈다. '고소장을 제출하게 된 것은 수사기관에서 찾아와 고소를 해주지 않으면 그동안 조사해 두었던 현장의 동영상 등을 추가로 더 폭로할 수도 있다고 이야기하는 바람에 어쩔 수 없었으니 용서를 빈다'는 내용이었다.

하지만 이 정도로 물러날 검찰이 아니다. 이번에는 흔히 쓰는 수법인 '별건 수사방법'을 사용하였다. 즉, 박시언을 출입국관리법 위반으로 기소한 것이다. 다시 말하면 그는 미국에서 거주하다가 관광비자로 한국에 입국했는데, 신동아그룹의 부회장으로 취업하여 상당한 금액의 보수를 받았으므로 법을 위반하였다는 내용이다. 별건 수사로서 수사개시의 진정성이 의심받기는 했지만, 법 위반이 분명하였으므로 박시언이 이 올가미를 빠져나갈 수는 없었다.

하지만 검찰 측으로서 아쉬운 점은 이러한 법 위반은 중대한 범죄가 아니어서 기껏 벌금형에 해당되는 것에 불과하다는 것이다. 박시언은 사실을 인정하고 벌금 1천만 원을 선고받은 후, 즉시 이를 납부하여 마무리지었다.

나머지 한 가지 방법인 금전적인 망신주기 수법도 아껴 두지는 않았다. 뒤에서 어떠한 작전이 있었는지는 알려지지 않았지만, 1999년 말경 미국에 거주하는 어느 여성으로부터 박시언에게 공사대금을 편취당하였으니 엄중히 조사해달라는 진정서가 청와대에 접수되어 수사기관으로 이첩된 사건도 있었으나 이는 별로 치명적인 약점도 아니었고, 수사과정에 시간도 걸려 흐지부지 관심의 대상에서 사라져 버렸다.

검찰은 박시언을 혼내 주고 싶은 생각이 굴뚝같았으나 마땅히 효과를 거두지 못하자 다시 공권력을 자의적으로 행사하기 시작하였다. 즉, 법무부의 산하기관으로 있는 출입국관리사무소를 활용하여 박시언의 출국을 저지함으로써 그에게 최대한 불편함을 야기하고, 그동안 그의 뒷조사를 하여 혹시라도 있을지 모르는 범죄사실을 찾아보려는 속셈이다.

박시언이 서울에 머무르는 동안 6차례 미국으로 출국하려 했는데, 이 모두를 출국금지 시킨 것이다. 행정절차상 출국금지를 하려면, 첫째로 어떠한 범죄행위로 수사할 필요가 있다는 소명이 있어야 하고, 둘째로 이를 근거로 하여 적법한 결재과정을 거친 출국금지 결정이 있어야 함은 물론이다. 6차례의 출국금지 중에서, 특히 첫 번째의 출국금지는 박시언에게 큰 망신을 주었다. 이는 1999년 12월 24일 하와이에서 박시언 아들의 약혼식이 예정되어 그 가족행사에 참석하기 위한 것이었다. 이러한 사정을 전혀 모르고 있던 박시언은 공항에서 모든 탑승절차를 마쳤는데, 마지막 탑승단계에서 항공기 탑승이 거부당하였다.

그 결과 예정된 약혼식은 당연히 취소될 수밖에 없었고, 특히 사돈이 될 가족들에게 체면을 크게 잃었다. 이러한 망신을 당한 박시언도 가만히 당하고 있지는 않았다.

정당한 절차를 거치지 않은, 사전에 '적법한 출국금지 결정'도 없이 이루어진 조치이기 때문에 이를 이유로 삼아 소송을 제기한 것이다. 즉, 출국을 금지시킬 정도의 사유가 없었음에도 불구하고 국가의 불법적 행위로 인하여 정신적 손해를 입었으므로 금전으로 손해배상을 청구한다는 내용이다. 당연히 손해배상의 액수보다는 법무부(검찰)의 잘못을 법원이 확인하도록 하는 것이 주된 목적이었다.

이제 박시언이 결정해야 할 첫 번째 사항은 과연 누구를 변호사로 선임할 것인가였다. 이미 60세가 넘도록 결코 순탄치 않았을 사회생활을 성공적으로 해 온 그였기에 세상물정에 나름 통달하고 있었다.

즉, 이 사건은 막강한 국가권력인 검찰을 상대로 하는 것이므로 변호사 역시 '능력과 패기'에 있어서 결코 이에 '뒤지지 않을' 사람이어야 했다. 여러 경로를 통하여 재야 법조계의 상황을 파악해 보니, 최고의 적임자를 찾아 낼 수 있었다. 막강한 권력인 검찰을 상대로 감히 '대적할 뿐만 아니라', 더 나아가서 검찰을 호되게 '나무랄 수 있는' 거의 유일한 인물이었다.

그는 검찰개혁, 사법개혁을 강하게 주장하다가 검찰의 술수에 휘말려 지난해인 1999년 초 아쉽게 법관직을 사임한 사람이었다.* 박시

---

* 그의 퇴직 당시 보직은 대법원장 비서실장이었는데, 그의 부친 역시 대법관으로

언은 이 변호사를 찾아가 면담한 후 세 가지 사항에 합의하였다. 우선, 수임료는 그 변호사의 정책대로 박시언이 정해주는 대로 하였다. 다음으로, 소송에서 승소하여 국가(검찰)로부터 어떤 액수의 손해배상금액을 받게 되면 이를 전부 성공보수금으로 변호사에게 주기로 하였다. 끝으로, 가장 중요한 사항으로 '수임하게 될 변호사'는 사안의 법률적 검토와 사실관계의 조사, 그리고 소송수행의 전략 등은 직접 관장한다. 다만 그의 업무방침상 법정에 본인이 직접 출석하여 변론하지는 아니하므로 전략의 협의와 법정 출석을 위하여 평소 그가 각별히 믿고 신뢰하는 'Y변호사'를 공동수행 변호사로 추가하여 선임한다는 내용이었다. Y변호사는 처음부터 변호사로 법조생활을 시작했는데, 성실함과 정의감이 남다르다고 이미 정평이 나 있었다.

2000년 9월 말경 박시언의 국가를 상대로 한 손해배상청구 사건을 정식으로 수임한 변호사는 사건 수행전략을 수립하기 위한 회의를 소집했다. 참석자는 수임변호사, 소송을 공동수행 할 'Y변호사', 당사자인 박시언, 3인이다. 먼저 변호사들은 의뢰인인 박시언으로부터 그동안의 사실관계에 대한 설명을 들었다. 이를 토대로 하여 두 변호사는 소송전략을 수립하였다. 그 핵심은 국가(출입국관리사무소)의 '자의적인 출국금지 처분'에 대한, 재량권 남용으로 인한 불법행위로 모아졌다.

변호사들이 작성한 소장 청구원인 사실은 간단하였다. 즉, "① 피

재직하다가 국가배상법 위헌 사건에서 다수의견인 위헌의견을 주장한 후 박정희 정권에 밉보여 유신헌법으로 법복을 벗은 분이었다.

고는 1999년 11월 27일부터 2000년 3월 3일까지 6차례에 걸쳐서 120일 동안(1차례에 20일씩, 이는 10일의 원처분에 10일의 연장처분이 합해진 것) 박시언의 출국을 금지하였다. ② 그런데 '박시언이 국내에서 특별한 범죄행위를 했고 이에 대한 특별한 수사활동이나 내사 등이 없었음에도' 출국금지를 한 것은 재량권을 남용한 것이다. ③ 더욱이 이러한 출국금지 결정을 할 때에는 정당한 절차를 거친 '결정문'이 있어야 하고, 이를 해당 당사자에게 '통지'해야 함에도, 특히 1차 출국금지(1999년 11월 27일) 시에는 이러한 형식적인 절차조차도 거치지 않았다".

요컨대, 검찰에 밉게 보인 박시언을 국내에 잡아 두고, 혹시라도 있을지 모르는 범죄행위를 찾아내 혼내 주겠다는 것이었다.

1심 법원의 심리결과 사실관계는 분명히 드러났다. 즉, 첫째로, 국가는 어떠한 내용의 수사를 이유로 출국을 정지하였는지에 대한 아무런 주장이나 입증을 하지 못하고 있다. 둘째로, 6차례의 출국금지 중에서 '첫 번째' 출국금지에 관해서는 출국금지 결정문 자체가 법원에 제출되지도 않았고, 또한 원고에게 출국이 금지된 사실을 통지한 적이 없었다. 이러한 사실관계를 근거로 하여 법원은 2002년 3월경 판결을 하면서 2천만 원의 손해배상금(위자료)을 인정하였다.

원고는 배상액수가 중요한 것이 아니었으므로 일부 승소가 최악은 아니었지만, '대법원의 판결'로 국가의 잘못을 확인하겠다는 의도에서 항소하였고, 패소한 국가는 당연히 항소하였다.

2심의 재판은 1심에서의 심리를 전제로 하는 것이므로 간단히 진행되고, 쌍방의 주장을 다시 한 번 정리하고, 혹시라도 빠진 증거가 있으면 이를 보완하는 방식으로 행해진다. 그리하여 1심 판결 후 약 4개월이 지난 2002년 7월 4일에 고등법원의 '첫 재판이자 마지막 재판'이 열렸다.

그런데 별 의미 없이 진행되리라고 생각했던 그 기일에 중대한 '돌발사태'가 발생하였다. 피고 측이 스스로의 약점을 보완하려고 하다가 '치명적인 실수'를 저지른 것이다. 1심 판결의 지적에서 나타난 바와 같이 검찰은 6차례의 출국금지 결정 중에서, 첫 번째 결정에 대해서는 그 결정문조차 법원에 제출하지 못하였다.

이는 그 자체로 보아 그 당시에 출국금지 결정문도 없이 검사가 권한을 남용하여 '구두상으로'(마음대로) 출국금지를 시켰다는 명확한 반증이 될 것이었다. 이렇게 된다면 당연히 그 검사는 직권남용의 죄를 범하고 있음이 틀림없었다.

상황이 이와 같이 검사를 궁지에 몰아넣게 되자 검사는 고민 끝에, 아니면 '감히 누가 검사의 잘못을 추적하겠는가?'라는 오만한 마음에서, 있지도 않았던 제1차 출국금지 결정문을 '사후에' 조작하여 2심 법원에 제출하는 악수를(惡手) 둔 것이다.

2심 법원의 '유일한' 변론기일에 출석한 'Y 변호사'는 법정에서 상대방(국가)이 제출한 출국금지 결정문을 받아보고 경악하였다. 아니! 그동안 1심 재판이 시작되고 거의 10개월이 지났는데(이는 출국금지가 된 1999년 11월 27일부터 무려 2년 7개월이 지난 시점), 이제야 비로소 가장 중요한 서면이, 별다른 설명도 없이, 멀쩡하게 타자되어 법정에 제출되다니, 당연히 사후조작의 의심을 받아 마땅했다.

'Y 변호사'는 즉각 이의를 제기하였다. 민사소송법상 어떤 문서가 법정에 증거로 제출되면 그 서류가 적법하게 작성된 것인지(즉, 작성명의자가 진짜로 작성한 것인지)에 대하여 상대방이 의견을 이야기하도록 되어 있다. 그리하여 제대로 작성된 것이면 '성립인정', 위조된 것이면 '위조'(또는 부인), 잘 모르면 '부지(不知)'로 말한다.

다만, 예외적으로 공문서인 경우에는, 상대방의 의견과 관계없이, 진정으로 작성된 것으로 '추정'(推定)된다. '추정'은 '간주'(看做)와 달라서 반대증거가 나타나면 그 진정성이 뒤집힐 수 있는 것이다.

여기에서 제출된 출국금지 결정문은 공문서이므로 진정한 것으로 추정될 것이지만, 반대증거(예를 들어, 그 문서는 사후에 조작해서 만들었다는)가 있으면 진정성이 깨어지고, 궁극적으로 이러한 조작을 한 사람은 허위공문서 작성죄로 형사처벌을 받게 될 것이다. 이러한 법률적 지식을 바탕으로 해서 원고 측 변호사는 3가지 사항의 석명(불분명한 부분을 분명하게 하기 위한 조치)을 재판부에 요청했다.

첫째는, 그 결정문이 '왜' 이렇게 늦게, 소송이 시작된 지 10개월이나 지나서 제출된 것인지에 대한 해명요구이다. 예를 들어 어디에 감춰져 있다가 어떤 사유로 발견된 것인지 등의 설명요구이다. 이러한 합리적인 설명이 없다면 당연히 사후에 조작되었을 것이라는 의심이 증폭될 것이다.

둘째는, 그 결정문을 작성한 사람, 즉 '작성자'가 누구인지 밝히는 것이다. 분명히 누구라도 작성자가 있을 것이므로 이를 알게 되면 그를 법정에 증인으로 불러 그 서류의 작성경위를 자세히 캐물어 볼 수 있을 것이다.

셋째는, 그 결정문을 작성하는 데 '사용된 컴퓨터'(워드 프로세서)가 어떤 것인지 특정해서 밝히라는 것이다. 서류가 타자되어 출력된 것인 만큼 분명히 이를 위해 사용된 컴퓨터가 있을 것이고, 그렇다면 과학수사기법(포렌식)을 활용하여 그 서류의 '실제 작성일자'를(그 서류에 '작성일자로 기재된 날짜'가 아니라) 알아낼 수 있을 것이기 때문이다.

원고 측 변호사의 단호하고 강력한 이의제기에 법정의 분위기가 서먹하게 되었다. 재판장이 피고(국가)의 소송수행자에게 원고 변호사의 질문사항에 대한 답변을 요구하자, "자신이 직접 작성한 서류가 아니고, 단지 자신에게 전달된 것을 법정에 제출하였을 뿐"이므로 질문에 즉시 대답할 형편이 아니라고 얼버무렸다.

분위기가 어색하게 흘러가자 재판장은 사태의 수습에 나섰다. 20여 년 동안 판사로서 재판진행을 해온 노하우를 발휘하여 "일단 사건의 심리를 마치고 선고기일을 잡아 두겠지만, 혹시라도 나중에 판사들의 합의과정에서 다시 증거조사(서면의 진정 여부에 대한 조사)가 필요하다고 여겨지면 변론을 재개하겠다"고 임기응변으로 이야기하여 일단 위기를 넘겼다.

그러면서도 마지막 단계에서 '필요 없는 말'을 함으로써 그의 속내를 드러냈다. 국가(검찰)에서 서류를 제출하면서 '설마' 위조까지 하였겠느냐 하는 것과, 이제 2심 재판의 '마지막 단계'에서 그러한 검증, 감정, 증인 신청을 하는 것은 너무나 늦은, 즉 소송법상 '시기에 늦은' 공격·방어방법이지 않겠냐는 취지였다.

'Y 변호사'는 이러한 언급에 즉각 반박하였다. 우선 소송 시작 10개월이나 지나서 그동안에 없던 서면이 불쑥 나왔으니 위조의 의심을 받아 마땅하다는 것이고, 더욱이 2심 재판의 마지막 기일에 비로소 '처음으로' 서류가 제출되었으니 이에 대한 공격이 어찌 시기에 늦었다고 탓할 수 있느냐는 취지였다.

재판장은 더 이야기를 진행해 보아야 유리할 수가 없다고 생각하여, 서둘러 2주일 뒤인 7월 18일로 선고기일을 지정하고 심리를 종결하였다.

사무실로 돌아와 'Y 변호사'는 수임변호사에게 재판의 진행과정을 보고하였고, 두 변호사는 재판장의 공정치 못한 재판진행과, 더욱이 국가에 일방적으로 유리한 편파적인 생각(이른바 '국가주의적'인 사고방식)에 불만을 토로하였다.

하지만 재판진행은 재판장의 권한이고, 2주일 뒤로 선고기일마저 정해져 있으니, 그들은 그동안 할 수 있는 최선의 방안을 찾아 노력할 수밖에 없었다. 며칠간의 숙고 끝에 그들은 '참고 준비서면'의 형식으로 변호인으로서 하고 싶은 말을 담아 재판부에 제출하기로 하고, 그 문안의 작성에 몰두하였다. 여러 날 동안의 숙고와 수정 및 토론을 거쳐 완성된 호소문의 내용은 다음과 같았다.

"(가). 이 사건이 발발된 후 2년 6개월이라는 오랜 시간이 흘러, 판결을 목전에 두고 변호인들이 이 사건을 보는 시각을 정리함으로써 마지막 참고서면에 갈음하고자 합니다. 변호인들이 사법부로부터 인정받고자 하는 부분은 다음의 두 가지입니다.

(나). 하나는, 피고 측의 어떠한 변명에도 불구하고, 변호인들은 이 사건 출국금지 처분이 '사후에' 구색 맞추기로 급하게 만들어진 것으로 확신하고 있습니다. 이와 같은 주장을 하는 것은, 검찰권이라는 국가권력의 행사를 정면으로 불신하고 너무나 무례하게 보일 수도 있다고 생각됩

니다. 그럼에도 불구하고, 변호인들은 이러한 주장을 감히 펴지 않을 수가 없습니다. 이러한 주장을 입증하기 위해서는 두 가지 조치가 필요합니다.

(1) 이 사건 '출국금지 처분을 실무적으로 내린 담당 공무원 본인의 성명을 비롯한 인적사항을 확정하고' 그를 증인으로서 이 법정에 출석시켜 그 결정이 진정으로 '적시(適時)에 있었는지' 여부를 철저히 추궁하여야 할 것이고,

(2) 보다 강력하게 퇴로를 차단하기 위하여는, 그 결정문을 작성하는 데에 사용된 컴퓨터를 특정하여 그 컴퓨터에 대한 감정을 통하여 '과연 그 날짜에 그 문서가 작성된 것인지를' 과학적인 방법으로(디지털 포렌식: 과학수사의 기법) 확정시키는 것입니다.

(3) 다음 하나는, '사법부에 의한 검찰권의 통제 및 견제'를 실현시킴으로써 국민으로부터 사법부에 대한 신뢰를 증진시키고자 하는 것입니다. 주지하는 바와 같이, 최근 수십 년간 우리 사법부의 역사는 결코 영광스럽고 자랑스러운 역사라고 말할 수는 없다고 생각됩니다. '지나치게 강력한 검찰', 그리고 이에 따라 '지나치게 위축된 사법부'의 모습이었다고 생각됩니다. 변호인들은 이 사건의 판결을 통하여 이러한 모습을 바로잡고 싶은 심정입니다. 만약 이 사건에서 피고(검찰)가 주장하는 바와 같은 서류를, 다른 민사사건에서 검찰이 아닌 일반 당사자가 주장하고 제출하였다면, 과연 법원은 이를 그대로 받아들이는 것이 일반적인 민사사건 처리기준인지 묻고 싶습니다.

공문서의 진정 성립을 추정하고 '우월적인 증명력'(證明力)을 인정하는

것은, 사문서와 달라 개인적인 이해관계에 따라 허위로 작성될 가능성이 훨씬 적기 때문인 것임을 잘 알고 있습니다. 그런데 이 사건에서는 상황이 전혀 다릅니다. 오히려 여러 정황상 그 신빙성이 크게 의심받고 있는 상황입니다. 그렇다면 사법부가 최후의 보루로서 막강한 검찰권의 통제를 통하여 국민의 권리를 지켜주는 역할을 해야 할 것이라고 생각합니다.

흔히 판사의 덕목으로서 성실, 정직, 용기의 3가지를 들고 있습니다. 이 중에서도 용기가 가장 중요한 덕목이라고 변호인들은 생각하고 있습니다. 부디 사법부의 용감하고 단호한 판단을 기대합니다."

이 서면 중 특히 마지막 구절(판사의 덕목을 거론한 구절)에 대하여는 두 변호사들 사이에서 약간의 토론이 있었다.

공연히 판사의 역린(逆鱗)을 건드려서 오히려 당사자에게 불리한 결과를 초래하지 않을까 하는 염려 때문이었다. 그러한 위험성이 없지는 않겠지만, 그래도 변호인들의 '간절한 소망'인 만큼 그대로 적어두기로 하였다.

이로써 변호인으로서는 할 수 있는 일을 다 하였고, 좋은 결과를 기다리는 것 말고는 할 일이 없었다.

반면, 피고 측인 검찰은 약간의 고민에 빠졌다. 소송을 실제로 수행했던 직원을 중심으로, 소송을 뒤에서 지휘하는 검사가 모여 회의를 열었다. 그들은 우선 법정에서 재판장이 컴퓨터에 대한 검증 및 감정 신청을 받아들이지 않은 것을 크게 다행으로 여겼다. 자칫 퇴로가 없이 막다른 골목에 처할 수도 있었기 때문이었다.

그렇다고 해도 마냥 안심할 수만은 없었다. 합의과정에서 변론을 재개하여 검증하겠다고 나설 위험도 있기 때문이었다. 그리하여 그들은 몇 가지 예비적이고 보충적인 조치를 취하기로 하였다.

먼저 신상자료 파악이다. 재판장은 1950년생으로 호남 출신이다. 법관 경력 20년 남짓의 고법 부장(차관급)이다. 대검의 '범정'(犯情)에 보관되어 있는 자료를 찾아보니 특이사항은 없고, 많은 평범한 판사 중의 하나이다. 은행계좌와 부동산 등기사항을 (비공식으로) 조회해 보니, 역시 특이사항은 없다. 더 이상 압박을 가할 거리가 없어 보인다. 특별한 조치를 취함이 없이 선고를 기다려 보기로 하였다.

그런데 사실 이러한 태도의 배경에는 내심 믿는 구석이 있었다. 아니 '믿는다'고 하기보다는 판사들을 '얕잡아보는' 구석이 있었다.

검사들의 그동안의 경험에 비추어 판단하건대, 거의 대부분의 판사들은 얌전한 모범생들이어서 감히 국가권력(검찰)에 대항해서 '모진' 행동을 할 위인들이 못된다고 생각하고 있었기 때문이었다.

이제 사건의 결론을 내려야 할 재판부의 분위기는 어떠한가? 재판장과 주심판사의 마음에 계속하여 걸리는 부분은, 변호인들이 마지막으로 적어낸 참고 준비서면의 내용이다. 그중에서도 특히 '만약 검찰이 아니고, 일반 당사자가 이와 같이 10개월 만에 처음으로 결정적인 서류를 갑자기 제출하였다면 어떻게 했을 것인가?'의 구절이었다. 더욱이 판사들의 자존심을 건드리는 부분은, '정의를 말하는 용기'를 발휘해 달라고 호소하는 대목이었다.

그런데 다른 한편으로, 컴퓨터에 대한 감정을 받아들여서 그 서류의 작성일자가 위조된 것임이 드러난다면, 아마도 그 검사는 자리를 지키기 어려울 것이고, 검찰에는 치명상을 입히게 될 것이라는 걱정이었다. 검찰의 치명상이 두려운 것이 아니라, 이를 빌미로 자신들에게 가해질 은밀한 보복이 두려운 것이었다.

딜레마에 빠져 고민하는 동안 선고가 예정된 2주일이 거의 지나갔다. 당장 눈앞의 어려움을 피해 볼 생각으로 선고기일을 2주간 연기하였다. 이렇게 되자 검사는 판사가 망설이고 있다는 것을 직감하였다.

자칫 이대로 둔다면 원치 않는 치명상을 입을 수도 있겠다는 예감이 들었다. 무슨 조치라도 취해야 할 상황이었다. 며칠간 숙고 끝에 그들 특유의 못된 특권의식에 젖은 행동으로 나아갔다. 담당 검사가 판사실을 찾아가 염탐 겸 압력을 넣기로 한 것이다. 당연히 달갑지 않은 손님이었지만, 나약한 마음에 문전 박대를 못 하고 재판장은 그와 마주앉았다. 공허한 인사말들과 함께 은근히 은행계좌 추적 등 뒷조사를 벌였음을 언급하고 자리를 물러났다.

재판장은 이러한 말을 듣고 나니 자존심이 상하였다. 지난번 선고기일에 선고를 해버렸으면 좋았을 걸 하는 후회도 들었다. 하지만 평소에 단련되지도 않았고, 또한 사법부의 현대 역사에서도 용기를 북돋우는 경험을 해보지 못한 소심한 '생활형의 판사'는 생각이 자꾸 움츠러져 들어가고 있음을 느꼈다.

이윽고 2002년 8월 1일의 선고를 앞두고 '옹색한 타협'을 하는 쪽으로 마음이 굳어졌다. 변호인들의 청구(컴퓨터 감정)는 받아들이지 않되, 1심의 위자료 2천만 원을 약간 올려 2,500만 원으로 증액해 주는 것으로 마음의 위안을 찾았다.

실망스러울 정도로 비겁한 고등법원의 판결에 변호인들은 즉각 대법원에 상고하기로 하였다. 변호인들은 상고심에서의 소송전략에 관하여 진지한 토론을 거친 결과, 과감한 결단을 내렸다.

즉, 상고이유를 크게 단순화하여, 쟁점을 '항소심이 최초 출국금지 결정문의 진정 성립에 관한 조사(검증)를 하지 않은 것은 심리 미진이다'는 한 가지만으로 집중한 것이다. 따라서 여섯 차례의 '출국금지 처분이 불필요(부당)하였다는 주장'은 더 이상 하지 않기로 하였다. 그 결과 대법원의 업무부담은 크게 줄었고, 소송절차에 관한 판단만을 하면 되었다. 그러면서 변호인들은 상고이유서의 거의 대부분을 다음과 같이 보통의 상고 이유서와는 '크게 다른' 모습으로 작성하였다.

"원심의 재판부는 재판이 시작되고 10개월이 지난 후에 처음 제출된 출국금지 결정이 '제때에', '제대로' 작성된 것인지 조사(감정)해 달라는 변호인의 신청을 받아들이지 않았습니다. 이러한 비상식적이고 편파적인 소송 진행의 배경에는 우리나라 사법부 구성원의 부끄러운 단면(속성)이 있음을 지적하지 않을 수 없습니다.

우리나라 사법부는 지적인 면에서 최우수 집단으로, 내적인 자존심이 강합니다. 그런데 지적 우수 집단이 흔히 그렇듯이 실천력이 약합니다. 그 결과 직업적 단호함이 요구되는 경우에도 우유부단함을 보이는 경우가 많습니다. '정의를 말해야 할 때에 말하지 못한다'는 비판을 받습니다. 이러한 나약함은 대외관계에서 가장 두드러지게 나타납니다.

자기에게 재판을 받는(복속하는) 일반 당사자에게는 단호한 듯하면서도, '사법인접'(司法隣接)의 외부권력, 예를 들어 국회, 검찰, 언론에 대하여는 그들이 부당한 경우에도 정면으로 대들어 본 적이 없습니다. 국회의원이 얼마 안 되는 예산을 빌미로 '달라고 빌어 보세요!' 하고 비아냥거려도, 심지어는 공식 회의석상에서 '법원도 검찰과 같이 행정부에 소속되어 있다'고 평소의 사법부에 대한 인식을 그대로 드러내도, 제대로 된 항의 한 번 해보지 못하고 있습니다.

'판단을 받는' 검찰이 '판단을 하는' 사법부를 마치 대등한 기관인 것처럼 설쳐도 묵묵부답, '정신적 승리'만을 마음속으로 되뇝니다. 이는 심리적 자위행위입니다.

언론의 편파적인 보도에도 훗날이 염려스러워 그대로 넘어가는 것이 일상화되었습니다. 이제는 이러한 바람직하지 못한 모습을 극복해야 합니다. 그러기 위해서는 그 원인을 분명히 알아야 할 것입니다. 통찰력 있는 어느 철학자가 숙고한 결과, 그 해답은 분명해졌습니다.

우리나라가 해방 이후 초기에 '건국의 과정'을 거치고, 이후 군사정부에 의한 '산업화 과정'을 지나, 문민정부에 이르러 '민주화 과정'을 성공적으로 거쳐, 이제 '선진화의 과정'을 앞두고 있습니다.

그런데 그 과정에서, 특히 민주화의 과정에서 사법부 스스로가 크게 기여한 것이 없습니다. 물론 용감한 판사들에 의한 약간의 희생이 없지는 않았지만, 이로써 떳떳하게 자기의 몫을 주장하기에는 턱없이 모자랍니다. 즉, 사법부의 독립과 삼권분립에 있어서 사법부의 견제역할은 사법부 스스로 '쟁취해서 얻은' 것이 아니라 민주화 과정에서 '주어진' 것입니다. 그렇기 때문에 결론적으로, 사법부는 자신 있게, 당당하게, 두려움 없이 자기의 목소리를 내는 데에 망설여왔던 것입니다.

판사는 언젠가 자기 앞에 놓일지 모르는 일생일대의 결단을 요구하는

'하나의' 사건을 위하여 평생을 일해 온 것입니다. 바로 그 '한' 사건을 '제대로' 처리하기 위하여 수많은 사건을 처리해 온 것입니다. 막상 이러한 사건 앞에서 '망설이고 주춤거린다면' 그는 그 순간 이미 판사가 아닌 것입니다. 하지만 이제는 이러한 상황에서 벗어나야 합니다. 제대로 된 사법부의 모습을 보여주어야 합니다.

역사의 큰 물줄기가 바뀌는 일이 아주 작은 사건으로부터 비롯된 경우를 우리는 많이 알고 있습니다. 한 개인의 조그마한 호소인 이 사건이 우리 사법부의 면모를 일신하는 계기가 되기를 기대합니다."

이러한 내용의 상고 이유서가 접수된 이후, 보통의 경우와는 다른 일이 나타났다. 통상의 경우에는 피상고인 측에서는 원심 판결이 그대로 유지되도록 하는 노력에서 상세한 반대논리를 주장하는 것이 보통인데, 이번 사건의 경우에는 의외로 3줄짜리 짧막한 답변서 한 장만이 제출된 것이다.

즉, '문제된 출국금지 결정문은 국가공무원이 직무상 작성한 것으로 여겨지는 서류인 만큼 위조, 즉 소급작성 되었을 리가 없다'는 취지였다. 더욱더 이상한 점은 최고법원인 대법원에 제출되는 답변서가 검사의 이름이 아닌 '가장 직급이 낮은 공무원인 검찰서기보(9급 공무원)'의 이름으로 작성된 것이었다. 혹시라도 일이 잘못될 경우를 대비하여 책임을 떠넘길 궁리를 한 것인가?

이와 같이 필요한 작업을 모두 마쳤으니, 이제 변호인의 입장에서는 초조한 마음으로 좋은 결과를 기다리는 일밖에는 없었다. 그렇게 4개월이 지났는데, 예상 외로 빠른 기일인 2003년 1월 10일 판결을 선고한다는 통지가 왔다. 간단한 사건이기는 하였지만 그래도 너무 빠른 선고일이기에 대충 상고를 기각해 버리려는 의도가 아닌지 불길한 예감마저 들었다.

사실 우리나라 대법원은 어느 때부터, 구태여 정확히 표현하자면 전두환 대통령 때부터 제대로 된 기능을 발휘하지 못하고 있었다. 정치적 사건 또는 권력구도에 영향이 있을 사건은 지레 겁을 먹고(이는 군부통치 시대의 뼈아픈 나쁜 선례 때문) 움츠러드는 결론을 내렸고, 사회적 이슈가 되는 사건은 이를 깊이 있게 심리하고 판결할 시간적, 인문학적 여유가 없었기 때문이다.

사법통계에 의하면 대법관 한 명당 1년에 3천 건씩, 하루에 10건 가까이 처리해야 하니 더 말할 나위가 없다. 그래서 영리한(?) 대법관은 (아니, 거의 모든 대법관은) 작은 꼬투리라도 잡아서, 아니면 커다란 논쟁거리는 적당히 피해서 사건을 빨리 마무리하는 방법을 찾아내는 데에 골몰한다.

예를 들어, 어느 기독교 계통의 고등학교 학생이 채플수업을 듣지 않았다는 이유로 졸업이 거부되자, 이는 종교의 자유를 침해한 것이라는 소송이 대법원까지 왔다. 학교 측에서는 그 학생이 입학 당시 그의 종교와는 상관없이 채플수업을 듣기로 약속(계약)하고 들어왔기 때문에 합법이라고 주장한다.

헌법에 규정된 '종교의 자유'와 헌법상 또 다른 원칙인 '사적 자치' 중에서 어느 것이 우선인가의 본질적 문제인 것이다. 대법원은 채플수업이 의무적이라는 데에 동의하고 입학하였으므로 종교의 자유 침해가 없었다고 간단히 설시하여 상고를 기각하였다. 그 내심의 이유는, (놀랍게도) 만약에 반대로 판결한다면 '언론에서 대대적으로 보도하여 커다란 사회적 이슈가 될 염려가 있기' 때문이었다.

문제의 본질을 따지기보다는 오히려 이를 피해가는 방법을 찾는 데에 익숙한 것이다. 이러한 쓰라린 진실(속내)을 대법관인들(특히, 새로 취임한 대법원장인들) 모를 리가 없다. 그리하여 얼마 뒤에 그 자리에 임명된 대법원장이 필생의 과업으로 상고법원 설치를 추진하였다. 이는 쉽게 말하여 별로 중요성이 없는 사건은 새로 만들어질 상고법원에서 처리하고, 진짜 중요한 사건, 즉 정치 및 사회적으로 영향력이 큰 사건만을 대법원에서 취급하겠다는 포부였다.

그러나 그 실행방법이 문제였다. 사법인접(司法隣接) 권력기관(대통령, 국회, 검찰, 언론)의 어느 곳도 여기에 긍정적이지 않았다. 합리적이고 대국적으로 판단한다면 잘못된 방향이 아니었지만, 권력의 속성을 헤아리지 못한 것이 치명적이었다. 어느 곳도 사법부가 강력해지고, 그 결과 자기의 권역(權域)이 침식당하기를 원치 않았다. 특히 기회 있는 대로 사법부를 견제하고, 대등해 보이려고 애쓰는 검찰은 결코 이를 용납할 수 없었다.

그런데 불행하게도 이러한 정책변화에 결정적인 관문을 지키고 있는 사람이(대통령비서실장, 민정수석, 법무비서관, 법무부 장관 등) 모두 검찰 출신이다. 그들은 오히려 대법원이 격무에 시달리며 큰 이슈에는 신경 쓸 겨를이 없기를 은근히 바라고 있는 상황인 것이다.

세상물정, 특히 권력의 역학관계에 어두운 대법원은 순진한 생각에 이 정책을 밀고 나갔다. 그 과정에서 약간의 '판사답지 못한' 처신을 하였다. 그런데 사실 이러한 처신은 다른 국가기관, 특히 검찰에서는 이미 공공연하게 오랫동안 사용해 오던 수법이었다.

그런데 역사의 수레바퀴는 언제나 반드시 순리대로만 돌아가지는 않았다. 예상치 못한 사태(대통령 탄핵)로 정권이 바뀌고, 새 정권 창출자들은 그들의 평생의 염원인 '검찰권력의 약화'를 국정의 최대과제 중 하나로 삼았다. 이는 검찰이 그들의 집권과정에서 원한에 사무친 핍박을 가한 집단이었기 때문이다.

하지만, 검찰권력만을 타깃으로 하기에는 모양이 좋지 않아 다른 고위공직자와 함께 사법부도 그 개혁의 대상으로 포함시켰다. 그러나 이 역시 자업자득이었다. 그래야만 국민들의 호응을 얻을 수 있다고 생각한 것이다. 사법부는 제대로 권력행사도 해보지 못하고, 당시의 정치권력에 끌려 다녔음에도 졸지에 개혁의 대상으로 몰렸다.

새 대법원장은 이 역할을 맡아 수행할 인물이어야만 했다. 다들 사양하는 가운데, 약간의 무리한 인사를 할 수밖에 없었다. 낮은 서열에서 이례적인 발탁이 있었고, 물론 그의 성향도 당연히 고려되었지만, 그는 임명권자의 정치적 의도에 따른 처신을 하지 않을 수 없었다.

검찰개혁에 대응하여 사법부도 개혁해야 한다는 명분으로 '사법농단'(司法壟斷)이라는 어젠다를 들고 나왔고, 그 한풀이의 과정에서 엉뚱하게 검찰로 하여금 판사들을 수사하는 칼자루를 쥐어 주었다. 검찰로서는 언감생심(焉敢生心), 호박이 넝쿨째로 굴러들어온 것이다.

어느 전직 검사는 그 수사과정을 다음과 같이 적확하게 묘사하였다. "사법농단의 주역인 판사를 앞에 두고 조사하는 검사는 마치 자기의 모습을 거울에 비추어보는 것 같았을 것이다."

역사는, 세상은, 가끔은 이렇게 완전히 거꾸로 돌아가는 경우도 있는 법이다.

　예정된 대로 2003년 1월 10일 대법원의 판결이 선고되었다. 그런데 선고결과는 예상을 뒤엎는 것이었다. 원고의 상고를 인용하여 '심리미진'을 이유로 원심 판결을 파기하고, 서울고법에서 다시 심리하라는 것이었다. 통상 대법원에서 민사사건 파기율은 10퍼센트 이하이고, 그중에서도 심리 미진을 이유로 하는 경우는 아주 드물었다.

　나아가 '이' 대법원 판결은 이례적으로 '법적 판단'을 넘어 '시적'(문학적), '역사적 판단'까지도 덧붙였다. 요지는 다음과 같았다.

　"원심의 재판과정은 상고인의 변호인들이 주장하는 바와 같이 '충분한 심리를' 하지 않았다. 결정적 증거가 소송시작 10개월이나 지나서, 그것도 마지막 변론기일에 비로소 제출되었으면 마땅히 어떠한 사유가 있었는지 심리해 보았어야 할 것이다. 상대방이 막강한 권력을 가진 검찰이라고 해서 심리방식이 달라질 수는 없다. 그러할수록 더욱 원칙에 충실하여야 할 것이다. 과거의 불행한 정치상황에 휘말려 사법부가 제대로 작동하지 못했던 것을 이제 통렬히 반성해야만 한다. 이제 사법부도 선진화해야 할 시점에 이르렀다"고 판시하였다.

　종래의 타성에서 벗어나 시대를 관통하는 통찰력을 보여주고, 나아가 판사 개개인의 인문학적 깊이(내공)를 강하게 요구하는 획기적인 판결을 내린 것이다. 판결결과를 보고 원고와 변호인들은 환호하였고, 반면에 피고(검찰) 측은 실망과 함께 크나큰 놀라움을 느꼈다.

　그들이 평소에 내심으로 가장 두려워해 왔던 일, '사법부의 각성'이 여기에서부터 시작되는 것은 아닌지 불길한 예감마저 들었다.

이제 사건은 서울고등법원으로 다시 되돌아왔다. 3개월쯤 지나 재판기일이 지정되었고, 원고와 피고(검찰) 측은 각자 소송준비에 몰두하였다. 원고 측 변호인들은 당연히 문제가 된 서류(출국금지 결정문)를 타자하고 출력한 컴퓨터를 특정하여 전문가로 하여금 그 '실제의' 작성일자를(즉, '서류에 기재된' 작성일자가 아닌) 알아내야 한다고 주장하였다. 그리고 구체적으로 누구를 감정인으로 지정할지는 '재판부에 일임'하였다.

피고(검찰) 측은 그 서류가 공무원이 직무상 적법하게 작성한 것으로 추정되므로 감정의 필요가 없다고 주장하였으나, 이미 대법원에서 이 점에 대한 명확한 판시가 있었던 만큼 그 주장은 예상된 대로 받아들여지지 않았다.

재판부는 먼저 출입국사무소의 해당 컴퓨터에 대한 '검증'을 실시하였다. 주심 판사가 현장에 입회하여 문서작성을 한 직원으로 하여금 컴퓨터를 특정하게 하였다. 그리고 재판부가 직권으로 선정하여 현장에 동행한 '디지털 증거분석 전문가'*로 하여금 '감정할 사항', 즉 '실제 서류작성일자'가 언제인지 밝힐 것을 지시하고, 1개월 이내에 감정서를 법원에 제출하도록 명령하였다.

이제 사건의 결과를 가름할 최종판단은 감정인의 손에 넘어갔다.

---

*   그는 국내의 주요 정보기술보안 업체인 시스코, 인스피언, 안랩이 한 명씩 추천한 전문가 세 사람 중에서 법원이 임의로 선정하였다.

감정인은 출입국관리사무소에 있는 해당 컴퓨터를 그가 근무하는 연구실로 가져와 감정을 실시하였다. 그는 정보기술을 외부로부터 보호하는 '보안업계의 전문가'인 만큼, 그러한 시각에서 컴퓨터의 정보가 부당하게 유출되었는지를 우선 조사하였다.

그리고 컴퓨터의 정보가 '사후에' 외부로 유출되는 것을 막기 위한 조치, 즉 입력된 자료를 모두 지워버리는 '공장초기화'(*factory reset*, 공장출하 상태로 초기화함)가 이루어졌는지도 조사하였다.

나아가 문제된 서류의 컴퓨터상 자료에 나타난 작성일자가 언제 인지도 확인하였다. 조사결과, 그는 "컴퓨터 정보의 외부유출은 없었고, 공장초기화 작업도 없었으며, '문제된 서류의 컴퓨터상 작성일자는 1999년 11월 27일'(즉, 출국금지일자)인 것으로" 최종 확인하여, 그 감정서를 법원에 제출하였다.

제출된 감정서를 검토한 후 피고(검찰)는 "당연한 결과이다. 지금까지 그들이 주장한 내용이 진실임이 확인되었다"고 의기양양하였다.

반면에, 원고 측 변호인들은 실망을 넘어 당황하였다. 그럴 리가 없다고 확신했는데, 전문가의 감정결과에 마땅히 반박할 수 없었기 때문이었다.

이제 재판부는 필요한 증거조사를 모두 마쳤으니 심리를 종결하고 판결선고를 위한 날짜를 한 달 후로 지정하였다. 판결결과는 보나마나 원고의 패소로 나올 것임이 뻔하였다. 이러한 상태로 2주일쯤 지났는데, 원고 측 'Y 변호사'의 사무실로 한 통의 편지가 배달되어 왔다.

편지의 발신인은 익명으로 되어 있었지만, 그 직업은 중견 컴퓨터 보안업체에 근무하는 전문기술자라고 소개하였다. 그 편지의 내용은 다음과 같았다.

저는 컴퓨터 보안에 관한 전문 기술자입니다. 저는 직업상 전자업계의
소식을 담아 보도하는 주간지인 〈전자신문〉을 구독하고 있습니다. 그런
데 지난주 신문에 출입국관리사무소의 컴퓨터에 대하여 전문가가 감정
을 실시한 결과가 보도되어 관심 있게 읽어보았습니다. 보도내용 자체는
특별한 점이 없었습니다. 정보유출이나 공장초기화 작업은 없었고, 작
성일자도 특이한 점이 없었다는 것이었습니다.

그런데 특이한 내용으로 '출입국관리사무소의 컴퓨터'라는 것이 눈에
띄었습니다. 왜냐하면, 고객의 대부분이 회사인 우리 업계에서 관공서
가 고객인 경우는 극히 드물기 때문입니다. 더욱이 저의 어렴풋한 기억
으로 1년쯤 전에, 어느 부장검사의 의뢰를 받아 '출입국 관리사무소의
컴퓨터' 여러 대에 대한 보안검사를 해준 일이 있었기에 더욱 그러했습니
다. 그런데 그 여러 대의 검사 중 어느 한 컴퓨터에 대해서만은, 그 부장
검사가 지나가는 말로 '안보상의 필요가 있어서 그러는데, 어떤 서류의
컴퓨터상 작성일자를 특정한 날짜로(어느 날짜인지는 제가 현재 기억하지 못
합니다) 바꾸어 달라'는 것이었습니다.

고객인 부장검사의 부탁(지시)이기도 하고, 안보상의 문제라고 하니
별 의문을 가지지 않고 그대로 해드렸습니다. 이러한 일이 있고 시간이
흘러 우연히 위 신문의 기사를 읽게 되자, 1년 전의 일이 퍼뜩 생각이 나
고, 혹시 제가 했던 일이 문제가 되는 것은 아닌지 의심과 걱정이 들게
되었습니다. 변호사님들께서 좀더 자세히 이를 조사해 보시면 정확한 진
상을 아실 수 있겠다 싶어 편지 드립니다.

참고로 만일 위 컴퓨터를 다시 검사하신다면, '정보보안업체' 전문가
보다는 '디지털 포렌식 분야의 전문가'로부터 도움을 받으시는 것이 필요
하다고 생각합니다.

이 편지를 받은 원고 측 변호사는 정신이 번쩍 들었다. 즉시 재판부
에 변론재개 신청을 하였고, 컴퓨터의 재감정을 신청하였다. 그리고
이번의 감정인은 법원이 지정하는 대신에, 변호인들이 범죄과학수사
의 전문가 중에서 특정하여 신청하겠다고 하였다.
재판부는 탐탁하지는 않았지만, 그래도 마지막 기회인만큼 결국은
그 신청을 받아들여 주기로 하였다.

하지만 그 과정이 결코 순탄치 않았다. 왜냐하면 피고 측인 검찰이
각종의 부탁과 위협 비슷한 일을 저질렀기 때문이었다. 그 부장검사
는 또다시 재판장인 고법부장 판사에 대한 기초적인 신상자료를 수집
하였다.
대검의 범죄정보기획단으로부터 관련정보를 입수하고, 은행계좌
거래내역, 부동산 등 소유내역, 기타 가족 및 교류가 있는 친지들에
대한 자료도 은밀히 수집하였다. 특히 그가 속해 있는 검찰조직에서
만연해 있는, 이른바 '스폰서'가 그 부장판사에게도 있는지 면밀히 살
펴보았다.
이제 그때까지 수집한 자료들을 종합정리한 후, 부장 판사의 방을
찾아갔다. 상대방이 엄연히 있는 민사사건에서 한쪽 당사자만이 은밀
히 재판장을 만나는 것은 당연히 떳떳한 일은 아니다. 그러나 부장검

사는 검찰의 속성대로 자신의 이익을 위해서는 타인의 입장을 무시하는 데에 익숙했다.

나아가 부장판사는 착하기만 한 '법생이'라서 그 방문을 대놓고 거절하지도 못한다. 둘 사이에 어색한 만남이 이루어졌다. 부장검사는 재판장을 앞에 두고 오만하기 짝이 없는 자기 이야기만을 늘어놓는다. 사이사이에 뒷조사를 해보았다는 어감을 풍기는 말을 슬며시 돌려 던지기도 한다. 속이 상한 부장판사는 아무 대꾸도 않고 듣기만 하면서, 어서 빨리 불쾌한 방문객이 돌아가기만을 기다린다.

그러는 사이, 원고의 변호사들은 유능한 민간 '디지털 포렌식' 전문가를 찾아내는 데에 전력을 쏟았다. 컴퓨터 등 디지털기기에 저장된 다양한 정보를 이용해, 이를 복구함으로써 범죄수사에 도움을 제공하는 민간의 전문가이다. 디지털기기는 그 속성상, 아무리 파일을 삭제(변경)하더라도 그 삭제된 파일은 파일의 '경로'만 지워질 뿐이고, 전자기기 사용 시 자동적으로 생성되는 그 '내용'은 아직 컴퓨터의 내부에 남아 있기 마련인 것이다.

그리하여 컴퓨터의 레지스트리에는 수많은 자료가 그대로 담겨 있기 때문에 언제, 어디서 저장장치를 연결했는지, 사이트 접속기록, 다운로드 내역, 파일을 옮긴 내역 등이 모두 확인될 수 있는 것이다.

원고의 변호사들은 힘든 과정을 거쳐 최고의 적임자를 찾아냈다. 서울의 K 대학 정보경영공학과 교수로 재직 중인 L 교수였는데, 그는 대한민국 사이버 치안대상을 받기도 하였고, 이 분야 SCI급 논문도 10편 이상 발표한 권위자였다.

변호사들의 진심이 담긴 요청에 그도 감정을 해주기로 승낙하였다.

그에 의하면 디지털 기기에 저장된 자료를 복구하지 못하는 경우는 두 가지밖에 없다고 하였다. 하나는, 물리적 파쇄로서 망치로 기기를 완전히 박살내거나 서류 파쇄기와 같이 기기를 산산조각 내는 방법이고, 다른 하나는, 기기의 용량이 완전 꽉 찬 상태에서 새로운 파일이 추가된다면, 이때 옛날 자료부터 지워지면서 새로운 파일이 축적되는 경우라는 것이다.

그런데 이 사건의 경우에는 컴퓨터 자체가 파쇄되었거나, 저장된 자료가 모두 삭제된 상태는 아니었기 때문에 정확한 복원('실제 서류를 작성한 일자의 확인')이 절대적으로 '가능하다'는 것이었다.

이윽고 3주간의 정밀한 작업결과, 상세한 보고서(감정서)가 법원에 제출되었다. 감정서의 결론은 다음과 같았다.

"감정의 대상인 출국금지 결정문의 '실제 작성일자'는 '2002년 7월 1일 13시 26분 48초'이다. 다만, 이 당시, 즉 문서의 실제 작성 당시 '문서상의 작성일자'는 '1999년 7월 27일'로 '허위로' 기재되어 있다. 그리고 이와 같이 조작한 날자는 2002년 7월 10일이다."

이 날짜들을 알기 쉽게 조금 풀어서 설명을 덧붙이자면 다음과 같다. 이 사건 원고 박시언이 공항에서 출국이 금지되었던 1999년 11월 27일에는 출국금지 결정문이 컴퓨터상 작성된 일이 없다. 그런데 변호사가 계속하여 결정문의 제출을 요구하자, 재판기일 3일 전인 2002년 7월 1일에 그 결정문을 타자하였다.

그리고 고등법원의 재판기일인 2002년 7월 4일에 위 결정문을 법정에 제출하자, 원고 측 변호인들이 이의를 제기하면서 컴퓨터의 감정을 신청하였다. 재판부가 당시에는 감정을 보류하자, 소송수행자(검사)는 사무실로 돌아와 그다음 날에 사설 컴퓨터보안업체에 컴퓨터의 보안점검을 의뢰하였다.

그 보안업체는 그 5일후인 2002년 7월 10일 보안점검을 하면서, 검사의 부탁에 따라 해당 컴퓨터에서 해당문건의 '작성일자를 1999년 11월 27일로 변경'해 주었던 것이다.

이제 모든 진실이 밝혀졌다. 피고(검찰) 측은 충격을 받고 침묵하였다. 침묵할 수밖에는 없었다.

원고의 변호인들은 환호하였다. 재판부는 몇 주일 후, 당연한 결과이지만 원고승소 판결을 하였다. 특이한 내용은, 원고의 정신적 피해에 대한 위자료로 5천만 원을 인정하면서, 여기에 더하여 '징벌적 손해배상'으로 피고(국가)에 대하여 10억 원을 추가로 지급하라고 판결하였다.

국가공무원인 검사가 '나쁜 고의를 가지고', 공권력을 '자의로 행사'하였으며, 더욱이 이를 감추기 위하여 '허위의 공문서까지 작성'했다는 것은 엄히 벌하여 마땅하다는 것이었다. 이 금액은 결국은 부장검사 개인이 국가에 구상(求償, 다시 물어주어야) 해야 할 것이다.

언론은 이 내용을 대대적으로 보도하였다. 그동안 오만 방자하게 권력을 휘둘러온 검찰에 대한 사법부의 엄중한 질책이라고 평가하였다. 피고(검찰) 측은 반성하는 의미에서 이 판결에 대한 상고를 포기하였고, 이는 그대로 확정되었다. 원고 측 변호인들은 사법부의 성실한 심리와 용감한 판결에 감사했다. 나아가 변호사들은 당사자 본인과 다시 '협의한 후', 법원이 징벌적 손해배상액으로 인정한 10억 원은 대한변호사협회 법률구조재단에 '기부'하기로 하였다.

언론은 이러한 사실들을 보도하면서 원고 측 변호사들, 그중에서도 특히 'Y 변호사'의 '헌신적이고 용기 있는' 변호활동을 칭송하였다. 이 사건으로 인한 '운명의 실타래는 또 다시 길게, 더욱 길게 이어져 나갈 것'이었다.

이 판결이 있고 일주일이 지난 후, 신문과 방송에 짤막한 '슬픈' 뉴스가 보도되었다. 이 판결에서 출국금지 결정문을 허위작성한 장본인으로서 지목된 부장검사가 한강에서 투신하여 사체로 발견된 것이었다.

그의 상의 안주머니에서는 '물에 젖은 유서' 한 통이 발견되었다. 추측하건대 이 판결이 있은 후 심적 갈등을 겪은 그는 생을 마감하기로 결심하고 유서를 작성하여 안주머니에 간직한 후, 서울 시내를 방황하다가 한강다리에 이르러 충동적으로 투신한 것으로 여겨졌다. 부검 결과 그의 혈중 알코올 농도는 0.4퍼센트로, 뇌기능이 마비될 정도의 상태였을 것으로 추정되었다.

유서에는 남겨진 가족들에 대한 미안한 마음과 함께, 다음과 같은 문구가 적혀 있었다.

"저는 지금까지 검사만이 정의를 실현할 수 있다고 생각하고 살아왔습니다. 하지만 이제 와서 보니, 권력을 갖고 있다는 인식이 강할수록 자기 관점에만 매달리게 됨을 알게 되었습니다. 사람을 심판한다는 것은, 그

심판하는 사람의 한계로 인하여, 또 다른 죄를 짓게 될 수도 있음을 느껴야 했습니다. 법을 집행한다는 핑계로 타인의 관점을 이해하려고 하지도 않고, 검찰 자신만을 위해 일해 온 지난날이 후회스럽습니다. 자기가 최고가 아니고, 자기 위에 헌법, 법률 그리고 국민과 사법부와 판사가 있다는 것을 잊지 않기를 바랍니다."

2022년 5월 10일 제20대 대통령의 임기가 시작된 후, 대통령 임기에 관한 헌법 규정의 개정 필요성이 국민적 관심사가 되었다. 1987년에 만들어진 제6공화국 헌법상의 5년 단임제는 이제 몸에 맞지 않는 옷이 되었고, 자연스럽게 4년 중임제로 여론이 모아졌다. 그리고 이 기회에 '대법관의 선임방식'도 바뀌어야 한다는 인식이 팽배하였다.

과거 사법부 70년의 역사를 돌이켜보니, 대법관의 임명이 전적으로 대통령에 달려 있어서 삼권분립상 견제와 균형 그리고 사법권 독립이 제대로 이루어진 경우가 없었다는 평가 때문이었다.

연구결과 그 해결방법은 두 가지 중 하나일 수밖에 없었다. 하나는, 미국의 경우와 같이 대법관의 임명에 '대통령의 주도권'을 인정하되(대통령의 지명에 의회의 동의), 다만 그 '임기를 종신으로' 하여 법관의 독립성을 보장하는 방법이다. 다른 하나는, 대법관의 '임기에 6년의 제한'을 두되, 그 대신 '임명과정에서 대통령의 독점을 배제'하여 '대법관추천위원회의 추천으로' 대법관을 지명하고, 대신 국회에서 청문절차를 거쳐 재적과반수의 동의를 얻도록 한 후, 대통령은 국가의 원수자격에서 '형식적으로 그를 임명'하는 방법이다.

대법관추천위원회는 대법관 중에서 4명, 법무부 장관, 대한변호사협회 회장, 법학교수협의회 회장 그리고 법관회의에서 추천한 법관 1명, 총 8명으로 구성하되, 그 과반수(5명 이상)의 동의로 대법관을 지명하도록 하는 것이다.

이미 국민들의 공감대가 형성되어 있던 만큼, 위 두 개 조항만의 개헌은 순조롭게 이루어졌다.

헌법이 개정된 후 얼마 지나지 않아, 임기만료로 퇴임하는 대법관이 있어서 공석이 생겼다. 이제 개정된 헌법 조항에 따라 처음으로 대법관을 선출하게 된 것이다. 대법관추천위원회를 구성하는 각 직역의 대표들은 그 직역에서 덕망 있는 후보자들을 추천하였다.

그 결과 판사, 검사, 변호사, 법학교수가 각 1명씩 추천되었는데, 대한변호사협회는 그동안의 여러 업적과 활동성과 및 인품 등을 종합하여 'Y 변호사'를 추천하였다. 특히 앞서 살펴본 불법출국금지사건의 피해자를 변호하여 거대 당사자인 검찰을 상대로 '인상적인 대승'을 거둔 일이 크게 고려되었음은 물론이었다.

대법관추천위원회는 여러 차례의 회의를 가졌는데, 마지막 단계에서 두 명의 후보로 압축되었다.

법무부 장관이 추천한 인사는 우선적으로 배제되었다. 지난 50년 동안의 사법역사상, 검찰이 사법부에 가해 온 부정적 영향이 크게 작용하였다. 법학교수 출신 후보자도 일단 제외되었는데, 우리 사법부의 현재의 실정상 학자보다는 '실천력과 투지'가 있는 실무법조인이 절실하다고 생각했기 때문이다.

나머지 두 명의 후보, 즉 현직 법관과 'Y 변호사'를 두고는 열띤 토론이 벌어졌으나, 결국 변호사로서 그동안의 활동과 투쟁경력이 높이 평가받아 최종적으로 'Y 변호사'를 추천하기로 결정하였다.

이러한 결정 내용은 즉시 'Y 변호사'에게 통고되었고, 그는 뜻밖의 상황진전에 크게 놀랐지만 운명의 여신이 그에게 지워준 과제라고 여기고 받아들이기로 하였다.

이제 그는 1개월 뒤로 예정된 국회에서의 청문회를 대비하여 여러 가지 준비를 하여야 한다. 재산관계 등 모든 자료를 찾아 국회에 제출하였고, 필요한 개인 정보를 국가에서 검색하는 데에 동의하였다. 그가 스스로 해야 할 가장 중요한 일은, 이제 앞으로 대법관으로 임명된다면 어떻게 임무를 수행할 것인지에 대한 자신의 포부를 밝혀 적어내는 일이다.

여러 날 동안의 심사숙고 끝에 그는 다음과 같은 평소의 소신을 적어 제출하였다.

청문에 임하는 입장

먼저, 대한민국의 대법관으로 지명된 것을 무한한 영광으로 생각합니다. 청문에 앞서 여러분의 판단에 도움이 될 수 있도록 우리나라 법치주의의 현재 상황에 대한 저의 소견을 밝히고자 합니다. 결론을 먼저 말씀드리자면, 우리나라 법치주의 수준은 유감스럽게도 후진적이라고 아니할 수 없습니다. 즉, 삼권분립, 사법부 독립, 사법부 신뢰의 모든 면에서 선진국의 수준에 이르고 있지 못합니다.

그 원인은 명백합니다. 두 가지입니다. 하나는 지나치게 '비대한 검찰' 권력이고, 다른 하나는 지나치게 '나약한 사법부'입니다.

차례로 보겠습니다. 우리나라의 검찰은 수사권과 기소권을 독점하고 있어서 세계에 유례없는 강력한 권력을 가지고 있습니다. 거기에 더하여 이 권한을 임의로, 자의적으로 행사할 수 있게 되어 있습니다. 건국 초기의 검찰은 정의를 구현하겠다는 순수한 사명감에서 힘든 과정을 겪어 왔습니다. 그러나 시대가 바뀌면서 정치권력이 그 하수인으로 경찰, 군부, 정보기관을 거쳐 급기야는 검찰을 이용하게 되었고, 권력욕에 눈먼 일부, 그러나 주도적인 검사들은 이러한 상태를 즐기거나 자신에게 유리하도록 악용하게 되었습니다. 이러한 검찰에 있어서, 법률은 항상 밖을 향할 뿐 안을 비추지 않았습니다. 이러한 검찰에 있어서, 정의나 공익은 관심 대상이 아니었습니다. 오로지 검찰 자신을 위하여, 자신의 전리품을 위하여 움직일 따름입니다. 이 전리품은 클수록 좋습니다.

그러면서 검찰은 점차로 자기가 최고이며 제일 잘났다는 오만에 빠져들게 되었습니다. 타인의 관점은 관심도 없고, 이해하지도 못하게 되었습니다. 자기 부정과 비판을 참지 못하게 되었습니다. 자기 위에는 아무것도 없는, '권력은 대통령만큼, 명예는 판사만큼'이라는 위험한 자기도취에 빠져 들게 되었습니다. 정신구조가 기본적으로 위와 같기 때문에, 여기로부터 구체적으로 수사단계와 최종 처분단계(기소와 불기소)에서 여러 가지 적폐가 나타나고 있습니다. 예를 들어 '과학적 선진수사'라는 허울 밑에 가족 인질극을 벌이고, 증인의 법정 출석을 막기 위해 수없이 소환하고, 별건 수사(타건 압박수사)로 압박하기도 합니다.

특수부에서의 수사는 밑그림을 먼저 그리고, 여기에 조각을 맞추어 나가는 수법입니다. 수사권과 기소권을 이용하여 피의자와 '딜'(deal)을 벌입니다. 즉, 여러 건을 인지하고 일부만을 기소하는 조건으로 보답을 요구합니다.

요컨대, 기본적인 수사기법은 '협조하지 않으면 뜨거운 맛을 보여주겠다'는 것입니다. 최종 처분단계에서도 '선택적 처분'은 마찬가지입니다. 별것도 아닌 사건을 일부러 기소하여 고통을 주고, 중요한 사건을 불기소(기소유예 등)하여 덮어버립니다. 이와 같이 과도한 검찰권력의 적폐는 시간이 지날수록 더욱 분명해졌습니다.

급기야는 제19대 대통령에 이르러서는, 이를 타파해보겠다고 발을 벗고 나섰습니다. 그 방향은 두 가지로 나타납니다. 하나는, 검찰권력(수사권과 기소권)의 다른 기관으로의 '분산'이고, 다른 하나는, 검찰권력의 '제한'(약화)입니다. 공수처의 설치 및 경찰에게 일부 수사권과 기소권을 주는 것은 전자의 예이고, 검찰이 직접 수사할 수 있는 범죄를 제한하는 것은 후자의 예입니다. 큰 틀에서 이와 같은 혁명적 조치는 검찰의 자업자득이고, 시대적 변화의 추세에서 피해 갈 수 없었다고 여겨집니다.*
다만, 한 가지 아쉬운 점은 검찰권력의 통제방법으로 지극히 '합법적이고 합헌법적(合憲法的)인 조치'를 간과하였다는 것입니다. 즉, '헌법상 검찰을 통제할 수 있는 지극히 정상적인 조직은 사법부'인 만큼, 사법부의 판결을 통하여 이를 통제하였으면 순리적이었을 것이라는 점입니다.

검찰수사에서 나타난 온갖 비정상적인 수법들은 법정에서 '불법행위'로 인정받을 수 있으며, 처분단계(기소와 불기소)에서의 비정상은 법원에

---

* 물론 이와 같은 조치들이 최종적이고 완벽한 것은 아닙니다. 토마스 아퀴나스가 지적한 바와 같이, '정의'란 최종적으로 도달할 상태가 아니라 늘 일시적이고, 임시방편적이고 잠정적인 것이기 때문입니다. '부단히 고쳐나가는 것'이야말로 인간이 살아가는 기본 상태이기 때문입니다.

서 '공소권 남용이론'으로 바로잡을 수 있었을 것입니다. 하지만, 검찰만이 아니라 사법부까지도 과거 적폐청산의 대상으로 몰리는 상황에서, 이와 같은 방식은 기대하기 어려웠을 것입니다. 사법부의 자업자득입니다.

우리나라 법치주의 수준을 후진적이게 만든 또 하나의 장본인인 사법부에 대하여 보겠습니다. 법치 후진성에 대한 사법부의 책임은 작아도 절반 이상입니다. 그리고 그 원인은 백 퍼센트 나약함, 비겁함과 무사안일의 추구입니다. 사법부 구성원인 판사들은 한마디로 나약한 지식인이었습니다. 생각만 있고 행동이 없었습니다. 연구만 있고 실천이 없었습니다. 지식만 있고 전략이 없었습니다. 소박한 현실에 안주하였고, 과감한 도전에 나서지 않았습니다. 물론 가끔 간헐적으로 용감한 일부 판사들이 정의를 말하였지만, 반응 없는 메아리에 그쳤습니다. 칭송은 하였지만 함께 따라하지는 않았습니다. 우리나라의 판사들에게 가장 절실한 덕목은 용기입니다. 필요할 때 해야 할 말을 하는 것이 용기입니다.

이제 저의 이 글을 마무리해야 하겠습니다. 여러분들이 저를 영광스럽게 대법관으로 선택해 주신다면, 지극히 '구체적이고 실무적인 작업' 두 가지를 저의 임기 중에 실천하도록 노력해 보겠습니다.

하나는, 후배 판사들의 용기를 북돋우기 위한 작업으로서, 과거 사법부 70년의 역사상 '용감한 결단을 내렸다가 참기 힘든 불이익을 입은' 선배판사들의 행적을 추적하여 '현창'하겠습니다. '언젠가는 빛을 볼 수 있을 것이라는 확신'은 '보통의 판사를' '용감한 판사로' 이끌어 줄 것입니다.

다른 하나는, 우리 시대의 과제인 나약했던 사법부의 제자리 찾기와 비대한 검찰의 제자리 돌리기의 '현실적인 조치'로서, '법원 청사와 검찰 청사의 물리적, 지리적 완전한 독립'을 추진하겠습니다. 판단받는 검찰과 판단하는 법원이 지리적으로 대등한 위치에 있다는 것 자체가 후진적입니다. 우선 시범적으로, 청사의 이전이 필요한 곳을 골라 조속히 실현하고, 장기적으로는 대법원 건물의 지방 이전 등도 연구하겠습니다.

여러 가지로 부족한 저의 청문절차에, 이상의 내용이 도움이 되기를 기대합니다.

위와 같은 입장문이 제출되고 필요한 자료의 수집이 완료되자, 일주일 후에 정식의 인사청문회가 개최되었다. 재산관계나 개인적인 사생활에 대한 의문점이 별로 나타나지 않았기 때문에 청문회는 자연스럽게 법관의 자질과 인성으로 집중되었다. 그중에서도 가장 관심을 끈 내용은 우리나라 법원, 특히 대법원의 판결이 사법선진국의 판결에 비하여 왜 '내용이 빈약'하고, 즉 '국민에게 주는 메시지(울림)'가 별로 없고 형식적인가에 대한 질문이었다.

이점에 대해 'Y 대법관 지명자'는 다음과 같이 '평소부터 준비된 답변'을 하였다.

사법부, 특히 대법원의 역할에 대한 가장 핵심적인 질문을 해 주신 의원님의 통찰력에 경의를 표합니다. 제가 오랫동안 고민해 왔고 성찰해 온 결론은 결국 우리나라 판결에 담겨 있는 '정의의 질'(The Quality of Justice)의 문제라고 생각합니다.

이러한 정의의 질은 결국 두 가지 요소인 정의의 '밀도'(density)와 정의의 '순도'(purity)에 의해서 정해집니다. 먼저 '정의의 밀도'는 결국 법원의 판결이 형식적인 법률해석에 그치지 않고, 그 안에 얼마나 '인생에 대한 진실을 담고 있는가'에 따라 정해질 것입니다. 즉, 판결이 법을 뛰어넘어 인문학 안에서 이해될 때 비로소 탁월성이 인정됩니다. 법은 과학의 영역일 뿐만 아니라 인문학의 영역이기도 하기 때문입니다. 진짜 법학은 법률이 끝나는 곳에서 비로소 시작되기 때문입니다. 따라서 진정한 법률가는 법적 지식에 대한 해박한 지식을 바탕으로 하면서, 인간사의 얽히고설킨 실타래에 법을 적용할 수 있어야 합니다.

이와 같이 정의의 밀도가 높은 경우에, 이를 보통 '시(詩)적 정의(poetic justice)' 또는 '문학적 정의라고' 말합니다. 하지만 여기에서 주의할 점은, 진정한 시적 정의가 이루어지기 위해서는 비문학적 장치들, 즉 전통적 법률지식, 법의 역사와 판례에 대한 이해, 법적 공평성에 대한 확고한 기반이 전제가 되어야 한다는 것입니다. 이러한 시적 정의에 대한 소양을 기르기 위해서는 판사 스스로의 체험을 통하거나, 아니면 역사, 문학, 철학에 대한 이해를 통할 수밖에는 없습니다. 판사들의 성실한 노력이 요구되는 부분입니다.

다음, '정의의 순도'는 결국 법적인 정의가 바람직하지 못한 외부적 요소들, 대표적으로 '정치적 힘'이나 '경제적 힘'에 의해서 왜곡되지 않고 그 순수성을 잘 간직하고 있다는 의미입니다. 과거 정치권력이 외부(북한)의 안보위협이나 사회적 불안을 내세워 법적 정의의 양보를 강요하거나, 아니면 재벌기업 총수들의 부조리에 대하여 경제발전을 내세워 부당한 선처를 요구하는 경우가 그 예입니다. 물론, 그 변소가 합리성이 있는 경우에는 이러한 사정을 고려할 수도 있겠으나, 그 고려가 합리성 없이 자의적이라고 여겨지면, 그 순간 사법부에 대한 신뢰는 추락하고 말 것입니다.

사회과학의 영역이기 때문에 이러한 '순도'(degree of purity)를 숫자로 계량화하는 것이 쉽지는 않겠지만, 앞으로 자라나는 후배 법조인들이 이 점에 대한 연구와 노력을 해주기를 기대합니다. 즉, 사법부는 총체적인 정의의 순도를 극대화하고자 하지만, 정치권력 또는 경제권력이라는 제약조건에 의해 순도의 극대화가 제약받는다고 가정하면, 그러한 제약 조건 하에서 '정의의 순도를 극대화'하는 문제를 '최적화 방법론'(optimalization)을 활용(미적분학의 응용)하여 계량화할 수 있을 것입니다.

   우리나라 사법부의 역사를 돌이켜보면, 이와 같은 정의의 밀도와 순도를 지켜내기 위해 애쓰고, 그 결과로 국가권력에 의하여 희생되고 스러져간 분들이 없지 않습니다. 정의의 순도를 지키려 애썼던 양회경, 양병호 판사가 그랬고, 또한 정의의 밀도를 지켜 '시적 정의'를 실현시키려 애썼던 이영구 판사가 그랬습니다. 나아가 정의의 순도와 밀도를 판결에 담으려 애쓴 양삼승 판사도 있었습니다. 이 외에도 빛도 보지 못하고 조용히 맡은 바를 다하신 선배님들을 찾아 그 업적을 기리는 것이 우리 후배들의 임무라고 생각합니다.

   이상 말씀드린 것이 우리나라가 어떻게 정의로운 나라로 나아갈 수 있는가에 대하여 제가 평소에 생각해 온 내용이었습니다. 경청해 주셔서 감사합니다.

이제 공식적인 청문절차는 끝이 났다. 나머지 절차는 2주일 후에 국회 본회의에서 대법관 후보자에 대한 인준 표결을 하는 것이다. 재적 의원 과반수의 동의를 얻는 일이 용이하지는 않겠지만, 그동안의 청문과정을 지켜본 결과 크게 우려할 정도는 아니라고 생각하였다.

그는 본회의 표결을 기다리는 2주일을 어떻게 지낼까 하고 생각하다가, 평소에 해보고 싶었던 네팔의 안나푸르나 트레킹을 하기로 마음을 정했다. 이와 같은 결심에는 그를 비롯하여 산을 좋아하는 산악인들이 평소 설악산 대청봉을 등반하면서 겪은 힘들었던 체험의 기억이 작용하였다.

여러 여행정보를 찾아보니, 포카라에서 안나푸르나 베이스캠프(ABC)를 다녀오는 데에, 서두르면 왕복 5일(등산 3일, 하산 2일) 정도가 걸린다고 한다. 그러나 그는 서두를 필요도 없었고, 고산증도 피해 가기 위해 여유 있게 등산에 5일, 하산에 3일을 잡았다.

인천공항에서 카트만두까지 7시간 45분을 비행하여 그곳에서 1박을 하였다. 다음날 아침 항공편으로 포카라에 도착한 후, 오후 3시경 트레킹 출발지점인 나야플(1,070m)에서 일정을 시작하였다.

빗속의 강행군이었지만 완만한 오르막의 대나무 숲길을 거쳐 샤울레 바자르(1,170m)에서 산중 첫 1박을 하였다. 그날 한밤중에 그는 평생 잊지 못할 장관을 보았다. 새벽 2시경 그는 30m쯤 떨어진 화장실로 걸어가는 중이었다.

이곳까지 올 때와는 달리, 날이 완전히 개어 맑은 하늘에 완벽하게 둥근 보름달이 떠있는데, 바로 눈앞에 신성한 산, 그래서 네팔 정부가 누구에게도 등반허가를 내주지 않은 산 마차푸차레(6,993m, 생선 꼬리라는 뜻)가 우뚝 솟아 있는 것이었다.

그는 가슴이 뻥 뚫리는 느낌과 함께 신성한 그 무엇에 압도되는 위력에 잠시 넋을 잃고 쳐다보고만 있었는데, 생각해 보니 서 있는 곳(1,170m)에서부터 백두산보다 두 배나 높이 솟아 있는 산을 바로 눈앞에서 바라보는 장면은 그 자체로도 감동이었다.

이어서 촘롱(2,170m, 2박), 도반(2,505m, 3박), 데우랄리(3,230m, 4박)를 거쳐 마침내 5박째를 마차푸차레 베이스캠프(MBC: 3,790m)에서 하였다. 고도가 높아지면서 두통과 현기증 등 고산증세도 심해졌다. 갑작스러운 배변욕구도 그중의 하나이다. 하지만 그는, 설악산 대청봉 등반 후 하산 중에 겪었던 생사의 어려움을 극복해 낸 '부친'을 생각하면서 이를 견디어 나갔다.

5박째 날의 새벽 4시, 안나푸르나 베이스캠프(ABC: 4,130m)를 향해 출발하였다. 무릎까지 빠지는 눈을 힘들게 통과한 후, 2시간 50분 걸려 최종 목표지점에 도착하였다. 7시경 안나푸르나 베이스캠프에 다다르니, 여명이 이제 막 시작되고 있었다. 안나푸르나 연봉, 마차푸차레, 히운출리, 양봉 등 웅장하고 아름다운 히말라야가 엘도라도로 변해가는 모습을 쳐다보면서 여러 상념에 잠겼다.

하산 도중 히말라야 롯지(2,960m, 6박), 촘롱(2,170m, 7박)을 거쳐 최종 8박째를 란드럭(1,700m)에서 하였다. 주변 경관이 아름답기로 소문난 란드럭에서는 현지인들과 어울려 '작별파티'가 밤새 열렸다. 야외의자에 등을 기대고 반쯤 누워 히말라야 연봉들이 황금색으로 변해가는 것을 보고 있는데, 전통적인 네팔 민요 〈레쌈 삐리리〉(*Resham Firiri*, 비단 손수건을 흔든다는 뜻)가 반복되어 연주되고 있었다. 현악기 '사랑이'(*Sarangi*)와 작은 북 '마아달'(*Maadal*)이 어우러진 합주로, "바람에 날리어 하늘을 나는 비단처럼 둥실둥실 떠서 당신에게 가고 싶습니다"라고 노래한다.

"바람결에 휘날리는 비단처럼 내 마음 두근두근 펄럭입니다.

날아가는 것이 좋을지, 언덕 위에 앉는 게 좋을지 모르겠어요.

단발총인가요? 쌍발총인가요? 당신이 겨눈 것, 사슴인가요?

내가 겨누는 표적은 사슴이 아니랍니다. 사랑하는 사람이지요."

이윽고 페디마을에서 트레킹을 마치고, 차로 한 시간 걸려 포카라로 돌아와 호텔에 묵었다. 도중에 거울 같은 '페와' 호수에 비친 히말라야 연봉들을 감상하였다. 열하루 만에 따뜻한 목욕물에 몸을 담그니, 날아갈 듯한 기분이다.

좋은 일도 계속될 수 있는 것인가?

목욕 후 몸을 말리고 있는 도중에 서울에서 연락이 왔다. 국회에서 인준 표결이 끝났다고 한다. 재적 300명 중에서 찬성이 198명, 반대가 92명, 기권이 10명이었다. 추측하기로 반대 92명은 검찰의 기득권을 지키려는 보수층으로 보이고, 기권 10명은 검찰개혁의 필요성에는 공감하지만 기존의 입장 때문에 차마 찬성임을 드러내기가 어려운 부류로 여겨졌다.

그는 이제 선진 사법을 위해서는 '가야 할 길', '해야 할 일'이 순탄치 않을 것임을 예감할 수 있었다. 하지만 그는 그 길을 묵묵히 갈 것이다. "한 사람이 꿈꾸면 '꿈'에 그치지만, 여러 사람이 같은 꿈을 꾸면 '현실'이 된다"고 하지 않았던가.

그는 그에게 주어진 앞으로의 6년간을 '대과(大過) 없이' 지내지는 않을 것임을 다짐하였다. 그 6년 동안 우리나라가 사법부에서의 정의의 질(순도와 밀도)을 적어도 한 단계는 높이는 데에 온몸을 바칠 것을 다짐하였다. 어떠한 어려움이 닥치더라도 굴복하지 않고.

　그는 이제 인천공항으로 접근해가는 비행기 안에서 입국신고서를 작성하고 있다. 그는 입국신고서에 성명을 X. Z. Yang, 출생연도를 19X9년, 본적지는 경상남도(남해군)라고 적었다. 그는 평생 변호사로 일하다가 마지막에 대법원에 들어가 일하신 두 분 어르신을 떠올렸다.
　30분쯤 뒤에는 입국장에서 반갑게 기다리고 있는 가족들을 만날 것이다.

미주 (endnote)

1   좀더 거슬러 올라가 본다면, 제주 양씨는 원래 약 4,400년 전 단군과 같은 연대에 제주 한라산 북쪽 기슭의 3성혈(三姓穴)에서 탄생했다. 여기의 혈(穴)은 '구멍'이라는 뜻이니, 3개의 구멍에서 량(良)씨, 고(高)씨, 부(夫)씨의 3시조가 솟아나왔다는 탄생신화가 있다. 흥미로운 것은 이 3개의 구멍이 한 일(一)자 형태로 나란히 있는 것이 아니라 품(品)자 형태로 배치되어 있다는 점이다.

    그런데 신화연구가의 해석에 의하면, 이 구멍 3개는 탯줄을 상징한다고 본다. 즉, 탯줄에는 3개의 큰 혈관(동맥 2개와 정맥1개)이 흐르는데, 이 탯줄을 잘라보면 그 단면도에 혈관 3개의 구멍이 품(品)자 모양으로 배치되어 있다. 이러한 각도에서 보면 삼성혈은 최초의 생명이 태어난 곳, 즉 우주의 배꼽(옴파로스: *omphalos*)이 되는 것이다.

    그리하여 이 3신인(神人)은 각각 을라(乙)라는 벼슬을 가지고 그 지역에 나라를 세워 통치했는데, 그 나라를 탐라(耽羅)라고 했다. 이 '탐라'라는 말은 원래 닭(Tarm)이라는 말이 발음상 변화를 거친 것인데, 한자의 음(音)을 빌려 표기한 것이 탐라(耽羅)이다. 다시, 닭은 원래 달(Tar)에서 비롯된 것이다. 그런데 이 달(Tar)이라는 말은 땅이라는 단어의 어원으로서 언덕, 산, 성곽, 나라를 의미하는 말이다.

    원래 이 탐라국은 독립적으로 존속하면서 통일신라 때까지 한반도의 나라와 교류했다. 그러한 과정에서 서기 374년(신라 내물왕 19년)에 량(良) 을라의 후손인 량탕(良宕)이 신라에 들어가 신라를 위해 큰 전공을 세우고, 이를 계기로 내물왕으로부터 벼슬을 받으면서 양(梁)씨 성을 받게 되었다. 이때부터 량(良)을 '양(梁)'으로 표기하게 되었다.

    그러던 중, 서기 1171년(고려 명종 2년)에 양보숭(梁保崇)이 무과에 급제하여 유격장군이 되고 왜구를 무찌르는 등 국방에 큰 공을 세웠다. 그리하여 이 '유격장군 보숭'을 기세조(起世祖)로 모시고 '제주 양씨 유격공파' 종중이 창립되었다. 이와 같이 하여 300여 년의 세월 동안 전국에 흩어져 터를 잡고 살아오던 중, 1400년대 말경에 종중에 큰 인물이 나타나면서 큰 일이 일어났다.

    즉, 서기 1488년에 현재의 전라남도 지역인 화순군(和順郡) 능성[綾省: 후에 능주(綾州)로 승격됨]에 양팽손(梁彭孫: 호는 學圃公)이라는 걸출한 분이 탄생했다. 당시는 10대왕인 연산군(1476년~1506년) 시절이고, 서양의 르네상스 시기(14세기~16세기) 및 이탈리아의 마키아벨리(1469년~1529년) 시대에 해당된다. 그런데 학포공(양팽손)이 18세 되던 1506년에 연산군의 동생(후에 11대왕인 중종이 됨)이 쿠데타(反正)를 일으켰다. 역사에서 흔히 나타나듯이 쿠데타 정권은 그 정통성 확보를 위해 여러 가지 개혁조치를 단행하기 마련이다. 그 개혁조치의 하나로 과거시험제도를 개혁하여 출신성분에 관계없이 오로지 능력에 따라 유능한 인재를 등용하도록 현량과(賢良科)를 시행했다.

이 현량과를 통해서 발탁된 28명 중의 한 분이 조광조였고, 그와 함께 1510년 양팽손(학포공) 역시 생원시에 합격, 이어서 1516년 문과에 갑과로 급제하여 홍문관 대제학의 관직까지 지냈다. 그 과정에서 강력한 개혁정책을 추구하는 조광조와 뜻을 같이하며 각별히 돈독한 관계를 유지했다. 그러나 세상의 개혁이 그렇게 쉽게 이루어지지 않는 것 역시 세상의 이치이다. 이와 같은 급격한 개혁조치에 위기감을 느낀 반대파(이른바 훈구파)로부터 반발을 사고, 반격을 받아 1519년에는 '기묘사화'가 일어나 세상이 바뀌었다. 양팽손은 관직을 박탈당한 후, 고향인 전남 화순군 능성으로 돌아와 학포당을 짓고 그곳에서 은둔생활을 시작했다. 그러나 반대파(훈구파)의 반격은 관직박탈에 그치지 아니하였고, 특히 개혁의 중심인물이었던 조광조를 전남 화순군 능성으로 유배하였으나, 훗날의 재기를 우려하여 한 달 후에 사약을 내려 생을 마치게 했다. 고향인 능주로 내려와 독서로 소일하던 양팽손은 그곳으로 유배된 조광조에 대해 친구로서 각별히 우정을 돈독히 하면서 지냈다. 특히 유배자로서 사약을 받고 생을 마친 그에 대하여 감히 아무도 거들떠볼 수 없는 상황에서, 양팽손은 사후 장례를 치러 주고 시신을 수습하여 간소하였지만 반듯한 묘소도 만들어 주었다.

후세의 사람들은 이 두 분의 우정을 기려서 '지란지교'(芝蘭之交, 향기 좋기로 이름난 '지초'와 '난초'의 향기로운 사귐)로서 칭송하고 있다.

세월은 다시 바뀌어 1519년 관직을 박탈당한 뒤 19년이 지나 1538년에는 명예가 회복되고 관직도 회복되었다. 그러면서 그 공을 인정하여 고향인 '능성'을 한 단계 승격시켜 '능주'로 부르게 했다. 그러나 학포공은 더 이상 세상에 나아가지 않다가 1545년 학포당에서 조용히 돌아가셨다.

이와 같은 고결한 품성을 지니신 양팽손(학포공)을 추념하고 기념하는 의미에서 기세조(起世祖) 11세(양보숭을 기세조로 모신 지 11세에 이르러서)인 양팽손을 중시조로 모시고, 그 호를 본받아 '제주 양씨 학포공파'를 창건한 것이다.

2 이영구 판사는 1932년 전라북도 전주에서 왕가의 자손으로 태어났다. 좀더 상세히 이야기하자면, 그는 조선왕조의 태조 이성계의 4남인 방간(芳幹, 회안대군

(懷安大君)]의 18대 손이다. 이성계의 5남으로 '왕자의 난'으로 유명한 정안대군 (靖安大君) 방원(芳遠)이 그의 동생이다.

방원은 피비린내 나는 권력투쟁을 통하여 형인 방간을 제치고 조선의 3대 왕인 태종으로 즉위했다. 그럼에도 불구하고, 아직 생존한 형들이 혹시라도 반란을 일으키지 않을까 우려하여 견제를 게을리하지 않았다. 1420년 형인 방간이 57세로 생을 마치자, 태종 방원은 예의를 갖추어 전주 동쪽 완주에 형 방간의 묘소를 잡도록 지관에게 지시했다. 그 후 일을 마치고 돌아온 지관에게 태종 방원이 "방간의 묘소 자리는 어떠했나?"고 묻자 "왕후장상이 나올 명당입니다"고 대답했다. 방원은 골똘히 생각하다가, 지관을 다시 전주로 내려 보내 방간 묘의 혈맥이 되는 곳의 지맥을 끊고, 불로 뜸을 놓게 했다. 명령을 수행한 지관이 돌아와 태종에게 "이제 회안대군(방간)의 자손들은 대대로 호미자루를 면치 못하게 되었다"고 보고하자, 태종 방원이 그제야 안심했다고 한다.

그런데 이로부터 512년이 지난 1932년에 방간의 18대손인 이영구가 태어나서 1958년에 고등고시에 합격하였으니, 방간 묘의 혈맥이 끊긴 지 538년이 지나서 처음으로 벼슬을 하게 되는 후손이 나타났다고 칭송했다.

3   우리말로 '남원 양씨'에는 서로 다른 두 성씨가 있다. 즉, '동음이의어'이다. 하나는 '제주 양(梁)씨'에서 떨어져 나와 전북 남원시를 본관으로 하는 것이고, 다른 하나인 '남원 양(楊)씨'는 고려 때 양경문(楊敬文)을 시조로 하는 것이다. 그는 이 중에서 '제주 양(梁)씨'에서 비롯되어 양우량(梁友諒)이 남원으로 분가한 가문에서 출생한 것이다.

4   군 정보기관 소속의 한 장교가 연행되어온 사람에게 나름대로 정중하게 협조해 줄 것을 당부한다. 옷을 다 벗으라는 지시를 받고 겉옷을 모두 벗자 옆에 있던 4명의 점퍼 차림들이 갑자기 달려들어 속옷을 벗긴다. 이는 모욕을 주어 자존심을 상하게 하고, 속옷이 혹시 모를 자살을 위한 도구로 사용됨을 막기 위함이다.

이 장면은 박정희 대통령을 살해한 김재규를 그곳에 불러 고문하기 직전까지의 모습이지만, 양 판사에 대한 대접도 크게 다르지 않았을 것으로 여겨진다.

이어서 이곳에서 3박 4일 동안의 끔찍한 일들이 벌어진다. 모든 것을 떠나서 현직 대법원 판사에게 이러한 일을 벌인다는 발상 자체가 끔찍할 따름이다. '고문'이라는 말은 좁은 의미로는 피조사자에게 육체적 고통을 주어 조사자가 원하는 진술을 얻어내는 행위이고, 넓은 의미로는 정신적 압박을 주어 위와 같은 진술을 얻어내는 것도 포함한다. 그리고 조사자가 원하는 진술에는 범죄혐의에 대한 자백이 대부분이겠지만, 양 판사와 같이 직을 '사임하겠다'는 진술도 포함될 수 있다.

사실, 인간이 균형 잡힌 상태를 유지할 수 있는 진정한 한계는 매우 좁은 것이다. 이러한 균형 상태를 깨뜨려 인간을 무력하게 만들기 위해서는 꼭 '고문대'(拷問臺)가 필요한 것도 아니다. 오히려 몸에 아무런 흔적을 남기지 않고 조사받는 사람의 의지와 인격을 꺾는 방법은 수도 없이 많고 의외로 간단하다. 더욱이 평소 고위직에서 존경과 대접을 받으면서 생활해온 집토끼 같은 죄수들에게는 그 효과가 극대화된다. 사실 평소에 형무소의 고통을 겪어보지 않은 사람은 아무리 신념이 강하더라도 감당하기 어렵다.

이미 이러한 일들을 여러 차례(아마도 수십 차례) 성공적으로 해치운 조사관들은 경험에 따라 '매뉴얼'대로 조사를 진행시킨다. 가장 기초적인 심리적 고문방법은 심리적 변화에 의한 충격을 주는 것이다. 즉, 상냥한 태도로 심문하다가 별안간 크게 고함을 지르면서(대개는 이와 동시에 들고 있던 서류를 집어던지는 동작이 겹쳐진다). "야! 이 개새끼야, 맛을 좀 봐야 알겠나!…"(이 뒷말들을 차마 계속해서 더 적어 나갈 수 없음이 유감이다) 라고 말하는 것이다.

그리고 심문하는 과정에서 피심문자를 의자에 앉게 하는 지극히 단순한 과정에서도 괴롭히는 방법은 있다. 하나는, 피심문자를 높은 의자에 앉게 하여 두 발이 공중에 뜨게 하는 것이다. 생각보다 훨씬 짧은 시간 내에 두 발이 마비되는 고통을 당한다. 다른 하나는, 의자의 맨 끝 가장자리에 앉게 하는 것이다. 혹시라도 몸을 옮겨 앉으려고 하면 "더 앞으로 앉아!" 하고 재촉한다. 이대로 얼마간 앉아 있으면 척추에 심한 고통을 주게 된다. 또는 반대로, 심문 도중이나 심문 사이에 무조건 서 있게 하는 방법도 사용된다. 벽에 몸을 기대지 못하게 하는 것인데, 혹시 쓰러지거나 잠이 들게 되면 즉시 다시 일으켜 세워 서 있게 한다. 이러한 방법들은 일반적으로 수감된 첫날부터 풀려나는 날까지의 모든 심문과정에서 예외 없이 적용된다.

나아가 그들의 '매뉴얼'에 의하면, 수감된 첫날의 저녁식사는 제공되지 않는다. 굶주리게 하는 것은 가장 보편적인 고문방법이기 때문이다. 첫날 저녁과 밤에 이루어진 심문과 가혹행위는 보통 가장 큰 충격과 고통으로 다가온다. 대개는 평생 처음 당해 보는 일인 데다가, 조사하는 사람의 입장에서도 초기에 강력한 수단을 동원하여 결정적인 타격을 가할 필요가 있기 때문이다.

다음, 심문방식으로는 컨베이어식 심문이 채택된다. 즉, 심문관은 계속 사람이 바뀌어 컨베이어식으로 교대되어 들어온다. 심문을 당하는 사람은 똑같은 질문에 계속 대답해야 하기 때문에 조금도 쉴 수가 없어 극도의 피로감에 휩싸인다. 그리고 첫날에는 효과를 극대화하기 위하여 '약간'의 물리력도 행사한다. '약간'이라고 표현하는 이유는 신체에 가한 물리적 가혹행위의 흔적이 외관상 남아 있지 않도록 한다는 의미이다.

국가 간의 간첩이나 전쟁포로와 같이 상황이 종료된 후 돌려보내지 않아도 될 대상인 경우에는 신체 일부를 손상시키는 등 보다 극단적인 가혹행위가 행해질 수도 있다. 그러나 그렇지 않은 경우에는 며칠 후에 바깥세상으로 돌려보내야 할 대상이기 때문에 불필요하게 신체상에 상처 등 흔적을 남겨서 가혹행위가 있었다는 증거가 외부세계에 보여서는 안 되기 때문이다. '흔적을 남기지 않는 구타'의 방법으로는 고무방망이나 모래주머니로 때리기도 한다. 또 흔히 알려진 바와 같이, 주먹으로 명치를 얻어맞으면 숨은 한순간 정지되지만 거기에는 아무 흔적도 남지 않는다. 또한 이른바 '페널티킥'이라 하여, 남성 죄수들의 사타구니를 걷어차는 경우도 있다. 축구선수라면 그곳에 공을 얻어맞았을 때의 아픔을 이해할 수 있을 것이다. 그 외에 머리에 충격을 주는 방법도 있을 수 있다.

이와 같이 '엄문'(嚴問, 이는 '엄격한 심문'의 약칭으로, 고문이라는 단어의 완곡어법이다)이 여러 시간 계속되어 이제 자정이 가까워지면서 보통은 취침에 들어갈 시간이 되었다. 하지만 그들은 피조사자를 편안하게 잠자리에 들게끔 내버려둘 리가 없다. 잠을 재우지 않는 고문방법은 일선의 수사지침에 '정당한 수사방법'의 하나로 등재되어 있다. 즉, 야간 수사이다. 또한 수면을 방해하기 위해서 구타나 물 뿌림 등 다른 고문방법과 병행해서 사용하는 것이 보통이다.

이 시점에서 조사관은 잠시 망설임에 빠진다. 즉, 잠을 안 재우기 위해 매뉴얼에 나와 있는 여러 가지 방법 중에서 어떤 방법을 택할 것인지를 생각하는데, 대개는 첫날인 만큼 효과를 높이기 위하여 강력한 방법을 취하기도 한다. 즉, 알몸인 상태로 '칸막이 별실'에 가두어 두는 것이다.

그런데 이 칸막이 별실의 구조가 특이하다. 높이는 사람의 키보다 약간 높고 4각형의 굴뚝 모양으로 되어 있는데, 4각형의 폭이 70센티미터 정도로서 간신히 서 있을 수는 있지만, 무릎을 구부리거나 편하게 벽에 기대 설 수는 없도록 되어 있다. 한쪽 면의 문을 열고 들어간 후 그 문을 밖에서 닫아 버리면, 밖에서 그 문을 열어줄 때까지 꼼짝 못하고 그대로 몇 시간이고 서 있어야만 하는 것이다.

같은 구조이지만 좀더 가혹한 것으로는, 4면이 벽돌로 막힌 굴뚝 모양의 기둥 한쪽 맨 아래 부분에 사람이 엎드려 겨우 들어갈 만한 구멍이 있고, 이를 통하여 들어가게 한 후 구멍을 막아버리는 구조도 있지만(이는 아우슈비츠 수용소에서 볼 수 있다), 빙고호텔에서는 이러한 구조는 채택되지 않고 있었다.

다음 날 아침이 되지만, 조사관의 태도는 조금도 누그러져 있지 않다. 둘째 날에도 아침과 점심식사는 제공되지 않는다. 굶주림을 극대화하기 위해서이다. 그리고 둘째 날에는 하루 종일 특별한 심문이 행해지지 않았다. 특별히 심문을 통해서 얻어내야 할 정보가 필요한 경우가 아니기 때문이다.

그 대신 피심문자의 의지를 꺾기 위해서 국제적으로 공인된 유명한 방법이 있다. 즉, '감각이탈' 방법이다. 이는 옷을 모두 벗기고 사방이 고무로 된 완벽한 어둠의 방에 넣어두는 것이다. 감각을 찾기 위해 소리 지르고 벽을 치고 무슨 짓을 해도 소용이 없다. 몇 시간 후 방에서 나올 때까지는 정신이 완전히 빠져나간 상태가 되어 있다.

비슷한 기법으로는 2009년 미국에서 공개된 해외미군기지(예를 들면 쿠바의 관타나모 수용소)의 CIA 고문기법이 있다. 이는 9·11 테러 이후 알카에다 요원에게 자행된 것으로 폭로된 바 있다. 알몸으로 사방이 온통 흰색인 방에 고문대상자를 넣고 계속해서 소음을 틀어주는 것이다.

참고로 현재 CIA는 '미국법의 적용을 받지 않는' 전 세계 여러 곳에 비밀감옥을 운영하고 있다는 의심을 받고 있다. 이러한 곳을 'Black Sites'라고 하는데 이곳의 대부분에서 고문이 이루어지고 있다고 여겨진다. CIA의 문건상으로는 '강화된 심문기술'(Enhanced Interrogation Techniques)이라는 용어로 표현되지만 이는 '고문'을 돌려 말하는 것이다.

둘째 날 오전, 오후에 걸쳐 낮 시간 내내 피조사자에게는 위의 감각이탈의 방법이 시행된다. 이제 저녁시간이 되자 만 하루 만에 처음으로 저녁식사가 제공된다. 24시간 동안 아무것도 먹지 못하여 허기에 지친 피조사자는 제공된 밥을 허겁지겁 먹기 시작하지만, 당연히 이는 정상적인 식사(밥)가 아니다. 엄청나게 많은 소금이 들어가 있는 밥이다. 좀더 모욕과 고통을 주려고 마음을 먹었다면, (간첩이나 중범죄자의 경우와 같다) 모래 섞은 밥을 주거나 밥에 대소변을 섞어 주거나, 개밥그릇에 주어 핥아 먹게 할 수도 있지만, 특별한 경우가 아니면 그 정도로까지 하지는 않는다. 하지만 급한 허기를 채우느라 허겁지겁 먹게 되면 이제는 너무 짠 나머지 물을 찾지 않을 수 없게 되었다. 당연히 물은 함께 제공되지 않는다.

고통의 시간이 흘러 다시 둘째 날의 취침시간이 된다. 편안한 잠자리가 제공되지는 않지만, 이번에는 전날 저녁과는 다른 수법이 동원된다. 즉, 굴뚝 같은 칸막이에서는 벗어나 누울 수는 있게 되었지만, 그 대신 눈부신 전구를 계속 켜 두어서 제대로 눈 감은 상태를 유지할 수가 없다. 이렇게 몇 시간만 지나면 눈꺼풀에 심한 염증이 생길 것이 틀림없다. 물론 사이사이에 고막이 찢어질 정도로 큰 소리의 소음이 확성기 두 개를 통하여 흘러나오고 있다.

이윽고 셋째 날 아침이다. 역시 짜디짠 식사가 제공되었으나 피조사자는 이제 먹지 않기로 작정한다. 목마름이라는 큰 고통을 피하기 위해서이다.

이제 조사관은 마지막 결정타를 준비하고 있다. 물론 지금까지의 조치만으로도 대개의 피조사자는 거의 기진맥진이 되지만, 최후의 항복을 받아 내기 위하여 피니쉬 블로(finish blow)를 날릴 생각이다. 그리고 교본에 따른다면 그렇게 하도록 되어 있다. 역시 교과서적인 방법인 위협과 유혹이 함께 섞인 수법이다.

　"이 단계에서 원하는 진술을 하지 않으면 하는 수 없이 가족에까지 조사의 범위를 확대할 수밖에 없다"고 말해준다. 가족들에 대한 위협은 가장 효과적인 위협이다. "그대의 적은 그대의 집안 사람이다." 그 사회에서 공인된 '명언'이다.

　나아가 두 가지 신체적 고문이 행해질 수도 있다는 것을 슬쩍 암시한다. 하나는, 머리에 비닐봉지를 씌우는 것이다. 맨 정신이 유지되는 시간 동안만 씌워 두었다가 잠시 후 벗기기를 반복하는 수법이다. 다른 하나는, 성기에 고문을 가하는 것이다. 요도에 종이심이나 볼펜심 같은 이물질을 삽입하여 고통을 주는 것이다. 좀더 극단적으로 나아가면 성기에 전기고문을 한다든가(천상병 시인이 이 고문을 받아 성불구가 되었다고 한다), 고환에 바늘을 찌르는 것이고('씨를 말려야 한다'는 말이 여기에서 유래되었다), 여성을 대상으로 해서는 성기에 미꾸라지를 넣는 무자비한 방법도 있다(유관순 열사가 이러한 일을 당했다고 한다).

　이렇게 해서 오후 3시경이 되면 조사관 두 명이 함께 들어와서 역시 교과서에 있는 방법인 'Bad cop, Good cop'의 역할 분담을 한다. 한 사람은 험한 말투로 "아직 완전히 항복을 안 한 것을 보니 혼이 덜 난 모양이구나. 제대로 된 맛을 보여주어야 되겠네!"라고 이야기한다. 이어서 다른 한 사람은 "점잖으신 분이 여기에서 이런 수모를 당하고 계셔야 되겠습니까? 이 정도로 마무리하시고 집에 돌아가 가족들과 잘 지내도록 하시지요!" 하고 거든다.

　이때가 되면 대부분의 피조사자는 이제 탈진상태다. 그동안 평생을 양심껏 살아가기로 철석같이 다짐해도, 이 정도가 되면 더 이상 버틸 힘이 남아 있지 않는 것이 보통이다. 잠시 바닥을 쳐다보며 대부분의 피조사자는 고개를 끄덕인다. "원하는 대로 해주겠다"고 말한다.

"바깥 세상에 사는 사람이여, 그를 욕하지 마라!", "맥없이 끌려가 용감하지 못하고 강요에 못 이겨 서명한 사람들, 제발 그들을 비난하지 마라!", "권력은 독이다. 재물에 대한 욕망보다 더 크다.", "그들은 우리가 무슨 짓을 했기 때문에 투옥하는 것이 아니라, 무슨 짓을 하지 못하도록 투옥하는 것이다.", "법을 두려워 말고, 법을 집행하는 사람을 두려워하라!", "권력의식은 그들에게 근무상의 주요한 매력이고, 자기도취이다. 권력은 죽음의 독이다.", "닭일까, 달걀일까, 사람일까 시스템일까, 영원한 문제이다.", "그들에게는 사람만 있으면 된다. 사건이야 만들어 내면 된다!"

　그들은 이렇게 말하고 행동한다. "너는 오늘 죽어라, 나는 내일 죽겠다."

　이 얼마나 끔찍한 말인가?

　위에서 상세하게 적은 내용은 러시아의 내무 인민위원회가〔NKVD, 1934년부터 1946년까지 존재했던 소련 대(大) 숙청기간의 정치경찰로서, 멕시코 토요야칸에 숨어 살던 트로츠키도 추적하여 1940년 8월 21일 저격했다〕 사용했던 고문방법을 솔제니친이 제보를 받아 정리한 책 《수용소 군도》에 정리되어 있는 것들이다.

5　그런데 운명의 여신은 엄청난 '장난꾸러기'인가 보다. 수석 합격의 소식을 듣고 참고삼아 성적을 알아보았다. 평균은 62. 66이었는데(합격시켜도 좋을 정도라고 인정되면 주는 점수가 60점이니, 평균 60점을 훨씬 넘었다는 것은 높이 평가받을 만한 점수이다), 유독 가장 어렵다고 하는 민법은 무려 72. 66점을 받았다(이는 3명의 채점위원 중 2명은 최소 73점, 나머지 한 명은 72점을 주었다는 의미이다). 사법시험 주관식 시험에서 70점 넘는 점수를 주는 것은 지극히 드문 일이다. 수석 합격에 결정적 영향을 주었지만, 이미 앞에서 이야기한 바와 같이 그는 1970년 시험의 민법에서 38점으로 과락을 맞은 적이 있었다.

법원과 검찰 청사의 위치에 관한 소고(小考)

우리나라에서 법원과 검찰 청사는 왜 나란히 있는가? *

우리나라 서울을 방문하는 외국, 특히 미국의 법조인(대개는 변호사)들은 서초동 법조타운 앞을 차로 지나가면서, 두 개의 커다란 건물군을 쳐다보고 안내자에게 무슨 건물인지 묻는다. 안내자는 오른편은 법원 건물이고, 나란히 왼편에 있는 것은 검찰청 건물이라고 대답한다.

이러한 상황에서 외국의 법조인이 거의 예외 없이 묻는 질문이 있다. "너희 나라에는 왜 검찰청 건물이 법원 건물과 정확히 대칭을 이루어 나란히 있느냐?"이다. "자기 나라(특히 미국)에서는 사법부(법원) 옆에 감히 행정관청인 검찰청이 대등한 모습으로 버티고 있는 것은 생각할 수도 없다"고 하면서 놀라워하는 것이다. 예를 들어, 미국 워싱턴

---

*   저자는 이 책(소설)의 여러 군데에서, 여러 번 반복해서 법원과 검찰 청사의 대칭적 배치에 반대의견을 제시해 왔는데, 그와 같은 결론에 다다를 수밖에 없었던 이유를 정리하고 제시해 둘 필요가 있다고 여겨 이 글을 쓰기로 하였다.

에 있는 연방대법원을 보면, 그 옆에 나란히 있는 것은 삼권분립의 중요한 축인 미국 의회이지 검찰청이나 법무부가 아니지 않느냐고 반문한다.

그렇다면 우리나라는 "왜" 어떤 사정이 있어서, 어떤 근거로 이러한 모습을 보이게 되었을까?

두 가지 면에서 살펴보는 것이 필요하다. 하나는, 법률규정의 측면에서의 고찰이고, 다른 하나는 정치적, 정략적 측면에서의 고찰이다.

먼저, 법률적 측면에서 어떠한 특별한 사정이 있는지를 살펴보자. 법원이나 검찰이나 그 조직을 설치하고 운영해 나가기 위해서는 다음의 3가지 요소가 기본적으로 필요하다.

첫째는, 어떠한 '종류'의 기관을 설치할 것인지를 정하여 그 '명칭'을 결정하여야 한다. 둘째는, 위 각 기관을 어디에 둘 것인지 그 '소재지'를 결정하여야 한다. 셋째는, 위 각 기관들이 관할하는 지역, 즉 '관할구역'을 잘 정하여 전국의 어느 곳도 제외되거나 중첩되지 않도록 하여야 할 것이다.

이와 같은 기본적인 생각을 바탕에 두고, 우선 법원에 대하여 살펴본다.

첫째, 법원은 그 '종류'로서 대법원, 고등법원, 지방법원 등을 설치하도록 하고 있다(법원조직법 제3조).

둘째, 그리고 이와 같은 법원의 구체적 명칭(예를 들면, '서울'고등법원 등)과 이를 어디에 둘 것인지 소재지에 대하여도 법률로 따로 정하고 있다(각급 법원의 설치와 관할구역에 관한 법률 제2조, 별표1). 예를 들면,

광주지방법원은 광주광역시에 둔다는 것과 같다. 다만 대법원만은 서울특별시에 둔다고 법원조직법 제12조에 따로 규정하고 있다.

셋째, 위 각 법원들이 전국을 조화롭게 모두 커버하기 위하여 관할구역을 역시 법률로서 정하고 있다(위 법률 제4조, 별표3). 예를 들면, 대전지방법원은 대전광역시, 세종특별자치시, 금산군을 관할한다. 이 관할구역은 모두 행정구역의 구분에 따라서 정하고 있다.

다음으로, 마찬가지의 방법으로 검찰청에 대하여 살펴본다.

첫째, 검찰청은 그 '종류'로서 '대검찰청, 고등검찰청, 지방검찰청'으로 하고, "대법원, 고등법원과 지방법원에 이를 '대응하여 설치'한다"고 규정되어 있다(검찰청법 제3조 제1항). (그러나, 뒤에서 보는 바와 같이, 이러한 규정은 다른 뜻으로 곡해하여 해석할 수 있는 여지를 담아두는 결과를 초래하였다.)

둘째, 위 각급 검찰청의 구체적 명칭과 소재지(위치)에 대하여는 따로 규정을 두고 있는데, 이는 앞서 본 법원의 명칭 및 소재지의 규정과 똑같다(대검찰청의 위치와 각급 검찰청의 명칭 및 위치에 관한 규정 제3조 별표).

다만, "대검찰청의 위치는 '수도'에 둔다"고 하여(위 규정 제2조) 대법원 소재지(서울특별시)와 문구상으로는 차이가 있으나, 서울특별시가 수도인 이상 현실적인 차이는 없다.

또한, 검찰청의 명칭과 소재지에 관한 위 규정은 '법률이 아닌', 이보다 하위규정인 '대통령령'으로 규정되어 있는 점이 법원의 경우와 다르다. 이는 헌법상 법원은 삼권분립의 한 축인 '사법부'인 데 반하여, 검찰청은 '행정부의 한 부서인 법무부에 속하는 하나의 외청(外廳)으로서 산하기구'인 점에서 '격이 다르다'는 점을 고려한 것이다.

셋째, 검찰청 역시 전국을 조화롭게 커버하기 위하여 '관할구역'을 정할 필요가 있겠는데, 이 점에 관하여는 따로 독자적인 규정을 두지 않고, "각 검찰청 및 지청의 '관할구역'은 각 법원과 지원의 관할구역에 의한다"고 하고 있다(검찰청법 제3조 제4항). (그러나, 뒤에서 보는 바와 같이, 여기에는 법에 관심이 덜한 일반인으로 하여금 본래의 취지와는 전혀 다르게 엉뚱한 방향으로 읽히게 하는 오해의 소지를 담고 있다. 아니면 입법을 주도했던 검찰 측에서 의도적으로 이와 같이 규정해 놓았을 수도 있다.)

위에서 우리들이 지금 관심을 가지고 있는 법원과 검찰 청사의 '위치'에 관한 실정법적인 근거를 찾아낼 수 있을지 검토해 보았다. 그런데 실망스럽게도 우리가 궁금해 하는 점, 즉 '왜 우리나라에서 법원과 검찰 청사의 위치가 나란히 있는지'에 관해서는 아무런 해결의 실마리도 발견할 수가 없다.

조금 더 구체적으로 들어가 보면, 법원의 '소재지'와 '관할구역'은 법률에 나와 있다(물론 그 위치가 번지수로 정해져 있는 것은 아니다). 하지만 검찰청은 '법원에 대응하여 설치'하면서, 그 소재지 및 관할구역은 전적으로 법원의 규정에 '종속하여' 따라오고 있는 형태이다.

이는 헌법과 법률의 체계상 당연한 귀결이다. 왜냐하면 검찰이 행하는 모든 일은, 결국에는 사법부(법원)의 판단을 받도록 되어 있기 때문에 그 조직과 관할구역 등이 법원의 그것에 맞추어 따라오지 않을 수 없기 때문이다. 그리하여 각급 검찰청은 모두 '대응하는' 각급 법원에 필연적이고 부수적으로 발맞추어 설치되지 않을 수 없는 것이다.

예를 들어, 광주지방법원에 대응하는 광주지방검찰청이 없다면(대응하여 설치되어 있지 않다면), 그곳의 검찰사무를 처리할 기구가 없어서 결과적으로 법원의 업무가 처리될 수 없게 되기 때문이다.

결론적으로, "검찰청은 해당 법원에 '대응하여 설치'한다거나 그 관할구역을 '법원의 관할구역'에 의한다"고 해서, 여기에서부터 바로 "검찰 청사가 법원 청사와 나란히 있어야 한다"는 결론은 결코 나올 수 없는 것임은 너무나도 분명하다.

흔히 우리나라의 사법체계에 관한 일반적인 이해조차 없는 사람들이 판사와 검사가 동일한 자격요건을 필요로 하는 것으로부터 오해하여 법원과 검찰은 전적으로 동일한 지위의 조직이고, 따라서 검찰청 건물이 법원 건물과 나란히 있는 것을 당연한 것으로 여기고 있는 것은 크게 잘못된 것이고, 법적인 근거가 전혀 없는 것임을 확실히 깨달아야 한다.

심지어는 어느 인터넷 매체에서조차 "검찰청 건물이 법원 건물과 나란히 있는 것은 그 관할구역이 같기 때문"이라고 어리석은 해설을 하고 있다. 검찰 청사가 법원 청사와 멀리 떨어져 있다고 해서 그 업무처리에 하등 지장이 있는 것이 아니다.

그렇다면 이제 다음 단계로 넘어가서, 우리나라에서는 왜 이와 같이 두 기관의 청사가 나란히 놓여 있게 되었는지 그 '실질적이고 정략적인 이유를' 살펴볼 필요가 있다.

이 점에 관하여는 구차하게 여러 가지 논의를 끌어들일 필요도 없이 결론은 분명하다. 즉, 단도직입적으로 '검찰이 법원과 대등하다'는 것을 '외형적으로' 표시하고 싶어 하는 지극히 비합리적이고 자기중심적인 염원에서 비롯하는 것이다.

헌법상 법원은 '심판하는' 기관이고, 검찰은 '심판받는' 기관이다. 그런데 어찌하여 법원과 검찰이 대등할 수 있겠는가? 이는 검찰의 끝없는 욕망, 즉 '권력은 대통령만큼, 명예는 판사만큼' 가지고 싶어 하는 권력욕에서 비롯하는 것이다. 그리하여 일반 국민들을 호도하고, 이로부터 정당치 못한 반사이익을 얻으려는 전근대적이고 법치주의에 반하는 생각에 매달리고 있는 것이다.

이와 같은 당연한 주장이 검찰의 심사를 깊은 곳에서 아프게 건드릴 것임은 분명하다. 이러한 주장을 펴는 사람을 '치명적인 가해자'로서 철저히 제거해 버리고 싶어 하는 심정도 모르는 바 아니다. 하지만 아닌 것은 아닌 것이다. 국회의사당이 영등포구에 있다 하여 의사당 건물과 나란히 구청 건물을 짓는다면 옳은 일일까?

일부 현실 타협적인 의견은, 법원이 이로써 크게 타격을 받는 것도 아닌데 검찰이 그렇게 갈망하고 있으니 '그냥 눈감고 넘어가 줄 수 있지도 않느냐'고 말할 수도 있다. 그러나 공적인 입장에서 '의전과 서열'은 너무나도 중요한 것이고, '모욕을 한 번 참으면 새로운 모욕이 찾아온다'고 하지 않았는가? 이즈음 논의되고 있는 검찰개혁의 필요성이 바로 위와 같은 사고방식에서 비롯된 것인 만큼 이러한 조치는 상징적으로 커다란 의미가 있는 것이다.

이와 같은 결론에 대하여 더 이상의 논증이나 증빙은 필요하지 않겠지만, 이 주장의 정당성을 실증적으로 보강하기 위하여 다음과 같은 작업을 해 볼 필요는 있다. 즉, 전 세계 '법치선진국'에서의 현황, 각나라에서 법원과 검찰 청사의 위치가 어떻게 배치되어 있는지 조사해 보면 될 일이다.

해외여행 경험이 많은 분이라면, 그리고 약간의 관심을 가지고 살펴본다면 간단히 알 수 있는 일이다. 미국의 연방대법원 옆에는 어떤 기구가 있는가? 독일이나 프랑스 등의 나라는 상황이 어떠한가? 좀더 가까이에서 보자면 우리와 법제도가 유사하다는 일본은 어떠한가?

좀더 움직이지 못할 자료를 원한다면, 간단히 구글 지도에 접속하여 원하는 나라, 원하는 도시에서 법원과 검찰 청사의 위치를 검색해 보면 될 일이다. 이러한 검색작업은 관심 있는 다른 분들에게 양보하고 여기에서는 직접 다루지 않기로 한다. 사법정책연구원이야말로 이러한 일을 맡아 하기에 가장 적절한 조직이다.

그렇다면 이와 같은 법치 후진국 같은 볼썽사나운 모습을 제거하기 위해서는 어떠한 조치들이 필요할 것인가?

우선, 부당한 반사이익을 누리고 있는 검찰 스스로가 이러한 부조리를 제거할 것을 기대하기는 어렵다. 그렇다고 해서 국회에서 어떠한 입법을 통해서 바로잡을 수도 없다. 왜냐하면 이러한 잘못된 모습이 어떤 법률에 근거하여 생겨난 것이 아니기 때문이다.

유일한 해결방법은 엄청난 불합리의 피해당사자인 사법부가 스스로 나서서 그 잘못된 외관을 제거해 나가야 한다. 즉, 법원 청사를 검찰 청사와 멀리 떨어뜨려 놓는 데에 앞장서서 실현시켜야 한다. 여기에는 현실적으로 예산상의 문제가 있을 수 있다. 현재 멀쩡한 법원 청사를 오로지 위와 같은 목적을 위해서 멀리 옮겨 가기는 어려울 것이기 때문이다. 그러나 차선책은 있다. 시간을 두고 점진적으로, 어떠한 사정으로 법원이나 검찰 청사를 이전해야 할 경우가 생긴다면, 이제는 적극적으로 두 청사의 완전한 장소적 분리를 실현해 나가는 것이다. 시간은 조금 걸리겠지만 천 리 길도 한 걸음부터 가야 한다.

상징적인 조치도 생각해 볼 수 있다. 크게는 우선 대법원 청사를 다른 유서 깊은 도시로 옮겨 가거나(이를 위해서는 앞서 본 바와 같이 법원조직법의 개정이 필요하다), 작게는 적은 비용으로 이전이 가능한 조그마한 지원부터 시범적으로 옮겨가도록 하는 것이다.

그러나 가장 중요한 것은 사법부 구성원, 특히 사법행정을 담당하고 있는 대법원장이나 법원행정처 소속 법관들의 인식 전환과 이를 위한 용기의 발휘이다.

장기적이고 전략적인 방향으로 생각한다면, 이러한 점에 관한 국민적 공감대의 형성과 언론으로부터의 이해 증진도 필요하다. 하늘은 스스로 돕는 자를 도울 뿐이며, 어려운 일을 스스로 하지 않고서는 아무것도 얻을 수 없다.

"어떤 일이 할 만한 가치가 있다면, 그것은 서투르게라도 할 가치가 있다."

양삼승

첫 4반세기는 판사, 나중 4반세기는 변호사로 활동했으며 법조 개혁론자이다.
1947년 서울 출생으로 1974년 서울민사지방법원 판사로 임관했으며, 1987년 서울대 법학박사 학위를 취득했다.
1973년, 대법관이던 부친이 '판결의 내용을 이유로' 판사직에서 물러나는 법치 후진적 비극을 생생히 목격하며 우리나라 사법부와 검찰의 개혁 필요성을 통감했다.
1990년 헌법재판소 연구부장, 1998년 대법원장 비서실장을 지내면서 청와대, 검찰, 언론 등 사법 인접권력과의 역학관계에도 눈을 떴다. 사법부의 각성을 촉구하며 검찰의 오만을 질타하는 글을 발표하고 용기와 소신을 담은 획기적인 판결을 내렸으나 집요한 소수 반대파(검찰)의 프레임에 휘말려 1999년 52세의 나이에 비자발적으로 사법부를 떠났다.
이후 법무법인 화우 대표변호사, 영산대 부총장을 지내고, 현재 영산법률문화재단의 이사장을 맡고 있다. 법조 개혁론자로서 소신을 담은 책 《법과 정의를 향한 여정》, 《권력, 정의, 판사》와 스키에 몰입했던 경험을 담은 책 《멋진 세상, 스키로 활강하다》를 출간했다.
2021년, 이제 제3의 인생으로, 그리고 평소 소신을 효과적으로 전달하기 위한 방안으로, 작가로의 변신을 시도하고 있다. 《다섯 판사 이야기》는 그러한 시도의 첫 번째 결실이다.